Deutsches und Europäisches Strafprozessrecht
und Polizeirecht

herausgegeben von

Prof. Dr. Mark A. Zöller, Universität Trier

Band 2

Stephan Weinert

# Die Verletzung von Qualitätssicherungsvorschriften im Strafverfahren

## Eine Lücke in der Lehre von den Beweisverwertungsverboten

Nomos

**Die Deutsche Nationalbibliothek** verzeichnet diese Publikation in der Deutschen Nationalbibliografie; detaillierte bibliografische Daten sind im Internet über http://dnb.d-nb.de abrufbar.

Zugl.: Bremen, Univ., Diss., 2015

ISBN 978-3-8487-2167-2 (Print)

ISBN 978-3-8452-6267-3 (ePDF)

1. Auflage 2015

# Vorwort

Die vorliegende Arbeit wurde im Sommer 2013 abgeschlossen und lag dem Fachbereich Rechtswissenschaft der Universität Bremen als Dissertation zur Erlangung des Grades eines Doktors der Rechtswissenschaften vor. Tag der mündlichen Prüfung war der 07. Januar 2015.

Mein aufrichtiger Dank gilt meiner leider verstorbenen Doktormutter, Frau Prof. Dr. Edda Weßlau, welche mich über die gesamte Dauer der Erstellung der Arbeit begleitete und mir mit ihrem überragenden Verständnis für das rechtliche Normengefüge stets wertvolle Denkanstöße lieferte. Herzlich bedanken möchte ich mich zudem bei Frau Prof. Dr. Ingeborg Zerbes, welche die Zweitbegutachtung der Arbeit vorgenommen hat.

Besonderen Dank schulde ich darüber hinaus meinen Eltern Doris und Horst Weinert und meiner Großmutter Irmgard Schwietzke, welche mir meinen Werdegang mit ihrer Unterstützung erst ermöglicht haben.

Bremen, im April 2015, Stephan Weinert

Inhaltsverzeichnis

# Einleitung

## *1. Abschnitt: Einführung in die Problematik*

Gemäß § 244 Abs. 2 StPO hat das Gericht zur Erforschung der Wahrheit die Beweisaufnahme von Amts wegen auf alle Tatsachen und Beweismittel zu erstrecken, die für die Entscheidung von Bedeutung sind. Die in § 244 Abs. 2 StPO verankerte Amtsaufklärungspflicht dient insofern der Ermittlung des wahren Sachverhalts. Dies wird auch als „zentrales Anliegen des Strafprozesses" bezeichnet.[1]

Nichtsdestotrotz sind der Wahrheitsermittlung rechtliche Grenzen gesetzt.[2] Es ist nämlich gerade kein Grundsatz der StPO, dass die Wahrheit um jeden Preis erforscht werden müsse.[3] Der unverzichtbare Anspruch der Prozessbeteiligten darauf, dass die Beweisaufnahme sich auf alle für die Entscheidung von Bedeutung darstellenden Tatsachen erstreckt, bezieht sich nur auf alle „tauglichen und erlaubten", „in rechtlich unanfechtbarer Weise" gewonnenen Beweismittel.[4] Die Wahrheitsermittlung darf nur mit den prozessual zulässigen Mitteln und in prozessual zulässiger Weise unter Berücksichtigung anderer Werte erfolgen.[5] Auch wenn es sich bei der Wahrheitsermittlung um das „zentrale Anliegen" des Strafprozesses handelt, so stellt diese doch nicht den der StPO innewohnenden höchsten Wert dar, dem sich alle anderen unterzuordnen haben.[6] Zu den Prinzipien, die dem Zweck der Aufklärung und gegebenenfalls Ahndung von Straftaten vorrangig sein können, zählt neben dem Schutz der Menschenwürde, des allgemeinen Persönlichkeitsrechtes und dem Verhältnismäßigkeitsgrundsatz insbesondere auch die Wahrung des Ansehens des Rechtsstaates, beziehungsweise der rechtsstaatlichen Integrität des Verfahrens.[7] Dort, wo der Staat den Boden rechtmäßigen Handelns verlässt, muss notfalls die

1 Vgl. BVerfGE 57, 250, 275; 63, 45, 61.
2 *Eisenberg*, Rn. 329.
3 BGHSt 14, 358, 365.
4 Vgl. Meyer-Goßner/Schmitt-*Meyer-Goßner*, § 244 Rn. 11.
5 BGHSt 14, 358, 365; 19, 326, 329; 31, 304, 308.
6 *Kühne*, Rn. 880.
7 *Eisenberg*, Rn. 330. .

Grenze weiterer Ermittlungstätigkeit liegen, auch wenn dies um den Preis letztendlicher Wahrheitserforschung geschieht. Der liberale Rechtsstaat der Bundesrepublik Deutschland auf der Grundlage des Grundgesetzes zeichnet sich dadurch aus, dass er dem Verbrechen nicht auf gleicher Ebene begegnen will. Die StPO weigert sich, die Anwendung von staatlich autorisierter Gewalt zum Zwecke der Verbrechensbekämpfung den Mitteln und Methoden der Verbrecher selbst anzupassen.[8]

Überschreitet der Staat doch einmal die Grenzen rechtmäßigen Handelns, so darf dies grundsätzlich nicht hingenommen werden. Hierdurch erlangte Beweise sind unter dem Verstoß gegen ein Beweiserhebungsverbot zu Tage getreten. Das Strafprozessrecht reagiert auf die Überschreitung der von Recht und Gesetz gezogenen Grenzen unterschiedlich. Die Spanne reicht von der letztendlichen Hinnahme des Verstoßes gegen das Beweiserhebungsverbot bis zur Sanktionierung des Verstoßes unter Anwendung eines Systems teils gesetzlich geregelter, teils gesetzlich nicht fixierter Beweisverwertungsverbote.

Die Frage, an welcher Stelle die Grenze zu ziehen ist, an der das unrechtmäßige Verhalten des Staates noch hingenommen und der dadurch erlangte Beweis verwertet werden kann und ab welcher Eingriffsintensität dies nicht mehr der Fall sein kann, beschäftigt Literatur und Rechtsprechung seit Jahrzehnten. Auch zukünftig wird die Frage der Annahme von Beweisverwertungsverboten aufgrund immer neuer Fragestellungen und Eröffnung neuer Problembereiche stets aktuell sein. Hinzuweisen ist an dieser Stelle nur auf die Entwicklung der Rechtsprechung zum Grundsatz des fairen Verfahrens, welcher in immer neuen Fallkonstellationen Probleme aufwirft.

Die hier vorliegende Arbeit wird sich mit einem bisher im Rahmen des Themas „Beweis-/Beweisverwertungsverbote" eher wenig beachteten Bereich der möglichen Anwendung dieses Konstrukts befassen. Es handelt sich hierbei um den Bereich so genannter „Qualitätssicherungsvorschriften", mithin Vorschriften, welche vordergründig nicht den Schutz der Rechtssphäre des Einzelnen bezwecken, sondern sich auf die Sicherung der Qualität der erhobenen, beziehungsweise zu erhebenden Beweise beziehen. Konkret soll als Beispiel einer solchen Qualitätssicherungsvorschrift, anhand derer – unter Voraussetzung eines Verstoßes gegen eben diese Vorschrift – die Möglichkeit der Annahme eines Beweisverwer-

---

8 *Kühne*, Rn. 880.

tungsverbotes in Erwägung gezogen werden kann, Nr. 18 RiStBV dienen. Die Regelung lautet folgendermaßen:

> Soll durch eine Gegenüberstellung geklärt werden, ob der Beschuldigte der Täter ist, so ist dem Zeugen nicht nur der Beschuldigte, sondern zugleich auch eine Reihe anderer Personen gleichen Geschlechts, ähnlichen Alters und ähnlicher Erscheinung gegenüberzustellen, und zwar in einer Form, die nicht erkennen lässt, wer von den Gegenübergestellten der Beschuldigte ist (Wahlgegenüberstellung). Entsprechendes gilt bei der Vorlage von Lichtbildern. Die Einzelheiten sind aktenkundig zu machen.

Nr. 18 RiStBV betrifft somit den Bereich des Wiedererkennens. Die Ermittlungsbehörden und Gerichte versuchen hier, durch eine Gegenüberstellung zwischen mutmaßlichem Täter und Zeugen herauszufinden, ob der Zeuge den Tatverdächtigen unter den ihm präsentierten Personen als den Täter identifizieren und somit einen wesentlichen Beitrag zur Überführung desselben liefern kann. Die Identifizierung des Täters durch den Zeugen ist in der Praxis einer der häufigsten Beweise, mit dessen Hilfe eine Verurteilung begründet wird.

Zugleich geht aber auch aus den Untersuchungen zum Fehlurteil hervor, dass ein Großteil der bekannt gewordenen Justizirrtümer gerade durch falsches Wiedererkennen entstanden ist.[9] Das bereits vorstehend erwähnte und in § 244 Abs. 2 StPO verankerte Prinzip der materiellen Wahrheit gebietet neben der hieraus entnommenen Pflicht zur umfassenden Sachaufklärung jedoch auch, möglichst alle Fehler, die zu der Verurteilung eines Unschuldigen führen können, auszuschließen.[10] Die Vorgabe, Fehler bei der Bildung eines Urteils zu vermeiden, muss deshalb auch für die Identifizierungsgegenüberstellung als ein im Strafprozess häufig herangezogener Beweis gelten.

Hier stellt sich nun die Frage, wie die genannte Vorgabe am besten umzusetzen ist. Die herrschende Meinung in Rechtsprechung und Literatur begegnet der Problematik des falschen Wiedererkennens erst im Rahmen der Beweiswürdigung. Damit ist gemeint, dass grundsätzlich jede Gegenüberstellung, sei sie auch noch so fehlerhaft abgelaufen, Eingang in den „Pool“ der Beweismittel findet und dort dann nach ihrem jeweiligen Wert beurteilt wird. Das aufgrund einer Gegenüberstellung erfolgte Wiedererkennen eines Tatverdächtigen durch einen Zeugen kann also zentraler Beweis sein, um ersteren zu verurteilen. Ist belegt, dass eine Gegenüberstel-

---

9 Vgl. *Odenthal* NStZ 1985, 433 Fn. 1 m.w.N.
10 Vgl. dazu *Krauß*, FS Schaffstein 411 ff.

lung fehlerhaft abgelaufen ist, so kann das aus ihr hervorgegangene Wiedererkennen zwar in seinem Beweiswert gemindert sein, nichtsdestotrotz aber zum Beweis der Täterschaft eines Tatverdächtigen herangezogen werden. Erst bei schwerwiegenden Fehlern bei Durchführung der Gegenüberstellung soll der Beweiswert des Wiedererkennens auf null reduziert sein.

An dieser Stelle kann nun aber die Frage aufgeworfen werden, ob die hohe Zahl von Fehlverurteilungen aufgrund falschen Wiedererkennens nicht auch auf die vorstehend umrissartig beschriebene Technik beziehungsweise Handhabung der Einführung der Gegenüberstellung in den Prozess zurückzuführen ist. Möglicherweise würden sich Fehlurteile, die auf einem falschen Wiedererkennen beruhen, dadurch verhindern lassen, dass die als fehlerhaft erkannten und dem Wiedererkennen zugrunde liegenden Identifizierungen im Rahmen der Beweiswürdigung überhaupt nicht – anstatt mit einem eventuell geminderten Beweiswert – berücksichtigt würden. Die fehlerhaft zustande gekommenen und damit auch in ihrem Ergebnis möglicherweise falschen Identifizierungen können auf diese Weise keinen Einfluss auf die Urteilsfindung haben. Eine bedeutende Fehlerquelle wäre durch eine solche Vorgehensweise gestillt.

Fraglich ist darauf aufbauend im Weiteren, ob die Nichtberücksichtigung des Ergebnisses der fehlerhaft zustande gekommenen Identifizierung sich nicht allgemein auf die Behandlung qualitativ minderwertiger Beweise aller Art übertragen lässt. Gegenstand der Untersuchung wird deshalb im Weiteren auch die Frage sein, ob qualitativ minderwertige Beweise nicht auch allgemein einem Beweisverbot unterliegen können.

## *2. Abschnitt: Aufbau der vorliegenden Arbeit*

Der vorstehend dargestellten Problematik soll sich anhand des folgenden Aufbaus der Arbeit genähert werden:

Um sich zunächst vergegenwärtigen zu können, worum es bei einer Gegenüberstellung überhaupt geht, wie sie konkret durchgeführt wird, aufgrund welcher Umstände Fehler entstehen können und welche Auswirkungen diese Fehler haben, setzt sich das erste Kapitel ausschließlich mit der Figur der Gegenüberstellung sowie mit ihrer bisherigen rechtlichen Einordnung in das System der Beweismittel auseinander.

Im Anschluss an insbesondere letzten Aspekt, nämlich die rechtliche Einordnung der Gegenüberstellung, wird im zweiten Kapitel problematisiert, ob diese bisherige rechtliche Einordnung, mithin die Qualifikation der Gegenüberstellung als Bestandteil des Zeugenbeweises, haltbar ist. In diesem Zusammenhang ist zunächst die Frage zu stellen, ob sich der Gegenstand des Zeugenbeweises und derjenige der Gegenüberstellung, mithin deren Bezugspunkte, gleichen. Des Weiteren wird das Wesen des Zeugenbeweises allgemein untersucht und jeweils auf die Übereinstimmung mit dem Wesen der Gegenüberstellung abgeglichen.

Das dritte Kapitel beschäftigt sich sodann mit der Frage, ob die Gegenüberstellung nicht auch Gemeinsamkeiten mit dem Sachverständigenbeweis aufweist, so dass sie möglicherweise auch als solcher qualifiziert werden könnte. Hierzu wird die Gegenüberstellung, wie zuvor auch schon mit dem Zeugenbeweis geschehen, nunmehr auf bestehende Gemeinsamkeiten mit dem Sachverständigenbeweis untersucht.

Das vierte Kapitel geht die Thematik sodann aus einem anderen Blickwinkel heraus an, indem es sich mit der Frage befasst, auf welche unterschiedliche Weise unter verschiedenen Mängeln leidende Beweise behandelt werden. Dabei wird insbesondere die grundsätzlich bestehende kategoriale Unterscheidung zwischen qualitativ minderwertigen und rechtswidrig gewonnenen Beweisen hervorgehoben und in den Mittelpunkt der Untersuchung gestellt.

Nach Darstellung dieser Ausgangslage beschäftigt sich das fünfte Kapitel mit der Frage, ob diese grundsätzlich getroffene kategoriale Unterscheidung tatsächlich derart stringent ist. Hierzu werden zunächst einige Normen untersucht, die verdeutlichen, dass es Übergangsbereiche gibt, die das Festhalten an der herkömmlichen Dogmatik in Frage stellen. Sodann werden einige Gerichtsentscheidungen dargestellt, die das herkömmliche Muster, die die kategoriale Unterscheidung vorgibt, durchbrechen und damit neue Lösungswege für die Behandlung qualitativ minderwertiger Beweise aufzeigen.

Im sechsten Kapitel werden schließlich die verschiedenen Argumentationsstränge zusammengeführt und die wesentlichen Ergebnisse der Untersuchung benannt.

# 1. Kapitel: Die Gegenüberstellung

Um den Ausgangspunkt der Untersuchung festzulegen, soll zunächst das Konstrukt der Identifizierungsgegenüberstellung dargestellt werden.

## *1. Abschnitt: Allgemeines zu Gegenüberstellungen*

Unter dem Begriff Gegenüberstellung ist die Konfrontation eines Zeugen mit anderen Zeugen oder mit dem Beschuldigten zu verstehen. Gegenüberstellungen können zu jedem Zeitpunkt eines Strafverfahrens durchgeführt werden. § 58 Abs. 2 StPO bestimmt, dass die Gegenüberstellung bereits im Vorverfahren stattfinden kann, wenn dies geboten erscheint. Für Gegenüberstellungen in der Hauptverhandlung gibt es keine explizite Vorschrift. Deren Zulässigkeit ergibt sich jedoch bereits aus der der Vorschrift des § 244 Abs. 2 StPO entspringenden Pflicht des Gerichts, die Wahrheit zu erforschen.[11]

Allgemein ist zwischen zwei Formen der Gegenüberstellung zu unterscheiden – der Vernehmungs- sowie der Identifizierungsgegenüberstellung.[12] Während die Vernehmungsgegenüberstellung den Zweck verfolgt, Widersprüche zwischen der Aussage des Zeugen und den Angaben des Beschuldigten oder anderer Zeugen aufzuklären[13], dient die Identifizierungsgegenüberstellung dem Wiedererkennen des Tatverdächtigen durch einen Zeugen.[14]

Vernehmungs- und Identifizierungsgegenüberstellung sind zwei völlig verschiedene Arten der Gegenüberstellung. Bei der Vernehmungsgegenüberstellung begegnen sich zwei oder mehrere Personen aufgrund der Tatsache, dass sie die gleichen Rede- und Fragerechte haben, auf gleicher Ebene. Etwaige Widersprüche, die sich im Rahmen der Ermittlungen ergeben haben, sollen durch Rede und Gegenrede, Fragen und Vorhalte geklärt

---

11 Vgl. LR-*Ignor/Bertheau*, § 58 Rn. 11.
12 Vgl. KG NJW 1979, 1668, 1669.
13 Meyer-Goßner/Schmitt-*Schmitt*, § 58 Rn. 10.
14 Vgl. LR-*Ignor/Bertheau* § 58 Rn. 12 f.

werden.[15] Die Gegenüberstellung ist hier Teil der Vernehmung sowohl des einen Zeugen als auch des gegenübergestellten anderen Zeugen oder des gegenübergestellten Beschuldigten.[16] Jeder der Gegenübergestellten besitzt hier die Möglichkeit, seine Position darzustellen, sich gegen Angriffe zu verteidigen oder auch selbst den anderen anzugreifen.

Demgegenüber besteht bei der Identifizierungsgegenüberstellung ein Stufenverhältnis. Hier wird der Tatverdächtige einer anderen Person präsentiert, die dann entscheiden muss, ob es sich bei dem Betreffenden um den Täter handelt oder nicht. Der Tatverdächtige hat hierbei nicht die gleichen Rechte wie die Person, die ihn identifizieren soll. Er ist im Rahmen der Gegenüberstellung bloßes Objekt, das – möglicherweise auch gegen seinen Willen[17] – betrachtet wird. Die identifizierende Person hat es mithin in der Hand, ob durch eine von ihr vorgenommene Identifizierung der Verdacht gegen den mutmaßlichen Täter verstärkt oder gemindert wird. Sie entscheidet insofern über das Wohl und Wehe des Tatverdächtigen. Dieser selbst hat hierauf im Rahmen der Identifizierung keinen Einfluss. Er kann sich in dem betreffenden Moment nicht wie bei der Vernehmungsgegenüberstellung verteidigen oder eigene Angriffe führen.

Der Beschuldigte ist bei der Identifizierungsgegenüberstellung im Vergleich zur Vernehmungsgegenüberstellung in einer wesentlich schwächeren Position. Während bei der Vernehmungsgegenüberstellung weitestgehende Waffengleichheit herrscht, kann der Beschuldigte sich bei der Identifizierungsgegenüberstellung in der jeweiligen Gegenüberstellungssituation nicht gegen – möglicherweise auch unwahre – Anschuldigungen wehren. Diese Einseitigkeit macht die Identifizierungsgegenüberstellung für ihn zu einem großen Risiko. Fehlerhafte Identifizierungen stehen im Raum und sind nur schwer aus den Köpfen der beteiligten Personen, wie z.B. Polizeibeamten, Staatsanwälten und Richtern zu löschen. Um diese Problematik eingehend darstellen zu können, soll zunächst näher auf die Identifizierungsgegenüberstellung eingegangen werden.

15 *Pfeiffer* StPO § 58 Rn. 2.
16 KG NJW 1979, 1668, 1669.
17 Vgl. Meyer-Goßner/Schmitt-*Schmitt* § 58 Rn. 9.

## *2. Abschnitt: Die Identifizierungsgegenüberstellung*

Im Strafverfahren stellt sich regelmäßig die Frage, ob es sich bei dem Tatverdächtigen um den wahren Täter handelt. Oftmals sind Tatzeugen die einzigen Beweismittel, die zur Klärung dieser Frage beitragen können. Die von ihnen im Rahmen der Identifizierungsgegenüberstellung verlangte Leistung besteht nun darin, dass sie das in ihnen ruhende Erinnerungsbild von dem früher wahrgenommenen Täter mit der persönlichen Erscheinung des Verdächtigen vergleichen.[18] Um aber das Erinnerungsbild mit dem vermeintlichen Täter vergleichen zu können, muss dieser dem Zeugen präsentiert werden. Die erforderliche Präsentation geschieht im Wege der Identifizierungsgegenüberstellung. Ziel dieser Gegenüberstellung ist es, festzustellen, ob der Zeuge den Tatverdächtigen als Täter wiedererkennt.

## *3. Abschnitt: Arten der Identifizierungsgegenüberstellung*

Identifizierungsgegenüberstellungen werden in unterschiedlichen Formen durchgeführt. Zu unterscheiden sind zunächst die simultane Wahlgegenüberstellung, die sequentielle Wahlgegenüberstellung sowie die Einzelgegenüberstellung. Um weitere Formen von Gegenüberstellungen handelt es sich bei verdeckten Gegenüberstellungen, Lichtbildvorlagen und der Stimmidentifizierung.

### I. Simultane Wahlgegenüberstellung

Die bereits in der Einleitung zitierte Vorschrift der Nr. 18 der Richtlinien für das Straf- und Bußgeldverfahren sowie die Polizeidienstvorschrift 100[19] stellen bestimmte Regeln für Identifizierungsgegenüberstellungen auf. Auch wenn die Identifizierungsgegenüberstellung dort beschrieben ist und die Durchführung rein äußerlich betrachtet simpel erscheint, ist sie doch weitaus problematischer als zunächst angenommen, da zahlreiche Voraussetzungen für ein korrektes Ergebnis eingehalten werden müssen. Die in der RiStBV enthaltenen Vorgaben sind jedoch als äußerst rudimen-

---

18 *Odenthal,* S. 22.

19 PDV 100 „Führung und Einsatz der Polizei“, Ziffer 2.3.3.6, wiedergegeben u.a. von *Philipp, Erich* in „Die Gegenüberstellung, Heidelberg 1981, S. 13.

tär zu bezeichnen. Die an eine sachgerechte Gegenüberstellung zu stellenden Anforderungen gehen weit über die dort getroffene Regelung hinaus. Kriterien, wie eine Gegenüberstellung konkret durchgeführt werden muss, um ein falsches Wiedererkennen zu verhindern, sind insofern von der Fachliteratur unter Berücksichtigung einschlägiger wissenschaftlicher Untersuchungen aufgestellt worden. Nachfolgend sollen die für die Vornahme einer sachgerechten Gegenüberstellung erforderlichen Kriterien dargestellt werden.

### 1. Vorbereitung der Gegenüberstellung

In Vorbereitung der Gegenüberstellung muss zunächst eine geeignete Vergleichsgruppe aufgestellt werden.

#### a. Größe der Vergleichsgruppe

Zunächst ist die Größe der Vergleichsgruppe zu bestimmen. Ein Zeuge, der von den Ermittlungsbehörden zu einer Identifizierung aufgefordert wird, geht häufig – bewusst oder unbewusst – davon aus, dass die Polizei den Täter bereits kennt, dieser sich unter den zur Auswahl vorgestellten Personen befindet und von daher nur noch seine Bestätigung erwartet wird.[20] Der Zeuge unterliegt insofern einer Erwartungssuggestion, die es zum einen dadurch auszuschließen gilt, dass er vor Durchführung der Gegenüberstellung darüber zu belehren ist, dass der gesuchte Täter sich nicht zwingend unter den präsentierten Personen befinden müsse.[21]

Dies allein genügt jedoch nicht, um das Risiko einer Falschidentifizierung zu minimieren. Die Suggestibilität der Gegenüberstellungssituation macht es erforderlich, dieser einen Wahlcharakter zu geben, damit durch das Zeigen nur einer Person nicht der Eindruck erweckt wird, diese stehe aus polizeilicher Sicht als Täter bereits fest.[22] Ein weiterer Vorteil von Wahlgegenüberstellungen liegt darin, dass bei steigender Anzahl von Vergleichspersonen das Risiko von Zufallsidentifizierungen abnimmt. Denn je geringer die Zahl der gegenübergestellten Personen ist, umso höher ist

---

20 LG Köln NStZ 1991, 202, 202.

21 *Schweling* MDR 1969, 177, 177.

22 Vgl. LG Köln NStZ 1991, 202, 202.

die „Glücksspielchance" auch des unsichersten Zeugen, unter den gegenübergestellten Personen den Beschuldigten blindlings zu treffen.[23]

Allgemein wird die erforderliche Größe der Gruppe – sofern alle Vergleichspersonen als echte Alternative zu dem Tatverdächtigen in Betracht kommen – bei wenigstens sechs[24] oder acht Personen angesetzt.[25] Als vorteilhaft hat sich dabei eine gerade Anzahl von Vergleichspersonen ausgewirkt, da bei einer geraden Zahl kein Mitteleffekt eintritt, der im Unterbewusstsein anziehend wirkt.[26]

Es gibt jedoch auch Stimmen, die weniger Personen in der Vergleichsgruppe ausreichen lassen wollen.[27] Um die Gefahr einer Suggestion durch eine zu kleine Vergleichsgruppe zu minimieren, gleichzeitig aber Rücksicht auf die praktische Durchführbarkeit von Gegenüberstellungen zu nehmen, dürfte eine Teilnehmerzahl von nicht weniger als acht Personen gerade ausreichend, jedoch auch mindestens erforderlich sein.

### b. Merkmalsgleichheit der gegenüberzustellenden Personen

Von einer „fairen" Gegenüberstellung ist weiterhin nur zu sprechen, wenn alle Vergleichspersonen dem Beschuldigten zunächst nach dem Gesamtbild ihrer äußeren Erscheinung ähneln.[28] Gemeint sind hiermit objektive

---

23 Vgl. *Steinke* Kriminalistik 1978, 505, 506.

24 *Weihmann*, S. 215.

25 *Bender/Nack/Treuer*, Rn. 1380; *Odenthal*, S. 43 f.; *Steinke*, S. 506. Ebenso für acht Personen die gesetzlichen Vorschriften in den Ländern England, Viktoria und Australien (Vgl. *Undeutsch* in Festgabe Peters, S. 469).

26 *Weihmann*, S. 215.

27 So genügen in Italien 2, in Schottland 5 und in Schweden, Irland und Kanada 6 zusätzlich aufgestellte Personen, um eine genügend große Vergleichsgruppe aufzustellen (Vgl. insofern *Undeutsch* in Festgabe Peters, S. 469 f.). Auch die deutsche Fachliteratur befürwortet zum Teil kleinere Vergleichsgruppen. So ist *Burghard* für 5 bis 7 und *Bauer* für 6 bis 8 Personen bei einer Wahlgegenüberstellung.

28 *Odenthal*, S. 39. Eine Ausnahme vom Erfordernis der Merksmalsübereinstimmung ist jedoch dann anzunehmen, wenn dem Zeugen, wie z.B. bei Lichtbildvorlagen ein „Verbrecheralbum" mit 100 oder mehr Personen mit der Aufforderung vorgelegt wird, einmal nachzusehen, ob es sich bei einer der dort abgebildeten Personen um den Täter handele. Es besteht hier keine Gefahr der Suggestion, weil dem Zeugen insbesondere aus der großen Anzahl von Lichtbildern mit sehr unterschiedlichen Personen deutlich wird, dass die Ermittlungsbehörden nicht zielgerichtet vorgehen, also noch keine bestimmte Person in Verdacht haben (Vgl. LG Köln NStZ 1991, 202, 202).

Merkmale der Person, wie Größe, Gewicht, Körperbau, Alter, Frisur, Haarfarbe und Barttracht.[29] Zu beachten ist hierbei, dass auch diese objektiven Merkmale aus Sicht des Zeugen eine ganz unterschiedliche Bedeutung haben können. Der schmächtigen Frau, die den Gewaltausbrüchen eines brutalen Täters ausgesetzt war, mag dieser in der Rückschau subjektiv „groß" erscheinen.[30] Zur Objektivierung des Verfahrens ist es von daher geboten, vor Durchführung der Gegenüberstellung mit dem Tatzeugen zunächst unbeteiligte Personen aufzufordern, den Täter aus dem Kreis der Versuchspersonen zu benennen.[31] Nur wenn es den unbeteiligten Personen nicht gelingt, aufgrund der ihnen zur Verfügung stehenden Täterbeschreibung eine bestimmte Person herauszufiltern, handelt es sich um eine echte Auswahl.

Teilweise werden inzwischen bei Lichtbildvorlagen als Vergleichspersonen keine real existenten Personen herangezogen, sondern als Vergleichsbilder computergenerierte Bilder nicht existenter Personen verwendet. Diese Vorgehensweise birgt sowohl Vor- wie auch Nachteile. Einerseits nimmt die Gefahr einer Falschidentifizierung in dem Maße ab, in dem die Vergleichsbilder dem Bild des Tatverdächtigen angeglichen werden; andererseits kann eine zu weitgehende Ähnlichkeit dazu führen, dass auch ein zuverlässiger Zeuge den Täter n ur deshalb nicht wiedererkennt, weil ihm die auf den Vergleichbildern abgebildeten Personen zu ähnlich sehen.[32] Dies führt dazu, dass die Vergleichsbilder zwar eine hinreichende Ähnlichkeit, andererseits aber auch noch hinreichend aussagekräftige Unterscheidungsmerkmale aufweisen müssen.[33]

Des Weiteren sollen die Vergleichspersonen dem Beschuldigten aber auch hinsichtlich anderer, der vom Zeugen beschriebenen besonderen Tätermerkmale ähneln.[34] Gemeint sind hiermit subjektive Merkmale, wie zum Beispiel eine bestimmte Kleidung, die dem Zeugen am Täter aufgefallen ist. Trug der Täter etwa einen Overall, müssen alle Vergleichspersonen einen solchen tragen. Ansonsten besteht auch hier die Gefahr, dass

---

29 *Bender/Nack/Treuer*, Rn. 1375.
30 *Odenthal*, S. 40.
31 Vgl. *Bender/Nack/Treuer*, Rn. 1375.
32 *Odenthal* StV 2012, 683, 686.
33 *Odenthal* StV 2012, 683, 686.
34 Vgl. *Odenthal*, S. 39.

eine Person lediglich aufgrund ihrer von den anderen Personen abweichenden Kleidung als Täter benannt wird.[35]

Fehlt nur eines der vom Zeugen beschriebenen Merkmale bei der Vergleichsperson, scheidet diese von vornherein aus dem möglichen Täterkreis aus. Denn der Zeuge soll den – vermeintlichen – Täter aufgrund eines Vergleichs zwischen dieser Person und seiner Erinnerung an die Tat und nicht nur aufgrund der Übereinstimmung mit der abgegebenen Personenbeschreibung als Täter bezeichnen.[36]

Besitzt im Extremfall keine der Vergleichspersonen das vom Tatzeugen beschriebene Merkmal und liegt dieses nur beim Tatverdächtigen vor, so handelt es sich von der Sache her nicht mehr um eine Wahlgegenüberstellung. Es liegt hier in Wirklichkeit eine Einzelgegenüberstellung vor, in welcher sich der Beschuldigte, der als einziger das beschriebene Merkmal hat, dem Tatzeugen als Täter aufdrängen muss.[37]

Problematisch ist die Teilnahme von Polizeibeamten als Vergleichspersonen. Im Unterschied zum Tatverdächtigen, der sich in einer für ihn ungewohnten Umgebung und in einer Stresssituation befindet, stellt eine Gegenüberstellung für Polizeibeamte reine Routine dar. Während diese eine gewisse Übung entwickeln, die sich durch ein sehr sicheres Auftreten bemerkbar macht, hebt der Beschuldigte sich leicht wegen seines zwangsläufig anderen Gesamteindrucks, der durch eine Unsicherheit im Auftreten, wahrnehmbaren Stress, Schwitzen, Blinzeln, unruhigen Blick etc. geprägt ist, hervor.[38] Gleich, ob der Beschuldigte die ihm zur Last gelegte Tat begangen hat oder nicht, weiß er, dass das Ergebnis des Gegenüberstellungsverfahrens für sein weiteres Leben eine einschneidende Bedeutung haben kann.[39] Wenn er die Tat begangen hat, so kann er im Gegenüberstellungsverfahren überführt werden; hat er die Tat nicht begangen, so kann er durch eine Falschidentifizierung in größte Schwierigkeiten geraten.[40]

Es ist von daher vorzugswürdig, wenn die Vergleichspersonen nicht aus dem Kreis der Ermittlungsbehörden, sondern aus einem dem Tatverdächti-

35 So etwa in BGH StV 1993, 627 f. Dort wurde gerade der Fehler begangen, nur den Verdächtigen mit einem Overall zu bekleiden, woraufhin dieser vom Zeugen erkannt wurde. Dies war jedoch nicht geeignet, den Bezeichneten als „zweifelsfrei wieder erkannt“ einzuordnen.

36 Vgl. LG Köln NStZ 1991, 202, 202.

37 *Odenthal*, S. 39.

38 *Mertn/Schwarz/Walser* Kriminalistik 1998, 421, 426.

39 *Stadler/Fabian/Wetzels* MschrKrim 1992, 75, 78.

40 *Stadler/Fabian/Wetzels* MschrKrim 1992, 75, 78.

gen entsprechenden Umfeld stammen. Idealer Weise müsste es sich bei den Vergleichspersonen auch um Beschuldigte aus anderen Verfahren handeln. Die Merkmalsgleichheit verschiedener Beschuldigter aus verschiedenen Strafverfahren wird sich in der Praxis aber nur äußerst selten finden.

## 2. Maßnahmen im Vorfeld der Gegenüberstellung

Im Vorfeld der Gegenüberstellung ist darauf zu achten, dass sich Zeuge, Vergleichspersonen und Tatverdächtiger nicht etwa im Polizeipräsidium oder im Gerichtsgebäude begegnen. Denn schon aus den Umständen, etwa der Vorführung des Tatverdächtigen in Handschellen oder aufgrund des lockeren Auftretens der Vergleichspersonen, die ja nichts zu befürchten haben, besteht die Gefahr, dass der Zeuge sich auf eine bestimmte Person als Täter versteift oder andere Personen im Voraus als mögliche Täter ausgeschlossen werden.[41]

## 3. Durchführung der Gegenüberstellung

Die Wahlgegenüberstellung selbst läuft nun dergestalt ab, dass sich der Beschuldigte sowie eine Reihe anderer Auswahlpersonen nebeneinander aufstellen, wobei alle Personen mit Nummerntafeln gekennzeichnet sind.[42] Der Tatverdächtige darf sich seinen Platz unter den Vergleichspersonen frei wählen.[43] Sodann wird der Zeuge, der im Voraus darauf hinzuweisen ist, dass der wirkliche Täter sich möglicherweise nicht unter den zur Schau gestellten Personen befindet[44], in den Vernehmungsraum geführt.

Glaubt der Zeuge, eine der Auswahlpersonen als Täter wiederzuerkennen, so trägt er die entsprechende Nummer in den ihm an die Hand gegebenen Antwortbogen ein.[45] Dieser Bogen hat neben den möglichen Antworten „wiedererkannt“ und „nicht wiedererkannt“ als gleichberechtigte Alternativen die Antworten „Täter ist nicht unter den Vergleichspersonen“

41 Vgl. *Odenthal*, S. 34.
42 *Odenthal*, S. 46.
43 *Weihmann*, S. 216.
44 LG Köln NStZ 1991, 202, 202; *Eisenberg*, Rn. 1344 b.
45 *Odenthal*, S. 46.

sowie „ich kann mich nicht erinnern" zu enthalten.[46] Der Fragebogen ist noch im Gegenüberstellungsraum anzukreuzen und den die Gegenüberstellung leitenden Personen zu übergeben.

Besonderes Augenmerk ist zudem auf die Person des Leiters der Gegenüberstellung zu legen. Bei diesem handelt es sich idealer Weise nicht um einen Beamten, der auch mit den Ermittlungen in der betreffenden Sache befasst ist. Der in der Sache ermittelnde Beamte hat durch seine Eingebundenheit und die ihm zur Verfügung stehenden vertieften Erkenntnisse unter Umständen bestimmte Erwartungshaltungen hinsichtlich des Ergebnisses der Identifizierungsmaßnahme.[47] Diese Erwartungshaltungen können sowohl durch – eventuell auch unbewusst – einseitige Fragestellungen oder auch nonverbales Verhalten, sowohl vor, während, als auch nach der Gegenüberstellung zum Ausdruck kommen. Es ist von daher darauf zu achten, dass der Leiter der Gegenüberstellung möglichst nicht mit den Ermittlungen in der betreffenden Sache befasst ist. Im Idealfall weiß der die Vorlage durchführende Beamte nicht, welches Lichtbild den Tatverdächtigen zeigt.[48]

### 4. Nachbereitung der Gegenüberstellung

Im Anschluss an die Gegenüberstellung sind die Zeugen über das Ergebnis der Gegenüberstellung zu vernehmen, wobei im Hinblick auf die objektive Richtigkeit des Ergebnisses geklärt werden muss, woran der Tatverdächtige den Zeugen erkannt hat.[49] Erforderlich ist, dass der gedankliche Vorgang des Wiedererkennungserlebnisses von dem Zeugen nachvollziehbar verbalisiert wird.[50] Gelingt es ihm nicht, das Wiedererkennen anschaulich zu erläutern, muss befürchtet werden, dass die Identifizierung auf einem wenig zuverlässigen, gefühlsmäßigen Eindruck beruht.[51]

Augenmerk ist hier wiederum darauf zu legen, dass die die Gegenüberstellung durchführenden und leitenden Beamten objektive Fragen stellen und die nachfolgende Vernehmung nicht in eine bestimmte Richtung len-

---

46 *Weihmann*, S. 216.
47 Vgl. *Bender/Nack/Treuer*, Rn. 1382; *Odenthal* StV 2012, 683, 684.
48 *Odenthal* StV 2012, 683, 684.
49 Vgl. *Weihmann*, S. 216.
50 *Odenthal*, S. 51.
51 *Odenthal*, S. 51.

ken. Die an eine vermeintliche Identifizierung anknüpfende Frage hat also nicht etwa „Erkennen Sie den Mann mit Sicherheit wieder?", sondern „Woran glauben Sie, den Täter wiedererkannt zu haben?" zu lauten.[52]

### 5. Dokumentation der Gegenüberstellung

Schließlich ist die Vorbereitung der Gegenüberstellung, diese selbst, als auch ihre Nachbereitung genauestens zu protokollieren. Diese Notwendigkeit ergibt sich daraus, dass die einmal durchgeführte Gegenüberstellung nicht wiederholbar ist. Sie stellt unabhängig davon, in welchem Ermittlungsstadium sie durchgeführt wird, einen vorweggenommenen Teil der gerichtlichen Beweisaufnahme dar.[53]

#### a. Gegenüberstellung als singuläres Ereignis

Ihr Charakter als singuläres Ereignis liegt darin begründet, dass ausschließlich dem ersten Wiedererkennen ein Beweiswert zugeordnet werden kann.[54] Die Wiederholung einer Gegenüberstellung, etwa im Gerichtsverfahren, ist zwecklos. Denn schon bei jeder normalen Vernehmung vermengt der Zeuge seine unmittelbare Erinnerung an das Geschehen mit Eindrücken aus vorangegangenen Vernehmungen. Beim Wiedererkennen ist der Vertauschungsprozess so stark, dass auch der gewissenhafte Zeuge nicht mehr zwischen der Erinnerung an die erste Wahrnehmung und der an das Wiedererkennen bei der ersten Gegenüberstellung zu unterscheiden vermag.[55] Es handelt sich bei dem Phänomen, bei jeder weiteren Gegenüberstellung immer wieder zu dem gleichen Ergebnis zu gelangen, um einen gedächtnispsychologischen Effekt[56], der sich beim Zeugen unbewusst abspielt und von daher nicht zu beeinflussen ist. Alle Beteuerungen des Zeugen, er sei durch das vorangegangene Wiedererkennen nicht be-

52 *Odenthal*, S. 51.
53 *Weihmann*, S. 214.
54 BGHSt 16, 204, 206; OLG Koblenz StV 2007, 348, 349; OLG Karlsruhe NStZ 1983, 377, 378.
55 *Odenthal*, S. 27.
56 *Köhnken* Kriminalistik 1993, 231, 232.

einflusst, nützen nichts.[57] Bei einer weiteren Gegenüberstellung orientiert der Zeuge sich unbewusst an dem Ergebnis der vorangegangenen Gegenüberstellung und erkennt denjenigen wieder, den er bereits zuvor (als vermeintlichen Täter) identifiziert hatte.[58] Hinzu kommt die allgemein in der menschlichen Psyche vorhandene Tendenz, an einmal getroffenen und öffentlich vertretenen Entscheidungen festzuhalten.[59]

### b. Notwendigkeit der Dokumentation

Aufgrund der dargestellten Unwiederholbarkeit der Gegenüberstellung muss sich das später mit der Sache befasste Gericht vollends auf das Ergebnis der ersten Gegenüberstellung verlassen können. Jede Einzelheit der Gegenüberstellung muss nachvollzogen werden können[60], um Fehler bei der Gegenüberstellung ausschließen zu können. Ein fehlerhaft durchgeführter Wiedererkennungstest kann das Beweismittel „Personenidentifizierung“ unwiederbringlich vernichten.[61] Die Einhaltung kriminalistischer und psychologischer Anforderungen kann dabei nur durch die Dokumentation jeder einzelnen Gegebenheit der Gegenüberstellung überprüft werden.[62]

## II. Sequentielle Wahlgegenüberstellung

Die sequentielle Gegenüberstellung ähnelt der oben beschriebenen simultanen Gegenüberstellung insofern, als identische Regeln bei der Vor- und Nachbereitung sowie der Dokumentation einzuhalten sind. Der gravierende Unterschied besteht jedoch darin, dass dem Zeugen bei der sequentiellen Gegenüberstellung der Tatverdächtige und die Vergleichspersonen nicht gleichzeitig, sondern nacheinander präsentiert werden.

Der Zeuge nimmt statt der relativen Ähnlichkeitsbeurteilung im Rahmen simultaner Gegenüberstellungen bei sequentiellen Gegenüberstellun-

---

57 *Schweling* Kriminalistik 1969, 177, 178.
58 BGH St 16, 204, 205 f.; *Wiegmann* StV 1996, 179, 179 f..
59 *Köhnken* Kriminalistik 1993, 231, 232.
60 *Weihmann*, S. 214.
61 *Köhnken* Kriminalistik 1993, 231, 232.
62 Vgl. *Odenthal*, S. 51.

gen eine absolute Ähnlichkeitsbeurteilung vor.[63] Die relative Ähnlichkeitsbeurteilung beschreibt dabei das Phänomen, dass der Zeuge unter Umständen diejenige Person als Täter benennen wird, die die größte Ähnlichkeit mit dem Täter aufweist. Da die Alternativpersonen der Gegenüberstellung dem Tatzeugen gleichzeitig präsentiert werden, kann er sie miteinander vergleichen und sich fragen, welche der Personen dem Bild des Täters in seinem Gedächtnis relativ am ähnlichsten ist.[64] Wenn der tatsächliche Täter sich dann nicht in der Vergleichsgruppe befindet, kann diese Urteilsstrategie leicht zu Falschidentifizierungen führen, da irgendjemand dem Gedächtnisabbild des Täters immer ähnlicher ist als andere und der Verdächtige nicht zuletzt auch deshalb in Verdacht steht, weil die Täterbeschreibung auf ihn passt.[65]

Der Vorteil der sequentiellen gegenüber der klassischen simultanen Gegenüberstellung liegt damit darin, dass ein unsicherer Zeuge, der nur eine vage Erinnerung an den Täter hat, nicht in der Erwartung, dass ein Bild des Tatverdächtigen sich unter den von ihm vorgelegten Lichtbildern befinden müsse und seine Leistung nur noch darin bestünde, ihn herauszufinden, ein Ausschlussverfahren anwenden und von den auf den Lichtbildern abgebildeten Personen diejenige auswählen kann, die noch am ehesten seiner Erinnerung entspricht.[66]

Anders als bei der simultanen Gegenüberstellung kann der Zeuge im Rahmen sequentieller Gegenüberstellungen nicht die Vergleichspersonen untereinander vergleichen, sondern lediglich einen Vergleich zwischen jeder einzeln präsentierten Person und seinem Gedächtnisbild vom Täter vornehmen.[67] Der Tatzeuge kann bei dieser Form der Gegenüberstellung also schlechter „tippen".[68] Denn hier besteht nach jeder vorgeführten Person die Möglichkeit, dass als nächstes der „wahre Täter" präsentiert wird. Der Zeuge wird insofern bei nicht vollständiger Identifikation vorsichtiger sein, eine nur ähnliche Person als Täter zu benennen.

Ein weiterer Vorteil dieser Methode ist, dass der Zeuge sich nach Vorführung jeder Person äußern muss.[69] Im Nachhinein ist es ihm dann kaum

63 *Bender/Nack/Treuer*, Rn. 1367.
64 Vgl. *Köhnken* Kriminalistik 1993, 231, 254.
65 *Köhnken* Kriminalistik 1993, 231, 255.
66 *Odenthal* StV 2012, 683, 683.
67 *Köhnken* Kriminalistik 1993, 231, 255.
68 *Mertn/Schwarz/Walser* Kriminalistik 1998, 421, 421.
69 Vgl. *Odenthal*, S. 51; *Bender/Nack/Treuer*, Rn. 1369.

möglich, eine bereits vorgeführte Person als Täter zu benennen, bei der er sich im ersten Moment nicht sicher war. Dies würde Fragen provozieren, die die Unsicherheit der Identifizierung aufdecken und damit auch die Glaubhaftigkeit der Aussage in Frage stellen, beziehungsweise ihre mangelnde Glaubhaftigkeit erst aufdecken würden.

Unklarheit hat es in jüngster Zeit im Hinblick auf die Frage gegeben, ob auch bei sequentiellen Wahlgegenüberstellungen mindestens acht Personen präsentiert werden sollen oder ob eine sequentielle Wahlgegenüberstellung nach Identifizierung eines Tatverdächtigen abzubrechen ist. Letzteres sehen teilweise Richtlinien und polizeiinterne Dienstvorschriften der Länder unter dem Argument vor, eine oben beschriebene relative Ähnlichkeitsbeurteilung solle eben gerade nicht stattfinden.[70]

Dieses Argument überzeugt jedoch nicht. Die Fortführung einer simultanen Wahlgegenüberstellung nach erfolgter Identifizierung kann nicht zu einer „relativen Ähnlichkeitsbeurteilung“ in der Form, wie sie bei der simultanen Wahlgegenüberstellung erfolgen kann, führen. Denn es bleibt dabei, dass der Identifizierungszeuge nicht weiß, ob, wie viele und welche Lichtbilder ihm noch vorgelegt werden.[71]

Im Gegenteil kann die Fortführung der sequentiellen Gegenüberstellung nach erfolgter Identifizierung lediglich positiv wirken, indem sie hilft, das Ergebnis zu objektivieren und mögliche Fehler aufzudecken. Auch für die sequentielle Gegenüberstellung gilt wie für die simultane Gegenüberstellung, dass bei der Präsentation einer größeren Vergleichszahl etwaige Unsicherheiten in der Beurteilung des Zeugen besser erkannt und offen gelegt werden können.[72] Durch die Präsentation aller Vergleichspersonen wird der Gefahr begegnet, dass ein unsicherer Zeuge, der seine Unsicherheit möglicherweise durch ein forsches und selbstsicheres Auftreten zu überspielen sucht, schon bei Vorlage eines ersten Lichtbildes bzw. eines der ersten Lichtbilder eine vage Ähnlichkeit der dort abgebildeten Person mit dem von ihm beobachteten Täter zu erkennen können glaubt und auf

---

70 Vgl. etwa Runderlass des Innenministeriums NRW vom 12.3.2006 über die „Wahllichtbildvorlage im Strafverfahren“, Ziff 1.4, In: MinBl. NRW 2006, 271 ff.; Richtlinien zur Durchführung der sequentiellen Video-Identifikation des Innenministeriums des Landes Schleswig-Holstein vom 2.3.2001 – 1112 – 14.63.

71 Vgl. *Odenthal* StV 2012, 683, 683.

72 Vgl. BGH, Beschluss vom 9.11.2011, Aktenzeichen 1 StR 524/11, abrufbar im Internet: http://www.bundesgerichtshof.de (Stand: 31.3.2015), Rn. 6.

dieser Grundlage eine Identifizierung vornimmt.[73] Die Forstsetzung der Lichtbildvorlage nach einer Identifizierung kann insofern dazu führen, dass der Zeuge seine Entscheidung revidiert oder sogar korrigiert.[74]

Die Fortführung der sequentiellen Gegenüberstellung nach erfolgter Identifizierung sollte darüber hinaus deshalb stattfinden, weil hierdurch das Risiko von Zufallstreffern, was auch bei solchen Gegenüberstellungen besteht, herabgesetzt wird.[75]

### III. Idealform: Die sequentielle Video-Wahlgegenüberstellung

Wie dargestellt, ist die sequentielle Wahlgegenüberstellung der simultanen Gegenüberstellung überlegen. Nichtsdestotrotz birgt auch die sequentiell durchgeführte Gegenüberstellung einige Probleme in sich. So ist es beispielsweise dem Tatverdächtigen auch hier möglich, durch unnormales Verhalten auf sich aufmerksam zu machen und damit das Ergebnis der Gegenüberstellung unbrauchbar zu machen. Weiterhin besteht auch bei der sequentiellen Gegenüberstellung das Problem, geeignete Vergleichspersonen zu beschaffen, die alle eine Merkmalsgleichheit aufweisen. Überhaupt besteht bei „live" durchgeführten Gegenüberstellungen immer das Problem, dass eine Vergleichsperson trotz Vorhandenseins der vom Zeugen beschriebenen Merkmale letztendlich vom Gesamteindruck her so sehr vom Täterbild des Zeugen abweichen kann, dass sie als echte Alternative zum Täter nicht in Betracht kommt.

Aber auch diese Probleme, die eventuell bei „live" durchgeführten sequentiellen Gegenüberstellungen auftreten, können ausgemerzt werden. Eine Lösung bietet sich darin an, die Vergleichspersonen auf Video aufzuzeichnen und dem Zeugen dann nacheinander vorzuspielen. Mertn/Schwarz/Walser haben die Vorteile einer sequentiellen Video-Wahlgegenüberstellung aufgelistet: diese ergeben sich zunächst daraus, dass keine Terminabsprache bei mehreren Zeugen erfolgen muss und Anreisewege entfallen.[76] Es genügt, das Videoband zu verschicken. Zudem müssen die Vergleichspersonen nicht zur selben Zeit am selben Ort sein, sondern können je nach Verfügbarkeit, möglichst auch in der vom Zeugen beschriebe-

---

73 *Odenthal* StV 2012, 683, 683.
74 *Odenthal* StV 2012, 683, 683.
75 Vgl. *Odenthal* StV 2012, 683, 685.
76 *Mertn/Schwarz/Walser* Kriminalistik 1998, 421, 421.

nen Umgebung unter ähnlichen Umständen aufgenommen werden.[77] Weiterhin können Videopassagen, die Auffälligkeiten aufweisen, herausgeschnitten werden.[78] Mit dem Vorspielen des Videobandes können Beamte betraut werden, die mit den Ermittlungen nichts zu tun haben und selbst nicht wissen, wer der Tatverdächtige ist.[79]

Schließlich wäre es bei einem solchen Verfahren auch sehr viel einfacher, eine Video-Kartei anzulegen, beziehungsweise bundesweit nach geeigneten Vergleichspersonen – etwa in Gefängnissen – Ausschau zu halten. Es bestünde nicht die Notwendigkeit, einen Großteil der Vergleichspersonen aus Polizeikreisen zu rekrutieren.

Das sequentielle Video-Wahlgegenüberstellungsverfahren ist zeitsparend. Seine Durchführung ist im Vergleich zur „live" durchgeführten Gegenüberstellung wesentlich praktikabler. Die gegenüber herkömmlichen Methoden nur etwas aufwändigere Videogegenüberstellung ist zudem im Hinblick auf die Qualität der Ergebnisse wesentlich ertragreicher. Es können bereits im Vorfeld all diejenigen Komponenten aus dem Video entfernt werden, die einen der Gegenübergestellten als möglichen Täter ausscheiden ließen oder die auf die Täterschaft eines Einzelnen besonders hindeuten würden. So können im ersten Fall besondere persönliche Merkmale, die der Täter nicht hatte, aus dem Bild retouchiert werden und im zweiten Fall etwa Momente, die die besondere Nervosität eines Verdächtigen offen legen, herausgeschnitten werden. Hierin dürfte auch der aus strafprozessualer Sicht bedeutsamste Punkt liegen: die Gegenüberstellung läuft bei dieser Verfahrensvariante weitgehend suggestionsfrei ab und stellt insofern die Idealform einer objektiv durchgeführten Gegenüberstellung dar.

---

77 *Mertn/Schwarz/Walser* Kriminalistik 1998, 421, 422.

78 *Mertn/Schwarz/Walser* Kriminalistik 1998, 421, 422.

79 *Mertn/Schwarz/Walser* Kriminalistik 1998, 421, 422. Diesbezüglich gibt es bereits eine Richtlinie des Innenministeriums des Landes Schleswig-Holstein. Danach soll die Präsentation und Befragung des Zeugen von einem Beamten durchgeführt werden, der selbst nicht weiß, wer der Täter ist ((LKA-1112-14.63); zitiert in: *Burhoff*, 4. Auflage, Rn. 870.).

## IV. Die Einzelgegenüberstellung

In der Praxis kommen neben den oben beschriebenen Formen der Wahlgegenüberstellung auch immer wieder Einzelgegenüberstellungen vor. Bei dieser Form der Gegenüberstellung wird dem Zeugen lediglich eine Person als möglicher Täter präsentiert. Jedoch ist diese Form der Gegenüberstellung stark umstritten.

Teilweise wird die Durchführung von Einzelgegenüberstellungen generell abgelehnt. Diese sei wegen ihrer suggestiven Wirkung, die von dem Wissen ausgehe, dass der zu Identifizierende als Täter verdächtigt wird, zur Personenerkennung nicht geeignet.[80] Sie soll und kann dieser Auffassung nach nur dann durchgeführt werden, wenn eine dem Zeugen bereits bekannte Person identifiziert werden soll, wie zum Beispiel ein Arbeitskollege, ein Schulfreund oder ein Nachbar.[81] Gegen eine Einzelgegenüberstellung sei im Weiteren auch dann nichts einzuwenden, wenn der Zeuge sich das Aussehen des Täters länger einprägen konnte, wie etwa in dem Falle, dass er längere Verhandlungen mit ihm geführt habe.[82] Hier hat der Zeuge Zeit gehabt, sich ein vollständiges Bild über die Person des Täters zu machen, so dass ihm zugetraut werden kann, eine klare Aussage zu der Täterschaft der betreffenden Person zu treffen.

Teilweise wird angenommen, dass eine Einzelgegenüberstellung in beschränktem Maße geeignet und ihre Durchführung zum Teil auch erforderlich ist. So bezeichnet Artkämper sie als „ultima ratio“: die mit ihr verbundenen Gefahren seien in der Regel zwar größer als ihr Nutzen – praktische Zwänge machten sie aber zum Teil unentbehrlich.[83] So müsse etwa ein Tatverdächtiger unter Umständen bereits deshalb notfalls auch einzeln gegenübergestellt werden, um eine laufende personalintensive Nahbereichsfahndung durch eine schnelle Entscheidung des Tatzeugen beenden zu können.[84]

Glaser argumentiert, dass die Ermittler sich gerade im Rahmen einer Sofortfahndung in einem Dilemma befinden, weil sich ihnen hier nur zwei Alternativen bieten: sie können zum einen eine Einzelgegenüberstellung

80 *Odenthal* NStZ 1985, 433, 433.
81 *Weihmann*, S. 215.
82 *Nöldeke* NStZ 1982, 193, 193.
83 *Artkämper* Kriminalistik 1997, 505, 506.
84 Vgl. *Artkämper* Kriminalistik 1997, 505, 506.

durchführen und hoffen, dass sich noch weitere Beweismittel finden.[85] Die andere Möglichkeit besteht darin, sich auf die Personalienfeststellung zu beschränken und das Risiko einzugehen, dass man des Tatverdächtigen zu gegebener Zeit, zu der er einer Wahlgegenüberstellung zugeführt werden könnte, nicht wieder habhaft werde.[86] Glaser befürwortet eine Einzelgegenüberstellung hier insofern, als in einigen Fällen mangels anderer Beweismittel nur durch sie ein Anhaltspunkt für die Täterschaft eines Verdächtigen gegeben wird. Infolgedessen bestehe unter Umständen nur durch eine solche Einzelgegenüberstellung überhaupt die Möglichkeit, den Verdächtigen vorläufig festzunehmen. Gerade bei schweren Straftaten ist diese Argumentation nachvollziehbar. Eine Einzelgegenüberstellung erscheint hier im Einzelfall unverzichtbar.

Als Einzelgegenüberstellung ist auch die Situation anzusehen, wenn der Zeuge – etwa nach einer Schlägerei – im Streifenwagen die Straßen abfährt und nach dem möglichen Täter Ausschau hält.[87] Hier gibt es kaum eine andere Möglichkeit als einen Verdächtigen einzeln zu präsentieren.

Ungeachtet aller im Einzelfall eventuell gegebenen Notwendigkeit, Einzelgegenüberstellungen durchzuführen, muss der Rechtsanwender sich ihrer hoch suggestiven Wirkung stets bewusst sein und sich in jedem Einzelfall fragen, ob durch sie aussagekräftige Anhaltspunkte für die Täterschaft eines Verdächtigen geliefert werden können. In der Regel werden sich die Ermittlungsbehörden darauf beschränken müssen, den Beweis der Täterschaft ausschließlich mit Hilfe anderer Beweismittel zu führen. Die hohe Suggestionswirkung der Einzelgegenüberstellung spricht gegen die Verwendung ihres Ergebnisses in einem nachfolgenden Strafverfahren, etwa um sie als Indiz für die Täterschaft des Angeklagten zu verwenden.[88] Hierfür sind die aus ihr zu ziehenden Resultate schlicht zu wenig aussagekräftig.

---

85 *Glaser* Kriminalistik 1995, 653, 653.

86 *Glaser* Kriminalistik 1995, 653, 653.

87 Vgl. *Glaser* Kriminalistik 1995, 653, 655.

88 Nach anderer Ansicht ist die Einzelgegenüberstellung trotz ihrer hoch suggestiven Wirkung in gewissem Maße geeignet, als Hinweis für die Täterschaft zu dienen. Auch sie stelle ein Indiz dar, das jedoch durch andere wichtige Gesichtspunkte bestätigt werden müsse (so BGH StV 1996, 649, 650).

## V. Die verdeckte Gegenüberstellung

Die verdeckte Gegenüberstellung ist eine besondere Form der Wahlgegenüberstellung, die darauf abzielt, durch Einsatz eines venezianischen Spiegels oder anderer Hilfsmittel den unmittelbaren Kontakt zwischen Beschuldigtem und Zeugen zu vermeiden.[89] Die verdeckte Gegenüberstellung unterteilt sich wiederum in zwei unterschiedliche Varianten.

Bei der ersten Variante weiß der Beschuldigte, dass er in Augenschein genommen wird. Dieses Verfahren soll dem Zeugen Angst, Scham, Aufregung oder Ähnliches nehmen.[90] Demgegenüber wird dem Beschuldigten dieses Wissen bei der zweiten Variante der verdeckten Gegenüberstellung gerade vorenthalten. Diese Unterform der verdeckten Gegenüberstellung soll dann in Betracht kommen, wenn entweder aus ermittlungstaktischen Gründen noch nicht offiziell an den Verdächtigen herangetreten werden soll oder wenn zu befürchten ist, dass dieser eine „offene" Gegenüberstellung durch körperlichen Widerstand vereiteln würde.[91]

Die verdeckte Gegenüberstellung unterscheidet sich im Ergebnis nur in dem Punkt von der „offenen", dass der Verdächtige den Zeugen nicht sieht, beziehungsweise überhaupt nichts von der Vornahme einer Gegenüberstellung weiß. Die zur Wahlgegenüberstellung aufgestellten Regeln sind ansonsten aber auch bei der verdeckten Gegenüberstellung vollständig einzuhalten, so dass insofern auf obige Darstellung verwiesen werden kann.

## VI. Lichtbildvorlagen

Bei der Lichtbildvorlage handelt es sich um eine Form des Wiedererkennens, bei der dem Zeugen der Tatverdächtige und die Vergleichspersonen nicht persönlich, sondern in Form von Lichtbildern präsentiert werden. Es handelt sich hierbei um eine im Vergleich zur persönlichen Gegenüberstellung deutlich schlechtere Identifizierungsmethode.[92] Problematisch ist zunächst, dass eine Lichtbildaufnahme nur eine Momentwiedergabe aus einem Spektrum vieler Erscheinungsmöglichkeiten und Eindrücke einer

---

89 *Odenthal*, S. 52.

90 *Schweling* MDR 1969, 177, 178.

91 *Odenthal*, S. 52 f.

92 *Odenthal*, S. 59.

Person ist, eine Momentwiedergabe, die beeinflusst ist durch die jeweilige psychologische Situation, in der sich der Fotografierte befunden hat.[93] Lichtbilder geben zudem weder Tiefe noch Bewegung wieder und sind nur aus einem bestimmten Winkel der Kamera aufgenommen.[94] Sie vermitteln von daher keine plastische Vorstellung vom Aussehen einer Person, sondern nur einen zweidimensionalen, statischen Eindruck.[95] Bewegungen, Gesten, Mimik und so genannte Ticks werden verheimlicht.[96] Experimente haben gezeigt, dass Zeugen sich aufgrund dessen leichter festlegen und schon bei einer geringeren Ähnlichkeit bereit sind, eine zur Wahl gestellte Person als Täter zu identifizieren.[97]

Vom Vorgehen her ist zwischen der gezielten Wahllichtbildvorlage ermittelter Verdächtiger und der Präsentation von Lichtbildkarteien zu unterscheiden. Bei der gezielten Wahllichtbildvorlage ist nach den gleichen Grundsätzen wie bei der Wahlgegenüberstellung zu verfahren. Dies schreibt auch Nr. 18 RiStBV explizit vor. Insofern kann auf die obige Darstellung Bezug genommen werden.

Eine Ausnahme von diesen Grundsätzen gilt bei der Präsentation einer Lichtbildkartei. Hier wird dem Zeugen keine von vornherein begrenzte Auswahl von Lichtbildern gezeigt, sondern stattdessen die Gelegenheit gegeben, sich ohne Einflussnahme der Ermittlungsbehörden in der umfänglichen polizeilichen Lichtbildkartei umzusehen. Allein durch die Vielzahl der angebotenen Lichtbilder ist gewährleistet, dass eine Beeinflussung des Zeugen in eine bestimmte Richtung ausgeschlossen ist und sich sein Augenmerk so nicht auf eine bestimmte Person fokussieren kann.[98]

## VII. Stimmidentifizierung

Eine weitere Unterart von Gegenüberstellungen stellt die akustische Gegenüberstellung dar. Bei dieser Form der Gegenüberstellung geht es entweder um die Identifizierung einer auf Tonträger fixierten, den Ermittlern

93 *Steinke* Kriminalistik 1978, 505, 505.
94 Vgl. *Eisenberg*, Rn. 1349.
95 *Odenthal*, S. 59.
96 *Steinke* Kriminalistik 1978, 505, 505.
97 *Bender/Nack/Treuer*, Rn. 1389.
98 Vgl. OLG Köln StV 1992, 412, 413.

unbekannten Täterstimme oder das akustische Wiedererkennen der Stimme eines Tatverdächtigen durch einen „Ohrenzeugen“.[99]

Dabei stellt sich die erstgenannte Art der Stimmidentifizierung insofern als unproblematisch dar, als es unmöglich ist, durch eine fehlerhafte Durchführung der Gegenüberstellung den Verdacht auf einen Unschuldigen zu lenken. Die Ermittler wissen ja selbst nicht, wer der Täter sein könnte. Es liegt dementsprechend allein in der Hand des Zeugen, eine bestimmte Person aus einer unbestimmbar großen Vergleichsgruppe – nämlich allen Personen, die er kennt – zu benennen. Das Risiko einer Falschidentifizierung liegt hier fast ausschließlich in der Sphäre des Zeugen.

Anders verhält es sich jedoch mit der zweiten Form der Stimmidentifizierung, der akustischen Gegenüberstellung durch Präsentation mehrerer Vergleichspersonen. Für die Identifizierung eines Tatverdächtigen aufgrund eines Stimmenvergleichs müssen die Grundsätze der visuellen Gegenüberstellung entsprechend gelten.[100] So müssen etwa in dem Falle, dass die Täterstimme durch eine wie auch immer geartete Eigenart hervorsticht, auch die Vergleichsstimmen eben diese Eigenart aufweisen.[101] Dies gilt zum Beispiel dann, wenn der Täter in einem bestimmten Dialekt spricht oder einen Sprachfehler hat. Die Auswahl der Vergleichspersonen sollte besonders die regionale Sprachherkunft, das biologische Alter und die Stimmfrequenz berücksichtigen.[102]

## *4. Abschnitt: Fehlerbehaftete Gegenüberstellungen*

Nachdem die einzuhaltenden Regeln für die Durchführung einer sachgerechten Gegenüberstellung umrissen wurden, soll unter diesem Abschnitt erläutert werden, welche Faktoren für das Erlangen fehlerhafter Gegenüberstellungsergebnisse ursächlich sein können. Hier wird grundsätzlich zwischen zwei Arten von Fehlern, nämlich systematischen Fehlern und Zufallsfehlern unterschieden.[103] Im Weiteren ist zu erläutern, welche praktischen Auswirkungen falsche Identifizierungen haben können.

---

99 Vgl. *Odenthal*, S. 64 f.

100 BGHSt 40, 66, 69; BGH StV 1994, 638, 639;.

101 *Odenthal*, S. 65.

102 *Odenthal*, S. 67.

103 *Stadler/Fabian/Wetzels* MschrKrim 1992, 75, 76.

## I. Systematische Fehler

Als erste Gruppe der in Betracht kommenden Fehler sind die systematischen Fehler zu nennen. Als systematische Fehler werden alle Faktoren bezeichnet, die das Erkennen eines Tatverdächtigen anders als durch die Übereinstimmung von Gedächtnisrepräsentation und Aussehen bewirken.[104] Solche Fehler liegen dann vor, wenn Besonderheiten in der Vorbereitung oder Durchführung einer Wahlgegenüberstellung oder –lichtbildvorlage die Aufmerksamkeit des Zeugen auf die von der Polizei verdächtigte Person lenken.[105]

Dies wird immer dann der Fall sein, wenn der Tatzeuge auf jedwede Art beeinflusst wird, er sein Erinnerungsbild also nicht ohne Suggestionen wiedergeben kann. Unter äußeren Einflüssen sollen hier die von den Ermittlungsbehörden ausgehenden Beeinflussungen verstanden werden. Die Ursachen systematischer Fehler sind von daher immer im Bereich der Ermittlungsbehörden zu suchen.

Die Spannbreite möglicher Fehler bei der Durchführung von Gegenüberstellungen ist äußerst weit gefächert. Wie bereits erläutert, ist in der Fachliteratur unbestritten, dass die ideale Gegenüberstellung in Form der sequentiellen Video-Gegenüberstellung durchgeführt wird.[106] Insofern könnte bei strenger Sicht jede Gegenüberstellung, die nicht in dieser Idealform durchgeführt wird, als fehlerhaft bezeichnet werden. Dies liefe jedoch der Realität zuwider, da die sequentielle Video-Gegenüberstellung in der Praxis der Ermittlungsbehörden die absolute Ausnahme darstellt. Als allgemeiner Standard sollte in heutiger Zeit stattdessen die „normale“ Gegenüberstellung in simultaner oder – noch besser – sequentieller Form bezeichnet werden.

Aber auch hier sieht die Praxis der Ermittlungsbehörden anders aus. So werden zum Beispiel trotz der obigen Erkenntnisse weiterhin Einzelgegenüberstellungen durchgeführt. Zwar ist in diesem Punkt den Ermittlern zuzugestehen, dass etwa bei Sofortfahndungen nach schweren Straftaten eine Einzelgegenüberstellung manchmal die einzige Möglichkeit ist, den Täter möglichst schnell zu identifizieren und so Gefahren von der Bevöl-

---

104 *Stadler/Fabian/Wetzels* MschrKrim 1992, 75, 77. Systematische Fehler werden auch als Verfahrens- oder auch Prozedurfehler bezeichnet (Vgl. *Köhnken* Kriminalistik 1993, 231, 234).

105 *Köhnken* Kriminalistik 1993, 231, 236.

106 *Mertn/Schwarz/Walser* Kriminalistik 1998, 421, 421 f.

kerung abzuwenden. Auch in anderen Fällen, etwa wenn der vorläufig Festgenommene notwendig dem Haftrichter vorzuführen ist oder bei Vorliegen der evidenten Erfolglosigkeit, Vergleichspersonen zu finden, sind Einzelgegenüberstellungen ausnahmsweise erforderlich.[107]

Andererseits darf jedoch nicht verkannt werden, dass gerade bei Einzelgegenüberstellungen der Zeuge auf den einen Tatverdächtigen „fixiert" wird. Erforderlich ist es daher, gerade bei Einzelgegenüberstellungen die Täterbeschreibung, den Ablauf der Identifizierungsmaßnahme und insbesondere die Reaktionen des Zeugen akribisch genau niederzulegen.[108] Diese Anforderungen werden in der Praxis jedoch nur äußerst selten erfüllt.

Aber auch bei Wahlgegenüberstellungen kommt es häufig zu Fehlern. Hier nur eine kleine Auswahl: Tatzeugen werden nicht getrennt und können sich beraten; Polizeibeamte werden als Vergleichspersonen eingesetzt; die Zahl der Vergleichspersonen ist zu gering; die Vergleichspersonen besitzen nicht alle der vom Zeugen beschriebenen Merkmale usw.

Zudem ist häufig die Dokumentation der Gegenüberstellung unzureichend. Wurde der Tatverdächtige jedoch bei der ersten Gegenüberstellung nicht zu 100 % wiedererkannt, so genügt die Identifikation in der Hauptverhandlung nicht als Beweis, da in der Verhandlung häufig nur die Person der vorangegangenen Gegenüberstellung, nicht jedoch der wahre Täter wiedererkannt wird. Dem wiederholten Wiedererkennen kommt daher kein Beweiswert zu.[109] Um Irrtümer auszuschließen, besteht die Notwendigkeit der lückenlosen Dokumentation des Ablaufs der ersten Gegenüberstellung.

Weitere Fehler unterlaufen den Ermittlern sowohl in der Vorbereitung der Gegenüberstellung als auch in der Nachbereitung. Beispielhaft sei für den ersten Fall die Begegnung von Zeuge und Beschuldigtem auf dem Polizeiflur, für den zweiten Fall das Stellen unzulässiger Fragen durch den Ermittlungsbeamten genannt.

## II. Zufallsfehler

Im Weiteren ist zu bedenken, dass selbst dann, wenn die Ermittlungsbehörden in ihrem Bereich alle Vorgaben, die zur Durchführung einer sach-

107 Vgl. *Artkämper* Kriminalistik 1997, 505, 506.
108 Vgl. *Artkämper* Kriminalistik 1997, 505, 506.
109 Vgl. oben, S. 13 (1. Kapitel 3. Abschnitt I. 5. a.).

gerechten Gegenüberstellung erforderlich sind, eingehalten haben, dies noch nicht die Erlangung eines fehlerfreien Gegenüberstellungsergebnisses gewährleistet. Auch der Tatzeuge selbst ist als Fehlerquelle zu berücksichtigen.

Denkbar ist vornehmlich, dass ein Tatzeuge eine bestimmte Person als Täter identifiziert, obwohl er überhaupt keine genaue Erinnerung an den wirklichen Täter hat. Die aufgrund solcher Umstände zustande gekommenen Identifizierungen werden als Zufallsfehler bezeichnet.[110] Solche betreffen insbesondere Tatzeugen, die kein komplettes Erinnerungsbild besitzen.[111] Ihre Ursache liegt darin, dass Tatzeugen oftmals das Bedürfnis haben, sich als „gute", „konstruktive" Zeugen darzustellen und der Polizei bei der Aufklärung einer Straftat behilflich sein wollen.[112] Hinzu kommt die Problematik, dass Zeugen, die sich beim besten Willen nicht oder nicht zuverlässig zu erinnern vermögen, manchmal glauben, sie würden „versagen", weil sie der Polizei bei der Überführung des Täters nicht helfen können.[113] Wenn ihnen der Beschuldigte dann – was aus anderen Quellen der Fall sein kann – der Tat dringend verdächtig vorkommt, ist der Schritt zu einer Identifizierung des Beschuldigten nicht mehr weit.

Ein weiterer Gefahrenpunkt ist, dass Tatzeugen in der Gegenüberstellung häufig lediglich eine Technik zur „endgültigen" Überführung eines ohnehin schon hinreichend verdächtigen Täters sehen, so dass in dem Glauben, der Polizei sei durch die Identifizierung gedient, leichtfertig diejenige Person benannt wird, die ihrem nur diffusen Erinnerungsbild am Nächsten kommt.[114]

Schließlich ist darauf hinzuweisen, dass der Grad der Gewissheit, den der Tatzeuge der Genauigkeit seines Wiedererkennens zumisst, kein Indikator für die Richtigkeit der Aussage ist. In vielfach abgeänderten Versuchsreihen konnten keine nennenswerten Entsprechungen zwischen Sicherheit und Richtigkeit des Wiedererkennens festgestellt werden.[115]

---

110 *Köhnken* Kriminalistik 1993, 231, 233.

111 *Bender/Nack* II,Rn. 792.

112 *Köhnken* Kriminalistik 1993, 231, 233.

113 *Bender/Nack/Treuer*, Rn. 1351; *Köhnken* Kriminalistik 1993, 231, 233.

114 Vgl. *Stadler/Fabian/Wetzels* MschrKrim 1992, 75, 76; *Köhnken* Kriminalistik 1993, 231, 233.

115 *Nöldeke* NStZ 1982, 193, 195.

## III. Folgen und Häufigkeit fehlerhafter Gegenüberstellungsergebnisse

In der Praxis wirken sich fehlerhaft durchgeführte Gegenüberstellungen vor allen Dingen dahingehend aus, dass sie die fälschliche Identifizierung eines Unschuldigen als Täter zur Folge haben können. Deshalb kommt es darauf an, die Gegenüberstellung lege artis durchzuführen und sowohl systematische Fehler als auch Zufallsfehler zu vermeiden.[116] Dies gelingt jedoch leider in vielen Fällen nicht. Zahlreiche Untersuchungen beschäftigen sich mit der Treffgenauigkeit durchgeführter Identifizierungsgegenüberstellungen. Im Folgenden sollen einige Beispiele gegeben werden, die die Häufigkeit und die Problematik fehlerhafter Gegenüberstellungsergebnisse verdeutlichen.

### 1. Wahrscheinlichkeit eines Zufallstreffers

Zunächst ist auf die oben beschriebenen Zufallsfehler einzugehen. Hier vermag der Tatzeuge aufgrund mangelhafter Erinnerung grundsätzlich nicht, den Täter wiederzuerkennen. Die Wahrscheinlichkeit eines Treffers, mithin des Benennens des wirklichen Täters, bestimmt sich in solchen Fällen nach der Formel 1/n, wobei n die Zahl der gegenübergestellten Personen ausdrückt.[117] Ebenso hoch ist in solchen Fällen aber auch die Wahrscheinlichkeit für jede Vergleichsperson, als Täter benannt zu werden. Je größer also die Zahl der Gegenüberstellungsgruppe ist, desto geringer wird das Risiko eines Zufallsfehlers.[118] Besteht die Gruppe aus fünf Personen, so beträgt die Wahrscheinlichkeit, dass der Verdächtige – auch dann, wenn er tatsächlich völlig unbeteiligt ist – rein zufällig als Täter benannt wird, 20 Prozent. Besteht die Gruppe aus 10 Personen, beträgt die Wahrscheinlichkeit 10 Prozent.

Stehen dagegen zwei oder mehr Zeugen zur Verfügung, kann das Zufallsrisiko erheblich reduziert werden, da in dem Falle, dass mehrere Zeugen unabhängig voneinander dieselbe Person identifizieren, für die Berechnung des Zufallsrisikos der Multiplikationssatz der Wahrscheinlichkeit Anwendung findet.[119] Bei zwei durchgeführten Gegenüberstellungen

---

116 *Bender/Nack/Treuer*, Rn. 1351.

117 *Stadler/Fabian/Wetzels* MschrKrim 1992, 75, 76.

118 *Köhnken* Kriminalistik 1993, 231, 233.

119 *Köhnken* Kriminalistik 1993, 231, 233.

mit einer Gruppengröße von fünf Personen beträgt das Risiko einer Zufallsidentifizierung in dem Falle, dass beide Tatzeugen dieselbe Person als Täter benennen, 0,2 x 0,2 = 0,04, also 4 %.

Abschließend ist zu diesem Punkt auf zweierlei hinzuweisen: Zunächst muss die Gegenüberstellungsgruppe zur Minimierung des Zufallsrisikos Alternativpersonen, also Personen, die nicht als Täter in Frage kommen, enthalten. Denn besteht eine Gegenüberstellungsgruppe ausschließlich aus Verdächtigen, wie es manchmal bei so genannten Massendelikten geschieht, so ist jede Entscheidung ein Treffer.[120] Hier kommt jede der Personen für die Ermittlungsbehörden als Täter in Frage. Anders als bei Gegenüberstellungen mit (bekannt unschuldigen) Alternativpersonen haben die Ermittlungsbehörden hier nichts in der Hand, um die Umstände der Gegenüberstellung zu überprüfen. Das Zufallsrisiko beträgt hier 100 %. Gegenüberstellungen ohne Alternativpersonen wird von daher teilweise jeglicher Beweiswert abgesprochen.[121]

Des Weiteren gilt die Formel 1/n nur, wenn die präsentierten Personen echte Wahlalternativen darstellen. Befinden sich etwa Vergleichspersonen unter den Gegenübergestellten, die der Täterbeschreibung des Zeugen grob widersprechen, also hinsichtlich Körpergröße, Haarfarbe, Haartracht, und besonderer Merkmale nicht mit dieser übereinstimmen, vermindert sich die Zahl der wirksamen Alternativen um die nicht zur Täterbeschreibung passenden Personen.[122]

### 2. Beispiele der Treffgenauigkeit bei Vorliegen systematischer Fehler

Anders als bei Zufallstreffern, bei denen sich die Wahrscheinlichkeit des Benennens des wirklichen Täters nach der Formel 1/n berechnen lässt, ist dies bei systematischen Fehlern nicht möglich. Jedoch gibt es Versuchsreihen, die die unterschiedlichen Trefferquoten bei Vorliegen systematischer Fehler verdeutlichen. Hier sollen nur einige solcher Versuchsreihen beispielhaft genannt werden.

---

120 *Köhnken* Kriminalistik 1993, 231, 234.
121 *Köhnken* Kriminalistik 1993, 231, 233.
122 *Stadler/Fabian/Wetzels* MschrKrim 1992, 75, 76.

### a. Fehlende Merkmalsgleichheit der Vergleichsgruppe

Köhnken gibt etwa folgendes Beispiel für die Auswirkungen fehlender Merkmalsgleichheit in einer Gegenüberstellungsgruppe[123]: In einem von Lindsay, Wallbridge und Drennan durchgeführten Experiment wurden 392 Probanden Zeugen eines inszenierten Diebstahls. Kurz darauf sollten sie den Täter in einer Wahllichtbildvorlage mit sechs Fotos identifizieren, wobei die Hälfte der Probanden ein Bild des tatsächlichen Täters erhielten, während bei den übrigen Zeugen dieses Bild gegen das einer anderen, dem wahren Täter ähnlich sehenden, aber unbeteiligten Person ausgetauscht war.

Die Wahllichtbildvorlagen wurden nun unter drei verschiedenen Bedingungen vorgenommen. In einer ersten Konstellation trugen nur der Verdächtige, beziehungsweise die ihm ähnlich sehende Ersatzperson eine ähnliche Kleidung wie der Täter in der Tatsituation. In einer zweiten Konstellation waren alle Personen verschieden gekleidet und niemand trug eine ähnliche Kleidung wie der Täter. In der dritten Konstellation trugen alle Personen die gleiche Kleidung.

Das Ergebnis der Wahllichtbildvorlage lautete wie folgt: In der Gruppe derer, bei denen in der Wahllichtbildvorlage der wirkliche Täter enthalten war, wirkte sich die Art der Kleidung nicht auf die Quote der korrekten Identifizierungen aus. Anders jedoch bei denen, welchen in der Wahllichtbildvorlage lediglich die Bilder der dem Täter ähnlichen, aber unbeteiligten Person präsentiert wurden. Hier wirkte sich die Art der Kleidung der in der Gegenüberstellung präsentierten Personen deutlich auf die Quote der Falschidentifizierungen aus. Trug nur die dem Täter ähnlich sehende Person in der Gegenüberstellung die gleiche Kleidung wie der Täter, wurde sie in 38 % der Fälle als Täter identifiziert. Waren alle Personen unterschiedlich gekleidet, lag der Anteil falscher Identifizierungen bei 21 %. Trugen schließlich alle Personen die gleiche Kleidung, kam es in 10 % der Fälle zu Falschidentifizierungen.

123 *Köhnken* Kriminalistik 1993, 231, 236.

### b. Simultane und Sequentielle Gegenüberstellungen

In einem weiteren Beispiel stellt Köhnken die unterschiedliche Trefferquoten bei simultanen und sequentiellen Gegenüberstellungen dar:[124] In einem Experiment von Lindsay und Wells wurden 240 Probanden Zeuge eines Diebstahls. Wenige Minuten nach der Wahrnehmung wurden ihnen sechs Lichtbilder präsentiert, wobei die Präsentation bei der ersten Hälfte der Probanden in simultaner Form und bei der zweiten Hälfte der Probanden in sequentieller Form erfolgte. Bei jeweils der Hälfte beider Gruppen wurde das Bild des wirklichen Täters durch eine ihm ähnlich sehende, unbeteiligte Person ersetzt. Auch hier waren die Ergebnisse frappierend.

Während in den Gruppen, die die Bilder des wirklichen Täters vorgelegt bekamen, die Anzahl korrekter Identifizierungen mit 58 % im simultanen Verfahren und 50 % im sequentiellen Verfahren in etwa gleich ausfiel, wirkten sich die unterschiedlichen Verfahren deutlich auf die Zahl der Falschidentifizierungen in den Gruppen aus, denen die Lichtbilder des ähnlichen, unbeteiligten Tatverdächtigen präsentiert wurden. Im simultanen Verfahren wurde der ähnliche, unbeteiligte Tatverdächtige in 43 % der Fälle fälschlicherweise als Täter identifiziert, während er im sequentiellen Verfahren lediglich in 17 % der Fälle fehlerhaft als Täter benannt wurde.

In zwei weiteren, ähnlichen, von Cutler und Penrod durchgeführten Experimenten lag die Häufigkeit der Falschidentifizierungen bei simultanen Gegenüberstellungen mit einem dem Täter ähnlich sehenden Tatverdächtigen bei 39 %, beziehungsweise 43 % und bei sequentiellen Gegenüberstellungen mit einer dem Täter ähnlich sehenden Person bei 19 %, beziehungsweise 21 %.[125] Teilweise werden sogar noch höhere Fehlerquoten angegeben: Bender/Nack/Treuer beziffern die Fehlerquote bei der sequentiellen Gegenüberstellung ohne wahren Täter etwa mit 44 % und bei der simultanen Gegenüberstellung ohne wahren Täter mit 72 %.[126] Zwar entsprechen diese Angaben hinsichtlich der signifikanten Abweichung der Falschidentifizierungen im Vergleich simultaner/sequentieller Gegenüberstellung den Untersuchungen bei Köhnken, interessant ist jedoch bei Bender/Nack/Treuer, dass sie bei beiden Gegenüberstellungsarten eine wesentlich höhere Häufigkeit der Falschidentifizierungen annehmen.

---

124 *Köhnken* Kriminalistik 1993, 231, 255.
125 *Köhnken* Kriminalistik 1993, 231, 255.
126 *Bender/Nack/Treuer*, Rn. 1370.

### c. Bildvorlagen

Nöldeke berichtet von einem weiteren, seitens Deffenbacher, Brown und Sturgill durchgeführten Experiment, welches den Einfluss von Bildvorlagen hervorhebt, aber auch die allgemeine Problematik des Wiedererkennens beschreibt:[127] Den Testpersonen wurde der Täter bei einem simulierten Verbrechen, dann nach einiger Zeit auf einem Foto zusammen mit Vergleichsfotos, wie im polizeilichen Identifizierungsverfahren üblich, und schließlich wieder etwas später im Rahmen einer Gegenüberstellung präsentiert. Bei anderen Testpersonen wurde die zwischenzeitliche Bildvorlage weggelassen.

Als Ergebnis ergab sich folgendes: Täter, die sowohl beim „Verbrechen", als auch bei der Bildvorlage gesehen wurden, konnten in 65 % der Fälle identifiziert werden; Täter, die nur beim „Verbrechen" gesehen wurden, dagegen nur zu 51 %. Unschuldige, die die Testpersonen nur auf den späteren Fahndungsfotos gesehen hatten, wurden in 20 % der Fälle und Unschuldige, die die Testpersonen noch nie gesehen hatten, in 8 % der Fälle als Täter benannt.

Bei dem vorgenannten Versuch bestand die Besonderheit, dass die Testpersonen auf den geplanten Gedächtnistest hingewiesen wurden, sie also unter Umständen aufmerksamer waren. Ohne Hinweis auf den Gedächtnistest, also bei eher unaufmerksamen Testpersonen, wie sie in der Praxis häufiger vorkommen dürften, ergaben sich folgende Prozentzahlen: Die Trefferquote mit Bildvorlage betrug 45 %, die ohne Bildvorlage 24 %. Unschuldige, die auf Fahndungsfotos erstmals gesehen worden waren, wurden in 29 % der Fälle als Täter identifiziert und Unschuldige, die vom Augenzeugen noch nie gesehen wurden, in 18 % der Fälle.

### d. Polizeibeamte als Vergleichspersonen

Schließlich untersuchten Stadler, Fabian und Wetzels in einer experimentellen Studie, ob eine frühere Beobachtung einer Person notwendige Voraussetzung dafür ist, einen Beschuldigten aus einer Reihe von gegenübergestellten Personen herauszufinden oder ob es möglich ist, einen Beschuldigten aus einer Reihe von Polizeibeamten allein aufgrund seiner Körper-

127 *Nöldeke* NStZ 1982, 193, 194.

sprache und sonstiger Merkmale der Gegenüberstellungssituation zu identifizieren.[128] Hierzu wurde eine Gegenüberstellungsgruppe mit 5 Polizeibeamten und einem Beschuldigten gebildet. Das Besondere dabei war, dass die Versuchspersonen den „Beschuldigten" zuvor weder in einem simulierten „Verbrechen", noch in sonstigem Zusammenhang gesehen hatten. Es bestand mithin nur die Vorgabe, zu beurteilen, wer in der Gegenüberstellungsgruppe wohl ein gesuchter Straftäter sein könnte. Dann wurden zwei Gegenüberstellungsdurchgänge unterschiedlicher Dauer durchgeführt.

Bei dem ersten, kürzeren Durchgang wählten 28,2 % der Versuchspersonen den Beschuldigten als gesuchte Person aus. Beim zweiten Durchgang, bei dem die Gegenüberstellungspersonen länger betrachtet werden konnten, wählten 32,3 % den Beschuldigten als gesuchte Person aus. Diese Urteilsverteilung ist höchst signifikant, da die Zufallswahrscheinlichkeit für jede Person bei 16,7 % lag.[129] Sie zeigt, welch großen Einfluss die Körpersprache auf das Auswahlverhalten des Tatzeugen hat. Selbst unbeteiligte Versuchspersonen scheinen in der Lage zu sein, einen Beschuldigten aus einer Reihe von gegenübergestellten Personen zu identifizieren.[130]

### e. Beeinflussung durch Wahlzwang

Weiterhin wurde in dem bereits unter vorigem Punkt dargestellten Experiment von Stadler, Fabian und Wetzels untersucht, ob es für die Identifikation des Beschuldigten eine Rolle spielt, wenn die Tatzeugen zu einer Entscheidung gedrängt werden. Um eine Antwort auf diese Frage zu erlangen, wurde der einen Hälfte der Testpersonen gesagt, unter den sechs Gegenübergestellten befände sich eine Person, die eine schwere Straftat begangen habe. Die andere Hälfte der Testpersonen wurde gefragt, ob sie meine, unter den gegenübergestellten Personen befände sich jemand, der eine schwere Straftat begangen habe. Während die Testpersonen im ersteren Fall also eines gewissen Wahlzwanges ausgesetzt waren, stellte sich ihnen in letzterem Fall eher eine offene Frage.

Als Ergebnis der Untersuchung ist folgendes festzuhalten: im ersten Durchgang, mit der kürzeren Betrachtungszeit, entschieden sich Personen,

---

128 *Stadler/Fabian/Wetzels* MSchrKrim 1992, 75 ff.
129 *Stadler/Fabian/Wetzels* MschrKrim 1992, 75, 81.
130 *Stadler/Fabian/Wetzels* MschrKrim 1992, 75, 83.

an die die offene Frage gerichtet war, zu 26,9 % für den Beschuldigten. In 23,7 % der Fälle antworteten sie mit „weiß nicht“. Bei bestehendem Wahlzwang entschieden sich 29,4 % für den Beschuldigten und 12,8 % antworteten mit „weiß nicht“.

Im zweiten, längeren Durchgang, entschieden sich Personen, an die die offene Frage gerichtet war, zu 24,7 % für den Beschuldigten. Sie antworteten in 11,8 % der Fälle mit „weiß nicht“. Bei bestehendem Wahlzwang entschieden sich 40,0 % für den Beschuldigten und 6,3 % antworteten mit „weiß nicht“.

Die Untersuchung bestätigt insofern die Hypothese, dass Personen, die keine Erinnerung an eine frühere Beobachtung für eine Personenauswahl besitzen, unter der Bedingung einer erzwungenen Wahl seltener bereit sind, „ich weiß nicht“ zu antworten und häufiger bereit sind, eine Person zu identifizieren und auszuwählen, die sich ihnen durch ihr Verhalten als Beschuldigter ausweist.[131]

## IV. Zwischenergebnis

Hinsichtlich der Untersuchung zu Art, Häufigkeit und Folgen fehlerbehafteter Gegenüberstellungen kann folgendes Resümee gezogen werden: Systematische Fehler, die den Ermittlungsbehörden im Gegenüberstellungsverfahren unterlaufen, wirken sich erheblich auf die Identifizierungsleistung der Tatzeugen aus. Durch eigentlich nicht zulässige Beeinflussungen kann sich die Zahl der Identifizierungen deutlich erhöhen. Soweit dabei der wirkliche Täter identifiziert wird, ist dies für die Urteilsfindung im Ergebnis nicht schädlich.

Vorsicht ist jedoch im Hinblick auf die Gefahr der Vornahme möglicher Falschidentifizierungen geboten. Schon bei Befolgung jeglicher Durchführungsregeln kam es bei Gegenüberstellungen mit dem Täter lediglich ähnlich sehenden Tatverdächtigen zu (Falsch-) Identifizierungsquoten von 10 bis 17 %. Die Quote der Falschidentifizierungen steigerte sich dann enorm, wenn zudem systematische Fehler das Identifizierungsverfahren beeinflussten. Unbeteiligte, dem Täter ähnlich sehende Personen wurden hier in bis zu 77 % aller Fälle fälschlicherweise als Täter identifiziert.

131 *Stadler/Fabian/Wetzels* MschrKrim 1992, 75, 85.

Ein weiteres Problemfeld stellt der Bereich der Zufallsfehler dar. Selbst bei aller Gewissenhaftigkeit der Ermittlungsbehörden gibt es immer wieder Fälle, in denen Tatzeugen sich nicht an das Aussehen des Täters erinnern können, dies jedoch nicht zugeben und ihnen gegenübergestellte Personen rein zufällig als Täter benennen.

## *5. Abschnitt: Die bisherige rechtliche Einordnung der Gegenüberstellung*

Vorstehend ist dargestellt worden, was unter dem Begriff der Gegenüberstellung zu verstehen ist und welche Problemfelder sich in ihrem Umfeld auftun: selbst bei ordnungsgemäß durchgeführten Gegenüberstellungen ist von einer gewissen Anzahl fehlerhafter Identifizierungen auszugehen. Diese Quote der Falschidentifizierungen steigt signifikant, wenn die Gegenüberstellung fehlerbehaftet ist. Diese Erkenntnisse betreffen den konkret-praktischen Aspekt der Figur „Identifizierungsgegenüberstellung". Im Weiteren ist nun ihre rechtliche Seite zu beleuchten, wobei zuvorderst zu klären ist, an welcher Stelle im System der Beweismittel die Identifizierungsgegenüberstellung nach herkömmlicher Auffassung eingeordnet wird.

### I. Gegenüberstellung als Zeugenbeweis

Von der ganz herrschenden Meinung wird die Identifizierungsgegenüberstellung als Zeugenbeweis qualifiziert.[132] Eine nähere Begründung hierfür erfolgt in den allermeisten Fällen jedoch nicht.

Einen ersten Anhaltspunkt für die beweisrechtliche Einordnung der Gegenüberstellung als Zeugenbeweis liefert Rogall. Er ordnet die Gegenüberstellung dem Zeugenbeweis unter Bezugnahme auf § 58 Abs. 1 StPO zu[133] und spielt damit offenbar auf die systematische Anordnung der Gegenüberstellungsregelung im Gesetz an. Die Gesetzessystematik spricht für diese Annahme. Die Gegenüberstellung findet in der StPO lediglich einmal, und zwar im 6. Abschnitt des 1. Buches der StPO Erwähnung. Hierbei handelt es sich um den Abschnitt, der dem Beweis durch Zeugen

132 Vgl. nur KK-*Senge*, § 58 Rn. 8; Meyer-Goßner/Schmitt-*Schmitt* § 58 Rn. 9; HK-*Gercke* § 58 Rn. 7; LR-*Ignor/Bertheau* § 58 Rn. 12; KG JR 1979, 347, 348.

133 *Rogall* MDR 1975, 813, 814, Fn. 6.

gewidmet ist. Während § 58 Abs. 1 StPO zunächst regelt, dass Zeugen einzeln und in Abwesenheit der später zu hörenden Zeugen zu vernehmen sind, geht der zweite Absatz der Vorschrift auf Gegenüberstellungen ein. Dort wird die Zulässigkeit von Gegenüberstellungen im Vorverfahren festgestellt, wenn es für das weitere Verfahren geboten erscheint.

Neben der Gesetzessystematik spricht laut Rogall aber auch die Eigenart der Gegenüberstellung selbst für ihre Qualifikation als Zeugenbeweis. Sie erleichtere dem Zeugen zum einen die Aktivierung und Reproduktion seiner Erinnerung und versetze die Strafverfolgungsbehörden zum anderen durch die Vorlage des rekognitiven Substrats in die Lage, das von dem Zeugen gefällte Wiedererkennungsurteil anhand seiner tatsächlichen Grundlagen nachzuvollziehen und auf seinen Richtigkeitsgehalt hin zu überprüfen.[134] Von daher sei und bleibe der gesamte Vorgang einer identifizierenden Gegenüberstellung dem Zeugenbeweis verhaftet.[135]

Ansonsten wird offenbar allein aus der Tatsache, dass der Tatzeuge sich im Rahmen der Gegenüberstellung zu der möglichen Täterschaft bestimmter Personen äußert, geschlossen, dass es sich hierbei um einen Zeugenbeweis handeln müsse. Die aktive Mitwirkung des Zeugen an der Beweiserhebung „Gegenüberstellung“ scheint der Grund für die Einordnung der Gegenüberstellung als Zeugenbeweis zu sein. Hierauf könnte auch hindeuten, dass bei Begründung dieser Einordnung zum Teil folgendermaßen formuliert wird: „Die Gegenüberstellung zum Zwecke der Identitätsfeststellung … ist für den Zeugen, der sie feststellen soll, eine Vernehmung, …“.[136] Anhand der Formulierung „für den Zeugen“ ist zu ersehen, dass der Charakter der Gegenüberstellung aus Zeugensicht beschrieben wird. Er muss – wie bei anderen Befragungen auch – vor den Ermittlungsbehörden aussagen.

### II. Parallelvergleich zur Behandlung experimenteller Beweisanträge

Bestätigt wird die vorstehende These durch Beiträge im Rahmen der Diskussion, wie Anträge rechtlich einzuordnen sind, mit denen erstrebt wird, dass das Gericht die Rekonstruktion bestimmter Vorgänge oder die Vornahme von Versuchen anordnet. Dieser Themenbereich weist insofern Re-

---

134 SK-*Rogall*, § 58 Rn. 29.
135 SK-*Rogall*, § 58 Rn. 29.
136 So z.B. KK-*Senge*, § 58 Rn. 8.

levanz für die hier anzustellende Untersuchung auf, als es auch dort im Kern um die Frage geht, unter welches Beweismittel die entsprechend formulierten Anträge fallen. Handelt es sich bei einer Rekonstruktion, Gegenüberstellung oder ähnlichem Beweisbegehren um einen Zeugenbeweis, so ist der entsprechende Antrag nach § 244 Abs. 3 StPO zu bescheiden. Handelt es sich um einen Sachverständigenbeweis, so ist der Antrag nach § 244 Abs. 4 StPO und handelt es sich um einen Augenscheinsbeweis, so ist der Antrag nach § 244 Abs. 5 StPO zu bescheiden.

### 1. Behandlung experimenteller Beweisanträge als Beweisanregungen

Die herrschende Meinung befasst sich mit dem Thema unter der Prämisse, dass es sich bei den entsprechenden Begehren um bloße Beweisanregungen handelt. Denn als solche sind ihr zufolge Begehren zu qualifizieren, die nicht den Umfang, sondern nur die Art und Weise der Beweiserhebung betreffen. Art und Weise der Beweiserhebung könne nämlich durch Beweisanträge nicht beeinflusst werden.[137] Bei Anträgen auf Durchführung einer Gegenüberstellung handele es sich dementsprechend nicht um echte Beweisanträge, sondern lediglich um Anregungen, den Zeugen in einer bestimmten Art und Weise zu vernehmen. Der Maßstab für die Frage, ob einer solchen Beweisanregung nachzukommen sei, bemesse sich dann allein nach der Sachaufklärungspflicht des Gerichts gemäß § 244 Abs. 2 StPO.[138] Um einen „echten" Beweisantrag im Sinne der Absätze 3 bis 5 des § 244 StPO handele es sich bei solchen Begehren dagegen nicht. Die Vornahme von Experimenten und Versuchen bilde deshalb keine Beweisart in diesem Sinne, sondern könne je nachdem der einen oder der anderen der vom Gesetz ausdrücklich anerkannten Beweisarten zugeordnet werden.[139] In diesem Sinne könne die Vornahme eines Experiments Bestandteil und Gegenstand eines Sachverständigengutachtens oder einer Zeugenaussage sein oder im Rahmen eines Augenscheinsbeweises liegen.[140] Kri-

137 Vgl. etwa *Alsberg-Dallmeyer*, Rn. 225.; Meyer-Goßner/Schmitt-*Meyer-Goßner*, § 244 Rn. 26. Einer anderen Auffassung zufolge handelt es sich bei dem Antrag auf Vornahme von Experimenten, Versuchen und Gegenüberstellungen um einen echten Beweisantrag in Form eines so genannten „Experimentalbeweisantrags" (Vgl. *Karow*, S. 34 m.w.N., 66.).

138 Vgl. *Alsberg-Dallmeyer, Rn. 225.*

139 BGH NJW 1961, 1486, 1487.

140 BGH NJW 1961, 1486, 1487.

terien, aufgrund welcher Argumente eine Zuordnung zu der einen oder anderen Beweisart erfolgt, werden nicht aufgeführt. Offenbar wird davon ausgegangen, dass die begehrte Beweiserhebung schlicht der Beweisart zugeordnet wird, der sie am nächsten steht oder in deren Zusammenhang sie erwähnt wurde.[141]

### 2. Experimentelle Beweisanträge als „echte" Beweisanträge

Fraglich ist, ob die zu der Diskussion um den Charakter experimenteller Beweisanträge vertretene Mindermeinung zu einem anderen Ergebnis kommt. Die Mindermeinung geht davon aus, dass es sich bei dahingehenden Anträgen, Rekonstruktionen, Experimente, Gegenüberstellungen usw. durchzuführen, um so genannte „echte" Beweisanträge handelt, die nach den Absätzen 3 bis 5 des § 244 StPO zu bescheiden sind.[142] Karow prägt für solcherlei Anträge den Begriff des „Experimentalbeweisantrags".[143] Entgegen des ersten Eindrucks ist trotz Schaffung der neuen Begrifflichkeit des „Experimentalbeweisantrags" nicht die Kreation eines neuen Beweismittels intendiert. Die den Experimentalbeweisanträgen zu Grunde liegenden Beweisführungen sollen den limitierten, bereits vorhandenen Beweisarten unterstellt werden.[144] Der „Experimentalbeweis" der Gegenüberstellung setze sich beispielsweise aus den Komponenten Inaugenscheinnahme und anschließender Zeugenbefragung zusammen.[145] Die Beantwortung der Frage, ob ein entsprechender Beweisantrag dann nach den Regeln des Zeugenbeweises oder denjenigen des Augenscheinsbeweises zu bemessen sei, richte sich letztlich nach dem im Beweisantrag angegebenen Beweismittel.[146]

Im Ergebnis erfolgt die Zuordnung von „Experimentalbeweisanträgen" zu einer bestimmten Beweismittelart insofern nach den gleichen Kriterien, wie sie auch von der herrschenden Meinung zum Zwecke der Zuordnung

---

141 So etwa in BGH NJW 1961, 1486, 1487: Die begehrte Rekonstruktion, ob es möglich sei, das Tatopfer von den Vordersitzen auf die Rücksitze zu bugsieren, wurde dem Augenscheinsbeweis zugeordnet, weil der entsprechende Antrag im Zusammenhang mit der Inaugenscheinnahme des Fahrzeugs gestellt wurde.

142 Vgl. etwa OLG Düsseldorf StV 1991, 295, 295; *Karow*, S. 34 m.w.N..

143 *Karow*, S. 28 f.

144 Vgl. *Karow*, S. 66.

145 *Karow*, S. 66.

146 *Karow*, S. 70.

einer Beweisanregung zu der entsprechenden Beweisart vorgenommen wird. Es soll entscheidend darauf ankommen, in welchem konkret vorliegenden Zusammenhang die begehrte Beweiserhebung gestellt wird, mithin, welches Beweismittel vom Antragenden benannt wird.

### 3. Experimentelle Beweisanträge als Beweismittel eigener Art

Eine weitere Auffassung geht im Rahmen der Diskussion zur Rechtsnatur experimenteller Beweisanträge davon aus, dass es sich bei den antragsgegenständlichen Beweisen um Beweismittel eigener Art handelt. Demzufolge dürften Anträge auf Rekonstruktionen, Versuchen und Gegenüberstellungen keiner der in der Strafprozessordnung vorgesehenen Beweisart zugeordnet werden.[147] Bei der Identifizierungsgegenüberstellung würde es sich folglich auch nicht um einen Zeugenbeweis handeln.

Die Annahme einer nicht in der StPO vorgesehenen Beweisart erscheint jedoch problematisch. Es stellt sich die Frage, ob hierdurch gegen wesentliche Grundsätze des herkömmlichen Beweisrechts, insbesondere der Art und Weise der Beweisaufnahme verstoßen würde. Zur Klärung dessen soll auf die dem Gericht zur Verfügung stehenden Möglichkeiten, Beweise zu erheben, eingegangen werden.

#### a. Verfahren der Beweisaufnahme

Beweise können grundsätzlich auf zweierlei Weise erhoben werden. Es bieten sich das Strengbeweisverfahren sowie das Freibeweisverfahren an.

##### aa. Der Strengbeweis

Strengbeweis, d.h. die förmliche Beweisaufnahme, ist das Beweisverfahren nach den §§ 244 bis 256 StPO unter Beachtung der Grundsätze der Mündlichkeit (§ 261 StPO) und Öffentlichkeit der Verhandlung (§ 169 GVG).[148] Die förmliche Beweisaufnahme ist in § 244 StPO niedergelegt

---

147 Vgl. OLG Hamm in OLGSt § 244 Abs. 2, S. 89, 90; VRS 11, 138, 139; 49, 434, 435.

148 Meyer-Goßner/Schmitt-*Meyer-Goßner*, § 244 Rn. 6.

und sieht lediglich enumerativ zugelassene Beweismittel vor.[149] Die StPO nennt nur bestimmte typische Beweisarten und unterwirft auch nur diese dem in § 244 StPO geregelten Beweiszwang.[150] Weitere Beweismittel als die in § 244 StPO aufgezählten sieht die StPO nicht vor, so dass diesbezüglich von dem Numerus clausus der Beweismittel gesprochen wird.[151]

bb. Der Freibeweis

Das so genannte Freibeweisverfahren kennt dagegen keine Bindung an die gesetzlichen Beweismittel, die Vorschriften über die Art der Beweiserlangung gem. §§ 239 ff. StPO finden keine Anwendung und überdies genügt oftmals ein geringerer Grad an Überzeugung seitens des Gerichts, nämlich eine Glaubhaftmachung im Sinne einer „Wahrscheinlichmachung“.[152] Es bleibt hier dem pflichtgemäßen Ermessen des Richters überlassen, wie er sich die Überzeugung von den Voraussetzungen für bestimmte Prozesshandlungen verschaffen will.[153]

cc. Abgrenzung

Der Abgrenzung zwischen den Verfahrensarten wird dahingehend getroffen, dass der Strengbeweis für diejenigen Tatsachen und Erfahrungssätze zu führen ist, auf denen das tatrichterliche Urteil seinem sachlichen Gehalt nach beruht. Die förmliche Beweisaufnahme soll in all den Punkten erfolgen, wo die Beweiserhebung Tatsachen und Erfahrungssätze betrifft, die für den Urteilsspruch zur Schuld- und Rechtsfolgenfrage, zur Entschädigung des Verletzten oder des Angeklagten und zu den Kosten und Auslagen als bedeutsam angesehen werden.[154] Das freie Beweisverfahren findet dagegen Anwendung, wenn es lediglich um die Feststellung des Vorliegens von Verfahrensvoraussetzungen geht, Tatsachen aufgeklärt werden sollen, die nur verfahrensrechtliche Bedeutung haben oder das anzuwen-

149 KK-*Krehl*, § 244 Rn. 1.
150 BGH NJW 1961, 1486, 1487.
151 Vgl. *Beulke* StPO, Rn. 179.
152 Vgl. *Beulke* StPO, Rn. 180.
153 BGHSt 16, 164, 166; 46, 349, 351.
154 KK-*Krehl*, § 244 Rn. 8.

dende ausländische Recht oder das inländische Gewohnheitsrecht zu ermitteln ist.[155]

Die Zuordnung einer Beweisfrage in den Bereich des Strengbeweises oder in das freie Beweisverfahren kann dabei nicht davon abhängig gemacht werden, ob die Tatsache mittelbar oder unmittelbar die Urteilsgrundlagen beeinflusst, da dies für prozessuale und materielle Fragen gleichermaßen gilt.[156] Der mittelbare Einfluss der Tatsache auf die sachlichrechtliche Entscheidung bleibt außer Betracht, da es sonst kaum Tatsachen gäbe, die nur prozesserheblich sind.[157]

### b. Stellungnahme

Unter Zugrundelegung der vorstehenden Darlegungen muss eine Beweiserhebung, die auf die Feststellung der Tatsache „Wiedererkennen" gerichtet ist, zweifellos dem Strengbeweisverfahren zugeordnet werden. Das Wiedererkennen einer Person als Täter ist für die Schuldfrage bedeutsam und betrifft gerade nicht den Bereich der Prozessvoraussetzungen oder der sonstigen prozesserheblichen Tatsachen. Im Strengbeweisverfahren sind aber gerade nur die explizit in der StPO aufgeführten Beweismittel zulässig. Die Schaffung einer neuen Beweisart ohne gesetzliche Grundlage ist nicht durchführbar. Jedoch liefert die Auffassung, die in den Beweismitteln, die den so genannten experimentellen Beweisanträgen zu Grunde liegen, Beweismittel eigener Art sieht, wertvolle Denkanstöße für eine eventuell neu vorzunehmende Einordnung der Beweismittel. Die Auffassung weist darauf hin, dass es sich bei Beweisbegehren mit experimentellem Inhalt gerade nicht um solche herkömmlicher Art handelt.

## III. Zwischenergebnis

Insgesamt erscheint die Einordnung der Gegenüberstellung als Zeugenbeweis auf den ersten Blick nicht besonders fern liegend – immerhin muss

155 *Alsberg-Dallmeyer, Rn. 230.*

156 KK-*Krehl*, § 244 Rn. 9. Im Einzelfall besteht aber Streit darüber, ob es sich bei der aufzuklärenden Tatsache um eine prozessuale oder um eine Schuld- oder Straffrage handelt. Vgl. hierzu *Beulke* StPO, Rn. 180.

157 *Alsberg-Dallmeyer, Rn. 244.*

ihr eine Vernehmung des Zeugen zu den Umständen der behaupteten Wahrnehmung wie auch zu den Merkmalen der betreffenden Täterperson vorausgehen.[158] Nach der Gegenüberstellung wird der Zeuge zu ihrem Ergebnis und den hierfür ausschlaggebenden Gründen befragt.[159] Die Befragung des Zeugen vor und nach der Gegenüberstellung gleicht rein äußerlich betrachtet insofern einer Vernehmungssituation. Andererseits ist darauf hinzuweisen, dass es nicht nur deshalb, weil die Gegenüberstellung aus Zeugensicht einer Vernehmung gleicht, denknotwendig heißen muss, dass es sich hierbei tatsächlich um einen Zeugenbeweis handelt. Möglicherweise kann die Identifizierungsgegenüberstellung auch anderen Beweisarten zugeordnet werden. In Betracht kommen hier insbesondere auch Elemente des Sachverständigenbeweises. Hierauf wird die Untersuchung unter anderem im Folgenden auszurichten sein.

---

158 Vgl. OLG Koblenz StV 2007, 348, 349; OLG Hamm StV 2005, 433, 434; *Eisenberg*, Rn. 1344.

159 Vgl. *Odenthal*, S. 51.

# 2. Kapitel: Gegenüberstellung und Zeugenbeweis

Aufgrund der Tatsache, dass die Identifizierungsgegenüberstellung von der herrschenden Meinung als Zeugenbeweis qualifiziert wird, ist zunächst die Richtigkeit dieser These zu untersuchen.

## *1. Abschnitt: Der Gegenstand des Zeugenbeweises*

Zu prüfen ist, was unter dem Begriff „Zeugenbeweis" überhaupt zu verstehen ist.

### I. Der Zeugenbeweis als subjektiver Personalbeweis

Eine Vorschrift, die den Begriff des Zeugen definiert oder in seinen Grundzügen beschreibt, gibt es im deutschen Strafprozessrecht nicht.[160] Zeuge ist, wer als Beweisperson in einem nicht gegen ihn selbst gerichteten Strafverfahren Auskunft über persönliche Wahrnehmungen geben soll.[161] Beweisrechtlich ist der Zeuge als eine Form des Personalbeweises zu qualifizieren. Im Unterschied zum Sachbeweis, bei dem – wie der Name es schon verrät – eine Sache als Beweismittel dient, ist bei dem Personalbeweis der Mensch selbst das Beweismittel.[162]

Der Personalbeweis kann weiter in den objektiven und den subjektiven Personalbeweis untergliedert werden. Als objektiver Personalbeweis wird der Zeuge angesehen, dessen Beweisbedeutung sich darin erschöpft, dass sein Körper zum Beweis einer Tatsache einer Augenscheineinnahme oder einer Untersuchung unterzogen wird.[163]

Subjektiv ist der Personalbeweis, wenn er auf menschlichem Wissen, Wahrnehmen, Empfinden und Denken beruht, der Mensch also aktives

---

160 SK-*Rogall*, Vor § 48 Rn. 7.
161 *Eisenberg*, Rn. 1000.
162 *Peters*, S. 325.
163 Vgl. *Alsberg-Dallmeyer, Rn. 298.*

Beweismittel ist.[164] Die Leistung, die der Zeuge im Rahmen seiner Funktion als subjektiver Personalbeweis zu erbringen hat, besteht in der Preisgabe seines Wissens zum Verfahrensgegenstand.[165] Der Mensch formt seine geistigen Vorstellungen zur mitteilenden Äußerung. Wirkmittel ist die Aussage.[166]

## II. Die Aussagen herkömmlicher Zeugen und die Aussagen von Gegenüberstellungszeugen

Aus dem Vorstehenden ergibt sich, dass die Leistungen einer Person, die an einer Identifizierungsgegenüberstellung mitwirkt, mit den Leistungen eines herkömmlicher Zeugen gleichgesetzt werden. Zu untersuchen ist nun, ob die Aussage, die der Tatzeuge im Rahmen der Gegenüberstellung tätigt, mit einer solchen zu vergleichen ist, die gewöhnlicherweise als Zeugenaussage angesehen und somit dem Bereich des subjektiven Personalbeweises zugeordnet wird. Denn nur dann ist diese Einordnung ohne Weiteres möglich.

### 1. Die Bestandteile einer Zeugenaussage

Es stellt sich zunächst die Frage, was unter dem Begriff der Aussage überhaupt zu verstehen ist. Eine Aussage im Rahmen einer Zeugenvernehmung liegt vor, wenn eine Person einen (konkret) erlebten Sachverhalt wiedergibt.[167] Wahrnehmung und Wiedergabe sind Anfangs- bzw. Endpunkt eines Prozesses, der vom Gedächtnis zusammengehalten wird.[168] Dementsprechend wird die Gedächtnisleistung eines Menschen, die letztendlich zu einer Aussage führt, in drei Phasen eingeteilt: die Phase der Wahrnehmung, die Phase der Speicherung und Erinnerung (bzw. des Behaltens) sowie die Phase der Wiedergabe bzw. des Abrufs.[169]

---

164 *Peters*, S. 325.
165 SK-*Rogall*, Vor § 48 Rn. 13.
166 *Peters*, S. 325.
167 Vgl. *Eisenberg*, Rn. 1362 f.
168 *Eisenberg*, Rn. 1364 a.
169 Vgl. *Sporer/Meurer*, S. 59; *Eisenberg*, Rn. 1363, *Odenthal*, S. 22.

## a. Die Wahrnehmung

Allen Zeugenaussagen liegt ein Tatbestand zu Grunde, der dem Zeugen auf dem Wege der Wahrnehmung vermittelt worden ist. Unter einer Wahrnehmung (Apperzeption) ist die sinnhafte Verarbeitung empfundener Reize zu verstehen, in deren Verlauf der Mensch empfundene Sinnesreize auswählt, organisiert und im Rahmen eines bedeutungsvollen und zusammenhängenden Bildes von der Welt interpretiert.[170]

### aa. Gegenstand der Wahrnehmung

Fraglich ist, was Bezugspunkt einer Aussage ist.

#### (1.) Wahrnehmung von Ganzheiten

Teilweise wird formuliert, Gegenstand der Zeugenaussage sei, dass der Zeuge eine persönliche Wahrnehmung über einen in der Vergangenheit liegenden Vorgang bekunden solle.[171] Gegenstand der Aussage seien damit Tatsachen.[172] Tatsachen sind dem Beweis zugängliche, konkrete, nach Zeit und Raum bestimmte, der Vergangenheit angehörige Geschehnisse oder Zustände der Außenwelt und des menschlichen Innenlebens.[173]

Auch wenn die vorstehende Definition sicherlich den Kern dessen wiedergibt, was eine Zeugenaussage bewirken soll, nämlich ein bestimmtes Geschehen bekunden, so verbirgt sie dennoch teilweise die Problematik, die in einer Zeugenaussage insbesondere auch auf Wahrnehmungsebene liegt. Diese Problematik ist darin zu sehen, dass es die „Tatsache als solche“ nicht gibt. Was der Mensch als Tatsache wahrnimmt, sind lediglich Ganzheiten (chunks), auf die er aus den wahrgenommenen Einzelheiten (items) schließt, also Tatsachenurteile oder Schlüsse.[174]

Bender/Nack/Treuer veranschaulichen dies folgendermaßen: „Wenn ich die „Tatsache“ berichte: „Ich habe eine Frau gesehen“, dann habe ich in

170 *Bender/Nack* I, Rn. 10.
171 BGHSt 22, 347, 348.
172 KK-*Senge*, Vor § 48 Rn. 1.
173 Vgl. BGH NJW 1993, 930, 931; BGH NJW 1992, 1314, 1315 f.
174 *Bender/Nack/Treuer*, Rn. 18.

Wirklichkeit vielleicht eine Person gesehen mit Rock, langen Haaren und weichen Gesichtszügen. Es könnte sich allerdings auch um einen jugendlichen Schotten gehandelt haben oder um einen Transvestiten."[175] Durch dieses Beispiel wird deutlich, dass in demjenigen, was ein Zeuge als „Tatsache" bekundet, bereits Wertungen und Schlussfolgerungen enthalten sind, die ihrerseits wiederum einer Überprüfung bedürfen.

Festgehalten werden kann auch unter Berücksichtigung der angebotenen Definitionen von „Wahrnehmung" deshalb lediglich, dass das, was eine Beweisperson wahrnimmt, nicht zwingend tatsächliches Geschehen sein muss. Eine Beweisperson kann seinen Wahrnehmungen nur Informationen entnehmen. Die Informationen, die der Mensch dann schließlich über das Geschehene preisgibt, sind nicht Gegenstand seiner vorherigen Wahrnehmungen, sondern ihr Resultat.

Es soll insofern deutlich werden, dass die Wahrnehmungen des Menschen nicht zwangsläufig realem Geschehen entsprechen. Nichtsdestotrotz soll zur Vereinfachung im Folgenden nicht von „chunks" oder „items", sondern von „Tatsachen" gesprochen werden, wenn es um das Wahrgenommene geht.

#### (2.) Möglichkeit der Wahrnehmung von Negativtatsachen

Im Rahmen der Gegenüberstellung geht es um die Frage, ob der Zeuge den Tatverdächtigen unter den gegenübergestellten Personen als Täter wiedererkennt. Mögliche Antworten sind insofern „Ja, diese Person ist der Täter", „Nein, keine der hier gezeigten Personen ist der Täter", sowie verschieden Zwischenstufen dieser Positionen.

Zu untersuchen ist, ob sowohl das Erkennen einer der gegenübergestellten Personen als Täter als auch das Nichtwiedererkennen einer der gegenübergestellten Personen als Täter als Gegenstand der Wahrnehmung gelten kann. Dies bestimmt sich danach, was alles unter den Begriff der „Wahrnehmung" als Bestandteil einer Aussage fallen soll.

Eisenberg definiert beispielsweise als Gegenstand der Aussage die vom Zeugen persönlich wahrgenommenen, vergangenen oder (betreffend noch

175 *Bender/Nack/Treuer*, Rn. 18.

andauernder Tatfolgen) gegenwärtigen, positiven oder negativen, äußeren oder inneren, unter Umständen auch hypothetischen Tatsachen.[176]

Es soll hier zunächst besonderes Augenmerk auf die Feststellung Eisenbergs gelegt werden, derzufolge auch negative Umstände, also tatsächlich nicht Geschehenes, Gegenstand einer Wahrnehmung sein kann. Dies versteht sich keineswegs von selbst, da der Mensch etwas, was gerade nicht stattgefunden hat, eben auch nicht (positiv) mit seinen Sinnesorganen wahrnehmen kann. Es soll deshalb untersucht werden, wie im Rahmen des Zeugenbeweises allgemein mit Negativtatsachen, also Geschehnissen, die sich gerade nicht ereignet haben, umgegangen wird.

Das Problem des Umgangs mit Negativtatsachen wird vornehmlich im Rahmen des Beweisantragsrechts relevant, nämlich wenn es um die Frage geht, ob so genannte Negativtatsachen Gegenstand eines Beweisantrags sein können. Hierauf soll im Folgenden eingegangen werden, da sich hierdurch möglicherweise Rückschlüsse darauf ziehen lassen, ob es sich bei der Bekundung „Keine der gegenübergestellten Personen ist der Täter" um eine Wahrnehmung und damit um eine – unter diesem Gesichtspunkt – typische Zeugenaussage handelt.

#### (a.) Ausgangspunkt der herrschenden Meinung

Die herrschende Meinung, die von der Rechtsprechung und von weiten Teilen der Literatur getragen wird, meint grundsätzlich, dass das Unterbeweisstellen einer „Negativtatsache", also beispielsweise die Behauptung, der Angeklagte habe sich zur Tatzeit nicht am Tatort aufgehalten, keine konkrete Tatsachenbehauptung zum Gegenstand habe und es sich hierbei deshalb nicht um einen nach § 244 StPO zu bescheidenden Beweisantrag handele;[177] Denn ein Zeuge könne nur über seine eigenen Wahrnehmungen vernommen werden, sei es, dass er die von ihm zu bekundenden Tatsachen gesehen, gehört, gelesen, gefühlt oder mit seinem Geschmackssinn wahrgenommen habe. Gegenstände des Zeugenbeweises könnten deshalb nur solche Umstände und Geschehnisse sein, die mit dem Beweismittel

---

176 *Eisenberg*, Rn. 1003.

177 Vgl. BGHSt 39, 251, 253; 43, 321, 326 f., 329 ff.; BGH StV 1993, 454, 454 f.; BGH NJW 2003, 2761, 2761 f.; BayObLG NJW 1996, 331, 331; Meyer-Goßner/Schmitt-*Meyer-Goßner*, § 244 Rn. 20 b; *Pfeiffer* StPO § 244 Rn. 14; *Senge* NStZ 2002, 225, 230.

unmittelbar bewiesen werden sollen.[178] Solle aus den Wahrnehmungen des Zeugen auf ein bestimmtes weiteres Geschehen geschlossen werden, sei nicht dieses weitere Geschehen, sondern nur die Wahrnehmung des Zeugen tauglicher Gegenstand des Zeugenbeweises.[179]

Es müsse deshalb eine Abgrenzung zwischen Beweistatsache und Beweisziel getroffen werden.[180] Als Beweis benannt bzw. zum Gegenstand des Beweisantrags gemacht werden dürfen demnach nur Tatsachen, die der Zeuge direkt bekunden kann. Schlüsse aus den Wahrnehmungen des Zeugen habe allein das Gericht zu ziehen.[181] Ein Beweisziel darf demnach nicht zum Gegenstand des Zeugenbeweises erhoben werden.

Werde beispielsweise die Vernehmung eines Zeugen zum Beweis der Tatsache beantragt, dass ein bestimmter Vorgang nicht stattgefunden habe, der Zeuge diesen Vorgang aber – hätte er stattgefunden – nicht zwingend wahrgenommen hätte, so sei nur ein Beweisziel Gegenstand des Antrags und nicht eine Beweistatsache.[182] Wird also mit einem Beweisantrag lediglich behauptet, ein bestimmtes Ereignis habe nicht stattgefunden, so sei ein entsprechender Beweisantrag nicht hinreichend bestimmt.[183] In derartigen Fällen werde ein Zeuge nur selten unmittelbar die behauptete Negativtatsache bekunden können. Vielmehr werde der Zeuge meist nur angeben können, bestimmte Geschehnisse wahrgenommen oder nicht wahrgenommen zu haben, wobei erst diese Bekundungen auf der Grundlage des bisherigen Beweisergebnisses möglicherweise den Schluss erlauben, ob ein bestimmtes Ereignis stattgefunden oder nicht stattgefunden habe.[184]

Ausnahmen bestünden nur dann, wenn es sich um einfach gelagerte Abläufe handele, die sich zudem in wenigen Augenblicken zugetragen haben sollen.[185] Darüber hinaus liege eine hinreichend bestimmte (Negativ-) Beweistatsache nur dann vor, wenn behauptet werde, eine Person habe ein in ihrer Anwesenheit angeblich geschehenes Ereignis nicht wahrgenommen, und das Ereignis habe daher nicht stattgefunden, da die Person es

178 BGHSt 43, 321, 329.
179 BGHSt 39, 251, 253.
180 BGH BStZ 2007, 112, 113.
181 BGHSt 39, 251, 253.
182 Vgl. BGH NJW 2003, 2761, 2761 f.
183 *Senge* NStZ 2002, 225, 230.
184 BGHSt 39, 251, 254.
185 *Senge* NStZ 2002, 225, 230.

nach den konkreten Umständen aufgrund ihrer Anwesenheit hätte bemerken müssen.[186]

### (b.) Übertragung der Ansicht zum Beweisantragsrecht auf den Bereich der Wahrnehmungen

Fraglich ist nun, ob eine Person unter Anwendung der vorstehenden Grundsätze Negativtatsachen wahrnehmen kann.

Es wird in diesem Zusammenhang darauf hingewiesen, dass die Ausgangsposition der herrschenden Meinung sicher kritikwürdig[187] ist, hierauf allerdings nicht näher eingegangen werden soll, da es unter dem hiesigen Punkt ausschließlich darum geht, ob die Aussage eines Wiedererkennungszeugen nahtlos in das Schema passt, das die herrschende Meinung für Zeugenaussagen vorsieht, da schließlich sie – die herrschende Meinung – die Aussage des Gegenüberstellungszeugen als herkömmliche Zeugenaussage ansieht.

Zur Beantwortung der Fragestellung soll eine Übertragung der Rechtsprechung zur Bescheidung von Beweisanträgen mit Negativbehauptun-

---

186 Vgl. BGH StV 2008, 564, 565.

187 Vgl. insofern beispielsweise KK-*Herdegen*, 5. Auflage, § 244 Rn. 46 a, der die Rechtsprechung zum Beweisantragsrecht bei Negativtatsachen vor allem in dreierlei Hinsicht kritisiert: 1. Braucht der Antragssteller den tatsächlichen Wissensstand des von ihm benannten Zeugen nicht zu kennen, trifft ihn keine Informationspflicht, darf er auf der Grundlage von Anhaltspunkten unter Beweis stellen, was er vermutet oder für möglich hält, kann von ihm nicht verlangt werden, dass er das vom Zeugen Wahrgenommene, dessen sensorische Perzepte, präsentiert. 2. Weil so gut wie alle nicht sehr simplen Zeugenaussagen aus der subjektiven Formung des Wahrnehmungserlebnisses und aus dem Vermögen oder Unvermögen zur adäquaten Wiedergabe der im Gedächtnis gespeicherten Daten sich ergebende Folgerungen sind, haben „folgerungsfreie“ Beweisbehauptungen seltenheitswert. 3. Zeugenrolle und Funktion des Bestimmtheitsgrundsatzes stehen in keinem Zusammenhang. Das Bestimmtheitserfordernis ist kein Mittel dafür, dass Zeugen für Wahrnehmungen werden, die sie tatsächlich gemacht haben.
Sarstedt/Hamm weisen zudem darauf hin, dass es überhaupt keine Zeugenaussagen gibt, die ohne Verarbeitung durch allerlei Schlussfolgerungen „unmittelbar“ Wahrnehmungen in die Beweiswürdigung transportieren. Es sei vielmehr Aufgabe der Beweiserhebung und der Ausübung des Fragerechts aller Prozessbeteiligten, die Wissensquellen des Zeugen in Erfahrung zu bringen und seine Wahrnehmungs, Verarbeitungs- Merk- und Reproduktionsarbeit auf ihre wahrheitsfördernde Kraft hin zu untersuchen (Vgl. *Sarstedt/Hamm*, Rn. 590).

gen auf die Frage erfolgen, ob eine Person eine Negativtatsache wahrnehmen kann. Weitergehend ist dann zu fragen, ob konkret das Nichterkennen einer Gegenüberstellungsperson eine Wahrnehmung im Sinne dieser Auffassung sein kann.

Die hier zu Grunde gelegte Auffassung geht grundsätzlich davon aus, dass die bloße Behauptung, ein Ereignis habe nicht stattgefunden, nicht genügt, um eine für einen Beweisantrag hinreichende Bestimmtheit zu erreichen, da hierdurch nur das Beweisziel, nicht aber eine Beweistatsache benannt werde. Konsequenterweise dürfte nach dieser Auffassung dann auch eine Aussage über eine Negativtatsache nicht als Wahrnehmung im herkömmlichen Sinne gelten.

Zu eben diesem Ergebnis gelangt Niemöller, wenn er die herrschende Meinung folgendermaßen interpretiert: „Ausgehend von der Annahme, dass beim Antrag auf Zeugenbeweis nur Wahrnehmungen des Zeugen tauglicher Gegenstand eines Beweisantrags seien, scheidet er [der BGH] damit für den Regelfall „Negativtatsachen" (das Fehlen bestimmter Umstände oder das Ausbleiben bestimmter Ereignisse) aus dem Bereich der Wahrnehmungen aus und weist sie dem Bereich der Schlussfolgerungen zu, die – weil dem Zeugenbeweis unzugänglich – nicht Gegenstand der Behauptung eines Beweisantrags sein könnten.[188]

Deutlich wird diese Konsequenz insbesondere auch in der bereits oben zitierten Entscheidung BGHSt 43, 321, 329, in der der BGH unter dem Begriff der „Wahrnehmung" ausschließlich das subsumieren will, was der Mensch sehen, hören, lesen, fühlen oder mit seinem Geschmackssinn wahrnehmen kann. Dinge, die der Mensch also gerade nicht mit seinen Sinnesorganen aufnehmen kann, sollen auch keine Wahrnehmungen sein.

Zu dem gleichen Ergebnis gelangen schließlich auch Schlüchter und Duttge, wenn sie formulieren, unter einer bestimmten Tatsache sei stets ein konkreter Wahrnehmungsinhalt und nicht nur eine bloße Negative oder Schlussfolgerung zu verstehen.[189]

---

188 *Niemöller* StV 2003, 687, 692.

189 Vgl. *Schlüchter/Duttge* NStZ 1998, 618, 618 sowie SK-Loseblattsammlung-*Schlüchter*, § 244 Rn. 57. Im Ergebnis ist diese von der herrschenden Meinung gezogene Schlussfolgerung ebenso fragwürdig wie die von ihr eingenommene Position hinsichtlich der Bescheidung von Beweisanträgen, die Negativtatsachen zum Inhalt haben (Vgl. hierzu oben Fn. 173). Die Unterscheidung zwischen unmittelbar vom Zeugen wahrgenommenen Tatsachen und den erst im Wege der Schlussfolgerung gewonnenen Erkenntnissen widerspricht nach Ansicht von Hamm elementarstem Grundwissen über die Psychologie des Zeugenbeweises.

### (c.) Konsequenz dieser Auffassung für den Bereich der Gegenüberstellungen

Diese Konsequenz, die aus der Sichtweise der herrschenden Meinung zu ziehen ist, muss dann auch für den Bereich der Gegenüberstellungen gelten. Denn auch die Aussage „ich erkenne keine der hier gezeigten Personen als Täter wieder“ kann als Negativtatsache nicht genügen, um als Wahrnehmung im Rahmen einer Aussage angesehen zu werden. Die bloße Bekundung des Nichterkennens einer Person ist bei Übertragung der Ergebnisse der hier dargelegten Auffassung auf die Frage, ob eine Wahrnehmung vorliegt, zu unbestimmt. Es sind zahlreiche Möglichkeiten dafür denkbar, dass eine der Gegenüberstellungspersonen der Täter ist, obwohl die Beweisperson ihn im Rahmen der Gegenüberstellung nicht wiedererkannt hat. Gründe hierfür könnten beispielsweise sein, dass der Tatzeuge kurz abgelenkt oder es bereits dunkel war.

Das bloße Nichterkennen einer Person kann unter Zugrundelegung dessen daher nicht genügen, um von einer Wahrnehmung zu sprechen. Denn ebensowenig wie Beweisanträge, die Negativtatsachen zum Inhalt haben, als bestimmt genug angesehen werden, um einen unmittelbaren Schluss auf das Nichtgeschehen des jeweiligen Ereignisses zu ziehen, wird ein Wiedererkennungszeuge unmittelbar die Negativtatsache bekunden können. Er wird in der Regel vielmehr nur angeben können, eben keine der hier präsentierten Personen erkannt zu haben, wobei dann diese Bekundung auf der Grundlage des bisherigen Beweisergebnisses möglicherweise den Schluss erlauben wird, dass in der Tat keine der gegenübergestellten Personen der Täter ist. Dies erfüllt allerdings nicht die Bestimmtheitsanforderungen, die die hier dargestellte Auffassung an Aussagen bzw. Zeugenwahrnehmungen stellt, wenn es sich um Negativtatsachen handelt.

---

Die „reine“ Wahrnehmung gebe es nicht. Die Speicherung von menschlichem Wissen über die Sinneswahrnehmungen gehe stets mit gedanklicher Verarbeitung einher, die insbesondere auch in Schlussfolgerungen auf der Grundlage von Erfahrungen und höchst subjektiven, vielfältigen Vorverständnissen bestehe. Es sei einem Zeugen nicht möglich, beim Vorgang des Sich-Erinnerns die reine Sinneswahrnehmung von der gleichzeitig oder später abgelaufenen gedanklichen Verarbeitung zu trennen (Vgl. *Hamm* StV 1993, 455, 457). Es mache somit keinen Unterschied, ob ein Zeuge eine Positiv- oder eine Negativtatsache bekunden solle. Es handele sich gleichermaßen um Wahrnehmungen, die einer gedanklichen Verarbeitung und damit auch gewissen Schlussfolgerungen unterliegen. Auch Negativtatsachen könnten damit wahrgenommen werden.

Anderes könnte allenfalls dann gelten, wenn die Beweisperson zugleich bekundet, weshalb sie den Täter gesehen hat und weshalb es gerade ausgeschlossen ist, dass eine der gegenübergestellten Personen der Täter ist, wenn sie – die Beweisperson – auch keine der gegenübergestellten Personen im Rahmen der Gegenüberstellung wiedererkannt hat. Dies wird aber in den seltensten Fällen so eindeutig gesagt werden können.

Konsequenz der Sichtweise der herrschenden Meinung ist letztendlich, dass die Aussage eines Gegenüberstellungszeugen sich nur dann auch auf eine Wahrnehmung bezieht, wenn er eine Person wiedererkennt oder wenn er mit hinreichender Bestimmtheit und mit nachvollziehbarer Begründung ausschließen kann, dass es sich bei einer der gegenübergestellten Personen um den Täter handelt. Im Regelfall wird der Gegenüberstellungszeuge im Falle des Nichterkennens jedoch nicht eine solch hinreichende Begründung dafür liefern können, weshalb es ausgeschlossen ist, dass sich der Täter unter den präsentierten Personen befindet.

In dem Falle, dass ein Wiedererkennungszeuge im Rahmen seiner Vernehmung bekundet, keine der präsentierten Personen sei der Täter, darf unter Zugrundelegung der Ansicht der herrschenden Meinung deshalb keine Tatsache vorliegen, die Gegenstand einer Wahrnehmung sein kann. Das heißt, dass in diesem Fall auch nicht die Voraussetzungen für das Vorliegen einer Aussage gegeben sind. Die Äußerung eines Wiedererkennungszeugen im Rahmen einer Gegenüberstellung stellt deshalb unter Zugrundelegung der Ausgangspositionen der herrschenden Auffassung keine Aussage dar.

Im Ergebnis ist hier deshalb ein deutlicher Unterschied zwischen der Leistung einer Beweisperson im Rahmen einer Gegenüberstellung und der Leistung eines herkömmlichen Zeugen auszumachen. In den Fällen, in denen ein Tatzeuge keine der gegenübergestellten Personen erkennt, entfällt unter Zugrundelegung der herrschenden Meinung das Element der Wahrnehmung. Folglich kann das, was der Zeuge insofern bekundet, auch keine Aussage im Sinne der Bekundung eines „wahrgenommenen Geschehens" sein. Damit ist die von ihm erbrachte Leistung auch nicht mit derjenigen zu vergleichen, die von einem herkömmlichen Zeugen verlangt wird, nämlich die Bekundung eines von ihm wahrgenommenen positiven Geschehens.

### bb. Zeitlicher Anknüpfungspunkt des Wahrgenommenen

Zu untersuchen ist im Weiteren, ob bei der Gegenüberstellung auch der zeitliche Anknüpfungspunkt hinsichtlich der zu bekundenden Tatsachen im Vergleich zur herkömmlichen Wahrnehmung identisch ist oder ob hier eine neue Komponente hinzutritt.

Merkmal einer Aussage ist im Allgemeinen, dass der Zeuge Wahrnehmungen über einen in der Vergangenheit liegenden Vorgang bekundet.[190] Eisenberg führt insofern aus, dass – unter der zeitlichen Komponente gesehen – der Zeuge vergangene oder (betreffend noch andauernder Tatfolgen) gegenwärtige Tatsachen bekunden soll.[191]

Unter Berücksichtigung der vorgenannten Definitionen kann so festgehalten werden, dass Zeugenaussagen sich im Grundsatz auf vergangenes Geschehen beziehen. Dies scheint zunächst auch nahe liegend, da in Gerichtsverfahren in der Vergangenheit liegende Sachverhalte aufgearbeitet werden. Die Hinzufügung Eisenbergs ist dahingehend zu verstehen, dass es nicht ausgeschlossen ist, dass ein Zeuge auch etwas über den Jetzt-Zustand berichtet, etwa wenn es um seinen heutigen Gesundheitszustand geht, nachdem ihm vom Angeklagten Verletzungen beigebracht wurden.

Fraglich ist nun, ob die Äußerungen, die der Tatzeuge im Rahmen der Gegenüberstellung tätigt, sich ebenfalls nur auf inhaltlich vergangenes Geschehen beziehen. Dies trifft zunächst auf den Komplex zu, der die Gegenüberstellung einleitet. Im Vorfeld der Gegenüberstellung ist der Zeuge über die Tat und die Person des Täters zu vernehmen. Insofern bezieht sich die Äußerung des Zeugen vollständig auf inhaltlich vergangenes Geschehen.

Im Anschluss an die einleitende Vernehmung zur Tat und zur Person des Täters werden dem Zeugen der Tatverdächtige und die Vergleichspersonen präsentiert. Die Vergleichspersonen nimmt der Wiedererkennungszeuge in der Gegenüberstellungssituation zum ersten Mal wahr. Handelt es sich bei dem Tatverdächtigen nicht um den wirklichen Täter, so wird auch dieser vom Wiedererkennungszeugen zum ersten Mal wahrgenommen. Handelt es sich bei dem Tatverdächtigen um den wirklichen Täter, so hat er diesen zwar schon einmal in der Vergangenheit – nämlich im Rahmen der damaligen Straftat – gesehen. Dies ändert aber nichts daran,

190 Vgl. BGHSt 22, 347, 348; KK-*Senge*, Vor § 48 Rn. 1.
191 *Eisenberg*, 7. Auflage, Rn. 1003.

dass der Tatverdächtige dem Wiedererkennungszeugen im Moment der Gegenüberstellung völlig anders als im Zusammenhang mit der damals begangenen Tat präsentiert wird. Insofern stellt auch dies für den Tatzeugen eine neue Situation dar. Er nimmt dieses Geschehen zum ersten Mal wahr.

Die Aussage, die der Zeuge im Rahmen der Gegenüberstellung dann schließlich trifft („Ja, diese Person ist der Täter"/ „Nein, keine der hier gezeigten Personen ist der Täter"), bezieht sich ausschließlich auf seine aktuelle Wahrnehmung. Er äußert sich konkret dazu, ob er im „Jetzt-Zeitpunkt" eine der ihm gegenübergestellten Personen (wieder-) erkennt oder nicht. Dies ist eine Aussage über eine gegenwärtige Wahrnehmung. Zwar enthält diese – unter Berücksichtigung der herrschenden Meinung, derzufolge nur „Positivtatsachen" wahrgenommen werden können – jedenfalls in dem Falle, dass ein Tatverdächtiger als Täter erkannt wird, implizit auch eine Aussage über vergangenes Geschehen.[192] Der Schwerpunkt der Äußerung liegt aber zweifellos in der aktuellen Bekundung des Zeugen. Die Fragestellung im Rahmen der Gegenüberstellung ist eindeutig darauf ausgerichtet, im „Jetzt-Zeitpunkt" eine Identifizierung eines Tatverdächtigen herbeizuführen. Der Rückschluss auf die Täterschaft eines Identifizierten folgt dann erst der aktuellen Wahrnehmung nach.

In dem Falle, dass der Zeuge keine der gegenübergestellten Personen erkennt, wird unter Zugrundelegung der herrschenden Meinung nicht einmal implizit vergangenes Geschehen bekundet, da „Negativtatsachen" ihrer Ansicht nach nicht wahrgenommen werden können.

Als Zwischenergebnis kann festgehalten werden, dass die Wahrnehmungen, die in der Gegenüberstellungssituation relevant werden, zentral solche der Gegenwart sind. Der Zeuge muss aktuelles Geschehen wahrnehmen und verarbeiten. Zeitlicher Bezugspunkt der Aussage des Zeugen ist dementsprechend vornehmlich aktuelles Geschehen. Nur implizit enthält die Aussage des Wiedererkennungszeugen auch eine Wahrnehmung über vergangenes Geschehen. Insofern unterscheidet sich die Leistung, die der Zeugen im Rahmen der Gegenüberstellung zu erbringen hat, ganz wesentlich von derjenigen, welche vom herkömmlichen Zeugen erwartet wird.

---

192 Nach der Ansicht, derzufolge auch „Negativtatsachen" wahrgenommen werden können, müsste auch das Nichterkennen implizit eine Aussage über vergangenes Geschehen enthalten.

## b. Die Erinnerung

Die nächste Stufe der Aussage besteht aus der Erinnerungsphase. Zwischen dem Wahrgenommenen und der Wiedergabe desselben verstreicht herkömmlicherweise Zeit, so dass die aufgenommene Information zwischenzeitlich gespeichert werden muss. Diese Speicherung des Wahrgenommenen wird als Erinnerung, oder auch als „Verlebendigung des Aufgenommenen" bezeichnet.[193] Die Erinnerung an die gemachten Wahrnehmungen wird auch als Gedächtnis bezeichnet.[194]

Fraglich ist, ob die Erinnerungsleistung, die vom Wiedererkennungszeugen erbracht werden muss, derjenigen eines herkömmlichen Zeugen gleicht. Der Wiedererkennungszeuge muss im Rahmen des Wiedererkennens mehrere Leistungen erbringen.

Die erste Leistung besteht darin, sich an die Tat und die Person des damaligen Täters zu erinnern. Im günstigsten Fall hat der Tatzeuge dabei einige Merkmale des Täters wahrgenommen und in seiner Erinnerung gespeichert. Hinsichtlich dieser Leistung gleicht diese Komponente der Aussage vollständig der Leistung eines herkömmlichen Zeugen. Hier wie dort ist eine Tatsache Gegenstand der Wahrnehmung geworden, die aufgrund des Umstandes, dass zwischen dem Zeitpunkt der Wahrnehmung und dem Zeitpunkt der Wiedergabe zumeist eine längere Zeit verstreicht, im Gedächtnis gespeichert werden muss.

### aa. Erinnerung von „Negativtatsachen"

Dies stellt aber nicht die einzige Leistung des Wiedererkennungszeugen dar. Um einen Vergleich anstellen zu können, muss dieser neben dem ihm präsentierten Tatverdächtigen auch die präsentierten Vergleichspersonen beurteilen. Auch an diesem Punkt ist zu erkennen, dass sich das herkömmliche Aussageschema „Wahrnehmung – Erinnerung – Wiedergabe" nicht auf den Teil der Aussage des Tatzeugen legen lässt, der sich auf die Vergleichspersonen bezieht.

Mit den Vergleichspersonen nimmt der Tatzeuge Personen wahr, zu denen er aus seiner Erinnerung in Bezug auf das vergangene Tatgeschehen jedenfalls nichts äußern kann. Bei ihnen soll es sich ja gerade um ihm un-

---

193 Vgl. *Odenthal*, S. 24.
194 Vgl. *Eisenberg*, Rn. 1374.

bekannte Menschen handeln, die er noch nie zuvor gesehen hat. Dementsprechend können beim Betrachten dieser mit der Tat nicht in Verbindung zu bringenden Personen beim Tatzeugen auch gerade keine Assoziationen an die Tat geweckt werden, mittels derer er etwas in der Vergangenheit Wahrgenommenes und in seiner Erinnerung Gespeichertes hervorzuholen vermag. Insofern handelt es sich bei der Präsentation der Vergleichspersonen auch nicht um einen bloßen Vernehmungsbehelf, der die Erinnerungsfähigkeit eines Zeugen beeinflussen könnte.

Handelt es sich nun bei keiner der präsentierten Personen um den damaligen Täter, so kann von dieser Person auch kein Bild in der Erinnerung des Zeugen existieren. Zwar ist es, um eine Aussage zu treffen, notwendig, sich zum Vergleich grob an den damaligen Täter zu erinnern. Dies ändert aber nichts daran, dass hinsichtlich der erstmals präsentierten Vergleichspersonen kein Bild in der Erinnerung existiert, da sie ja mit der Tat selbst überhaupt nichts zu tun haben.

Als Erinnerungsleistung könnte das „Nichtwiedererkennen" allenfalls dann qualifiziert werden, wenn der Meinung gefolgt würde, nach der auch Negativ-Umstände wahrgenommen werden können. Denn dann wäre auch die Aussage bzw. der Umstand „Zu dieser Person habe ich kein Bild in meinem Gedächtnis" eine mögliche Zeugenaussage. „Erinnern" würde dann auch das „Nicht-Erinnern" als „Negativtatsache" mit umfassen.

Wie bereits ausgeführt, hat die herrschende Meinung allerdings hier einen anderen Weg eingeschlagen. Ihr zufolge können Negativumstände nicht wahrgenommen werden. Umstände, die nicht wahrgenommen werden, können auch nicht erinnert werden. Folglich handelt es sich unter diesem Gesichtspunkt bei der Leistung des Wiedererkennungszeugen auch nicht um eine Erinnerungsleistung, wie sie herkömmlicherweise von einem Zeugen verlangt wird.

#### bb. Verhältnis der aktuellen Wahrnehmung zur Erinnerung

Der Frage, welche Auswirkungen es hat, dass der Wiedererkennungszeuge die Vergleichspersonen noch nie gesehen hat, kann noch unter einem anderen Aspekt betrachtet werden.

(1.) Jetzt-Wahrnehmung

Einerseits findet hier eine völlig neue Wahrnehmung statt. Diese neue Wahrnehmung wird im Gedächtnis des Wiedererkennungszeugen gespeichert und hernach das Ergebnis dieser Speicherung in der Wiedergabe – nämlich in Form der Äußerung über eine der gegenübergestellten Personen – hervorgebracht. Dies wird insbesondere am Beispiel der sequentiellen Gegenüberstellung deutlich, wo der Wiedererkennungszeuge unmittelbar nach jeder ihm präsentierten Personen äußert, ob es sich bei dem Betreffenden um den damaligen Täter handelt. Dies stellt für sich genommen bereits eine Aussage mit allen erforderlichen Elementen dar.

(2.) Abgleich mit der Erinnerung

Allerdings hat die isolierte Betrachtung dieses Vorgangs hinsichtlich jeder Vergleichspersonen – gerade auch im Hinblick auf den Zweck, der mit einer Gegenüberstellung verfolgt wird – keinen Sinn. Die bloße Wahrnehmung der Vergleichspersonen im „Jetzt-Zeitpunkt" ohne Bezug zum damaligen Tatgeschehen macht eine Aussage – die selbstverständlich Rückschlüsse auf das damalige Geschehen zulassen soll – wertlos.

Die Gegenüberstellung soll dem Wiedererkennungszeugen die Anstellung eines Vergleichs ermöglichen. Zwar muss der Tatzeuge, damit er seine aktuell gewonnenen Eindrücke über die Personen der Gegenüberstellung wiedergeben kann, nicht erst langfristig in seiner Erinnerung speichern, so wie er es hinsichtlich der damaligen Tat und der Person des Täters machen musste. Um aber zu einem Ergebnis bezüglich der Gegenüberstellungsfrage, mithin „Täter wiedererkannt/nicht wiedererkannt" zu gelangen, muss der Wiedererkennungszeuge seine aktuelle Wahrnehmung mit seiner Erinnerung an die damalige Tat abgleichen.

Auf diese Erinnerung an die damalige Tat kommt es entscheidend an. Würde man jemanden die aktuelle Wahrnehmung machen lassen, der kein Tatzeuge war, dann wäre das gesamte Unterfangen sinnlos. Die aktuelle Wahrnehmung macht deshalb nur dann Sinn, wenn sie zu der Erinnerung an die damalige Tat in Beziehung gesetzt wird. Dabei hat das Resultat des Erinnerungstests für die Ermittlungsbehörden einen gewissen Wert, gleich welchen Ausgangs die Gegenüberstellung ist; denn auch das „Nichtwiedererkennen" kann den Ermittlungsbehörden Hinweise auf die Täterschaft bzw. Nichttäterschaft einer Person geben.

Im Gesamtzusammenhang kann deshalb konstatiert werden, dass es bei einer Gegenüberstellung schon um eine Erinnerungsleistung geht, und zwar auch hinsichtlich der Vergleichspersonen. Dies deshalb, weil der Wiedererkennungszeuge die Vergleichspersonen zu dem vergangenen Geschehen in Bezug setzen muss. Auf diese Weise wird bei ihm eine Erinnerungsleistung hervorgerufen.

### (3.) Zwischenergebnis

Als Zwischenergebnis kann festgehalten werden, dass die Erinnerungsleistung des Wiedererkennungszeugen sich von derjenigen eines herkömmlichen Zeugen unterscheidet. Zwar ist es einerseits so, dass der Zeuge die Vergleichspersonen im Moment der Gegenüberstellung wahrnimmt, diese Wahrnehmung in seiner Erinnerung speichert und diese dann wiedergibt. Das ist der gleiche Vorgang, wie er auch von einem „normalen" Zeugen verlangt wird.

Abgesehen davon, dass die Zeitspanne zwischen „Wahrnehmung-Erinnerung-Wiedergabe" bei Wiedererkennungszeugen bei der aktuellen Wahrnehmung viel kürzer ist als beim „herkömmlichen" Zeugen, wäre die ausschließliche Bezugnahme auf die aktuelle Wahrnehmung des Wiedererkennungszeugen auch überhaupt nicht zweckführend. Zwischen der Wahrnehmung des aktuellen Geschehens und der Wiedergabe liegt beim Wiedererkennungszeugen der Abgleich zwischen seiner aktuellen Wahrnehmung mit dem damaligen Geschehen.

Dies stellt aber eine völlig andere Erinnerungsleistung dar als diejenige, die ein Zeuge im Rahmen seiner Aussage normalerweise zu erbringen hat. Der herkömmliche Zeuge gibt lediglich gespeichertes Geschehen wieder. Der Wiedererkennungszeuge muss sich seine Erinnerung „erarbeiten", mit aktuellem Geschehen abgleichen. Hierin unterscheidet sich die Erinnerungsleistung eines Wiedererkennungszeugen von derjenigen eines herkömmlichen Zeugen.

## c. Die Wiedergabe

Die dritte Phase einer Aussage besteht darin, dass das in der Erinnerung Gespeicherte wiedergegeben wird. Allgemein kann die Wiedergabe des zunächst Wahrgenommenen und anschließend Erinnerten auf unterschiedliche Weise vonstatten gehen. So ist es möglich, dass Erinnerungen unter Umständen von selbst an der Oberfläche sind oder an diese kommen. Dies wäre etwa dann der Fall, wenn der Tatzeuge das Geschehen so genau erinnert, dass er es den Ermittlungsbehörden ohne weitere Hilfestellungen zur Kenntnis bringen kann und diese daraus genaue Schlussfolgerungen ziehen können.

Es gibt allerdings auch die häufig vorkommende Möglichkeit, dass Erinnerungen eben nicht ohne weiteres von selbst an die Oberfläche kommen. Solche Erinnerungen müssen erst assoziativ gereizt werden, ehe sie zum Ausdruck kommen.[195] Dieser assoziative Reiz kann im Rahmen einer Vernehmung in der Form gesetzt werden, dass der Vernehmende das Erinnerte durch gezielte Fragen zum Vorschein zu bringen versucht.[196] Eine weitere Möglichkeit besteht darin, eine eingeprägte Vorstellung nicht nur durch eine Frage, sondern dadurch zum Vorschein zu bringen, dass andere Sinne angesprochen werden. Assoziative Reize können beispielsweise durch das Bieten von Anschauungsmaterial gesetzt werden. Auch der Augenschein kann als Erinnerungshilfe dienen.[197]

Bei der Äußerung des Tatzeugen im Rahmen der Gegenüberstellung liegt es nahe, diese insgesamt als die Wiedergabe des zunächst Wahrgenommenen und dann Gespeicherten zu bezeichnen. Fraglich ist jedoch, ob dies nicht zu kurz greift. Ebenso wie bei der Wahrnehmungs- und der Erinnerungsphase soll auch hier zwischen den verschiedenen Komponenten der Äußerung des Wiedererkennungszeugen differenziert werden. Es ist zwischen der Wiedergabe des Teils der Zeugenaussage, der die damalige Tat und die Person des damaligen Täters betrifft und der Wiedergabe des Teils seiner Äußerung, der sich auf die Gegenüberstellung selbst bezieht, zu unterscheiden.

#### aa. Wiedergabe der Erinnerung des ursprünglichen Geschehens

Zunächst ist die Form der Wiedergabe des ursprünglichen Geschehens zu betrachten. Zu beachten ist hier, dass eine Gegenüberstellung in der Regel nur dann durchgeführt werden wird, wenn es noch keine absolute Sicherheit über die Person des Täters gibt. Die Beschreibung des Tatzeugen al-

---

195 Vgl. *Bender/Nack/Treuer*, Rn. 192.
196 *Bender/Nack* II, Rn. 580.
197 *Bender/Nack* II, Rn. 582 f..

lein genügt nicht, um den Tatverdächtigen als Täter identifizieren oder ausschließen zu können. Im Wege der oben beschriebenen assoziativen Reizung wird bei der Gegenüberstellung durch visuelle Präsentation des Tatverdächtigen und der Vergleichspersonen versucht, einen solch sinnfälligen Eindruck zu erwecken, um die eventuell im Gedächtnis des Tatzeugen gespeicherten Erinnerungen zum Vorschein zu bringen.

Die Wiedergabe des Wahrgenommenen und Erinnerten vollzieht sich dabei direkt in der Gegenüberstellung mit dem Beschuldigten.[198] Darauf gründend wird der Gegenüberstellung teilweise der Sache nach lediglich die Funktion einer Vernehmungshilfe zugesprochen.[199] Sie bewirke durch visuelle assoziative Reizung lediglich, dass die im Gedächtnis gespeicherte Erinnerung an Tat und Täter leichter zum Vorschein komme und unterstütze damit die Wiedergabe des Wahrgenommenen und Gespeicherten.

### bb. Wiedergabe des aktuellen Geschehens

Es stellt sich nun auch unter dem Aspekt der „Wiedergabe" die Frage, ob für die Wiedergabe des aktuellen Geschehens, mithin der erstmals wahrgenommenen Vergleichspersonen, gleiches gilt wie für die Wiedergabe des ursprünglichen Tatgeschehens.

Wenn es allein auf das aktuelle Geschehen ankäme, bedürfte es keiner Assoziation in dem Sinne, dass durch die visuelle Präsentation im Gedächtnis Verborgenes zum Vorschein gebracht werden müsste. Allerdings gilt auch hier, dass der Wiedererkennungszeuge hinsichtlich der Vergleichspersonen einen Abgleich mit seinem Erinnerten wahrnehmen muss und die Wiedergabe („Diese Person ist der Täter" / „Ich erkenne keine der präsentierten Personen") letztlich hierauf Bezug nimmt.

Die Frage, ob die Wiedergabe bezüglich der Vergleichspersonen, mithin bezüglich der Personen, die der Wiedererkennungszeuge nicht wiedererkennt, derjenigen eines herkömmlichen Zeugen entspricht, hängt letztlich entscheidend wiederum davon ab, ob auch „Negativtatsachen" als wahrnehmbar und – daraus folgend – erinnerbar und schließlich wiedergebbar angesehen werden. Vertreter der Ansicht, welche „Negativtatsachen" mit „Positivtatsachen" gleichsetzen, werden dann, wenn der Zeuge

---

198 Vgl. *Odenthal*, S. 26.
199 SK-*Rogall*, § 58 Rn. 29.

nach erfolgtem Abgleich der Vergleichspersonen mit seinem Gedächtnis zu der Aussage gelangt, dass der Anblick der Personen keinem Bild in seiner Erinnerung entspricht, auch dies als Aussage werten.

Die herrschende Meinung, die, wie bereits dargestellt, der Auffassung zuneigt, dass Negativtatsachen nicht wahrgenommen und dementsprechend auch nicht wiedergegeben werden können, kann in der Äußerung, es handele sich bei keiner der Vergleichspersonen um den Täter, nicht zu dem Ergebnis gelangen, dass hier eine Aussage in herkömmlichen Sinne vorliege. Dem entsprechend weicht die Äußerung eines Gegenüberstellungszeugen auch in punkto Wiedergabe von derjenigen eines herkömmlichen Zeugen ab.

#### d. Zwischenergebnis

Unter Zugrundelegung des Vorstehenden existieren wesentliche Unterschiede hinsichtlich des Beweisgegenstandes beim Zeugenbeweis und beim Beweis durch Gegenüberstellung.

Zwar liegt beim Wiedererkennen eines Tatverdächtigen zweifellos eine Aussage des Zeugen vor. Anders verhält es sich jedoch, wenn der Wiedererkennungszeuge keine der präsentierten Personen erkennt. Dann liegt nur eine Aussage mit ihren jeweiligen Bestandteilen „Wahrnehmung, Erinnerung, Wiedergabe“ vor, wenn auch Negativumstände als Bezugspunkt einer Aussage gelten. Dies nimmt die herrschende Meinung aber gerade nicht an. Dem entsprechend bestehen hier gravierende Unterschiede zu einer herkömmlichen Zeugenaussage, was dazu führt, dass die herrschende Meinung die Aussage eines Wiedererkennungszeugen nicht derart problemlos als herkömmliche Zeugenaussage qualifizieren dürfte.

Ein weiterer Unterschied zwischen herkömmlicher Zeugenaussage und einer Äußerung im Rahmen einer Gegenüberstellung ist darin zu sehen, dass zeitlicher Bezugspunkt der Aussage eines Wiedererkennungszeugen vornehmlich aktuelles Geschehen ist, während herkömmliche Zeugen Geschehnisse aus der Vergangenheit berichten.

Es ist von daher festzuhalten, dass die Äußerung des Tatzeugen im Rahmen der Identifizierungsgegenüberstellung nicht pauschal als Aussage in herkömmlichen Sinne bezeichnet werden kann. Eine Aussage ist das Wirkmittel des subjektiven Personalbeweises und damit notwendiger Bestandteil des hier zunächst in Betracht gezogenen Zeugenbeweises. Liegt nun aber keine Aussage im eigentlichen Sinne vor, so kann es sich auch nicht um einen herkömmlichen Zeugenbeweis handeln.

### 2. Die Glaubhaftigkeit einer „herkömmlichen“ Aussage im Vergleich zu einer „Gegenüberstellungsaussage“

Die herausgearbeiteten Unterschiede zwischen herkömmlichen und im Rahmen einer Gegenüberstellung getätigten Aussagen sind möglicherweise nicht nur bei Betrachtung der verschiedenen Phasen einer Aussage zu beobachten. Fraglich ist, ob sich auch ohne Fixierung auf die Einzelbestandteile einer Aussage die getroffenen Differenzierungen zwischen herkömmlichen Aussagen und Äußerungen im Rahmen einer Identifizierungsgegenüberstellung fortführen lassen.

#### a. Durch Mängel der menschlichen Wahrnehmungsfähigkeit bedingter Unterschied

Fraglich ist zunächst, ob sich Unterschiede auch auf „innerer Ebene“ finden lassen, mithin ob Unterschiede auch darin zu sehen sind, dass ein Zeuge etwa Geschehensabläufe, die Gegenstand des herkömmlichen Zeugenbeweises sind, besser wahrnehmen, erinnern und wiedergeben kann als ein Wiedererkennungszeuge dies bei der Identifizierung eines Tatverdächtigen vermag.

Schon der auf herkömmliche Weise erhobene Zeugenbeweis wird durch die vielen Fehlerquellen, die sich auf Wahrnehmungs-, Speicherungs- und Wiedergabe und schließlich Verstehensebene des Vernehmenden auftun können, als problematisch angesehen.[200] Selbst wenn ein Zeuge eine wahrheitsgemäße Aussage machen möchte, so gibt es zahlreiche Faktoren, die dazu führen können, dass eben doch nicht dasjenige bekundet wird, was tatsächlich geschehen ist. Die völlig fehlerfreie Aussage vor Gericht ist eher die Ausnahme als die Regel.[201] Die Fähigkeit einer Person, einen (konkreten) Sachverhalt zutreffend wiederzugeben, kann von zweierlei Seiten her beschränkt sein. Einerseits können bestimmte Personen auf Grund von Merkmalen wie Alter, Intelligenz, körperlicher Behinderung

---

200 Vgl. *Bayerlein*, § 11 Rn. 32.
201 *Bender/Nack/Treuer*, Rn. 2.

(z.B. Seh- und Hörbeeinträchtigung) oder psychischer Störung nicht oder zeitweilig nicht in der Lage sein, Ereignisse korrekt wahrzunehmen, zu speichern, zu erinnern und/oder wiederzugeben.[202]

Andererseits sind die Fähigkeiten des Wahrnehmens, Speicherns, Erinnerns und der sprachlichen Wiedergabe, die Aussagen überhaupt erst ermöglichen, physiologischen und psychologischen Organisationsprinzipien unterworfen, die sie anfällig für eine Vielzahl von Störfaktoren machen. Wahrnehmungen an sich sind schon hinsichtlich Auswahl und Art der menschlichen Erfassung subjektiv. Viele Dinge, die der Mensch wahrnimmt, gelangen auch überhaupt nicht in sein Bewusstsein, weshalb er hierüber auch nicht objektiv berichten kann.[203] Hinzu kommt, dass nur ein Bruchteil der zur Verfügung stehenden Informationen überhaupt durch das Zentralnervensystem verarbeitet werden kann.[204] Es ist also sehr selektiv, was wahrgenommen und gespeichert wird.

Zudem sind Aussagen, die letztlich bei der Polizei oder vor Gericht getätigt werden, zwischenzeitlich Einflüssen wie Unterhaltungen mit beteiligten oder unbeteiligten Dritten, früheren Vernehmungen, Zeitungsberichten oder Informationen aus anderen Quellen ausgesetzt, die mit den ursprünglichen Wahrnehmungen verquickt werden[205].

Vorstehend aufgeführte mögliche Fehler können bei jeder Art des Zeugenbeweises auftreten und gelten damit für die herkömmliche Zeugenvernehmung wie für die Befragung des Wiedererkennungszeugen gleichermaßen. Fraglich ist, ob diese dem Zeugenbeweis ohnehin schon innewohnende Fehleranfälligkeit beim Wiedererkennungszeugen noch gesteigert ist.

Cutler und Penrod haben diesbezüglich untersucht, welche Faktoren für die Identifizierungsleistung eines Wiedererkennungszeugen Bedeutung haben.[206] Sie haben hierzu die Faktoren unterteilt in Zeugenfaktoren, Täterfaktoren und Situationsfaktoren. Unter den Zeugenfaktoren sind die wichtigsten Merkmale demnach das Alter des Zeugen und die Güte seiner Sehkraft. Wichtigste Täterfaktoren sind Vermummung, Veränderungen des Aussehens, die Auffälligkeit des Gesichts und der Erfahrungskontext.

---

202 *Eisenberg*, Rn. 1363.

203 *Bender/Nack/Treuer*, Rn. 41.

204 Vgl. *Bender/Nack/Treuer*, Rn. 44.

205 *Eisenberg*, Rn. 1363.

206 Vgl. Cutler/Penrod in *Köhnken/Sporer*, S. 50, sowie ebenfalls *Eisenberg*, Rn. 1383ff.

Als wichtigste Situationsfaktoren, die gleichsam den größten Einfluss auf die Identifizierungsleistung haben sollen, haben Cutler und Penrod die Beleuchtungsverhältnisse, Bedrohung mit einer Waffe[207] sowie alle Faktoren ausgemacht, die die Möglichkeit des Zeugen, die physischen Merkmale und Gesichtszüge des Täters zu beobachten, beeinträchtigen.

Die meisten der vorstehend aufgeführten Faktoren, wie etwa die von Cutler/Penrod als solche bezeichneten „Zeugenfaktoren“, dürften für alle Beweissituationen gelten, in denen ein Zeuge mitwirkt. Besonderes Augenmerk ist aber dem von Cutler/Penrod als „Situationsfaktor“ eingeordnetem Punkt der Möglichkeit des Zeugen, die physischen Merkmale und Gesichtszüge des Täters zu beobachten, zu widmen. Das menschliche Gedächtnis hat Schwierigkeiten, sich Personen als Ganzes einzuprägen. Die Erinnerung an einen Täter kann wegen der selektiven menschlichen Wahrnehmungs- und Speicherungsfähigkeiten immer nur aus der Erinnerung an bestimmte Teilaspekte der Gesamtpersönlichkeit bestehen, so dass der Zeuge bei der Gegenüberstellung niemals eine absolute Identität feststellen kann.[208] Eisenberg weist ergänzend hierzu darauf hin, dass die Identifizierungsfähigkeit, die ohnehin schon den gleichen Einschränkungen wie die Aussagefähigkeit unterliegt, besonders fehleranfällig durch den Gegenstand des Bezugsobjekts, nämlich das „Wahrnehmungsobjekt Gesicht“ sei.[209]

Als Zwischenergebnis kann hier festgehalten werden, dass die Aussage des Wiedererkennungszeugen durch vielerlei Mängel der menschlichen Wahrnehmungsfähigkeit beeinflusst sein kann. Dies ist zwar grundsätzlich bei jeder Zeugenaussage der Fall. Eine Besonderheit, die die Äußerung des Wiedererkennungszeugen von der Aussage eines herkömmlichen Zeugen unterscheidet, ergibt sich aber daraus, dass sich das „Wahrnehmungsobjekt Gesicht“ besonders schwer wahrnehmen, im Gedächtnis speichern und ebenso kompliziert nur wiedergeben lässt.

### b. Auf äußeren Einflüssen basierender Unterschied

Dieser, sich aus der Mangelhaftigkeit der menschlichen Wahrnehmungsfähigkeit ergebenden Unsicherheit, wird im Bereich der Gegenüberstellun-

---

207 Zum so genannten „Waffenfokus“ vgl. BGH NStZ-RR 2006, 213.

208 Vgl. *Odenthal*, S. 29.

209 *Eisenberg*, Rn. 1383.

gen dadurch zu begegnen versucht, dass der mutmaßliche Täter dem Tatzeugen nicht allein, sondern unter mehreren Vergleichspersonen – die alle die gleichen Merkmale aufweisen sollen – präsentiert wird. Wie bereits oben beschrieben, muss die Identifizierungsgegenüberstellung dabei nach bestimmten Regeln durchgeführt werden. Werden diese Regeln nicht eingehalten, so wird die ohnehin schon bestehende Unsicherheit, die der Aussage eines Wiedererkennungszeugen anhaftet, umso größer.

Besondere Gefahr geht dabei von suggestiven Beeinflussungen aus. Beispielhaft für suggestive Einflüsse sei hier etwa der Fall genannt, dass Zeugen Personenbeschreibungen hören, die andere Zeugen vom Täter abgeben, welche sie daraufhin in ihr eigenes Erinnerungsbild aufnehmen.[210] Der betreffende Zeuge macht sich hierdurch eine Vorstellung vom Täter zu eigen, die er ursprünglich überhaupt nicht hatte.

Der Paradefall suggestiver Einflüsse ist darin gegeben, dass die Ermittlungsbehörden dem Zeugen – wenn auch ungewollt – Hinweise auf den Täter geben. Dies kann zum Beispiel dadurch geschehen, dass der Zeuge dem Tatverdächtigen auf dem Flur begegnet und dieser dort Handschellen trägt. Auch durch bestimmte Fragestellungen der Vernehmenden („Das ist doch der Täter, oder?") oder andere von außen aufgenommene Informationen, etwa durch die Presse, kann die Äußerung des Wiedererkennungszeugen beeinflusst werden. Es ist erwiesen, dass nachträglich aufgenommene Informationen mit der Erinnerung an das ursprünglich Erlebte derart verschmelzen, dass sich aus beidem ein einheitliches Ganzes ergibt.[211]

Es versteht sich angesichts der Fehleranfälligkeit des Zeugenbeweises fast von selbst, dass suggestive Beeinflussungen auch beim herkömmlichen Zeugenbeweis ein Problem darstellen. Beim herkömmlichen Zeugenbeweis werden Zeugen bis zur entscheidenden Vernehmung selten einmal mit ihren Erinnerungen allein gelassen, sondern „besprechen" das Erlebte in der Regel mit anderen Prozessbeteiligten.[212] Dies führt dazu, dass eine so genannte „Verschmelzungstendenz" eintritt, es dem Zeugen schwer fällt, das, was er von anderen erfahren hat und das, was sich aus seiner Erinnerung ergibt, auseinanderzuhalten.[213]

Fraglich ist, ob sich die Folgen suggestiver Beeinflussungen bei herkömmlichen Zeugen und bei Wiedererkennungszeugen gleichen oder ob

210 Vgl. hierzu *Undeutsch*, S. 464.
211 *Undeutsch*, S. 465.
212 *Bender* StV 1984, 127, 128.
213 Vgl. hierzu eingehend *Bender* StV 1984, 127, 128.

die Beeinflussungen in der einen oder anderen Form schwerer wiegen. Sicher ist, dass sowohl beim Wiedererkennungszeugen als auch beim herkömmlichen Zeugen sich Erinnerung und „Hinzugedachtes" allzu leicht vermischen.

Odenthal weist insofern aber explizit darauf hin, dass im Bereich des Wiedererkennens der Vertauschungsprozess so stark sei, dass auch der gewissenhafteste Zeuge nicht mehr zwischen der Erinnerung an die erste Wahrnehmung und der an das Wiedererkennen bei der ersten Gegenüberstellung zu unterscheiden vermöge. Es bestehe die Tendenz, dass nach einer einmal erfolgten unrichtigen Identifizierung selbst die Konfrontation mit der tatsächlich wahrgenommenen Person kaum noch zu einer Korrektur der ursprünglichen Entscheidung führen könne.[214]

Unter Zugrundelegung der Ausführungen Odenthals ist davon auszugehen, dass suggestive Beeinflussungen im Bereich des Wiedererkennens sehr viel gravierendere Auswirkungen haben. Der herkömmliche Zeuge wird möglicherweise noch die Darstellung anderer Personen und seine eigenen Wahrnehmungen auseinanderhalten können. Zumindest wird beim herkömmlichen Zeugen die Möglichkeit bestehen, die Entwicklung seiner Aussage aufzuklären.

Dies stellt sich beim Wiedererkennungszeugen weitaus schwieriger dar. Hier ist der entsprechende Zeuge weit mehr unbewussten Einflüssen ausgesetzt, insbesondere deshalb, weil bereits, wie ausgeführt, eine einmalige Falschidentifizierung dazu führt, dass nun an dem neuen „Bild", mithin der Person aus der letztmals erfolgten Identifizierung festgehalten wird.

Hieraus wird deutlich, dass äußere Einflüsse im Rahmen der Gegenüberstellung mehr als bei jeder anderen Zeugenbefragung eine wichtige Rolle spielen. Hier auftretende Fehler sind umso schwieriger zu korrigieren.

### 3. Die Leistungsanforderungen an herkömmliche Zeugen und Zeugen im Rahmen einer Gegenüberstellung

Zu untersuchen ist weiterhin, ob die von einem Zeugen im Rahmen einer Gegenüberstellung zu erbringende Leistung – neben den bereits festge-

---

214 *Odenthal*, S. 27.

stellten Unterschieden auf den verschiedenen Ebenen der Aussage – im Übrigen derjenigen eines herkömmlichen Zeugen gleicht.

### a. Der herkömmliche Zeuge

Der herkömmliche Zeuge gibt die von ihm gemachten Wahrnehmungen nach Speicherung in seiner Erinnerung wieder. So sagt er beispielsweise aus, eine ihm bekannte Person zu einer bestimmten Zeit an einem bestimmten Ort gesehen zu haben. Gegenstand der Aussage des Zeugen ist hier eine bloße Beobachtung, die dieser zunächst mit Hilfe seiner Erinnerung in einem zusammenhängenden Bericht gemäß § 69 Abs. 1 StGB zum Ausdruck bringen soll.

Genügt der Bericht jedoch nicht zur Sachverhaltsaufklärung, bestehen etwa Unklarheiten, Widersprüche oder Lücken in der Aussage, so können dem Zeugen gemäß § 69 Abs. 2 StGB zur Aufklärung und Vervollständigung seiner Aussage Fragen gestellt werden. Vorgehalten werden können Beweisgegenstände, frühere eigene Aussagen und Angaben anderer Auskunftspersonen, sonstige Beweisergebnisse, eigenes Wissen des Vernehmenden und offenkundige Tatsachen.[215]

Grundsätzlich soll der herkömmliche Zeuge die in sein Wissen gestellten Tatsachen aus eigenem Gedächtnis heraus bekunden. Gelingt dies jedoch nicht, so können ihm Vorhalte und lenkende Hinweise gegeben werden, die seine Erinnerung möglicherweise auffrischen.[216]

### b. Der Wiedererkennungszeuge

Bliebe die zunächst vom herkömmlichen Zeugen geforderte und dort auch möglicherweise – nämlich bei Hergabe eines den Sachverhalt ausschöpfenden Berichts – ausreichende und damit einzige Leistung des herkömmlichen Zeugen auch die einzige Leistung des Wiedererkennungszeugen, wäre den Ermittlern nicht geholfen. Weder eine allein auf die Person des damaligen Täters bezogene Aussage, noch eine lediglich auf die gegenübergestellten Personen bezogene Aussage allein führt zu verwertbaren Erkenntnissen. Aufgrund der selektiven menschlichen Wahrnehmungs-

215 Meyer-Goßner/Schmitt-*Schmitt*, § 69 Rn. 7.
216 Vgl. BGH MDR 66, 25 [Dallinger].

und Speicherungsfähigkeit kann ein Zeuge niemals eine absolute Identität feststellen, mithin auch keine perfekte Personenbeschreibung abgeben. Eine lediglich auf den damaligen Täter bezogene Aussage wird von daher in den meisten Fällen, zumal wenn die Personenidentifizierung das einzige Beweismittel darstellt, nicht genügen, um einen Beweis erschöpfend zu führen.

Gleiches gilt für eine separate, allein auf die Vergleichspersonen bezogene Aussage. Zwar speichert der Zeuge die aktuelle Wahrnehmung der Vergleichspersonen in seiner Erinnerung – bezüglich dieser Vergleichspersonen existiert aber keine „alte" Erinnerung an Tat und Täter, die nun zum Vorschein kommen könnte. Dementsprechend ist auch das Betrachten der Vergleichspersonen lediglich einer von mehreren Bausteinen im Rahmen einer Gegenüberstellung, der den Zeugen zu einer für die Ermittler relevanten Äußerung bringen soll.

Erforderlich ist stattdessen, dass der Zeuge mehrere Denkvorgänge absolviert, um zu einem für die Ermittler relevanten Ergebnis zu gelangen. Der Zeuge muss sich zum einen das in seiner Erinnerung vorhandene Bild des Täters vergegenwärtigen. Zum anderen muss er dieses in der Erinnerung vorhandene Bild mit der aktuellen Wahrnehmung jeder gegenübergestellten Person vergleichen. Nur wenn beide Bilder sich gleichen, kann der Tatverdächtige vom Zeugen als Täter identifiziert werden.

Im Rahmen einer Gegenüberstellung muss der hier beschriebene Denkvorgang vom Zeugen mehrmals – nämlich bei jeder einzelnen der gegenübergestellten Personen – absolviert werden. Er muss dabei jeweils eine Querverbindung zwischen der aktuell wahrgenommenen Person und der Erinnerung an die Person des damaligen Täters ziehen und auf eine eventuelle Identität prüfen.

### c. Zwischenergebnis

Eine letztlich brauchbare Aussage des Wiedererkennungszeugen setzt sich demnach anders als eine herkömmliche Zeugenaussage zwingend aus mehreren Komponenten zusammen, wobei der Wiedererkennungszeuge die verschiedenen Querverbindungen selbst knüpfen muss. Bei einem herkömmlichen Zeugen genügen gegebenenfalls die Angaben, die er selbst aus seinem Gedächtnis ziehen kann, ohne dass ihm durch Vorhalte oder Ähnliches Hilfe geleistet werden muss. Dies ist nur dann der Fall, wenn sein Sachverhaltsbericht nicht erschöpfend ist. Die Gabe von Hilfestellungen stellt beim Wiedererkennungszeugen dagegen schon allein aufgrund des äußeren Ablaufs einer Gegenüberstellung den Regelfall dar. Ohne die Präsentation von Vergleichspersonen und der damit einhergehenden „Hilfestellung" im Rahmen des Wiedererkennens kann im Regelfall keine ordnungsgemäße Identifizierung durchgeführt werden.

### 4. Ergebnis

Zusammenfassend kann an diesem Punkt der Untersuchung festgehalten werden, dass die Identifizierungsgegenüberstellung aufgrund der vorgenannten Besonderheiten und Probleme nicht derart reibungslos in das System der Beweismittel als Zeugenbeweis eingeordnet werden kann, wie es herkömmlicherweise getan wird. Unterschiede haben sich sowohl bei dem Vergleich der Glaubhaftigkeit zwischen „herkömmlichen" Zeugenaussagen und derjenigen von Wiedererkennungszeugen als auch bei den Leistungsanforderungen an die verschiedenen „Zeugentypen" aufgetan.

Deutlich wurde der Unterschied zwischen „herkömmlichem"- und Wiedererkennungszeugen insbesondere bei Betrachtung der Bestandteile der jeweiligen Aussagen. Hervorzuheben ist hier zunächst, dass im Falle des Nichtwiedererkennens eines Tatverdächtigen nach herrschender Meinung eine Negativtatsache bekundet wird und damit bereits formal gesehen keine Aussage im herkömmlichen Sinne vorliegt.

Auch unter Beachtung des zeitlichen Bezugspunktes zeigen sich Unterschiede. Bezugspunkt einer Gegenüberstellung ist nicht eine bloße Wahrnehmung der Vergangenheit. Das Wiedererkennen als Produkt der Gegenüberstellung beruht vielmehr auf einem Vergleich der gegenwärtigen mit einer vergangenen Wahrnehmung.[217] Der Zeuge vergleicht im „Jetzt-Zeitpunkt" eine Wahrnehmung aus der Vergangenheit mit seiner aktuellen Wahrnehmung. Die hieraus gewonnene Erkenntnis stellt einen zusätzlichen Anhaltspunkt für oder gegen die Täterschaft einer bestimmten Person – mithin einen zusätzlichen Beweis dar. Dieser sollte aber nicht als Bestandteil der Wahrnehmungen der Vergangenheit und damit als Zeugenbeweis, sondern als selbstständig neben die bekundeten Wahrnehmungen aus der Vergangenheit tretender, neuer Beweis angesehen werden. Hervorzuheben ist insofern, dass die auf eine Wahlgegenüberstellung folgende Aus-

217 *Odenthal*, S. 22.

sage eines Tatzeugen von ihrer Art her nicht der typischen Zeugenaussage gleicht. Es wird nicht bloß vergangenes Geschehen bestätigt, sondern eine neue Erkenntnis gewonnen. Vom Zeugen wird bei der Wahlgegenüberstellung wesentlich mehr als nur die Wiedergabe eigener Wahrnehmungen über einen in der Vergangenheit liegenden Vorgang verlangt:[218] er muss seine Urteilskraft einsetzen und eine keineswegs einfache Entscheidung fällen. Schroth argumentiert insofern, dass dies weit über den eigentlichen Bereich des Zeugenbeweises hinausgeht und im Rahmen der Wahlgegenüberstellung Maßstäbe gesetzt würden, die im Grunde für Sachverständige gelten.[219]

Diese Besonderheit wird verkannt, wenn etwa Rogall davon spricht, dass die Gegenüberstellung der Sache nach lediglich die Funktion einer Vernehmungshilfe habe.[220] Dies ist zwar insofern richtig, als diese Annahme auf die konkrete Situation abstellt, in der es nicht gelingt, eine Identifizierung allein anhand einer Beschreibung herbeizuführen, sondern wo eine eingeprägte Vorstellung nicht durch eine Frage, sondern durch die Reizung der Sinne, insbesondere des Auges, hervorgerufen werden kann.[221] Kritisiert werden muss hieran jedoch, dass die Gegenüberstellung dabei nur unter dem funktionellen Aspekt betrachtet wird, dem Zeugen die Aktivierung und Reproduktion seiner Erinnerung zu erleichtern. Diese Sichtweise beleuchtet nur die tatsächlichen Wirkungen der Gegenüberstellung.

Außer Acht gelassen wird hierbei jedoch, dass die Gegenüberstellung beweisrechtlich gesehen einen völlig neuen Aspekt, eine neue Erkenntnis zu Tage fördert. In einer Vielzahl der Fälle wird die Täterschaft einer Person noch nicht feststehen, wenn es zur Gegenüberstellung kommt. Denkbar und in der Praxis auch häufig vorkommend wird es sein, dass zwar bereits gewisse Indizien auf die Täterschaft einer Person hindeuten, das Tatopfer als „unmittelbarer Tatzeuge" aber noch den Ermittlern letzte Gewissheit oder zumindest einen weiteren Anhaltspunkt liefern soll, ob es sich bei dem ermittelten Tatverdächtigen tatsächlich um den Täter handelt. Dies soll dann im Wege der Gegenüberstellung herausgefunden werden. Die Identifizierung bzw. Nichtidentifizierung liefert dann ein weiteres Indiz für oder gegen die Täterschaft eines Tatverdächtigen und komplettiert das Beweisbild. Zwar wird der Tatzeuge in seinen Vernehmungen bereits

218 *Schroth* ZStW 89 [1977] 849, 856.
219 Vgl. *Schroth* ZStW 89 [1977] 849, 856.
220 SK-*Rogall*, § 58 Rn. 29.
221 Vgl. *Bender/Nack* II, Rn. 581ff.

die Tat an sich geschildert haben. Erkenntnisse über die tatsächliche Identität von damaligem Täter und ermitteltem Tatverdächtigen werden häufig aber nur über den Weg der Gegenüberstellung, nämlich über den Vergleich der Wahrnehmungen der Vergangenheit mit denjenigen der Gegenwart, zu treffen sein. Die Gegenüberstellung ergänzt so das bisherige Beweisbild. Unter Zugrundelegung dessen ist die Gegenüberstellung nicht nur Teil der Zeugenvernehmung über vergangenes Geschehen, sondern liefert den Ermittlern aktuell einen weiteren Anhaltspunkt über die Täterschaft einer Person. Insofern führt die Gegenüberstellung zu neuen Erkenntnissen.

Dementsprechend handeln beispielsweise Gatzweiler und Mehle Gegenüberstellungen auch nicht unter dem Kapitel über den Zeugenbeweis, sondern unter dem Oberbegriff „Besondere Formen der Beweiserhebungen" ab.[222] Köhnken redet bei Gegenüberstellungen nicht von einem Zeugenbeweis, sondern von einem „Beweismittel Personenidentifizierung" – die Durchführung der Gegenüberstellung selbst sei ein „Wiedererkennungstest".[223]

In Weiterführung dieser gedanklichen Ansätze soll versucht werden, die Besonderheit der Beweiserhebung per Gegenüberstellung herauszuarbeiten, um ihre Rechtsnatur näher qualifizieren zu können. Wie bereits ausgeführt, haben Gegenüberstellungen im Hinblick darauf, dass der Zeuge im Rahmen des Vergleichs seine Erinnerung und damit Tatsachen aus der Vergangenheit abruft, Ähnlichkeit mit dem Gegenstand des Zeugenbeweises. Der Teil der Gegenüberstellung, bei dem die Wahrnehmung der Vergangenheit mit der gegenwärtigen verglichen und hieraus eine neue Erkenntnis gezogen wird, bleibt durch die pauschale Einordnung als Zeugenbeweis jedoch unberücksichtigt. Hierbei handelt es sich aber gerade um das wesentliche, den Charakter einer Gegenüberstellung kennzeichnende Merkmal. Unter diesem Gesichtspunkt gibt es somit Anlass zu überprüfen, ob die Gegenüberstellung unter Berücksichtigung der ihr eigenen Merkmale nicht anders in das System der Beweismittel eingeordnet werden kann und muss.

---

222 Brüssow/Gatzweiler/Krekeler/Mehle-*Gatzweiler/Mehle*, § 9 Rn. 359.
223 *Köhnken* Kriminalistik 1993, 231, 232.

## 2. Abschnitt: Die Indizwirkung des Zeugenbeweises

Um eine umfassende Betrachtung des Verhältnisses Zeugenbeweis/ Gegenüberstellung zu ermöglichen, soll die Untersuchung sich im Weiteren vertiefend dem Zeugenbeweis zuwenden. Dies zum einen deshalb, weil die herrschende Meinung – wie bereits festgestellt – die Gegenüberstellung dem Zeugenbeweis zuordnet. Zum anderen können die Regeln und Erkenntnisse, die hinsichtlich des Zeugenbeweises bestehen, auch dann wichtige Anhaltpunkte für die Behandlung des mittels Gegenüberstellung geführten Beweises liefern, wenn es sich hierbei nicht um einen herkömmlichen Zeugenbeweis handelt. Denn hier wie dort stützt sich die Beweisführung auf die Äußerung einer Person.

Klärungsbedürftig ist zunächst, welche Beweisart der Zeugenbeweis im Hinblick darauf darstellt, dass zwischen unmittelbaren Beweisen und mittelbaren Beweisen unterschieden werden kann. Der Zeugenbeweis wird teilweise als Prototyp des unmittelbaren direkten Beweises,[224] teilweise aber auch durchgehend als mittelbarer Beweis,[225] angesehen. Um den Grund dieser unterschiedlichen Einordnung zu erforschen, sollen die Definitionen des unmittelbaren und mittelbaren Beweises betrachtet werden.

### I. Erste Auffassung: Unmittelbarkeitsaspekte des Zeugenbeweises

Ein unmittelbarer Beweis soll ersterer Auffassung zufolge dann vorliegen, wenn die Richtigkeit der rechtserheblichen Tatsache unmittelbar aus dem Beweisergebnis folge.[226] Von einem mittelbaren Beweis werde dann gesprochen, wenn von nicht unmittelbar entscheidungserheblichen Tatsachen (Nebentatsachen) auf unmittelbar entscheidungserhebliche Tatsachen (Haupttatsachen) geschlossen werde.[227]

Die Vertreter der Auffassung, die es als möglich erachten, den Zeugenbeweis als unmittelbaren Beweis anzusehen, untersuchen, ob ein gesetzliches Straftatbestandsmerkmal durch den Inhalt der Aussage selbst ausgefüllt wird, oder ob die entsprechende Tatsache erst den Schluss auf das Vorliegen der Haupttatsache zulässt, welche letztendlich dann das Tatbe-

224 *Kühne*, Rn. 756.

225 So *Bender/Nack/Treuer*, Rn. 554.

226 *Peters*, S. 294.

227 *Kühne*, Rn. 755.

standsmerkmal ausfüllt[228]. Demnach kann eine Zeugenaussage sowohl unmittelbarer als auch mittelbarer Beweis sein. Habe ein Zeuge beispielsweise direkt gesehen, dass A, der den B erschlagen hat, von diesem angegriffen wurde, so liege eine das Tatbestandsmerkmal eines Rechtfertigungsgrundes direkt ausfüllende Tatsache, mithin ein unmittelbarer Beweis vor.[229] Hätte die Zeugenaussage aber beispielsweise nur zum Inhalt, dass B vor dem Geschehen geäußert hätte, er werde den A „ordentlich aufmischen", so würde diese Tatsache lediglich den Schluss darauf zulassen, dass B den A tatsächlich vor der Tat angegriffen hat. Es läge nur ein mittelbarer Beweis in Form einer Zeugenaussage vor.

### II. Zweite Auffassung: Die Mittelbarkeit des Zeugenbeweises

Demgegenüber definieren Bender/Nack/Treuer, die den Zeugenbeweis als mittelbaren Beweis einordnen, die Unmittelbarkeit, beziehungsweise Mittelbarkeit, folgendermaßen: Ein unmittelbarer, direkter Beweis liegt ihnen zufolge vor, wenn der Richter das Vorhandensein des einzelnen gesetzlichen Tatbestandsmerkmals selbst ohne Vermittlung weiterer Tatsachen oder Dritter durch eigene sinnliche Wahrnehmung erfassen kann.[230] Ein mittelbarer Beweis sei dagegen dann anzunehmen, wenn der Beweis sich auf tatbestandsfremde Tatsachen, also Hilfstatsachen beziehe, die erst durch ihr Zusammenwirken mit anderen Tatsachen den Schluss auf das Vorliegen des Tatbestandsmerkmals rechtfertigen solle.[231]

Die Vertreter dieser Auffassung stellen insofern entscheidend darauf ab, wie der erhobene Beweis dem Gericht vermittelt wird. Es kommt ihnen zufolge überhaupt nicht darauf an, ob die Aussage des Zeugen ein direkt den Tatbestand ausfüllendes Merkmal betrifft, oder ob die Aussage nur den Schluss auf das Vorliegen des Merkmals zulässt. Ein unmittelbarer Beweis liegt ihnen zufolge nur vor, wenn der Richter die Haupttatsache selbst erfassen kann.[232] Alles, was dem Gericht dagegen von Dritten vermittelt wird, sei nur als mittelbarer Beweis anzusehen. Denn aus dem Beweisstoff selbst ergeben sich nicht ohne weiteres die Sachverhaltsan-

---

228 Vgl. *Roxin/Schünemann*, § 24, Rn. 7; *Kühne*, Rn. 755.
229 Vgl. *Roxin/Schünemann*, § 24, Rn. 7.
230 *Bender/Nack/Treuer*, Rn. 555.
231 *Bender/Nack/Treuer*, Rn. 556.
232 *Bender/Nack/Treuer*, Rn. 555.

nahmen des Gerichts.[233] Diese sind in der Regel lediglich das Resultat aus Folgerungen, mithin das Resultat aus substanziellen (induktiven) Schlüssen aus diesem – die indiziellen Prämissen bietenden – Stoff.[234]

## III. Ergebnis

Nach erfolgter Darstellung der Definitionen und ihren Begründungen lässt sich die scheinbar voneinander abweichende Sichtweise durch die differierenden Ansatzpunkte erklären. Während erstere Auffassung mehr theoretisch auf der Subsumtionsebene arbeitet und darauf abstellt, ob ein Tatbestandmerkmal durch den entsprechenden Beweis komplett ausgefüllt wird, liegt der Schwerpunkt der letzteren Auffassung eher auf praktischer Ebene, indem hier aus Sicht des Gerichts die Frage gestellt wird, ob sich diesem das zu würdigende Geschehen mit eigenen Augen erschließt.

Der differierende Ansatz der verschiedenen Auffassungen wird teilweise von diesen selbst erkannt. So formuliert etwa Kühne, die Unterscheidung zwischen direktem und Indizienbeweis sei unglücklich. Jeder Beweis sei notwendig ein mittelbarer, weil die Rekonstruktion eines bereits vergangenen Geschehens dem nicht beteiligten Gericht immer nur auf mittelbarem Weg erschließbar sei.[235] Die verschiedenen Definitionen stellen sich somit möglicherweise nur als rein sprachlich bedingte Wirrungen dar. Um eine klare Terminologie zu benutzen, sollte der Unterschied, ob eine Tatsache das Tatbestandsmerkmal ohne weiteres ausfüllt oder ob durch sie lediglich der Schluss auf das Vorliegen des Tatbestandsmerkmals zugelassen wird, unter der Abgrenzung direkter/indirekter Beweis gekennzeichnet werden. Bei der Frage, ob eine Tatsache sich dem Gericht selbst erschließt oder diesem durch Dritte vermittelt werden muss, sollte von unmittelbaren/mittelbaren Beweisen gesprochen werden.

Auf die Unterscheidung direkter/indirekter Beweis kommt es in dieser Arbeit nicht an. Klärungsbedürftig und entscheidend ist an diesem Punkt jedoch die Stellung und Bedeutung, die dem Zeugenbeweis im Rahmen der Beweiserhebung zukommt. Es soll deutlich gemacht werden, dass es sich beim Zeugenbeweis lediglich um einen mittelbaren Beweis handelt. Aufgrund bloßer Vermittlung der relevanten Tatsachen ist ein mittelbarer

233 *Herdegen* NJW 2003, 3513, 3516.
234 Vgl. *Herdegen* NJW 2003, 3513, 3516.
235 *Kühne*, Rn. 756.

Beweis naturgemäß störanfälliger als ein Beweis, der sich dem Gericht unmittelbar erschließt. Selbst wenn die Aussage eines Zeugen das Tatbestandsmerkmal direkt ausfüllt, ist hiermit der Beweis einer Tatsache noch nicht erbracht. Denn es muss dann im nächsten Schritt geklärt werden, ob die vermittelte Tatsache wirklich zutrifft oder der Sachverhalt sich nicht doch anders darstellt. Bei der Aussage eines Zeugen handelt es sich mithin um ein bloßes Indiz. Der Zeugenbeweis ist ein mittelbarer – eventuell sogar mehrstufig zu führender[236] – Beweis, dessen Zuverlässigkeit erst nach erfolgter Aussageerhebung geprüft werden muss.[237]

Der mittels Zeugen geführte Beweis ist von daher mit Vorsicht zu behandeln. Es ist dringend geboten, die eine bestimmte Tatsache belegende Zeugenaussage in jedem Fall kritisch zu hinterfragen und auf ihre Übereinstimmung mit dem wirklichen Geschehen zu überprüfen. Dies ergibt sich aus ihrer Natur als bloßer Indizienbeweis. Und auch wenn sich im Nachfolgenden ergeben sollte, dass die Gegenüberstellung von ihrer Art her nicht dem Zeugenbeweis zuzuordnen ist, so hat der vorstehende Gedankengang trotzdem auch für sie eine gewisse Aussagekraft: Jede Beweisführung, an der Zeugen beteiligt sind, ist kritisch zu überprüfen.

### *3. Abschnitt: Einführung und Bewertung des Zeugenbeweises*

Als Weiteres ist zu untersuchen, wie der Zeugenbeweis allgemein in das Strafverfahren eingeführt wird, auf welche Art und Weise der eingeführte Zeugenbeweis bewertet wird, welchen Regelungen die Beweiserhebung in diesem Komplex überhaupt unterworfen ist und welche Rechtsfolgen sich an den Verstoß gegen die Regeln der Zeugenbeweiserhebung knüpfen. Im Anschluss gilt es jeweils zu prüfen, ob das Konstrukt der Identifizierungsgegenüberstellung sich in dieses System des Zeugenbeweises einfügt oder ob sich an einigen Stellen Abweichungen ergeben.

Von Bedeutung könnten die vorstehenden Fragen insbesondere im Hinblick auf die Frage der Behandlung suggestiver Beeinflussungen erlangen. Suggestive Beeinflussungen können einen erheblichen Ursachenbeitrag zu Falschidentifizierungen leisten, weshalb es solche Beeinflussungen gerade auch im Bereich der Identifizierungsgegenüberstellung zu vermeiden gilt.

---

236 Vgl. *Bender/Nack I*, Schaubild „Zeugenbeweis", Rn. 384.
237 *Bender/Nack I*, Rn. 383.

Sofern das für die „allgemeine" Zeugenbeweiserhebung geltende System auch für den Bereich der Gegenüberstellungen Anwendung findet, könnte dies einen Anhaltspunkt dafür darstellen, dass es sich bei der Identifizierungsgegenüberstellung tatsächlich um eine Form des Zeugenbeweises handelt. Umgekehrt würde die nicht vorhandene Kompatibilität zwischen den Bereichen „Zeugenbeweis" und „Identifizierungsgegenüberstellung" dafür sprechen, dass es sich bei letzterer eventuell doch nicht um einen Teil des Zeugenbeweises handelt.

## I. Die Einführung des Zeugenbeweises

Zunächst ist auf die Einführung des Zeugenbeweises in das Verfahren einzugehen. Es gehört zur Pflicht eines Zeugen, vor der Staatsanwaltschaft und vor Gericht auszusagen.[238] In den meisten Fällen gibt der Zeuge den Ermittlungsbehörden sein Wissen aber schon vor der Hauptverhandlung, sprich der Polizei oder der Staatsanwaltschaft, in früheren Vernehmungen preis. Die Aussage vor der Polizei oder der Staatsanwaltschaft genügt für sich allein jedoch nicht, um aufgrund dieser Aussage in einer späteren Verhandlung ein Urteil fällen zu können. Gemäß § 261 StPO hat das Gericht sein Urteil aus dem Inbegriff der Verhandlung zu fällen. Die im Vorfeld einer Verhandlung getätigte Aussage eines Zeugen kann per se also nicht zur Urteilsfindung beitragen. Die Aussage muss vielmehr in die Verhandlung eingeführt werden. Gemäß § 250 StPO greift hier der Unmittelbarkeitsgrundsatz, wonach der Zeuge in der Verhandlung persönlich zu vernehmen ist und seine Vernehmung grundsätzlich auch nicht durch die Verlesung einer zu einem früheren Zeitpunkt von ihm getätigten Aussage ersetzt werden darf.

## II. Die Bewertung des Zeugenbeweises im Rahmen der freien Beweiswürdigung

Der Richter muss dann unter Berücksichtigung der Erkenntnisse der Aussagepsychologie auf Grund des äußeren Eindrucks vom Zeugen, seines Aussageverhaltens und aller anderen hereinspielenden Umstände, wie Per-

238 KK-*Senge*, Vor § 48 Rn. 3.

sönlichkeitsstruktur, Alter, kognitiven Fähigkeiten, Lebenserfahrung, Geisteszustand und seiner affektiven Einbindung in das Geschehen darüber schlüssig werden, ob er dem Zeugen glauben kann.[239] Die Wichtigkeit dieser dem Gericht obliegenden Aufgabe ist für die Urteilsfindung nicht hoch genug einzuschätzen. Aufgrund der überragenden Rolle, die der Zeugenbeweis in unserem Strafverfahren spielt, hängt der Ausgang des Verfahrens häufig in erster Linie von Zeugen ab.[240] Im Folgenden ist von daher zunächst auf die allgemeinen Grundsätze einzugehen, die der Richter zu beachten hat, um den erhobenen Zeugenbeweis in das Verfahren einfließen zu lassen.

### 1. Die Grundsatznorm des § 261 StPO

Wie bereits erwähnt, sammeln sich die erhobenen Zeugenaussagen im „Pool" der freien Beweiswürdigung. Hier erfolgt die Bewertung der dem Gericht vorliegenden Aussagen. Der Richter beurteilt mithin, ob die betreffende Zeugenaussage eine gute, mittelgute, schlechte oder nahezu unbrauchbare Beweisquelle darstellt.

Einhergehend mit der von der herrschenden Meinung vorgenommenen Einordnung der Identifizierungsgegenüberstellung als Teil einer Zeugenvernehmung, steht die auf die durchgeführte Gegenüberstellung erfolgende Aussage des Tatzeugen im Fokus der Beweiswürdigung des Gerichts. Eine fehlerhaft durchgeführte Gegenüberstellung wird im Sinne eines „hereinspielenden Umstands" infolgedessen lediglich als eines von mehreren Kriterien verstanden, das den Wert einer Zeugenaussage bestimmt. Fehlerhaft durchgeführte Gegenüberstellungen haben dann nach der Rechtsprechung eine Minderung des Beweiswertes zur Folge.

#### a. Der „geminderte Beweiswert" fehlerbehafteter Gegenüberstellungen

Im Rahmen der Beweiswürdigung ist bei Vorliegen von Fehlern zunächst mit der Begrifflichkeit „Minderung des Beweiswertes" zu arbeiten. Eine maßgebliche Vorgabe, die bestimmt, wann und in welchem Maße eine Minderung des Beweiswertes einzutreten hat, existiert nicht. Im Nachfol-

239 LR-*Sander*, § 261 Rn. 81 b.
240 Vgl. *Sporer/Meurer*, S. 1.

genden soll deshalb ein Überblick über die Rechtsprechung zum Beweiswert des Wiedererkennens aufgrund fehlerhaft, beziehungsweise nicht ordnungsgemäß durchgeführter Gegenüberstellung gegeben werden.

aa. Anforderungen an die Beweiswürdigung bei fehlerbehafteten Gegenüberstellungen

Zunächst soll auf eine Entscheidung des BGH aus dem Jahre 2006 eingegangen werden. Dort postuliert der BGH, dass das Tatgericht die für und gegen eine Täterschaft sprechenden Tatsachen besonders sorgsam abwägen muss, wenn die Täterschaft ausschließlich aus der Identifizierung geschlossen wird und das Verfahren, welches zu dieser Identifizierung geführt hat, nicht ordnungsgemäß geführt wurde. Im Leitsatz zu BGH StV 2007, 342 heißt es:

> „Die Beweiswürdigung zum Wiedererkennen ist lückenhaft, wenn bei problematischer Beweissituation das Urteil die Beschreibung des Erscheinungsbildes des Angeklagten zur Tatzeit durch den Geschädigten, dessen Angaben zu anfänglichen Personen- und Sachbeschreibungen (Kleidung) nicht mitteilt und weitere Schwachpunkte bei der Personen- und Sachidentifizierung vorhanden sind und Feststellungen für eine Plausibilitätskontrolle fehlen."

Der Beweiswert des Wiedererkennens war in dem nämlichen Sachverhalt nach Ansicht des BGH u.a. deshalb gemindert bzw. hätte besonderer Diskussion bedurft, weil nach Aktenlage die Täterbeschreibung keine über allgemeine Merkmale hinausgehende, individuelle Erscheinungsmerkmale des Täters enthielt, die Identifizierung der Jacke des vermeintlichen Täters sich ebenfalls in Allgemeinheiten erschöpfte und der (allerdings im Hinblick auf die Sachidentifizierung) so genannte „Waffenfokus"[241] außer Acht gelassen wurde[242] Anzumerken ist zudem, dass das Tatopfer in der zu Grunde liegenden Entscheidung den Angeklagten zunächst im Rahmen einer Lichtbildvorlage zu 90 % identifizierte, hernach aber keine Gegenüberstellung durchgeführt wurde, sondern dem Opfer lediglich Polaroidfotos des Tatverdächtigen vorgelegt wurden und das Tatopfer den Angeklag-

241 Phänomen, dass bei Bedrohung mit einer Waffe sich die Aufmerksamkeit des Bedrohten auf diese fokussiert und übrige Wahrnehmungen in den Hintergrund treten.

242 BGH StV 2007, 342, 343.

ten in der zwei Jahre später stattfindenden Hauptverhandlung „spontan als Täter“ wiedererkannte.

Insgesamt stellte sich die Sachlage damit als typisch für eine Situation dar, in der es für die Beantwortung der Frage, ob der Angeklagte auch der tatsächliche Täter ist, entscheidend auf das Wiedererkennen ankam. Hier stellt der BGH fest, dass ein „pauschales Wiedererkennen“ einer Person als Täter nicht genügt, um von einer gelungenen Identifizierung ausgehen zu können. Erforderlich ist vielmehr, dass sich das Gericht auch eingehend mit den Grundlagen der Identifizierung auseinandersetzt.

#### bb. Minderung des Beweiswertes bei Einzelgegenüberstellungen

Für den Bereich der Fälle, in denen statt der zu fordernden Wahlgegenüberstellung lediglich eine Einzelgegenüberstellung oder eine Einzellichtbildvorlage durchgeführt wurde, wird allgemein angenommen, dass die erfolgte Identifizierung in ihrem Wert gemindert ist: dem Ergebnis eines solchen Verfahrens kommt regelmäßig ein wesentlich geringerer Beweiswert zu als dem einer vorschriftsmäßigen Wahlgegenüberstellung.[243] Dieser Beweiswert kann im Einzelfall gegen Null tendieren.[244]

Die Minderung des Beweiswertes gelte insbesondere dann, wenn der Tatzeuge den unbekannten Täter anlässlich der Tat nur kurz beobachten konnte.[245] In diesen Fällen dürfe sich das Tatgericht nicht auf die subjektive Gewissheit des Zeugen beim Wiedererkennen verlassen, sondern anhand objektiver Kriterien nachprüfen, welche Beweisqualität das Wiedererkennen habe.[246] Selbst der Umstand, dass der Zeuge bei einer Lichtbildvorlage mit einer 80 bis 90 %igen Sicherheit glaubte, den Angeklagten wiederzuerkennen, ist bestenfalls ein äußerst schwacher Indikator für die tatsächliche Identifizierungsgewissheit des Zeugen, besagt gleichzeitig aber nichts über die objektive Richtigkeit der Identifizierungsentscheidung.[247]

243 BGH NStZ 1982, 342, 342; OLG Düsseldorf StV 2007, 347, 347; OLG Koblenz NStZ-RR 2001, 110, 111.
244 OLG Koblenz StV 2007, 348, 348.
245 OLG Düsseldort StV 2007, 347, 347.
246 OLG Koblenz StV 2007, 348, 349; OLG Koblenz NStZ-RR 2001, 110, 111.
247 OLG Koblenz StV 2007, 348, 349 f.

Letztendlich könne ein Gericht seine Überzeugung auch auf eine zu Grunde liegende Einzelgegenüberstellung stützen, müsse sich im Rahmen seiner Beweiswürdigung hiermit aber dann wiederum besonders eingehend auseinandersetzen.[248] Insgesamt dürften hinsichtlich der Anforderungen an die Beweiswürdigung wiederum die in BGH StV 2007, 342 aufgestellten Grundsätze gelten.

### cc. Wiederholtes Wiedererkennen

Problematisch ist auch der Umgang mit erfolgten Identifizierungen, in denen das so genannte „wiederholte Wiedererkennen" eine Rolle spielt. Hier muss sich ein Gericht der Gefahr bewusst sein, dass der Wiedererkennungszeuge den Tatverdächtigen nicht mit dem Erinnerungsbild von dem Täter sondern mit der von ihm anlässlich der vorhergehenden Lichtbildvorlage und/oder Gegenüberstellung identifizierten Person verglichen hat.[249] Eine falsche Beurteilung aufgrund der ersten Gegenüberstellung wird sich bei der späteren Gegenüberstellung mit einer gewissen Wahrscheinlichkeit wiederholen.

Die Rechtsprechung erkennt an, dass das Ergebnis des wiederholten Wiedererkennens dann von besonderer Fragwürdigkeit ist, wenn bei der vorhergehenden Gegenüberstellung Fehler unterlaufen sind; diese seien kaum wieder gut zu machen.[250]

Fraglich ist, welcher Beweiswert einem wiederholten Wiedererkennen überhaupt beizumessen ist.

Teilweise wird dem wiederholten Wiedererkennen einer Person ein „beschränkter" [251] bzw. ein „äußerst geringer Beweiswert"[252] zugesprochen. Das OLG Köln konkretisiert dies dahingehend, dass der Tatrichter sich in diesen Fällen des beschränkten Beweiswertes bewusst sein und in den Urteilsgründen ausführen muss, ob ausgeschlossen werden kann, dass

248 Vgl. OLG Düsseldorf StV 2007, 347, 347.

249 Vgl. BVerfG NJW 2003, 2444, 2446; BGH StV 1996, 649, 650; OLG Koblenz StV 2007, 348, 349; OLG Zweibrücken StV 2004, 65. 66; OLG Köln StV 1992, 412, 413; OLG Hamm NStZ 1990, 506, 507.

250 BGH NJW 1961, 2070, 2070; vgl. auch OLG Karlsruhe NStZ 1983, 377, 378.

251 BGH NStZ 2003, 493, 494; BGH NStZ 1997,355, 355; BGH NStZ 1994, 597, 598.

252 BGH, Urt. v. 13.2.2003, AZ 3 StR 430/02, abrufbar im Internet: www.bundesgeri chtshof.de (Stand: 31.3.2015).

der Zeuge nur die Person erkannt hat, die er zuvor bereits bei dem ersten Wiedererkennen gesehen hat.[253]

Eine ausdrückliche Erörterung des Beweiswertes des wiederholten Wiedererkennens hat der BGH in einer Fallgestaltung gefordert, bei der dem erneuten Wiedererkennen aufgrund des Fehlens weiterer wesentlicher Beweismittel eine ausschlaggebende Bedeutung zukam, das Tatopfer die Täter nur kurz gesehen hatte und bei einer ersten Gegenüberstellung die vermeintlichen Tatbeteiligten nur mit „hoher Wahrscheinlichkeit" identifiziert wurden.[254]

Vereinzelt wird schließlich auch die Auffassung vertreten, dem wiederholten Wiedererkennen komme überhaupt kein Beweiswert zu, so dass dieses für die Überführung eines Tatverdächtigen ohne Bedeutung sei.[255] Das Wiedererkennen in der Hauptverhandlung habe deshalb keinerlei Beweiswert, da selbst bei einer eingehenden Befragung des Zeugen eine inhaltliche Präzisierung und Veranschaulichung des Wiedererkennungserlebnisses kaum möglich sei, da wegen der Kürze und Detailarmut der Aussage die in der Psychologie entwickelten Kriterien zur Beurteilung des Realitätsgehaltes von Zeugenaussagen weitgehend versagen; der Zeuge fälle damit letztlich ein nicht nachvollziehbares Urteil über den nur von ihm selbst erlebbaren Vergleich zwischen einer gegenwärtigen und einer früheren Wahrnehmung.[256]

In diesem Zusammenhang ist auch darauf hinzuweisen, dass die subjektive Gewissheit, die ein Zeuge hinsichtlich einer Personenidentifizierung abgibt, auch kein Indiz für die Richtigkeit der Identifizierung ist.[257] Wenn überhaupt, so besteht eine solche Verbindung nur bei optimalen Beobachtungsbedingungen (z.B. gute Lichtverhältnisse, längere Beobachtungszeit), nicht jedoch bei schlechteren Beobachtungsbedingungen (z.B. Erregung und Stress des Zeugen).[258]

---

253 OLG Köln StV 1998, 640, 641.

254 BGH NStZ 2003, 493, 494.

255 So OLG Koblenz StV 2007, 348, 349; OLG Köln NStZ 1991, 202, 202. OLG Karlsruhe NStZ 1983, 377, 378; *Eisenberg* Rn. 1479.

256 *Odenthal* NStZ 1985, 433, 435.

257 Vgl. BGH StV 2007, 348, 349 f.; *Eisenberg* Rn. 1408; *Eisenberg* Kriminalistik 1995, 458, 462; *Odenthal* NStZ 1985, 433, 436.

258 *Sporer* MSchrKrim 1984, 339, 342.

### dd. Weitere, den Beweiswert des Wiedererkennens beeinflussende Faktoren

Ein zweifelhafter Beweiswert kommt nach Ansicht der Rechtsprechung ebenfalls der Konstellation zu, in der der Wiedererkennungszeuge den Tatverdächtigen in der Hauptverhandlung „einwandfrei" wiedererkennt, derselbe Wiedererkennungszeuge aber im Vorfeld bereits eine andere Person als Täter bezeichnet hatte.[259]

Erkennt ein Wiedererkennungszeuge einen Tatverdächtigen bei der ersten Gegenüberstellung wieder, nicht jedoch in der nachfolgenden Hauptverhandlung, so spricht dies ebenfalls gegen die Zuverlässigkeit der früheren Identifizierung.[260]

Einen nur eingeschränkten Beweiswert hat auch das erstmalige Wiedererkennen in der Hauptverhandlung, da der Angeklagte durch seine Platzierung im Gerichtssaal als Tatverdächtiger hervorgehoben ist.[261] Dies gilt nur dann nicht, wenn der Wiedererkennungsakt sich auf eine Person bezieht, mit der der Zeuge nach den Urteilsfeststellungen näher bekannt oder vertraut ist.[262]

Eine ähnliche Konstellation wie die des „wiederholten Wiedererkennens" ist gegeben, wenn der Tatzeuge den vermeintlichen Täter bei anderen Gelegenheiten vor oder nach der Tat gesehen hat. In einem Sachverhalt, in dem das Tatopfer nach der Tat verschiedene Täterbeschreibungen abgegeben hatte, sodann einen Dritten fälschlicherweise als Täter identifiziert hatte und dann später den Angeklagten als vermeintlichen Täter in der Öffentlichkeit mehrfach gesehen und „wiedererkannt" hatte, ihn dann letztlich auch im Rahmen einer Gegenüberstellung in der Hauptverhandlung als Täter identifizierte, beschied der BGH Folgendes: „Ist nicht auszuschließen, dass eine Zeugin den Angeklagten nach der Tat bei anderen Gelegenheiten mehrfach gesehen hat, dann kommt dem Umstand, dass sie mehr als zwei Jahre nach der Tat den zwischen den Zuhörern sitzenden Angeklagten in der Hauptverhandlung als Täter bezeichnete, kein hoher Beweiswert zu.[263]

---

259 Vgl BGHS.t 28, 310, 311 f..
260 BGH StV 2005, 421, 421.
261 OLG Köln StV 1998, 640, 640.
262 OLG Köln StV 1998, 640, 640.
263 BGH StV 1987, 50, 50.

Auch das erste Wiedererkennen nach gescheiterten Gegenüberstellungen kann durch den Wiedererholungseffekt beeinflusst worden sein; nämlich dann, wenn der Angeklagte dem Zeugen mit wechselnden Begleitpersonen wiederholt gegenübergestellt worden ist, so dass der Zeuge sich unbewusst die Gesichtszüge des Angeklagten eingeprägt und ihn erst dann „wiedererkannt“ haben kann („Deja-vu-Effekt“).[264]

Besonders ernst genommen müsse die Gefahr einer fehlerhaften Identifizierung auch dann, wenn diese nur im Rahmen einer Wahllichtbildvorlage und nicht im Rahmen einer Gegenüberstellung erfolge, da Lichtbilder wegen ihrer nicht vorhandenen Tiefe und der fehlenden Bewegung nur einen unvollkommenen Eindruck von einer Person verschaffen und die Wirkung von Licht und Schatten den Eindruck noch mehr verzerren können.[265]

### e. Zwischenergebnis

Aus den vorstehenden Beispielen wird deutlich, dass das Problem fehlerbehafteter Gegenüberstellungen allein auf Beweiswürdigungsebene, nämlich durch die Bewertung des Wertes der aus den Gegenüberstellungen gezogenen Informationen, gelöst werden soll.

Anderslautende Andeutungen im Schrifttum führen bei näherem Betrachten zu keinem anderen Ergebnis. So definiert Eisenberg in Kriminalistik 1995, 458 ff. nur vordergründig ein neues Abgrenzungskriterium, wenn er ausführt, technische Fehler bei der Durchführung der Gegenüberstellung würden den Beweiswert des Wiedererkennens insofern beeinträchtigen, als die Entscheidung des Gerichts nicht maßgeblich hierauf gestützt werden dürfe, während rechtliche Fehler zu einem Verwertungsverbot führen würden.[266] Die Abgrenzung Eisenbergs tangiert jedoch nur eine Randproblematik. Denn als Beispiel eines rechtlichen Fehlers nennt er die Vornahme einer auditiven Gegenüberstellung ohne Einverständnis des Beschuldigten. Zwar ist es richtig, dass gerade dies zu einem Verwertungsverbot führen kann. So hat beispielsweise das Amtsgericht Freiburg ein Verwertungsverbot in einem Fall angenommen, in dem das nichtöffentlich gesprochene Wort des Angeklagten heimlich durch einen Identifizierungs-

---

264 *Odenthal* NStZ 1985, 433, 437.
265 OLG Köln NStZ 1991, 202, 203.
266 *Eisenberg* Kriminalistik 1995, 458, 464.

zeugen, dem die Kriminalpolizei im Anschluss der vorläufigen Festnahme hierzu die Möglichkeit verschafft hatte, abgehört wurde.[267] Betroffen ist hier aber nur der Bereich der auditiven Gegenüberstellung. Für visuelle Gegenüberstellungen kann eine solche Abgrenzung nicht vorgenommen werden, beziehungsweise ist die Vornahme einer solchen nur sehr schwer vorstellbar. Dies führt auch Eisenberg an anderer Stelle aus, wenn er formuliert, dass hinsichtlich der Frage der Verwertbarkeit Unterschiede hinsichtlich der rechtlichen Durchführung visueller und auditiver Gegenüberstellungen zur Geltung kämen.[268]

Die Unterschiede gründen sich auf Folgendes: Der Beschuldigte/Angeklagte ist gemäß § 58 Abs. 2 StPO[269] bzw. nach anderer Auffassung nach § 81 a StPO[270] oder § 81 b StPO[271] verpflichtet, an einer visuellen Gegenüberstellung mitzuwirken. Eine gesetzliche Ermächtigungsgrundlage für das heimliche Mitschneiden des nichtöffentlich gesprochenen Wortes zum Zwecke der Durchführung einer auditiven Gegenüberstellung existiert dagegen nicht.

Den strafprozessualen Ermächtigungsgrundlagen liegt die Erwägung zu Grunde, dass ein Beschuldiger/Angeklagter lediglich gezwungen werden kann, den Augenschein an sich zu dulden. Seine Beweisfunktion als Augenscheinsobjekt darf gegen seinen Willen nur durchgesetzt werden, wenn er passiv bleibt; es entspricht daher allgemeiner Meinung, dass der Beschuldigte nicht verpflichtet ist, zur eigenen Überführung tätig zu werden und an einer Untersuchungshandlung eines Strafverfolgungsorgans oder eines Sachverständigen aktiv mitzuwirken.[272] Zu einer aktiven Beteiligung am Verfahren durch Sprechen darf der Beschuldigte/Angeklagte mangels gesetzlicher Grundlage nicht gezwungen werden.[273] Genau dies geschieht aber, wenn das Wort eines Beschuldigten heimlich aufgenommen wird, um hiermit eine Gegenüberstellungsmaßnahme durchzuführen.

---

267 Vgl. AG Freiburg StV 1988, 383, 383; Vgl. auch ausführlich zur Unzulässigkeit heimlich aufgenommenen nichtöffentlich gesprochenen Wortes BGH NJW 1986, 2261 ff.

268 Vgl. *Eisenberg* NStZ 1994, 598, 599.

269 So BGHSt 34, 39, 39; KG JR 1979, 347, 348; Meyer-Goßner/Schmitt-*Schmitt*, § 58 Rn. 9.

270 So KK-*Senge*, § 58 Rn. 8; *Eisenberg* NStZ 1994, 598, 599; *Kratzsch* JA 1981, 617, 617.

271 So *Roxin/Schünemann*, § 33 Rn. 16.

272 BGH NJW 1986, 2261, 2263.

273 *Eisenberg* NStZ 1994, 598, 599.

Wenn folglich heimlich Tonbandaufnahmen vom Beschuldigten gemacht und für eine auditive Gegenüberstellung zur Verfügung gestellt werden, so liegt sicherlich ein rechtlicher Fehler vor. Ein solch rechtlicher Fehler kommt bei visuellen Gegenüberstellungen aber grundsätzlich nicht in Betracht. Insofern ist die Vornahme einer Unterscheidung zwischen technischen und rechtlichen Fehlern bei visuellen Gegenüberstellungen regelmäßig nicht möglich. Eine Erleichterung der Handhabung der verschiedenen denkbaren Fehlern bei (visuellen) Gegenüberstellungen geht mit dieser Unterscheidung Eisenbergs nicht einher.

Gleiches gilt für Andeutungen Odenthals und Weihmanns. Odenthal weist darauf hin, dass Verstöße gegen Gegenüberstellungsregeln von erheblichem Gewicht zu einem „Ausschluss des Beweismittels" führen können und dass die „Verwertung des Wiedererkennens beanstandet" werden könne.[274] In gleicher Richtung formuliert Weihmann: Fehler betreffend der Einhaltung kriminalistischer Grundregeln bei Durchführung der Gegenüberstellung können ihm zufolge zum „Ausschluss des Beweismittels" führen.[275] Bei genauerer Betrachtung sind die Formulierungen „Ausschluss des Beweismittels" und „Beanstandung der Verwertung" aber nicht in der Weise zu verstehen, dass Odenthal und Weihmann tatsächlich das Bestehen eines Beweisverwertungsverbotes bei besonders gravierenden Verstößen annehmen. Die Autoren sind vielmehr dahingehend zu verstehen, dass die Ergebnisse fehlerbehafteter Gegenüberstellungen rein sachlich gesehen nicht gegen den Angeklagten verwertet werden dürfen. Im Ergebnis wird damit nichts anderes zum Ausdruck gebracht als dasjenige, was die Rechtsprechung meint, wenn sie von der „Minderung des Beweiswertes" spricht. „Beanstandung der Verwertung" und „Ausschluss des Beweismittels" sind unter dieser Prämisse nichts anderes als eine „Minderung des Beweiswertes auf Null".

An dem Ausgangspunkt, dass fehlerbehaftete Gegenüberstellungen auf Beweiswürdigungsebene zu behandeln sind, hat sich damit nichts geändert. Zwar sind vorstehend bereits einige Fallgestaltungen aufgezeigt worden, die eine „Minderung des Beweiswertes" bedingen. Auch ist bereits angedeutet worden, dass ein Gericht das Ergebnis fehlerbehafteter Gegenüberstellungen besonders sorgfältig abwägen muss. Es ergibt sich aber dennoch die Frage, welchen Regeln das Gericht im Zuge seiner freien Be-

274 *Odenthal*, S. 130 f.
275 *Weihmann*, S. 214.

weiswürdigung gemäß § 261 StPO gerade in Bezug auf die Beurteilung von Zeugenaussagen unterworfen ist und was unter der freien Beweiswürdigung zu verstehen ist. § 261 StPO ist eine das ganze Strafverfahren bestimmende Grundsatznorm, aus der folgt, dass die für das Urteil maßgebenden tatsächlichen Feststellungen durch die volle persönliche Überzeugung des Richters von ihrer Richtigkeit getragen werden müssen.[276] Was unter der vollen persönlichen Überzeugung des Richters zu verstehen ist, soll im Folgenden erörtert werden.

### 2. Persönliche Gewissheit als subjektive Komponente

Volle persönliche Überzeugung bedeutet zunächst, dass es für die Beantwortung der Schuldfrage allein darauf ankommt, ob der Tatrichter die Überzeugung von dem Vorliegen eines bestimmten Sachverhaltes erlangt hat oder nicht.[277] Die persönliche Überzeugung, beziehungsweise die persönliche Gewissheit, stellt eine bestimmte, aus dem Inbegriff der Verhandlung erwachsene innere Stellungnahme des Richters zum Gegenstand der Untersuchung dar.[278] Die Überzeugungsbildung selbst ist dabei kein streng rational erlernbarer und erkennbarer Vorgang, sondern ein vielschichtiges, geistig-seelisches Geschehen, welches vom logisch geschulten Verstand ebenso getragen wird wie vom Gefühl.[279]

#### a. Möglichkeit des Zweifels

Nun wird es in vielen Fällen der Praxis so sein, dass das zu beurteilende vergangene Geschehen dem Gericht unter verschiedenen Sachverhaltsvarianten dargeboten wird. Nicht selten liegen im Prozess sich diametral entgegenstehende Zeugenaussagen vor, bei denen sich die Richtigkeit oder Unrichtigkeit der jeweiligen Aussage nicht mit 100-prozentiger Sicherheit bestimmen lässt. Der Begriff der Überzeugung schließt von daher auch die Möglichkeit eines anderen, auch gegenteiligen Sachverhaltes nicht aus. Es gehört vielmehr gerade zum Wesen der Überzeugung, dass sie sehr häufig

276 LR-*Sander*, § 261 Rn. 1.
277 BGHSt 10, 208, 209.
278 Vgl. KK-*Ott*, § 261 Rn. 2.
279 *Mösl* DRiZ 1970, 110, 110.

dem objektiv möglichen Zweifel ausgesetzt bleibt[280]. Dementsprechend wird auch keine absolute, das Gegenteil notwendig ausschließende und von niemandem anzweifelbare Gewissheit verlangt. Gefordert wird vielmehr ein nach der Lebenserfahrung ausreichendes Maß an Sicherheit, welches vernünftige – und nicht bloß auf denktheoretische Möglichkeiten begründete – Zweifel nicht zulässt.[281]

Für das Überzeugtsein im Sinne des § 261 StPO kommt es unter dieser Prämisse eben nicht auf das Nichtbestehen objektiv möglicher Zweifel an, sondern darauf, dass keine subjektiven Zweifel bestehen. Der Richter muss das von ihm in seinem Urteil angenommene Geschehen für wahr halten.[282] Die Überzeugung des Richters muss ein subjektives Gefühl der Gewissheit beinhalten, mithin ein Moment, hinter dem er als urteilende Person steht.[283] Er muss sein gedanklich gewonnenes Ergebnis innerlich bejahen,[284] mit seiner ganzen Person zu seiner Entscheidung stehen. Bleibt im Rahmen des inneren Vorganges der Überzeugungsbildung des Tatrichters diesem – mögen die Verdachtsmomente auch noch so erdrückend sein – auch nur der leiseste Zweifel an Täterschaft oder Schuld, so fehlt es an der zur Verurteilung erforderlichen Überzeugung.[285]

### b. Beurteilungsgrundlage des Zweifels

Grundlage der Beurteilung, ob Zweifel bestehen, muss das konkret zu würdigende Geschehen sein. Geeignet sind nur auf konkreten Umständen beruhende, vernünftige Zweifel.[286] Ein die Verurteilung hindernder Zweifel kann nicht daraus hergeleitet werden, dass der Richter die „allgemeinen Unzulänglichkeit des menschlichen Erkenntnisvermögens" als solche in die Waagschale wirft und sich darauf zurückzieht, dass dem Menschen die „absolute Wahrheit" nicht zugänglich sei.[287] Denn es kann nur der

---

280 BGHSt 10, 208, 209.
281 Vgl. BGH NStZ-RR 2005, 149, 149; BGH StV 1999, 5, 6; ähnlich BGH St 10, 208, 209 ff.
282 LR-*Sander*, § 261 Rn. 7 mit weiteren Literaturhinweisen zum Wahrheitsbegriff im Strafprozess.
283 Vgl. *Hanack* JuS 1977, 727, 728.
284 *Schmitt*, S. 405.
285 RG St 66, 163, 164; *Eisenberg*, Rn. 90; KK-*Ott*, § 261 Rn. 3.
286 *Eisenberg*, Rn. 90.
287 *Hanack* JuS 1977, 727, 728 f.

Zweifel den Ausschlag geben, der sich im Hinblick auf die besondere Beschaffenheit des einzelnen Falles nicht beheben lässt.[288] Gemeint ist also der eigene Zweifel des Richters und nicht der allgemein mögliche Zweifel.[289]

### c. Zwischenergebnis

Auch wenn die subjektive Evidenz, die der Richter seinem Urteil zu Grunde legen muss, notwendiger Bestandteil des Überzeugtseins ist, bietet sie für sich allein noch keine Gewähr für die materielle Richtigkeit des Ergebnisses, da das individuelle Nichtbezweifeln des Tatrichters wie jedes Urteil von Menschen allen denkbaren Irrtümern ausgesetzt ist.[290] Richterlichen Überzeugungserlebnissen in Bezug auf die „Tatfrage" kann da kein besonderer Status eingeräumt werden.[291] Richter unterliegen im Rahmen ihrer Beurteilungen den gleichen Einflüssen wie andere Menschen. Die persönliche Gewissheit allein ist von daher keine hinreichende Bedingung für den Schuldspruch.[292] Aufgrund der Unzulänglichkeit, welche eine allein auf eine persönliche Überzeugung gestützte Urteilsfindung mit sich bringen würde und um der Gefahr willkürlicher Entscheidungen vorzubeugen, muss die Überzeugung des Richters auf einer tragfähigen Beweisgrundlage aufbauen und auf einer logischen, nachvollziehbaren Beweiswürdigung beruhen, die einer rationalen Argumentation standhält.[293]

## 3. Objektive Tatsachengrundlage

Der Richter muss seine Überzeugung mithin auf objektiv tragfähige, tatsächliche Grundlage stützen.

288 *Mösl* DRiZ 1970, 110, 110.
289 Vgl. *Mösl* DRiZ 1970, 110, 110.
290 *Schmitt*, S. 406.
291 *Herdegen* NStZ 1987, 193, 197.
292 *Herdegen* NStZ 1987, 193, 197.
293 Vgl. *Eisenberg*, Rn. 91 mit zahlreichen weiteren Nachweisen.

### a. Die Grenzen menschlicher Erkenntnismöglichkeiten

Als problematisch stellt es sich jedoch dar, diese Tatsachengrundlage zu erforschen. Es muss zunächst immer die Frage gestellt werden, ob die entsprechenden Fakten tatsächlich so vorgefallen sind. Es gibt nicht den Sachverhalt an sich, sondern nur den sprachlich geformten, den ausgesagten Sachverhalt.[294] Nicht so sehr wird durch Tatsachen (in foro ist damit der Beweisstoff gemeint) festgelegt, wie der Mensch etwas auffasst, als dass durch die subjektive Auffassungsgabe eines jeden Menschen maßgeblich beeinflusst wird, was und wie er etwas zur Kenntnis nimmt.[295] Und selbst wenn die festgestellten Tatsachen der Wirklichkeit entsprechen und wichtige Eckpunkte eines Geschehensablaufs aufzeigen, wird es zumeist Details des Geschehens geben, die im Unklaren bleiben. Der menschlichen Erkenntnis ist bei ihrer Unvollkommenheit ein absolut sicheres Wissen verschlossen.[296] Nur selten wird von daher der Idealfall eintreten, dass der im Urteil festgestellte Sachverhalt in allen Punkten mit der Wirklichkeit übereinstimmt.[297] In aller Regel können nur Sachverhaltsannahmen angestrebt werden, die der Wirklichkeit nahe kommen und die die Distanz zur Wahrheit auf ein Minimum reduzieren.[298]

### b. Das Wahrscheinlichkeitsurteil

Um die erforderliche Annäherung an die Wahrheit zu erlangen, muss der Tatrichter sich die Frage stellen, ob Tatsachen und Tatsachenzusammenhänge ermittelt sind, die jedem nach rationalen Kriterien prüfenden Subjekt das Bewusstsein vermitteln, dass die Identität von Schuldvorwurf und Wirklichkeit wahrscheinlich ist.[299] Die tatrichterlichen Erkenntnisse sind also vorwiegend Wahrscheinlichkeitsurteile.[300] Die objektive Komponente des Fürwahrhaltens liegt von daher im Wahrscheinlichkeitsurteil und seinen Grundlagen.[301]

---

294 *Herdegen* NJW 2003, 3513, 3515.
295 Vgl. *Herdegen* NJW 2003, 3513, 3515.
296 Vgl. RG St 61, 202, 206; BGH St 10, 208, 209.
297 *Schmitt*, S. 407.
298 Vgl. *Herdegen* NStZ 1987, 193, 198.
299 *Herdegen* in FS Kleinknecht, S. 178.
300 Vgl. *Herdegen* NStZ 1987, 193, 198.
301 *Herdegen* in FS Kleinknecht, S. 178; einschränkend *Schmitt*, S. 407 ff.

### c. Der Grad der Wahrscheinlichkeit

Fraglich ist nun, welcher Grad der Wahrscheinlichkeit erforderlich ist, um von einer festgestellten Tatsachengrundlage auf die Richtigkeit des Beweisergebnisses schließen zu können.

Zunächst ist jedoch zu erörtern, wie die Wahrscheinlichkeit bemessen wird. Rein mathematisch gesehen bezeichnet die Wahrscheinlichkeit die Häufigkeit, mit der ein bestimmtes Ereignis unter stets gleich bleibenden, beliebig wiederholbaren Bedingungen eintritt.[302] Mit objektiven Wahrscheinlichkeiten kann der Richter arbeiten, wenn es um das Beachten absoluter Erfahrungssätze geht.[303] Bei einer Blutalkoholkonzentration von mehr als 1,1 Promille ist beispielsweise davon auszugehen, dass der betreffende Autofahrer nicht mehr zu einer den Anforderungen des Straßenverkehrs genügenden Beherrschung des Fahrzeugs in der Lage ist.[304] Ebenso kommen objektive Wahrscheinlichkeiten beispielsweise bei der Feststellung einer Vaterschaft zur Geltung, wo Trefferquoten von 99,85 % erzielt werden. In der Vielzahl der zu entscheidenden individuellen Sachverhalte gibt es jedoch keine solch absoluten Erfahrungssätze, die zur Anwendung kommen können. Der Grad der Wahrscheinlichkeit lässt sich hier gerade nicht in genau zu beziffernden Werten ausdrücken, sondern muss mit Worten umschrieben werden.

Frühere Entscheidungen des BGH gebrauchten ein Beweismaß, nach welchem über die Begründetheit einer Behauptung die Intention des Behauptenden entschied. So etwa, wenn ausgeführt wurde, dass es für die Beantwortung der Schuldfrage allein darauf ankomme, ob der Tatrichter die Überzeugung von einem bestimmten Sachverhalt erlangt habe und seine persönliche Gewissheit insofern genüge.[305] Ebensowenig, wie der Tatrichter gehindert werden könne, an sich mögliche, wenn auch nicht zwingende Folgerungen aus bestimmten Tatsachen zu ziehen, ebensowenig könne ihm vorgeschrieben werden, unter welchen Voraussetzungen er zu

302 *Bender/Nack* I, Rn. 367.

303 *Schmitt*, S. 408.

304 Vgl. BGH St 37, 89 ff. Auch wenn der Richter im Rahmen der Beweiswürdigung selbstverständlich auch hier zu der persönlichen Gewissheit gelangen muss, dass der betreffende Autofahrer in der konkreten Situation nicht mehr in der Lage war, sein Fahrzeug zu beherrschen, so kann die hier vorliegende objektive Wahrscheinlichkeit ohne weitere Bedenken als Fundament, als „objektive Komponente des Fürwahrhaltens", dienen.

305 So beispielsweise BGH St 10, 208, 209.

einer bestimmten Schlussfolgerung und einer bestimmten Überzeugung kommen müsse.[306] Die Spanne in Bezug auf die Anforderungen an das Beweismaß zieht sich sodann über Entscheidungen,[307] die „ein nach der Lebenserfahrung ausreichendes Maß an Sicherheit" fordern, bis zu heutigen Urteilen, die auf das Beweismaß der „hohen Wahrscheinlichkeit" abstellen:[308] Der Schuldspruch muss nunmehr auf einer tragfähigen Beweisgrundlage aufbauen, die die objektiv hohe Wahrscheinlichkeit der Richtigkeit des Beweisergebnisses ergibt.[309]

Zwar ist darauf hinzuweisen, dass die Entwicklung in der BGH-Rechtsprechung keineswegs einheitlich verlaufen ist und die drei verschiedene Anforderungen stellende Beweismaße vereinzelt nach wie vor zur Anwendung kommen.[310] So formulierte der 2. Strafsenat des BGH etwa noch im Jahre 2001, dass die bloße Unwahrscheinlichkeit eines vom Tatrichter festgestellten Geschehens für sich allein nicht zur Rechtsfehlerhaftigkeit führe.[311] Ein derart herabgesetztes Beweismaß ist jedoch nicht zu akzeptieren und dürfte der Vergangenheit angehören, da das Merkmal der „hohen Wahrscheinlichkeit" nunmehr auch Zustimmung seitens des Bundesverfassungsgerichts gefunden hat. Dieses formulierte, der BGH habe durch die Anforderung einer „hohen Wahrscheinlichkeit" den Maßstab konkretisiert, der sich aus der freiheitssichernden Funktion des Art. 2 Abs. 2 Satz 2 GG für das faire, rechtsstaatliche Verfahren ergebe.[312]

Die notwendige Bedingung einer hohen Wahrscheinlichkeit für ein „Fürwahrhalten" kann dabei unter Bezugnahme auf die Ausführungen Kants hergeleitet werden:[313] Dieser unterscheidet folgende Formen des Fürwahrhaltens: es gebe zunächst das Meinen, welches ein Fürwahrhalten aus einem Erkenntnisgrund beschreibt, der weder objektiv noch subjektiv zureichend ist. Nächste Stufe sei das Glauben, welches ein Fürwahrhalten

---

306 BGH St 10, 208, 210.

307 Vgl. BGH NJW 1951, 122, 122; BGH NJW 1980, 2423, 2424; BGH NStZ 1982, 478, 479.

308 So etwa BGH StV 1993, 510, 511. Vgl. zu den unterschiedlichen, in der Rechtsprechung aufgeführten Anforderungen ausführlich *Herdegen* NJW 2003, 3513, 3514 ff.

309 BGH StV 1988, 190, 190; BGH StV 1993, 510, 511; BGH NStZ-RR 1997, 42, 43.

310 Vgl. *Herdegen* NJW 2003, 3513, 3514.

311 BGH NJW 2001, 492, 492.

312 BVerfG NJW 2003, 2444, 2445.

313 Vgl. *Herdegen* in FS Kleinknecht, S. 177.

aus einem Grunde, welcher objektiv unzureichend und subjektiv zureichend ist, beschreibt. Letzte und höchste Stufe des Fürwahrhaltens sei schließlich das Wissen, welches ein Fürwahrhalten aus Gründen, die sowohl objektiv als auch subjektiv zureichend sind, beschreibt. Um von einer Tatsache überzeugt zu sein, kann nun weder ein Meinen, noch ein Glauben genügen – es muss ein Wissen sein.[314] Weil ein Wissen sich aber kaum jemals nur auf allgemeingültige Erfahrungssätze zu stützen vermag, kann es in seiner objektiven Komponente nur auf Tatsachen und Tatsachenzusammenhängen beruhen, die intersubjektiv – jedem nach rationalen Kriterien die Wahrheitsfrage prüfenden Subjekt – das Bewusstsein eines hohen Gerades von Wahrscheinlichkeit vermitteln.[315]

Teilweise gibt es Stimmen, die das Erfordernis der hohen Wahrscheinlichkeit als nicht genügend ansehen und stattdessen eine „an Sicherheit grenzende Wahrscheinlichkeit" fordern.[316] Ein Streit darüber, ob nun eine „hohe Wahrscheinlichkeit" genügt oder eine „an Sicherheit grenzende Wahrscheinlichkeit" zu fordern ist, stellt sich jedoch als überflüssig dar. Angesichts der in den meisten Fällen nicht präzise erfassbaren Beweisergebnisse dürfte es sich hierbei nicht um quantitative und damit inhaltliche, sondern um zu vernachlässigende terminologische Unterschiede handeln.[317] Für die Praxis kann ohnehin nur die Regel gelten, dass die Revisionsgerichte Feststellungen dann nicht akzeptieren dürfen, wenn sie auf einer Beweiswürdigung beruhen, die nicht einmal das Urteil „in hohem Maße wahrscheinlich" argumentativ zu rechtfertigen vermag.[318]

### d. Das Beweismaß beim Zeugenbeweis und im Rahmen von Gegenüberstellungen

Bedeutung hat die Statuierung des Beweismaßes der „hohen Wahrscheinlichkeit" gerade hinsichtlich der Würdigung von Zeugenaussagen allgemein und der Würdigung von Identifizierungsgegenüberstellungen im Besonderen: Hinsichtlich allgemeiner Zeugenaussagen hat schon der BGH formuliert, dass der Angeklagte nicht verurteilt werden dürfe, wenn Um-

---

314 *Herdegen* in FS Kleinknecht, S. 177.

315 *Herdegen* in FS Kleinknecht, S. 177.

316 So etwa *Fincke* GA 1973, 266, 272.

317 *Schmitt*, S. 409.

318 *Herdegen* in FS Kleinknecht, S. 179.

stände vorliegen oder zu seinen Gunsten angenommen werden müssen, die aus rationalen Gründen nicht den Schluss gestatten, dass die Übereinstimmung von Zeugenaussage und dem tatsächlichen Geschehen in hohem Maße wahrscheinlich ist.[319] Hinsichtlich der Bedeutung des Beweismaßes der „hohen Wahrscheinlichkeit" in Bezug auf Identifizierungsgegenüberstellungen formuliert das Bundesverfassungsgericht folgendermaßen: Hierdurch sei der durch empirisch-psychologische Untersuchungen gewonnenen Erkenntnis der Unzuverlässigkeit des Zeugenbeweises generell, aber auch und gerade in den Beweissituationen, in denen die Verurteilung wesentlich von der Aussage und dem Wiedererkennen einzelner Personen abhänge, Rechnung getragen.[320]

### 4. Zwischenergebnis

Als Zwischenergebnis ist an dieser Stelle festzuhalten, dass die für die Urteilssprechung des Richters erforderliche Überzeugung grundsätzlich aus zwei Komponenten besteht. Sie kann zusammenfassend als hochgradige Wahrscheinlichkeit – überkreuzt mit subjektiver Nichtbezweiflung – interpretiert werden.[321]

Als objektive Komponente müssen die dem Urteil zu Grunde liegenden Tatsachen die hohe Wahrscheinlichkeit dafür bieten, dass sich das Geschehen auch in Wirklichkeit so abgespielt hat. Der Richter muss durch Bezugnahme auf diese Tatsachen nachvollziehbar begründen können, wie er zu seiner Überzeugung gelangt ist.[322] Die objektive Grundlage muss aus rationalen Gründen den Schluss erlauben, dass das festgestellte Geschehen mit hoher Wahrscheinlichkeit mit der Wirklichkeit übereinstimmt.[323]

Die hohe Wahrscheinlichkeit des Vorliegens eines vergangenen Geschehensablaufes genügt allein jedoch nicht für eine Verurteilung. Das Fürwahrscheinlichhalten kommt dem Fürwahr-erachten nicht gleich.[324] Selbst bei objektiv höchsten Wahrscheinlichkeitsgraden wird dem Tatrichter die Freiheit eingeräumt, zu zweifeln und die Täterschaft zu vernei-

---

319 BGH StV 1988, 190, 190.

320 BVerfG NJW 2003, 2444, 2445 f.

321 *Rieß* GA 1978, 257, 277.

322 *Bender/Nack/Treuer*, Rn. 549 f.

323 BGH StV 1993, 510, 511.

324 LR-*Sander*, § 261 Rn. 9.

nen.[325] Neben die Wahrscheinlichkeit als objektive Komponente, bei der es allein auf den empirischen Charakter der Tatsachenfeststellung ankommt, hat deshalb die persönliche Gewissheit als subjektive Komponente zu treten, welche das personale und autoritative Element der richterlichen Überzeugung betont.[326] Diese subjektive Komponente wird auch als Element des „individuellen Nichtbezweifelns" bezeichnet.[327] Der urteilende Richter muss mit seiner ganzen Person hinter seiner Entscheidung stehen. Er darf keinerlei Zweifel an der Richtigkeit seiner konkreten Entscheidung haben.

Insgesamt wird durch die nicht eindeutig fassbaren Definitionen des Begriffs der freien Beweiswürdigung deutlich, wie komplex der Vorgang einer Beweisbewertung ist. Die freie Beweiswürdigung ist eine vom Verstand und Gefühl beherrschte Wertung, ein komplexer Vorgang, dessen einzelne Elemente oft auch nicht quantifizierbare Wahrscheinlichkeitsaussagen mit umfassen.[328] Sie wird von daher teilweise auch als das Zentralproblem des Strafprozesses bezeichnet,[329] wobei allerdings zu konstatieren ist, dass sie zur Feststellung eines bestimmten Sachverhaltes alternativlos ist.

Aber gerade deswegen, weil es keine Alternative zur freien Beweiswürdigung gibt, gilt es, sich stets bewusst zu machen, dass es sich bei den in die Beweiswürdigung einfließenden Tatsachen in den allermeisten Fällen lediglich um Indizien handelt. Der Wert eines jeden einzelnen Indizes ist im Rahmen der freien Beweiswürdigung konkret zu bestimmen. [330]

Dem Begriff des „Beweiswertes" ist hierbei besondere Beachtung zu schenken. Zwar gibt es im konkreten Fall, hinsichtlich des individuell in Betracht zu ziehenden Beweises – also beispielsweise einer Zeugenaussage – nur ein „Entweder-Oder". Eine Aussage trifft hinsichtlich eines einzelnen Bewertungspunktes entweder so zu oder nicht. Aufgrund ihres re-

---

325 *Schmitt*, S. 410. Selbst bei biostatistischen Vaterschaftswahrscheinlichkeiten, bei denen das Beweismaß bei 99,85 % anzusetzen ist, wird dieser Wert allein nur „grundsätzlich" als ausreichend erachtet, um den Vaterschaftsbeweis als geführt anzusehen (Vgl. *Bender/Nack* I, Rn. 376).

326 Vgl. *Albrecht* NStZ 1983, 486, 488.

327 *Albrecht* NStZ 1983, 486, 488; *Fincke* GA 1973, 266, 270 f.

328 LR-*Sander*, § 261 Rn. 7.

329 *Bender/Nack* I, Rn. 359. Zur Analyse des Vorgangs der Beweiswürdigung: *Grünwald*, Die Wahrunterstellung im Strafverfahren. In: FS für Richard M. Honig. S. 63 f.

330 Vgl. *Eisenberg*, Rn. 97.

gelmäßigen Charakters als bloßes Indiz kann sich die Wahrheit der vorgetragenen Tatsache dem Richter aber nicht mit 100 prozentiger Sicherheit erschließen, sondern bedarf einer gründlichen Prüfung. Er muss Aussagen auf ihre Glaubhaftigkeit unter Beachtung der Glaubwürdigkeit der Aussageperson überprüfen und die Aussagen verschiedener Aussagepersonen miteinander vergleichen. Der Richter prüft die ihm vorliegenden Beweise und bewertet sie. „Bewertung“ bedeutet in diesem Zusammenhang, dass nicht nur das Feststehen oder Nichtfeststehen einer Tatsache das Ergebnis sein kann, sondern dass es auch Zwischenstufen gibt. So kann ein Richter auflisten, was für und was gegen das Vorliegen einer Tatsache spricht und die Argumente gegeneinander abwägen. Der Richter kann eine Aussage beispielsweise zur Begründung eines Urteils heranziehen, die für sich allein nicht zur Urteilsfindung beitragen könnte, sondern eine Überzeugungsbildung nur im Zusammenspiel mit anderen Tatsachen ermöglicht. Der einzelnen Tatsache wird insofern unter Umständen lediglich ein minderer Beweiswert zugebilligt. Nur im Zusammenspiel mit weiteren Tatsachen gewinnt die Tatsache minderen Beweiswertes dann Bedeutung und wird zur Urteilsgrundlage. Auch aus dieser Vorgehensweise ist zu ersehen, dass es im Strafprozess nicht bloß um die reine Wahrheit geht. Denn dann gäbe es nur die Möglichkeit, diese Anforderung an jeden einzelnen, zur Urteilsfindung herbeigezogenen Beweis zu stellen. Das Vorliegen einer einzelnen Tatsache müsste entweder zu 100 Prozent feststehen oder ihr Vorliegen wäre zu verneinen. Da es jedoch keine vollkommene Sicherheit geben kann, ist eine solche Anforderung nicht praktizierbar.

Insgesamt ist der Augenzeugenbeweis ebenso skeptisch zu beurteilen wie der Indizienbeweis schlechthin.[331] Die Sachverhaltsannahmen des Tatgerichts wie auch seine Beurteilungen des Beweiswertes der Beweismittel sind deshalb regelmäßig nicht als unanfechtbare Wahrheiten, sondern als Behauptungen mit Geltungsanspruch anzusehen.[332]

### 5. Das Wahrscheinlichkeitsmodell von Bender/Nack/Treuer

Unter vorstehendem Punkt 3. ist das Merkmal der „Objektiven Tatsachengrundlage“, welches Voraussetzung für eine Urteilsfällung ist, beschrieben

---

331 *Nöldeke* NStZ 1982, 193 195.
332 *Herdegen* in NJW 2003, 3513, 3515.

worden. Demnach wird versucht, sich dem „wahren“ Sachverhalt mittels Wahrscheinlichkeitsurteilen zu nähern. Objektive Wahrscheinlichkeiten, das heißt absolute Erfahrungssätze mit konkreten Zahlenwerten, liegen dabei nur selten vor. Zumeist muss der Versuch unternommen werden, die Figur der Wahrscheinlichkeit auf individuell-konkrete Sachverhalte zu übertragen. Ebenfalls unter vorstehendem Punkt ist ausgeführt worden, dass die Wahrscheinlichkeitsgrade hierbei zumeist nur grob mit Begriffen wie „niedrig“ oder „hoch“ beschrieben werden.

Eine nähere Beschreibung und eine andere Herangehensweise an den Begriff der Wahrscheinlichkeit liefern nun Bender/Nack/Treuer. Diese untersuchen, inwiefern sich die Figur der Wahrscheinlichkeit auch auf den individuell-konkreten Sachverhalt übertragen lässt. Im Weiteren setzen sie sich eingehend damit auseinander, ob und in welchem Maße sich auch die konkret/individuelle Wahrscheinlichkeit beschreiben und sogar in Werten ausdrücken lässt.

Auch wenn die Abhandlung von Bender/Nack/Treuer lediglich ein Modell ist, welches Denkanstöße zur Bewusstmachung konkret vorliegender Wahrscheinlichkeiten geben will, soll jenes im Folgenden auszugsartig mit einigen seiner Grundaussagen wiedergegeben werden. Hernach ist das entwickelte Denkmodell auf Identifizierungsgegenüberstellungen anzuwenden. Dies soll es dem Leser erleichtern, sich der Beweiskraft durch im Rahmen von Gegenüberstellungen erfolgter Identifizierungen bewusst zu werden.

### a. Die subjektive Wahrscheinlichkeit

Bender/Nack/Treuer setzen sich zunächst damit auseinander, inwieweit sich die bereits oben geforderte Wahrscheinlichkeitsannahme auf den konkret-individuellen Sachverhalt übertragen lässt. Diese Frage ordnen Bender/Nack/Treuer unter dem Stichwort der subjektiven Wahrscheinlichkeit ein. Unter subjektiver Wahrscheinlichkeit bezeichnen sie die persönliche Gewissheit, dass ein einmaliges, mithin ein nicht wiederholbares und damit anders als bei der objektiven Wahrscheinlichkeit in seiner Häufigkeitsverteilung nicht messbares Ereignis vorliegt, beziehungsweise vorgelegen hat.[333]

---

333 *Bender/NackTreuer*, Rn. 544.

Der in diesem Zusammenhang eingebrachte Begriff der subjektiven Wahrscheinlichkeit – der in gewisser Weise die objektive und subjektive Komponente der Überzeugungsbildung vermischt – soll zum Ausdruck bringen, dass fingiert wird, ein an sich einmalige Ereignis, welches der Richter zu beurteilen hat, wäre wiederholbar. Es wird so getan, als käme das betreffende Ereignis beispielsweise 100 Mal vor, als gäbe es hinsichtlich des zu untersuchenden Punktes also eine objektive Wahrscheinlichkeit. Die subjektive Wahrscheinlichkeit des Zutreffens einer bestimmten Tatsache beurteilt sich dann danach, in wie vielen der gedachten, wiederholbaren Fälle das Vorliegen der Tatsache ebenso anzunehmen wäre.[334]

### b. Die Berechnung der Wahrscheinlichkeit

Wenn nun die Wahrscheinlichkeit ein wesentlicher Baustein der richterlichen Überzeugung sein soll, so wirft dies die Frage auf, ob sich der Grad der Wahrscheinlichkeit mit Hilfe einer mathematischen Berechnung ausdrücken lässt. Große Mathematiker und Philosophen haben sich mit der Anwendung mathematischer Rechensätze auf den Prozess der juristischen Beweiswürdigung beschäftigt.[335] Zwar ist zu konstatieren, dass bisherige Versuche, mit Hilfe mathematischer Modelle die Beweiswürdigung zu verobjektivieren, durchweg erfolglos geblieben sind.[336] Aber auch wenn eine genaue mathematische Berechnung von Wahrscheinlichkeiten im Prozess nicht möglich ist, so wollen Bender/Nack/Treuer die Wahrscheinlichkeitstheorie als wissenschaftliches „Gerüst", als Denkmodell nutzen, um ihre Beweisgrundsätze darzustellen.[337] Dieses soll zunächst im Folgenden in gebotener Kürze umrissen werden.

#### aa. Vorhandensein von Indizien

Ausgangspunkt der Überlegung ist, dass für die Annahme des Verstoßes gegen ein Strafgesetz die diesem zu Grunde liegenden Tatbestandsmerk-

---

334 Vgl. *Bender/Nack/Treuer*, Rn. 548.

335 *Bender/Nack/Treuer*, Rn. 641, mit nachfolgender Darstellung einzelner Mathematiker und ihrer Theorien.

336 *Kühne*, Rn. 949.

337 *Bender/Nack/Treuer*, Rn. 646.

male erfüllt sein müssen. Hierbei handelt es sich um die zu beweisenden Haupttatsachen. Wie bereits oben unter Bezugnahme auf den Zeugenbeweis festgestellt,[338] hat es das Gericht in der Regel mit mittelbaren Beweisen, Indizienbeweisen, zu tun. Es muss also mit Hilfe der festgestellten Nebentatsachen auf das Vorliegen der Haupttatsachen schließen. Eine Tatsache ist allerdings nur dann als Indiz für die Haupttatsache zu bezeichnen, wenn sie die Wahrscheinlichkeit des Vorliegens der Haupttatsache beeinflusst.[339]

### bb. Die abstrakte Beweiskraft der Indizien

Beeinflussung der Haupttatsache bedeutet, dass Indizien die Wahrscheinlichkeit des Vorliegens der Haupttatsache durch ihr Vorhandensein sowohl erhöhen als auch verringern können. Die Stärke des Einflusses eines Indizes auf die Haupttatsache wird als Beweiskraft des Indizes bezeichnet. Um die Beweiskraft eines Indizes einzuschätzen, muss der Richter sich folgende drei Fragen stellen:[340]

- Wie häufig kommt das Indiz bei der Haupttatsache vor? (Gruppe 1)
- Wie häufig kommt das Indiz bei der Nicht-Haupttatsache vor? (Gruppe 2)
- Wo kommt das Indiz häufiger vor: bei Gruppe (1) oder bei Gruppe (2)?

Das Verhältnis, wievielmal häufiger das Indiz bei der Gruppe (1) als bei Gruppe (2) vorkommt, umschreibt die Beweiskraft. Ein Indiz ist belastend, wenn seine Beweiskraft größer als 1 ist, es ist entlastend, wenn sie kleiner als 1 ist und es ist neutral, wenn sie genau 1 beträgt.[341] Ein Indiz, das bei der Gruppe 1 mit einer Wahrscheinlichkeit von 60 % und bei der Gruppe 2 mit einer Wahrscheinlichkeit von 10 % vorkäme, hätte beispielsweise eine Beweiskraft von 6.[342] Die gleiche Beweiskraft hätte ein Indiz, dass in der Gruppe 1 in 30 % aller Fälle und in Gruppe 2 in 5 % aller Fälle aufträte; dagegen hätte eine Tatsache, die in Gruppe 1 in 90 % aller Fälle

338 Vgl. oben, 2. Kapitel, 2. Abschnitt.
339 *Bender/Nack/Treuer*, Rn. 564.
340 Vgl. *Bender/Nack/Treuer*, Rn. 568.
341 *Bender/Nack/Treuer*, Rn. 663.
342 *Bender/Nack/Treuer*, Rn. 662.

und in Gruppe 2 in 80 % aller Fälle vorkäme, eine äußerst geringe Beweiskraft von nur 1,1. [343]

Das Vorstehende kann auch für die Bildung einer subjektiven Wahrscheinlichkeit herangezogen werden. Auch wenn es sich bei den Fragen der Gruppe (1) und (2) in vielen Fällen nicht um empirisch abgesicherte Erfahrungssätze handelt, so sollten sie dennoch gestellt werden, um sich zumindest auf Plausibilitätsniveau Vorstellungen über die Häufigkeitsverteilung machen zu können.[344] Diese Vorgehensweise verfolgt den Zweck, die Beweiswürdigung auf eine tragfähige, verstandesmäßig einsehbare Tatsachengrundlage zu stellen, so dass eine rationale Argumentation ermöglicht wird.[345]

#### cc. Erlangung der konkreten Beweiskraft der Indizien durch Berücksichtigung der Anfangswahrscheinlichkeit

Die bisher unter vorigem Punkt (bb) errechnete Beweiskraft der Indizien gibt lediglich das Verhältnis zwischen der Häufigkeit des Indizvorkommens bei der Haupttatsache zum Vorkommen bei der Nicht-Haupttatsache wieder. Dieses Verhältnis wird auch als die abstrakte Beweiskraft bezeichnet. Um aber die Endwahrscheinlichkeit, mithin die Wahrscheinlichkeit, dass das Haupttatbestandsmerkmal erfüllt ist, bestimmen zu können, muss die Anfangswahrscheinlichkeit in die Überlegungen einbezogen werden.[346] Die Anfangswahrscheinlichkeit bezeichnet dabei die Wahrscheinlichkeit, dass eine Haupttatsache ohne Berücksichtigung der Indizien vorliegt. Wenn beispielsweise davon ausgegangen wird, dass fünf von 100 Autofahrern unter Drogeneinfluss stehen, so beträgt die Anfangswahrscheinlichkeit, bei einer Fahrzeugkontrolle eine solche fahruntüchtige Person vor sich zu haben, 5 %. Erst unter Einbeziehung der Anfangswahrscheinlichkeit ergibt sich die konkrete Beweiskraft eines Indizes.

---

343 *Bender/Nack/Treuer*, Rn. 662.

344 Vgl. *Bender/Nack/Treuer*, Rn. 629 f.

345 Vgl. hierzu *Bender/Nack* I, Rn. 393.

346 Vgl. *Bender/Nack/Treuer*, Rn. 590.

dd. Beispielrechnung von Bender/Nack/Treuer

Beispielhaft sei an dieser Stelle eine Berechnung einer konkreten Beweiskraft dargelegt, wobei darauf hinzuweisen ist, dass die einzelnen Zahlenangaben hinsichtlich der Ausgangswerte Schätzgrößen darstellen:

Es gilt die Annahme, dass das Verfärben des Alcomats im Zuge eines Alkoholtests eine Beweiskraft von 95 hat. Dies ergibt sich aus Folgendem: Bei einhundert kontrollierten Personen mit einer BAK von über 1,1 Promille verfärbt sich der Alcomat 95 Mal zu Recht, 5 Mal verfärbt er sich nicht. Bei 100 nüchternen Personen verfärbt der Alcomat sich 1 Mal zu Unrecht. 95 % geteilt durch 1 % ergibt eine abstrakte Beweiskraft hinsichtlich der Treffgenauigkeit von Alcomatentests von 95.

Weiterhin sei angenommen, dass zur Zeit des Münchener Oktoberfestes jeder zehnte gegen Mitternacht kontrollierte Autofahrer eine Blutalkoholkonzentration von mehr als 1,1 Promille hat, die Anfangswahrscheinlichkeit des Antreffens eines alkoholisierten Autofahrers also 10 % beträgt. Unter 1000 kontrollierten Personen befinden sich von daher 100 Betrunkene und 900 Nüchterne. Von den 100 Betrunkenen verfärbt sich der Alcomat beim Test 95 Mal (da 95 % Treffgenauigkeit). Von den 900 Nüchternen verfärbt der Alcomat sich zu Unrecht 9 Mal (da 1% Fehlerquote). Es gibt somit insgesamt 104 Personen, bei denen der Alcomat sich verfärbt hat. Aber nur 95 der 104 Personen, bei denen der Alcomat sich verfärbt hat und gegen die damit der Verdacht der Trunkenheit im Verkehr besteht, sind tatsächlich betrunken. 95 geteilt durch 104 ergibt 91%. Bei einer Anfangswahrscheinlichkeit von 10 % und einer abstrakten Beweiskraft von 95 ergibt sich somit eine Endwahrscheinlichkeit, mithin eine konkrete Beweiskraft von 91 %.

Angenommen, die gleiche Kontrolle wird um 10 Uhr vormittags durchgeführt, so ist für eine zweite Beispielsrechnung davon auszugehen, dass nur einer von 1000 Autofahrern betrunken ist. Von diesen 1000 kontrollierten Autofahrern hätte sich der Alcomat – angenommen, der Betrunkene wäre tatsächlich herausgefiltert worden – 11 Mal verfärbt. 1 geteilt durch 11 ergibt 9 %. Bei einer Anfangswahrscheinlichkeit von 0,1 % ergäbe sich also trotz der abstrakten Beweiskraft von 95 nur eine Endwahrscheinlichkeit von 9 % dafür, dass eine Person, bei sich der Alcomat im Zuge des Alcomattests verfärbte, tatsächlich angetrunken ist.

Die Beispiele sollen verdeutlichen, dass es bei einer geringen Anfangswahrscheinlichkeit schon eines sehr starken Indizes bedürfte, um auf eine hohe Endwahrscheinlichkeit zu kommen.[347] Bei einer Anfangswahrscheinlichkeit von 50 % genügt dagegen schon ein Indiz mit einer Beweiskraft von 10, um eine Endwahrscheinlichkeit von über 99 % zu erlangen. Es führt also kein Weg daran vorbei, zur Abschätzung der Größenordnung des erzielten Beweisergebnisses auch die Anfangswahrscheinlichkeit – zumindest auf Plausibilitätsniveau – abzuschätzen.[348]

Des Weiteren wird hier deutlich, dass im Rahmen der Beweiswürdigung jedes Detail genau zu berücksichtigen ist. Auch wenn die vorstehenden Beispielsrechnungen rein mathematischer Natur sind, so machen sie doch deutlich, dass ein Indiz, selbst wenn es eine hohe Beweiskraft hat, in seinem Gesamtzusammenhang zu sehen ist. Verfärbt sich ein Alcomat beispielsweise bei einem Autofahrer im Rahmen eines vormittags durchgeführten Alkoholtests, so ist die Wahrscheinlichkeit, dass er tatsächlich betrunken ist, eher gering. Verfärbt der Alcomat sich dagegen im Rahmen eines mitternächtlichen Tests, so ist die Wahrscheinlichkeit, einen Betrunkenen vor sich zu haben, ungleich höher.

#### ee. Gesamtschau der Indizien

Wie wichtig die Beachtung des Gesamtzusammenhanges ist, zeigt sich auch im Hinblick darauf, dass sich die Beweiskraft bei Vorliegen mehrerer belastender Indizien, die voneinander unabhängig sind, erhöht. Dem liegt folgender Gedankengang zu Grunde: Angenommen werden soll zunächst, es konnte durch Ermittlung einer Anfangswahrscheinlichkeit und der abstrakten Beweiskraft eines vorliegenden Indizes eine Endwahrscheinlichkeit gebildet werden. Die Endwahrscheinlichkeit nach Berücksichtigung des ersten Indizes wird dann als neue Anfangswahrscheinlichkeit für die Berechnung des zweiten Indizes eingesetzt.[349] Die neue Endwahrscheinlichkeit ergibt sich dann unter Berücksichtigung der Anfangswahrscheinlichkeit (welche bereits das Vorliegen des ersten Indizes beinhaltet) und der abstrakten Beweiskraft des zweiten Indizes.

Selbst wenn ein einzelnes Indiz eventuell nicht stark genug ist, das geforderte Beweismaß zu erbringen, so können doch mehrere Indizien auf diese Weise die Wahrscheinlichkeit für das Vorliegen der Haupttatsache

---

347 Vgl. *Bender/Nack/Treuer*, Rn. 681 f.

348 Vgl. *Bender/Nack/Treuer*, Rn. 581, ausführlicher noch in *Bender/Nack* I, Rn. 420.

349 *Bender/Nack/Treuer*, Rn. 651, mit Rechenbeispielen unter Rn. 652.

auf das geforderte Beweismaß bringen.[350] Die Gesamtheit von Indizien kann den Richter dann vom Dasein der Haupttatsache überzeugen.

### c. Übertragung des Wahrscheinlichkeitsmodells von Bender/Nack/Treuer auf Gegenüberstellungen

Die Berechnung des konkreten Beweiswertes, mithin der Endwahrscheinlichkeit, soll nun anhand einer durchgeführten Identifizierungsgegenüberstellung dargestellt werden. Folgender Sachverhalt soll als Rahmen dienen: Es findet ein Schützenfest statt. In einem Festzelt befinden sich mehrere hundert Menschen, darunter 10 Schützen in ihren Schützenuniformen. Im Verlaufe des Abends schlägt eine Person in Schützenuniform einen unbeteiligten Dritten. Der Täter kann entkommen. Es gibt einen Tatzeugen, der den Täter während der Tat zum ersten Mal sah. Die Ermittlungen der Polizei richten sich bald gegen einen bestimmten Schützen als möglichen Täter, der bereits wegen ähnlicher Vorfälle vorbestraft ist und das Festzelt kurze Zeit nach dem Vorfall verlassen hat. Dem Tatzeugen werden nun der Tatverdächtige und die neun weiteren Schützen gegenübergestellt. Der Tatzeuge identifiziert den von der Polizei bereits Verdächtigten als Täter. Es ist nun zu untersuchen, wie hoch die Endwahrscheinlichkeit dafür ist, dass es sich bei einem etwaig Identifizierten um den wirklichen Täter handelt.

#### aa. Anfangswahrscheinlichkeit

Welche Variablen dienen nun zur Berechnung? Zunächst ist die Anfangswahrscheinlichkeit zu bestimmen. Von 10 anwesenden Schützen war einer der Täter. 9 Schützen sind unschuldig. Jedoch richten sich die Ermittlungen ja bereits gegen einen bestimmten Schützen. Um die Anfangswahrscheinlichkeit zu erlangen, ist es in den Fällen, in denen es um die Frage geht, ob der Angeklagte der Täter ist, erforderlich, diese auf Plausibilitätsniveau zu schätzen.[351] Es kommt dann darauf an, wie weit der Kreis der Täter zu ziehen ist. Im konkreten Fall bietet es sich an, den Kreis der möglichen Täter auf die 10 Schützen zu beschränken. Die Anfangswahrschein-

350 Vgl. *Bender/Nack/Treuer*, Rn. 596.
351 Vgl. *Bender/Nack/Treuer*, Rn. 630.

lichkeit, dass einer der Schützen, mithin auch der Tatverdächtige, der Täter ist, liegt damit bei 10 %.

### bb. abstrakte Beweiskraft

Des Weiteren ist die abstrakte Beweiskraft zu errechnen. Da es sich bei jeder Gegenüberstellung um einen individuell-konkreten Sachverhalt handelt und insofern keine empirischen Erfahrungssätze Anwendung finden können, sollen hier bei der Schätzung der Beweiskraft auf Plausibilitätsniveau Vorstellungen über die Häufigkeitsverteilung des richtigen/falschen Wiedererkennens getroffen werden. Als Anhaltspunkte können insofern jedoch die Ergebnisse der Versuchsreihen dienen, die oben dargestellt wurden.[352] Bei Einhaltung der Regeln für Gegenüberstellungen lag die Anzahl korrekter Identifizierungen bei etwa 60 %. In den oben dargestellten Versuchsreihen betrug die Häufigkeit von Falschidentifizierungen der Personen, die dem wirklichen Täter ähnlich sahen und bei an sich korrekter Durchführung im simultanen Gegenüberstellungsverfahren etwa 40 %. Gerade im vorliegenden Beispielsfall ist eine ähnlich hohe Quote von Falschidentifizierungen zu vermuten, da der Täter zum ähnlich aussehenden Kreis der Schützen gehörte. Das Indiz „Identifizierung eines Tatverdächtigen als Täter" kommt bei einem wirklichen Täter mit 60 % häufiger vor als bei einem Unschuldigen mit 40 % und ist demnach belastend. Dennoch ist die abstrakte Beweiskraft mit 1,5 eher gering.

### cc. konkrete Beweiskraft

Angenommen, der Beispielsfall würde sich 1000 Mal wiederholen, so hätten die Ermittlungsbehörden aufgrund der hier angenommenen Anfangswahrscheinlichkeit von 10 % in 100 Fällen den wirklichen Täter und in 900 Fällen einen Unschuldigen als Täter präsentiert. Im Rahmen der abstrakten Beweiskraft wurde festgestellt, dass in 60 % aller Fälle der wirkliche Täter vom Tatzeugen identifiziert wird. In 40 % der Fälle geschieht aber auch eine Falschidentifizierung eines Unbeteiligten. Von den 100 wirklichen Tätern würden nun 60 %, mithin 60 identifiziert. Von den 900

352 Vgl. 1. Kapitel 4. Abschnitt III.

präsentierten Unschuldigen würden aber auch 40 %, mithin 360 Personen als Täter benannt. Unter den insgesamt 420 als Täter benannten Personen wären nun nur 60 wirkliche Täter. Die Endwahrscheinlichkeit, dass der Verdächtigte auch der wirkliche Täter ist, beträgt also 60 zu 420. Die Wahrscheinlichkeit, den wirklichen Täter vor sich zu haben, hat sich durch die Identifizierung von anfangs 10 % lediglich auf 14,29 % erhöht.

#### dd. Alternativrechnungen

Das vorhergehende Beispiel zeigt, dass die Identifizierung eines Tatverdächtigen diesen keineswegs derart eindeutig als Täter überführt, wie man eigentlich meinen sollte, wobei darauf hinzuweisen ist, dass hier ein Beispiel gewählt wurde, indem der Tatzeuge den Tatverdächtigen nur während der Tat und hier – des Nachts – nicht besonders eingehend betrachten konnte. Bemerkenswert dabei ist, dass das gegebene Beispiel nicht einmal gravierende Fehler im Gegenüberstellungsverfahren unterstellte, sondern ein herkömmliches, simultanes Gegenüberstellungsverfahren zur Grundlage nahm.

##### (1.) Erhöhung der abstrakten Beweiskraft durch Anwendung des sequentiellen Verfahrens

Zum Vergleich soll nun zusätzlich ein sequentielles Gegenüberstellungsverfahren herangezogen werden. Unter Zugrundelegung der bereits oben erwähnten Versuchsreihen, ist hier von einer Falschidentifizierungsquote von 15 % auszugehen. Bei einer 60 %igen Häufigkeit korrekter Identifizierungen ergäbe sich dann eine abstrakte Beweiskraft von 4.

Von den 100 wirklichen Tätern würden weiterhin 60 %, mithin 60 identifiziert. Von den 900 präsentierten Unschuldigen würden nun nur 15 %, mithin 135 Personen als Täter benannt. Unter den 195 als Täter benannten Personen sind 60 wirkliche Täter. Die Wahrscheinlichkeit, dass der Verdächtigte auch der wirkliche Täter ist, hat sich durch die Identifizierung von 10 % nun auf 30,77 % erhöht.

### (2.) Erhöhung der Trefferwahrscheinlichkeit „Unschuldiger“ durch Gegenüberstellungsfehler

Die Trefferwahrscheinlichkeit kann sich jedoch nicht nur durch Benutzung eines qualitativ hochwertigeren Verfahrens, sondern auch schlicht dadurch erhöhen, dass Gegenüberstellungen fehlerhaft durchgeführt werden oder der Zeuge anderen suggestiven Beeinflussungen ausgesetzt war, etwa indem er den Tatverdächtigen mehrmals nach der Tat gesehen und sich allein dadurch das Bild des Tatverdächtigen bei ihm eingeprägt hat. In diesem Zusammenhang soll dann auch ausdrücklich nur von einer Erhöhung der „Trefferwahrscheinlichkeit“ und nicht der Erhöhung der „abstrakten Beweiskraft“ die Rede sein, da letzterer Begriff das Hervorbringen eines korrekten Ergebnisses suggeriert, während in der Tat sich lediglich die Wahrscheinlichkeit der Vornahme einer Identifizierung – bar ihrer Korrektheit – erhöht.

Bereits oben[353] wurde ein Beispiel aufgezeigt, bei dem im Rahmen von Gegenüberstellungen in 8 % der Fälle Unschuldige identifiziert wurden und gar in 20 % der Fälle Unschuldige, wenn diese dem Zeugen bereits zuvor im Rahmen von Lichtbildvorlagen präsentiert wurden. Allein dies bedingt eine „abstrakte Beweiskraft“ bzw. eine Erhöhung der Trefferwahrscheinlichkeit Unschuldiger von 2,5. Diese dürfte sich noch steigern, wenn suggestive Beeinflussungen größeren Ausmaßes geschehen sind, etwa wenn der Tatverdächtige zwischenzeitlich mehrmals gesehen wurde oder der Zeuge ihn etwa in Handschellen auf dem Polizeiflur gesehen hat etc.

### (3.) Veränderung der Anfangswahrscheinlichkeit

In einem weiteren Beispiel soll die Anfangswahrscheinlichkeit, mithin die Wahrscheinlichkeit, dass der Tatverdächtige auch der wirkliche Täter ist, auf 50 % erhöht werden. Dies wäre etwa der Fall, wenn sich nur noch zwei Schützen im Festzelt befunden hätten und hernach dem Zeugen – aufgrund ermittlungstaktischer Erwägungen insofern korrekt – noch vor Ort die zwei Verdächtigen präsentiert wurden. Bei einer – dem ersten Gegenüberstellungsbeispiel entsprechenden – abstrakten Beweiskraft von 1,5

353 Vgl. oben 1. Kapitel 4. Abschnitt III.

ergäbe sich durch eine erfolgte Identifizierung eine Endwahrscheinlichkeit, den wirklichen Täter vor sich zu haben, von 60 %. Bei einer – dem zweiten Gegenüberstellungsbeispiel entsprechenden – abstrakten Beweiskraft von 4 ergäbe sich durch eine erfolgte Identifizierung eine Endwahrscheinlichkeit, den wirklichen Täter identifiziert zu haben, von 80 %.

#### d. Ergebnis

Fraglich ist, welche Folgerungen aus dem von Bender/Nack/Treuer entwickelten Wahrscheinlichkeitsmodell und der hier angestellten Übertragung auf den Bereich von Gegenüberstellungen zu ziehen sind, wobei nochmals zu betonen ist, dass es im Ergebnis unmöglich ist, die Annäherung an die Wahrheit mathematisch zu errechnen. Der Tatrichter hat es im Rahmen der Beweiswürdigung grundsätzlich mit nicht zwingenden Folgerungen aus Beweistatsachen zu tun, die sich angesichts der unbegrenzten Vielfalt der Wirklichkeit nicht in ein komplett logisches System einordnen lassen.[354] Eine exakte Berechnung, mit welcher Wahrscheinlichkeit eine vorgetragene Tatsache der Wahrheit entspricht, muss daher scheitern.

Das Wahrscheinlichkeitsmodell von Bender/Nack/Treuer soll aber auch gar nicht die Berechnung der Wahrheit ermöglichen, sondern vielmehr als Denkanstoß dienen, um sich der Fehleranfälligkeit der richterlichen Beweiswürdigung bewusst zu werden. Mit Hilfe vorstehender Beispielsrechnungen wird verdeutlicht, dass die auf eine Gegenüberstellung folgende Identifizierung eines Tatverdächtigen als Täter keineswegs dazu führt, hieraus zwingend zu schließen, dass es sich bei der identifizierten Person auch tatsächlich um den Täter handelt. Eine solche Identifizierung ist lediglich ein Indiz, auf welches die richterliche Überzeugung aber keineswegs allein gestützt werden kann und darf.

Die Anwendung des Wahrscheinlichkeitsmodells von Bender/Nack/Treuer unter Zugrundelegung der aus den empirischen Untersuchungen zur Fehlerhaftigkeit von Gegenüberstellungen gewonnenen Ergebnisse offenbart, wie wenig aussagekräftig eine Identifizierung, insbesondere bei Verstößen gegen die Gegenüberstellungsdurchführungsregeln ist.

Um ein Urteil fällen zu können, muss sich die richterliche Überzeugung auf Tatsachen stützen, die mit hoher Wahrscheinlichkeit mit der Wahrheit

354 Vgl. *Schmitt*, S. 408.

übereinstimmen. Diese Gewähr bietet eine unter fehlerhaften Umständen zustande gekommene Gegenüberstellung nicht. Es stellt sich insofern die Frage, ob eine unter fragwürdigen Umständen zustande gekommene Identifizierung überhaupt einen Hinweis auf die Täterschaft des Tatverdächtigen geben kann. „Geminderter Beweiswert" bedeutet, dass eine Tatsache keinen vollen Beweis bietet, aber eine gewisse Belastungstendenz innehat und somit gegen den Tatverdächtigen verwandt wird.

Aufgrund der Ergebnisse der dargestellten empirischen Untersuchungen zu fehlerhaften Identifizierungen kann eine solche Belastungstendenz nach hiesiger Auffassung bei fehlerhaft durchgeführten Gegenüberstellungen aber gerade nicht angenommen werden. Hieraus resultierende Identifizierungen haben nach hiesiger Auffassung nicht nur einen geminderten, sondern überhaupt keinen Beweiswert. Sie sprechen weder für noch gegen die Täterschaft des Tatverdächtigen.

Ungeachtet der erwähnten empirischen Untersuchungen wird erfolgten Identifizierungen aber – auch wenn sie auf fehlerhaft durchgeführten Gegenüberstellungen beruhen – in der Regel ein (wenn evtl. auch geminderter) Beweiswert zugesprochen. Im Ergebnis geht damit von solchen Identifizierungen eine Belastungstendenz aus, obwohl eine solche in der Realität eben nicht gegeben ist.

Die Ursache dieses Fehlers könnte nach hiesiger Auffassung in der Einordnung der Gegenüberstellung als Zeugenbeweis und der damit einhergehenden Unterwerfung unter die Regeln des Zeugenbeweises liegen. Die Behandlung fehlerbehafteter Gegenüberstellungen als Zeugenbeweis und die damit einhergehende Würdigung der Beweise im Rahmen der allgemeinen Beweiswürdigung mit den Kriterien „Beweiswert" bzw. „geminderter Beweiswert" scheint keine der Problematik gerecht werdende Einteilung zu bieten.

## *4. Abschnitt: Regeln der Zeugenbeweiserhebung und die Folgen bei Verstößen gegen diese Regelungen*

Im Rahmen der vertiefenden Untersuchung des Zeugenbeweises ist im Weiteren auf die Regeln der Zeugenbeweiserhebung einzugehen. Wie bereits oben festgestellt, unterliegt die – von der herrschenden Meinung als Teil des Zeugenbeweises angesehene – Gegenüberstellung bestimmten Durchführungsregeln. Auch die Erhebung des allgemeinen Zeugenbeweises selbst richtet sich nach bestimmten Regeln. Fraglich ist, welche

Durchführungsregeln konkret bestehen und welche Auswirkungen es hat, wenn den Ermittlungsbehörden, beziehungsweise den Gerichten Fehler bei der Erhebung des Zeugenbeweises unterlaufen. Finden Verstöße gegen eventuell existierende „Qualitätssicherungsvorschriften" nur auf der Ebene der Beweiswürdigung Berücksichtigung oder können sie sogar zum Ausschluss des entsprechenden Beweises aus dem Verfahren führen?

Die Fragestellung hat insofern Bedeutung, als sie Rückschlüsse darüber zulässt, ob die allgemeine Regelung der Zeugenbeweiserhebung derjenigen ähnelt, welche für die Identifizierungsgegenüberstellung gilt. Wie bereits dargelegt, können bei der Durchführung von Gegenüberstellungen zahlreiche Fehler unterschiedlichster Art unterlaufen. Da die Gegenüberstellung als Teil des Zeugenbeweises angesehen wird, müssten sich theoretisch auch die Folgen, die bei Verstößen gegen Verfahrensregeln eintreten sollen, gleichen.

Im vorhergehenden Abschnitt wurde bereits festgestellt, dass die pauschale Annahme eines „geminderten Beweiswertes" der Problematik fehlerhaft durchgeführter Gegenüberstellungen nicht gerecht wird. Fraglich ist nun allerdings, ob die Identifizierungsgegenüberstellung grundsätzlich nicht in das Raster des Zeugenbeweises passt oder ob auch die Regelungen über den Zeugenbeweis im Falle fehlerhafter Beweiserhebungen Alternativen zu der pauschalen Annahme eines „geminderten Beweiswertes" bieten. Aufgrund dessen sollen die Regeln über die Zeugenbeweiserhebung näher beleuchtet werden.

Besonderes Augenmerk ist hier dem Komplex suggestiver Beeinflussungen zu widmen, da selbige gerade im Gegenüberstellungsverfahren einen typischen, systematischen Fehler darstellen. Beispielhaft genannt sei etwa der Fall, in dem der Vernehmungsbeamte dem Tatzeugen nur einen bestimmten Tatverdächtigen, etwa mit der Frage „War es der?" präsentiert. Wie wird nun mit suggestiven Beeinflussungen im Rahmen allgemeiner Zeugenbeweiserhebungen umgegangen? Wird auch hier eine Minderung des Beweiswertes, gegebenenfalls auf 0 angenommen oder ergeben sich hier andere Konsequenzen? Im Folgenden sind einige Vorschriften, welche für die Zeugenvernehmung relevant sind, zu nennen und unter diesem Aspekt zu überprüfen

## I. Ausgangspunkt der vorzunehmenden systematischen Auslegung: § 136 a StPO

Vorschriften, die sich mit der Art und Weise der Zeugenvernehmung sowie der zu stellenden Fragen beschäftigen sind beispielsweise die §§ 58 Abs. 1, 69 Abs. 1, 69 Abs. 2 und 241 Abs. 2 StPO. § 58 Abs. 1 StPO besagt, dass Zeugen einzeln und in Abwesenheit der später zu hörenden Zeugen zu vernehmen sind. § 69 Abs. 1 StPO ordnet an, dass der Zeuge zu veranlassen ist, zunächst das, was ihm vom Gegenstand seiner Vernehmung bekannt ist, im Zusammenhang anzugeben. Nach § 69 Abs. 2 StPO sind dem Zeugen sodann zur weiteren Aufklärung und Vervollständigung der Aussage sowie zur Erforschung des Grundes, auf dem das Wissen des Zeugen beruht, weitere Fragen zu stellen. Gemäß § 241 Abs. 2 StPO kann der Vorsitzende ungeeignete oder nicht zur Sache gehörende Fragen zurückweisen.

Keine dieser Vorschriften regelt nun jedoch, welche Folgen eintreten, wenn gegen die vorgenannten Regeln verstoßen wird. Eine explizite gesetzliche Regelung zu den Konsequenzen, wenn gegen bestimmte Regeln der Vernehmung verstoßen wird, findet sich in der Strafprozessordnung lediglich an einer Stelle. § 136 a Abs. 3 S. 2 StPO ordnet an, dass Aussagen, die dadurch zustande gekommen sind, dass die Freiheit der Willensentschließung und der Willensbetätigung des Beschuldigten beeinträchtigt worden ist, beziehungsweise Maßnahmen angewandt wurden, die das Erinnerungsvermögen oder die Einsichtsfähigkeit des Beschuldigten beeinträchtigt haben, nicht verwertbar sind.

§ 136 a Abs. 3 S. 2 StPO ist systematisch im Abschnitt über die Vernehmung des Beschuldigten und nicht etwa im Abschnitt über die Vernehmung von Zeugen eingeordnet. Dementsprechend ist die Norm zunächst für unter Verstoß gegen strafprozessuale Regeln und damit verbotene Vernehmungsmethoden anwendbar, die den Beschuldigten betreffen. Gemäß § 69 Abs. 3 StPO ist die Vorschrift aber auch auf Zeugen und gemäß §§ 72, 69 Abs. 3 StPO auf Sachverständige anwendbar, auch soweit diese staatsanwaltlich (§ 161 a Abs. 1 S. 2 StPO) oder polizeilich (§ 163 a Abs. 5 StPO) vernommen werden.[355]

355 Vgl. SK-*Rogall*, § 136 a Rn. 6.

§ 136 a StPO richtet sich an die mit der Strafverfolgung beauftragten Staatsorgane.[356] Die Vorschrift gilt zwar zunächst direkt nur für alle richterlichen Vernehmungen des Beschuldigten innerhalb und außerhalb der Hauptverhandlung, sowie gemäß § 136 a Abs. 3 S. 2 StPO für Vernehmungen des Beschuldigten durch die Staatsanwaltschaft und gemäß § 136 a Abs. 4 S. 2 StPO für Vernehmungen durch Beamte des Polizeidienstes.[357]

Im Nachfolgenden ist nun zunächst zu untersuchen, welche Fallgestaltungen unter § 136 a StPO fallen; gemäß § 69 Abs. 3 StPO hat die Vorschrift ja auch für die Zeugenbeweiserhebung Bedeutung.

Daran anknüpfend stellt sich die Frage, ob aus der Norm des § 136 a Abs. 3 StPO der Umkehrschluss zu ziehen ist, dass die Anwendung unzulässiger Vernehmungsmethoden außerhalb der Reichweite des § 136 a Abs. 3 S. 2 StPO, also beispielsweise Verstöße gegen die §§ 58 Abs. 1, 69 Abs. 1, 69 Abs. 2, 241 Abs. 2 StPO eben gerade kein Verwertungsverbot nach sich ziehen und die auf unzulässigen Vernehmungsmethoden beruhenden Aussagen hier – im Bereich des Zeugenbeweises – verwertbar sind.

### 1. Regelungsgehalt – Allgemeine Grundsätze

Zunächst ist jedoch auf § 136 a StPO selbst einzugehen. Gemäß § 136 a Abs. 1 S. 1 StPO darf die Freiheit der Willensentschließung und Willensbetätigung nicht durch Misshandlung, Ermüdung, körperliche Eingriffe, Verabreichung von Mitteln, Quälerei, Täuschung oder Hypnose beeinträchtigt werden. Während die meisten dieser Merkmale den Tatbestand der Aussageerpressung erfüllen und darüber hinaus jeweils noch durch weitere Tatbestände, wie zum Beispiel Nötigung, Körperverletzung oder Giftbeibringung erfasst werden,[358] ist für die vorliegende Untersuchung das nicht in dieses Raster passende Merkmal der Täuschung interessant. Anders als die übrigen, in § 136 a Abs. 1 StPO aufgezählten Vernehmungsmittel, verletzt eine Täuschung nicht die Menschenwürde, so dass sich ihr Ausschluss nicht aus Art. 1 GG herleiten lässt[359]. Rechtsstaatlich bedenklich wird eine Täuschung erst dann, wenn die Freiheit des Beschul-

---

356 *Eisenberg*, Rn. 628.
357 SK-*Rogall*, § 136 a Rn. 6.
358 Vgl. hierzu *Puppe* GA 1978, 289, 289.
359 *Puppe* GA 1989, 289, 289.

digten, das Ob und Wie seiner Aussage zu bestimmen, dadurch verletzt wird, dass er nach einer Täuschung zu Äußerungen veranlasst wird, die er zwar freiwillig, aber aufgrund falscher Vorstellungen abgibt.[360]

Dabei ist aber immer zu bedenken, dass ein gewisses Maß an Verschleierung oder unterlassener Offenlegung, mithin ein gewisses Moment der Täuschung, geradezu zum Wesen einer strafrechtlichen Vernehmung gehört, so dass hieraus allein eine Verwirklichung des Tatbestandsmerkmals der Täuschung noch nicht angenommen werden kann.[361] Vernehmungspsychologisch geschicktes Vorgehen ist mithin nach § 136 a StPO nicht verboten.[362] Wo nun die Grenze zwischen erlaubtem, vernehmungspsychologisch geschicktem Vorgehen und verbotener Täuschung liegt, ist nach wie vor ungeklärt und umstritten.[363] So ist beispielsweise die häufig erwähnte Formel, derzufolge zwischen erlaubter List und verbotener Lüge unterschieden werden müsse,[364] zur Unterscheidung ungeeignet.[365] Denn gerade feinere Listen sind als schlecht erkennbare und ausgefeilte Methoden der Täuschung dazu angetan, auf die Willensfreiheit besonders nachhaltig wirken zu können.[366] Die feinsten Listen sind insofern die perfidesten, die der Verhörte weitaus mehr fürchten muss als eine „ehrliche Lüge".[367]

Vorzugswürdig erscheint es stattdessen, die Prüfung des Eingreifens des § 136 a StPO auf zwei Ebenen durchzuführen.[368] Auf erster Ebene ist zunächst zu prüfen, ob rein begrifflich eine Täuschung im Sinne des § 136 a StPO vorliegt. Ist dies der Fall, so ist auf zweiter Ebene zu prüfen, ob die vorliegende Täuschung auch auf die Willensentschließung und Willensbetätigung des Vernommenen Einfluss hatte. Nur wenn die Täuschung auch Einfluss auf die Willensentschließung und Willensbetätigung hatte, kommt ein Eingreifen des § 136 a StPO in Betracht.

360 LR-*Meyer* (23. Auflage), § 136 a, Rn. 27.
361 Vgl. LR-*Gleß*, § 136 a Rn. 39.
362 KK-*Diemer*, § 136 a Rn. 20.
363 Vgl. SK-*Rogall*, § 136 a Rn. 56 ff.
364 So etwa Meyer-Goßner/Schmitt-*Schmitt*, § 136 a Rn. 15; KK-*Diemer*, § 136 a Rn. 20.
365 SK-*Rogall*, § 136 a Rn. 56.
366 Vgl. *Puppe* GA 1978, 289, 290.
367 So *Puppe* GA 1978, 289, 294.
368 Vgl. SK-*Rogall*, § 136 a Rn. 57 ff.

### a. Der Begriff der Täuschung

Der Begriff der Täuschung ist in seiner Bedeutung und Tragweite unklar.[369] Fest steht jedenfalls, dass zumindest eine Lüge, durch die der Beschuldigte bewusst in die Irre geführt wird, dem Tatbestand der Täuschung zuzuordnen ist.[370] Falsche Rechtserklärungen des Vernehmenden stehen dabei Täuschungen stets gleich.[371] Die Klärung der Frage, ob eine Täuschung im Sinne des § 136 a Abs. 1 StPO auch anzunehmen ist, wenn der Vernehmende nicht lügt, sondern nur versehentlich die Unwahrheit sagt, sei es, dass er sich (ohne es zu bemerken) verspricht, sei es, dass er selbst an das Zutreffen der Behauptung glaubt,[372] oder der Begriff der Täuschung auf die bewusste Entstellung der Wahrheit zu beschränken ist,[373] geht über das Thema dieser Arbeit hinaus. Diese muss es als Ergebnis genügen lassen, dass unbeabsichtigte Irreführungen der herrschenden Meinung nach nicht unter den Tatbestand der Täuschung zu subsumieren sind.[374]

Für die Praxis bedeutet dies, dass der Vernehmungsbeamte die Wahrheit nicht bewusst verdrehen darf.[375] Eine wörtliche Lüge ist unabhängig vom Grad ihrer Unwahrheit stets verboten, sofern durch sie die Willensfreiheit der Aussageperson beeinträchtigt werden kann.[376] Da für den Vernehmenden aber auch andererseits nicht die Pflicht besteht, die beim Vernommenen aufgetretenen Irrtümer bezüglich der tatsächlichen Geschehensabläufe aufzuklären, darf er einen bereits bestehenden Irrtum zu weiteren Ermittlungen nutzen.[377] Es ist ein Unterschied, ob in dem Befragten eine bestimmte falsche Vorstellung erweckt oder ob der Befragte nur im Ungewissen gelassen werden soll.[378] Redet der Vernommene nur aufgrund einer ihm gegenüber aufgestellten unwahren Behauptung, so liegt hier ein

---

369 Vgl. SK-*Rogall*, § 136 a Rn. 56.

370 BGH St 31, 395, 400; BGH St 35, 328, 329; BGH St 37, 48, 53; LR-*Gleß*, § 136 a Rn. 41; KK-*Diemer*, § 136 a Rn. 19; SK-*Rogall*, § 136 a Rn. 58.

371 Meyer-Goßner/Schmitt-*Schmitt*, § 136 a Rn. 13.

372 Diese Ansicht vertritt *Eisenberg*, Rn. 663 ff.

373 So zum Beispiel SK-*Rogall*, § 136 a Rn. 59.

374 Meyer-Goßner/Schmitt-*Schmitt*, § 136 a Rn. 13 mit zahlreichen weiteren Nachweisen.

375 *Beulke* StV 1990, 180, 182.

376 *Eisenberg*, Rn. 662.

377 BGH StV 1988, 419, 421; BGH St 37, 335, 348.

378 *Erbs* NJW 1951, 386, 388.

unzulässiges Einwirken auf seine Willensentschließung und Willensbetätigung vor.

### b. Einwirken auf die Willensentschließung und Willensbetätigung

Fraglich ist, welcher Grad der Täuschung erreicht sein muss, um § 136a StPO anwenden zu können. Hier kann nur gelten, dass zumindest all die täuschenden Verhaltensweisen verboten sein sollen, die die Freiheit der Willensentschließung oder Willensbetätigung im Kern betreffen. Es ist mithin zu fragen, ob die Freiheit des Vernommenen, das Ob und Wie seiner Aussage zu bestimmen, durch die Täuschung verletzt wurde.[379] Solange die Verhaltensweise des Vernehmenden trotz ihres täuschenden Charakters nicht geeignet ist, die Freiheit der Willensentschließung und Willensbetätigung des Vernommenen zu beeinträchtigen, braucht jener nicht alles zu unterlassen, was bei dem Vernommenen eine unrichtige Vorstellung erwecken und ihn infolgedessen zu einer Aussage veranlassen kann.[380] Erst dann, wenn im Sinne der oben ausgeführten Grundsätze zum Täuschungstatbestand eine bewusste Irreführung die Beeinträchtigung der Entschlussfreiheit des Vernommenen bewirkt, ist ein Verstoß gegen das Täuschungsverbot anzunehmen.[381] Die Beeinträchtigung der Willensfreiheit des Vernommenen ist hier unter der Prämisse zu verstehen, dass er sich aufgrund falscher Tatsachenvorstellung zu einer Erklärung entschließt.[382] Die Beeinträchtigung der Willensfreiheit des Vernommenen, die sich durch Einwirkung auf sein Wissen ergeben hat, ist in solchen Fällen – auch dem Willen des Gesetzgebers entsprechend – mit der Beeinträchtigung seiner Willensfreiheit durch Einwirkung auf seinen Willen selbst gleichzusetzen.[383] Wenn die Täuschung also so starke Motive setzt, mithin solche Verhaltensanreize gibt, dass eine andere Entscheidung, als sich dem Willen des Vernehmenden entsprechend zu verhalten, sinnlos oder unverständlich wäre, so kann eine relevante Beeinträchtigung der Entschließungsfreiheit nur bejaht werden.[384]

---

379 LR-*Gleß*, § 136a Rn. 39.
380 OLG Köln MDR 1972, 965, 966.
381 OLG Köln MDR 1972, 965, 966.
382 Vgl. OLG Köln MDR 1972, 965, 966.
383 Vgl. OLG Köln MDR 1972, 965, 966.
384 SK-*Rogall*, § 136a Rn. 65.

## 2. Die Suggestivfrage als Täuschung im Sinne des § 136 a StPO

Nachdem vorstehend die Grundzüge des Tatbestandsmerkmals der Täuschung skizziert wurden, stellt sich nun die Frage, inwieweit Fragen von Vernehmungsbeamten derart auf die Willensentschließung und die Willensbetätigung des Vernommenen einwirken können, dass eine unzulässige Täuschung im Sinne des § 136 a StPO angenommen werden kann. In Betracht zu ziehen ist hier vornehmlich die Suggestivfrage, die aufgrund ihres Charakters am ehesten geeignet erscheint, den Vernommenen zu einer ursprünglich von ihm nicht gewollten Äußerung zu bewegen.

Bei Suggestivfragen handelt es sich insofern um Fragen, bei denen der Fragende diese in eine Form fasst, die darauf abzielt, dem Befragten eine bestimmte Antwort in den Mund zu legen oder ihn zu einer mehrdeutigen Antwort zu verleiten, um ihn festzulegen oder einen Einwand gegen seine Aussage zu gewinnen.[385] Häufig legen diese Fragen die bestimmte Antwort ohne Rücksicht auf ihre sachliche Richtigkeit bereits aus psychologischen Gründen nahe.[386] So zum Beispiel, wenn bei Begehung einer Körperverletzung keine Notwehrlage bestand, der Vernehmende aber gleichwohl folgende Frage stellt: „Wollen Sie denn trotz der klaren Notwehrlage, in der Sie sich befanden, als Sie von A angegriffen wurden, nicht zugeben, dass (auch) Sie ihn geschlagen haben?“[387]

### a. Restriktive Auffassung

Teilweise wird hinsichtlich der Zulässigkeit von Suggestivfragen die restriktive Position vertreten, dass diese nicht unter den Begriff der Täuschung fielen, da bei ihnen eine Beeinträchtigung der Willensentschließung oder Willensbetätigung ausgeschlossen erscheine.[388] Eine etwas weitergehende Auffassung stimmt dieser Position im Grundsatz zu: Personen, die eine neutrale Frage nicht verstehen könnten oder wollten, würden geradewegs dazu zwingen, die Frage so zuzuspitzen, dass eine suggestive Wirkung nicht zu vermeiden sei.[389] Einschränkend fügt diese

385 LR-*Becker*, § 241 Rn. 14.
386 *Eisenberg*, Fn. 339 zu Rn. 672.
387 Dieses Beispiel findet sich bei *Eisenberg*, Fn. 340 zu Rn. 672.
388 LR-*Meyer* (23.Auflage), § 136 a Rn. 32.
389 Vgl. *Roesen* NJW 1958, 977, 978.

weitergehende Auffassung allerdings hinzu, dass Suggestivfragen nur insofern erlaubt seien, als sie dem Befragten nur eine nicht für den Tatbestand erhebliche Antwort in den Mund legen dürften.[390] Dies läuft darauf hinaus, dass Suggestivfragen insofern als zulässig angesehen werden, als sie allein dem Zweck dienen, die Glaubwürdigkeit des Zeugen abzutasten.[391] Es könne hier sogar förderlich sein, Suggestivfragen zu stellen, um zu prüfen, ob ein Angeklagter oder Zeuge gegen Auto- und Fremdsuggestion anfällig sei.[392]

### b. Weitere Auffassung

Die vorzugswürdige Gegenmeinung will Suggestivfragen dagegen insgesamt unter den Täuschungsbegriff des § 136 a Abs. 1 StPO subsumieren, da Suggestivfragen entgegen der vorgenannten Auffassung nicht geeignet sind, die Glaubwürdigkeit einer Person zu überprüfen. Dies sind sie deshalb nicht, weil es sich der Nachprüfungsmöglichkeit des Richters entzieht, ob eine Erwartungsfrage tatsächlich aus dem Motiv und zu dem Zweck, die Glaubwürdigkeit des Befragten zu überprüfen, gestellt werde.[393] Zudem taugt die Suggestivfrage nur selten zur Prüfung der Suggestibilität oder Glaubwürdigkeit des Befragten, da es sich bei der Frage, ob seine Intelligenz und darüber hinaus seine Moral ihn dazu befähigten, die Freiheit seiner Aussage zu bewahren, um eine Art von Frage handelt, die mit den Mitteln forensischer Psychologie nicht beantwortet werden kann.[394]

Andererseits ist aber auch nicht bereits jede Frage, die auch nur im Entferntesten eine gewisse Erwartungshaltung des Fragenden erkennen lässt, unter den Täuschungsbegriff zu subsumieren. Wie bereits festgestellt, muss ein vernehmungspsychologisch geschicktes Vorgehen in weiterem Sinne schon erlaubt sein.

Unter Beachtung der oben aufgestellten Grundsätze fällt eine Suggestivfrage jedenfalls dann unter den Tatbestand, wenn sie eine bewusst un-

---

390 Vgl. *Roesen* NJW 1958, 977, 978.

391 Vgl. SK-Loseblattsammlung-*Schlüchter*, § 241 Rn. 8; KMR-*Paulus*, § 241 Rn. 10.

392 *Roesen* NJW 1958, 977, 978.

393 Vgl. *Schmidt* DRiZ 1960, 426, 427.

394 *Schmidt* DRiZ 1960, 426, 428.

wahre Behauptung enthält, aufgrund derer dem Befragten eine bestimmte Antwort geradezu in den Mund gelegt wird. In dem oben aufgeführten Beispiel, bei dem der Vernehmende dem Befragten eine Notwehrlage nahe legte, aufgrund derer er seine eigenen Körperverletzungshandlungen doch zugeben könne, ist der Tatbestand des § 136 a Abs. 1 StPO somit eindeutig gegeben. Der Vernehmende stellt hier eine falsche Behauptung (Vorliegen der rechtfertigenden Notwehr) auf, aufgrund derer der Vernommene annehmen kann und darf, dass er auch bei einer zugebenden Äußerung straffrei bleibe. Durch die falsche Behauptung hat der Vernehmende hier auf das Vorstellungsbild und weiter auf die Willensbildung des Vernommenen eingewirkt. Dieser denkt nämlich, er könne seine Körperverletzungshandlungen ruhig zugeben. Tut er dies schließlich, so hat die Täuschung des Vernehmenden auch Einfluss auf die Willensbetätigung des Befragten genommen. Der Tatbestand des § 136 a Abs. 1 StPO ist mithin erfüllt.

Schließlich kann es aber auch Fallgestaltungen geben, in denen eine Suggestivfrage unter den Tatbestand des § 136 a StPO fällt, obwohl sie keine (nachweisbar) unwahre Behauptung enthält, da sich zum Beispiel ihre Richtigkeit weder bestätigen noch widerlegen lässt. Die verbotene Täuschung kann sich hier aus dem Maß der in der Frage enthaltenen Suggestion in Verbindung mit der Suggestibilität der konkreten Aussageperson ergeben.[395]

### 3. Sonstige Fragen als Täuschung im Sinne des § 136 a Abs. 1 StPO

Fraglich ist, ob auch andere Fragen, wie zum Beispiel die unter dem Gesichtspunkt des § 241 Abs. 2 StPO als unzulässig angesehenen Fang- und Wiederholungsfragen, unter den Täuschungstatbestand des § 136 a StPO subsumiert werden können. Allgemein wird dies jedoch nicht angenommen. Es wird argumentiert, eine neutrale Fragestellung, die mehrere Schlüsse hinsichtlich der Bedeutung zuließe, müsse als statthaft angesehen werden, weil hierin keine absichtliche Herbeiführung eines Irrtums beim Befragten vorliege, sondern dieser nur im Ungewissen gelassen werden solle[396]. Zum einen sei es nicht anzunehmen, dass der Beschuldigte stets

---

395 *Eisenberg*, Rn. 672.
396 *Erbs* NJW 1951, 386, 388.

davon ausgehe, der Vernehmende frage ihn nur nach bis dahin Unbekanntem.[397] Zum anderen berührten Fangfragen nur die Äußerungsmotive, nicht aber die Entschließungsfreiheit des Vernommenen.[398] Fangfragen fielen von daher nicht unter den Anwendungsbereich des § 136 a StPO[399]. Gleiches gelte für Test- und Kontrollfragen[400] und muss, auch wenn diese nicht explizit erwähnt werden, ebenfalls für Wiederholungsfragen angenommen werden.

### 4. Rechtsfolge des § 136 a StPO

Gemäß § 136 a Abs. 3 S. 2 StPO dürfen Aussagen, die unter Verletzung der Verbote der Absätze 1 und 2 des § 136 a StPO zustande gekommen sind, nicht verwertet werden. Das Verwertungsverbot gilt in allen Verfahrensstadien und bindet alle Strafverfolgungsorgane.[401] Inhaltlich untersagt § 136 a Abs. 3 S. 2 StPO damit jede unmittelbare Verwertung der verbotswidrig erlangten Aussage, ungeachtet ihres Wahrheitsgehaltes oder der Frage, ob sie für die Aussageperson günstig ist oder nicht.[402] Die Aussage scheidet damit als Grundlage der richterlichen Beweiswürdigung oder von (weiteren) Maßnahmen der Strafverfolgung aus.[403] Die Vernehmung hat als nicht vorhanden zu gelten und darf auch niemandem vorgehalten werden.[404]

Ist eine Aussage unter Verstoß gegen § 136 a Abs. 1 StPO zustande gekommen und ungeachtet dessen verwertet worden, so stellt die Verletzung des § 136 a StPO einen Verfahrensverstoß dar, der in der Revision mit einer Verfahrensrüge geltend gemacht werden kann.[405] Anders als bei einem Verstoß gegen § 136 StPO setzt die Revision im Hinblick auf den hohen Rang der in § 136 a StPO enthaltenen Verbote einen Widerspruch

397 *Eisenberg*, Rn. 673.
398 SK-*Rogall*, § 136 a Rn. 65; *Eisenberg*, Rn. 673.
399 *Puppe* GA 1978, 289, 303; SK-*Rogall*, § 136 a StPO Rn. 65; Meyer-Goßner/Schmitt-*Schmitt*, § 136 a Rn. 15; KK-*Diemer*, § 136 a Rn. 20.
400 *Eisenberg*, Rn. 673.
401 SK-*Rogall*, § 136 a Rn. 99.
402 *Eisenberg*, Rn. 713; SK-*Rogall*, § 136 a Rn. 105.
403 SK-*Rogall*, § 136 a Rn. 106.
404 *Peters*, S. 337.
405 BGH NStZ 1996, 290, 291; BGH StV 1994, 62, 62; Meyer-Goßner/Schmitt-*Schmitt*, § 136 a Rn. 33.

gegen die Einführung einer unter Verstoß gegen § 136 a StPO zustande gekommenen Vernehmung nicht voraus.[406]

## II. Das Gebot der Einzelvernehmung der Zeugen

Nachdem nun unter vorstehender Ziffer I. § 136 a StPO als zentrale Norm, deren Missachtung ein Beweisverwertungsverbot zur Folge hat, dargestellt wurde, stellt sich nun die Frage, welche Folgen Verstöße gegen sonstige Normen, die die Art und Weise der Zeugenbefragung regeln, haben.

Zunächst soll hierzu auf § 58 Abs. 1 StPO eingegangen werden. § 58 Abs. 1 StPO, welcher für sämtliche Abschnitte des Strafverfahrens gilt,[407] bestimmt, dass die Zeugen einzeln und in Abwesenheit der später zu hörenden Zeugen zu vernehmen sind.

Im Rahmen der Identifizierungsgegenüberstellung stellt es einen gravierenden Fehler dar, wenn der Tatverdächtige den Tatzeugen gemeinsam präsentiert wird und diese sich entweder „miteinander beraten" können, wer dem Täter nun am Ähnlichsten sehe, beziehungsweise wer von den Präsentierten der Täter sei oder wenn weitere Tatzeugen über eine vorherige Identifizierung informiert sind und damit bereits wissen, dass ein anderer Tatzeuge eine bestimmte Person als Täter wiedererkannt hat. In beiden Fällen liegen gravierende suggestive Beeinflussungen vor, die nach hiesiger Ansicht das Ergebnis der jeweiligen Identifizierungsgegenüberstellung unbrauchbar machen, nach herrschender Meinung jedoch mit einem geminderten Beweiswert berücksichtigt werden müssen.

Fraglich ist nun, orientiert an der Fragestellung zu diesem Abschnitt, ob – wenn die Identifizierungsgegenüberstellung schon als Teil des Zeugenbeweises angesehen wird – an diese auch die gleichen Maßstäbe wie an den allgemeinen Zeugenbeweis gestellt werden. Zu prüfen ist zudem, welche Konsequenzen allgemein aus dem Verstoß gegen die Regeln der Zeugenbeweiserhebung – unter hier speziell gegen § 58 Abs. 1 StPO – gezogen werden und ob diese Konsequenzen auch für eine fehlerhafte Identifizierungsgegenüberstellung gezogen werden, beziehungsweise ob diese Konsequenzen überhaupt für die Identifizierungsgegenüberstellung passen.

---

406 Vgl. KK-*Diemer*, § 136 a Rn. 43; Meyer-Goßner/Schmitt-*Schmitt*, § 136 a Rn. 33.
407 KMR-*Neubeck*, § 58 Rn. 1.

### 1. Zweck der Regelung

Der Grund für diese Regelung ist, dass der Zeuge bis zu seiner Vernehmung ohne Kenntnis dessen sein soll, was zuvor der Angeklagte und andere Beweispersonen bekundet haben.[408] Die Unbefangenheit des Zeugen und die Selbstständigkeit seiner Darstellung sollen gewahrt bleiben.[409] Die Beeinflussung von Zeugen durch andere Aussagen, möglicherweise auch durch andere Geschehnisse in der Hauptverhandlung, soll mit Hilfe des § 58 Abs. 1 StPO von vornherein unterbunden und so die Ermittlung des „wahren Sachverhalts“ gefördert werden.[410] Bei § 58 Abs. 1 StPO handelt es sich somit um eine Norm, deren Schutzzweck in der Wahrung und Sicherung materiell-prozessrechtlicher Interessen und Ziele, hier insbesondere dem Schutz der Wahrheitsfindung dient.[411] Die Vorschrift wird auch als „Essential zur Einschränkung der Zeugenbeeinflussung“ bezeichnet.[412]

### 2. Rechtsfolgen bei Verstößen gegen § 58 Abs. 1 StPO

Die Grundregel, dass Beeinflussungen gleich welcher Art vom Zeugen fern zu halten sind, wird jedoch nicht immer beachtet: Verstöße liegen beispielsweise darin, dass Zeugen bei ihrer Vernehmung durch Zurufe aus dem Zuhörerraum in ihren Aussagen beeinflusst werden oder dass bereits vernommene Zeugen während der Vernehmung nachfolgender Zeugen weitere Angaben zur Sache machen.[413] Fraglich ist, welche rechtlichen Folgen ein solcher Verstoß gegen das Gebot der Einzelvernehmung nach sich zieht.

In der Praxis hat das den vorstehenden Beispielsfall entscheidende Landgericht Heilbronn die Aussagen, die unter Umständen nur durch massive Einflussnahme von außen zustande gekommen sind, verwertet und die Möglichkeit einer Einflussnahme lediglich auf der Ebene der Beweiswürdigung berücksichtigt.[414] Den unter äußerer Einflussnahme zustande

---

408 BGHSt 3, 386, 388; BGH NStZ 2001, 163, 163.
409 Vgl. KMR-*Neubeck*, § 58 Rn. 2.
410 BGH NStZ 2001, 163, 163.
411 *Rudolphi* MDR 1970, 93, 99.
412 So *Eisenberg*, Rn. 1355 a.
413 Vgl. die Sachverhaltsdarstellung zu BGH NJW 1962, 260, 260 f.
414 Vgl. BGH NJW 1962, 260, 261.

gekommenen Aussagen wurde als Konsequenz also ein minderer Beweiswert zugesprochen.

Damit liegt das Urteil des Landgerichts auf einer Linie mit der obergerichtlichen Rechtsprechung. § 58 Abs. 1 StPO ist dieser Rechtsprechung zufolge lediglich eine Ordnungsvorschrift, auf deren Verletzung nicht einmal eine Revision gestützt werden kann.[415] Es stehe im pflichtgemäßen Ermessen des Vorsitzenden, in welcher Reihenfolge und in welchen Abschnitten er Zeugen vernehme, und ob dies in Gegenwart oder Abwesenheit schon ganz oder teilweise vernommener Zeugen geschehe.[416] Zudem liege es ebenfalls im pflichtgemäßen Ermessen des Vorsitzenden, in welcher Weise er die Ordnung in der Sitzung wahre.[417]

Hieraus folgt, dass suggestive, von anderen Zeugen ausgehende beeinflussende Maßnahmen der herrschenden Meinung zufolge keine schwerwiegenden Verfahrensfolgen nach sich ziehen. Die durch Einflussnahme von außen erfolgten Aussagen sollen zwar dementsprechend gewertet werden. Konsequenz ist aber lediglich ein etwaig geminderter Beweiswert.

### 3. Die Revisibilität der Vorschrift

Zu untersuchen ist ergänzend, wie die Verletzung der Norm im Hinblick auf eine etwaige Revision geahndet wird.

#### a. Herrschende Meinung

Der geringe Schutz, den die Vorschrift erfährt, zeigt sich zudem daran, dass eine Revision nach herrschender Meinung nicht allein mit der Verletzung des § 58 Abs. 1 StPO begründbar ist. Lediglich in Ausnahmefällen soll die Beeinflussung von Zeugen in der Revision mit einer Aufklärungsrüge gemäß § 244 Abs. 2 StPO beanstandet werden können.[418] Der BGH hat eine solche Aufklärungsrüge beispielsweise in einem Fall für zu-

415 RG St 54, 298, 299; BGH NJW 1962, 260, 261; BGH NStZ 1981, 93, 93.
416 Vgl. BGH NJW 1962, 260, 261.
417 BGH NJW 1962, 260, 261.
418 BGH NStZ 2001, 163, 163; LR-*Ignor/Bertheau*, § 58 Rn. 22; KK-*Senge*, § 58 Rn. 11; Meyer-Goßner/Schmitt-*Schmitt*, § 58 Rn. 15.

lässig und begründet erachtet, in dem der Verteidiger beantragt hatte, einen bereits vernommenen und nun im Zuschauerraum befindlichen Zeugen aus dem Sitzungssaal zu entfernen, das Gericht diesen Antrag aber ablehnte, weil es für eine solche Maßnahme keine Rechtsgrundlage sah.[419] Der BGH beschied hier, dass es nicht auszuschließen sei, dass der Tatrichter die Entfernung des Zeugen angeordnet haben würde, wenn er eine solche Maßnahme nicht zu Unrecht als unzulässig erachtet hätte.[420] Zudem bestehe die Möglichkeit, dass der später zu vernehmende Zeuge in Abwesenheit des ersteren Zeugen eine andere Aussage getätigt hätte.[421]

### b. Mindermeinung

Die Mindermeinung vertritt dem entgegen die Ansicht, eine Revision könne gemäß § 337 StPO auf eine Verletzung des § 58 Abs. 1 StPO gestützt werden, da das Urteil in diesem Falle auf einer Verletzung des Gesetzes beruhe.[422] Schon der Wortlaut spreche dafür, dass es sich bei § 58 Abs. 1 StPO nicht um eine bloße Ordnungsvorschrift handele.[423] Durch die Formulierung „... sind einzeln ... zu vernehmen“ sei § 58 Abs. 1 StPO als zwingend einzustufen, was ihr den Charakter einer solchen – bloßen – Ordnungs- oder Sollvorschrift nehme.[424] Aufgrund dessen stelle die Vorschrift es auch keinesfalls in das Ermessen des Vernehmenden, von dem Normbefehl nach Belieben abzuweichen und zum Beispiel, weil er sich davon bessere Erkenntnisse verspricht, vor seinen Augen ein „Round Table“-Gespräch unter Zeugen zu veranstalten.[425] Die Revisibilität der Norm könne auf Grund des ihr vom Gesetzgeber beigelegten Schutzzwecks nicht generell verneint werden.[426]

---

419 BGH bei Dallinger MDR 1955, 396, 396.

420 BGH bei Dallinger MDR 1955, 396, 396 f.

421 BGH bei Dallinger MDR 1955, 396, 397.

422 Vgl. *Rudolphi* MDR 1970, 93, 99 f.; *Peters* in FS Weber, S. 381, Anm. 18. Ebenso *Eisenberg*, Rn. 1355 a, der als verletzte Norm jedoch nicht § 58 I StPO allein, sondern nur i.V.m § 244 Abs. 2 StPO ansieht.

423 Vgl. *Peters* in FS von Weber, S. 381 Anm. 18.

424 Vgl. SK-*Rogall*, § 58 Rn. 8.

425 SK-*Rogall*, § 58 Rn. 8.

426 *Rudolphi* MDR 1970, 93, 100.

### c. Stellungnahme

Im Ergebnis ist der Mindermeinung zu folgen. Abgesehen davon, dass die im konkreten Fall verletzte Sollvorschrift als lex specialis einen Rückgriff auf die allgemeine gerichtliche Aufklärungspflicht ausschließt, spricht gegen die herrschende Meinung ein weiteres Argument: Folge ist nämlich zudem, dass der Umweg über das Erfordernis einer Aufklärungspflichtverletzung häufig nicht allen Anforderungen einer ordnungsgemäßen Aufklärungsrüge im Sinne des § 244 Abs. 2 StPO genügen wird.[427] Eine Verletzung der Aufklärungspflicht liegt nur dann vor, wenn das Tatgericht von einer be- oder entlastenden Tatsache (noch) nicht überzeugt sein durfte, weil es eine Aufklärungsmöglichkeit unberücksichtigt gelassen hatte, deren Verwendung den Schuldvorwurf möglicherweise widerlegt, in Frage gestellt oder als begründet erwiesen hätte.[428] Auf Grund einer schlüssigen Aufklärungsrüge prüfen die Revisionsgerichte von daher die Erheblichkeit einer vom Tatgericht unterlassenen Beweisergänzung und die Möglichkeit dazu aus ihrer Sicht der Dinge.[429]

Die Argumentation, dass der Zeuge bei Einhaltung des Einzelvernehmungsgebots eine andersartige Aussage getroffen hätte, dürfte in der Revisionspraxis in den meisten Fällen kaum einwandfrei darlegbar sein. Einfacher und unter dem Aspekt der leichten Verfälschbarkeit von Zeugenaussagen auch wünschenswert wäre es dagegen, eine Revision bereits damit begründen zu können, dass § 58 Abs. 1 StPO verletzt sei. Diese Vorgehensweise würde der Bedeutung des Einzelvernehmungsgebots gerecht werden, da Verstöße hiergegen effektiver sanktioniert werden könnten.

## 4. Zwischenergebnis

Folgende Zwischenergebnisse können zu der hier angestellten Untersuchung zu § 58 Abs. 1 StPO gezogen werden:

Im Hinblick auf die Frage, welche Folgen die Verletzung des § 58 Abs. 1 StPO nach sich zieht, ist festzuhalten, dass diese Folgen nicht besonders weit reichend sind. Obwohl eine unter Verstoß gegen § 58 Abs. 1

---

427 Vgl. *Rudolphi* MDR 1970, 93, 100.

428 KK-*Herdegen* (5. Auflage), § 244 Rn. 21.

429 KK-*Herdegen* (5. Auflage), § 244 Rn. 21 mit zahlreichen Rechsprechungsnachweisen.

StPO zu Tage tretende Beeinflussung eine erhebliche Bedrohung für die Wahrheitsfindung im Prozess darstellt, haben Verstöße gegen dieses Gebot in der Regel nur zur Folge, dass das Gericht dies im Rahmen der freien Beweiswürdigung zu berücksichtigen hat. Die durch Beeinflussung zustande gekommenen Aussagen des Zeugen finden Eingang in das Verfahren. Suggestionen und andere Beeinflussungen der hier dargestellten Form und Stärke berühren der herrschenden Meinung zufolge lediglich den Beweiswert der Aussage, machen diese aber nicht völlig wertlos.[430]

Damit stimmt die rechtliche Behandlung eines Sachverhalts, der einen Verstoß gegen § 58 Abs. 1 StPO darstellt mit derjenigen überein, die mit einem Verstoß gegen die Regeln der Gegenüberstellungsregeln einhergeht. Hier wie dort wird als Folge des Verstoßes eine Minderung des Beweiswertes angenommen. Insofern werden unter diesem Gesichtspunkt an die Identifizierungsgegenüberstellung die gleichen Maßstäbe angelegt wie an den allgemeinen Zeugenbeweis, wobei bereits darauf hingewiesen wurde, dass gerade auch im Rahmen der Identifizierungsgegenüberstellung die Minderung des Beweiswertes nicht genügt, um angemessen auf einen Verstoß gegen die Gegenüberstellungsregeln zu reagieren. Man stelle sich nur vor, mehrere Zeugen hätten miteinander „beraten“, wer denn wohl am ehesten als Täter in Betracht komme. Eine Minderung des Beweiswertes wäre hier als rechtliche Folgerung noch zu milde. Eine auf eine solche Identifizierungsgegenüberstellung folgende Aussage wäre schlicht nicht brauchbar.

Als zweites Zwischenergebnis ist festzuhalten, dass selbst die geringen Konsequenzen, die bei Verletzung des § 58 Abs. 1 StPO eintreten sollen, keinen durchgreifenden Schutz erfahren. Die herrschende Meinung lässt es nicht zu, dass sich eine Revision auf die Verletzung des § 58 Abs. 1 StPO allein stützen lässt, obwohl § 58 Abs. 1 StPO dem Schutz der Wahrheitsfindung dient und damit auch materiell-prozessrechtliche Interessen verfolgt. Lediglich in Ausnahmefällen kann eine Verletzung des § 58 Abs. 1 StPO über den Umweg der Aufklärungsrüge gemäß § 244 Abs. 2 StPO mit der Revision geltend gemacht werden.

Wenn nun eine Revision erfolgreich ist, so hat dies die herkömmlichen Konsequenzen. Eine begründete Revision führt in der Regel zur Aufhebung des Urteils und zur Zurückverweisung der Sache an den Tatrichter, welcher bei der neuen Entscheidung dann an die Rechtsauffassung des Re-

430 Vgl. SK-*Rogall*, § 58 Rn. 8.

visionsgerichts gebunden ist, soweit sie der Urteilsaufhebung zugrunde liegt (§ 358 Abs. 1 StPO).[431] Der Tatrichter hat bei einer erneuten Verhandlung also streng auf das Gebot der Einzelvernehmung des Zeugen zu achten, beziehungsweise die Nichteinhaltung dieses Gebotes angemessen in seiner Beweiswürdigung zu berücksichtigen.

Zwar erscheint es als problematisch, nun in einer weiteren Hauptverhandlung eine „unbefangene" Zeugenaussage zu erlangen. Es besteht die Gefahr, dass ein Zeuge sich trotzdem an seiner zunächst getätigten Aussage orientiert. Dieser Gefahr kann durch das Gericht aber dadurch begegnet werden, dass es entsprechende Nachfragen stellt und auf diese Weise überprüft, welche wiedergegebenen Tatsachen wahrem Erleben entsprechen und welche Bekundungen auf suggestiven Beeinflussungen beruhen. Zudem kann das Gericht auch bei erneuter Verhandlung die vormals eingetretene suggestive Beeinflussung berücksichtigen.

Der Vergleich zur Identifizierungsgegenüberstellung zeigt jedoch, dass ein derartiges Vorgehen hier zwecklos wäre. Wie bereits ausgeführt, ist jedes wiederholte Wiedererkennen wertlos. Insofern könnte eine nach erfolgreicher Revision erneut durchgeführte Identifizierungsgegenüberstellung keine relevanten Ergebnisse zu Tage fördern.

Insofern sind Verstöße gegen § 58 Abs. 1 StPO – sofern eine Revision erfolgreich geführt werden kann – leichter im Rahmen einer erneuten Hauptverhandlung korrigierbar als suggestive Beeinflussungen, die im Rahmen einer Identifizierungsgegenüberstellung vorgefallen sind.

### III. Die Vernehmung zur Sache gemäß § 69 StPO

Eine weitere, für die Zeugenvernehmung äußerst relevante Vorschrift, ist § 69 StPO. § 69 StPO regelt den Ablauf der Vernehmung des Zeugen zur Sache. Gemäß § 69 Abs. 1 S. 2 StPO ist der Zeuge zunächst über den Untersuchungsgegenstand zu unterrichten. Danach soll der Zeuge gemäß § 69 Abs. 1 S. 1 StPO einen zusammenhängenden Bericht seines Wissens zum Untersuchungsgegenstand abgeben. Hieran anschließend können dem Zeugen gemäß § 69 Abs. 2 StPO nötigenfalls ergänzende Fragen gestellt werden.

---

431 LR-*Franke*, Vor § 333, Rn. 6.

§ 69 StPO wird aufgrund der dort grundsätzlich statuierten Trennung zwischen dem Zeugenbericht und dem Zeugenverhör als „königliche Norm“ der Zeugenvernehmung bezeichnet.[432] Der Zeuge hat sein Wissen demnach zunächst im Zusammenhang anzugeben. Er soll also ohne Beeinflussung von dritter Seite über das von ihm beobachtete Geschehen berichten, während ihm erst im anschließenden Verhör ergänzende Fragen gestellt werden dürfen.[433]

Im Folgenden soll – wie es auch schon im Hinblick auf die Regelung des § 58 Abs. 1 StPO durchgeführt wurde – untersucht werden, welche Konsequenzen aus der Verletzung dieser für die Durchführung der Zeugenvernehmung wichtigen Norm gezogen werden, um daran anknüpfend überprüfen zu können, ob diese Konsequenzen auch für gleichartige Fehler bei fehlerhaft durchgeführten Identifizierungsgegenüberstellungen gezogen werden, beziehungsweise ob die aus der Verletzung des § 69 Abs. 1 StPO zu ziehenden Konsequenzen überhaupt für die Identifizierungsgegenüberstellung passen.

### 1. Anwendungsbereich der Vorschrift

Zu klären ist zunächst der Anwendungsbereich der Vorschrift. § 69 StPO gilt für alle richterlichen Vernehmungen von Zeugen in und außerhalb der Hauptverhandlung, auch für Vernehmungen durch den beauftragten oder ersuchten Richter.[434] Gemäß § 161 a Abs. 1 S. 2 StPO gilt die Vorschrift für Vernehmungen durch die Staatsanwaltschaft[435] und nach Einfügung des Abs. 3 in § 163 StPO durch das 2. Opferrechtsreformgesetz vom 27.9.2009 auch für Vernehmungen durch die Polizei.[436]

---

432 So *Schünemann* in FS Meyer-Goßner, S. 389.

433 *Schünemann* in FS Meyer-Goßner, S. 390.

434 LR-*Ignor/Bertheau*, § 69 Rn. 2.

435 SK-*Rogall*, § 69 Rn. 4.

436 KK-*Senge*, § 69 Rn. 1. Die Anwendung des § 69 StPO für polizeiliche Vernehmungen war vormals umstritten. Sie wurde teilweise verneint, weil in § 163 a Abs. 5 StPO über die polizeiliche Zeugenvernehmung bei der Aufzählung der entsprechend anzuwendenden Vorschriften der Strafprozessordnung § 69 StPO nicht aufgeführt war (Vgl. BGH NStZ 1985, 278, 278 zu § 68 StPO, der jedoch im Zusammenhang mit § 69 StPO zu sehen ist). Weiter wurde argumentiert, dass kriminaltaktische Gründe eine Abweichung von der Regel „Zunächst Unterrichtung über Gegenstand der Untersuchung – dann zusammenhängender Bericht –

## 2. Das Gebot der zusammenhängenden Darstellung (Der Bericht)

Inhaltlich ist nun zunächst die gemäß § 69 Abs. 1 S. 1 StPO geregelte Phase des Zeugenberichts zu erläutern.

### a. Regelungsgehalt

§ 69 Abs. 1 S. 1 StPO verfolgt die gleiche Zielrichtung wie § 58 Abs. 1 StPO. Diese liegt in der Wahrung und Sicherung materiell-prozessrechtlicher Interessen in Form des Schutzes der Wahrheitsfindung.[437] Gemäß § 69 Abs. 1 StPO ist der Zeuge zu veranlassen, das, was ihm von dem Gegenstand der Vernehmung bekannt ist, im Zusammenhang anzugeben. Teilweise wird trotz des Gebots der zusammenhängenden Sachdarstellung zwar angenommen, dass Unterbrechungen von Seiten des Richters durch Zwischenfragen, „Anstoßfragen", lenkende Hinweise und Vorhalte nicht verboten sind, wenn dies zu einer klaren, vollständigen und wahrheitsgemäßen Aussage angezeigt erscheint.[438]

Diese Auffassung ist aber abzulehnen. Gegen sie spricht zunächst die Systematik des Gesetzes. Wenn es nach § 69 Abs. 1 StPO erlaubt wäre, Zwischenfragen an den Zeugen zu stellen, würde sich die Frage nach dem Sinn des § 69 Abs. 2 StPO stellen. Dort wird explizit bestimmt, dass lediglich zur „Vervollständigung der Aussage" und auch nur „nötigenfalls" weitere Fragen zu stellen sind. Diese Anordnung wäre aber überflüssig, wenn jenes bereits nach § 69 Abs. 1 StPO zulässig wäre.

Die erstgenannte Auffassung widerspricht neben dem Wortlaut auch dem Zweck des Gesetzes.[439] Der Zeuge hat nicht nur die Pflicht, sondern auch einen Anspruch darauf, seine Aussage unbeeinflusst von Fragen und Vorhalten im Zusammenhang zu machen.[440] Die Erkenntnisse der Aussagepsychologie zeigen, dass der zusammenhängende Bericht der beste Weg

---

schließlich Verhör" nahe legen könnten, so dass demzufolge § 69 StPO nicht für die polizeiliche Vernehmung gelte (So KK-*Senge*, 6. Auflage, § 69 Rn. 1; HK-*Gercke*, § 69 Rn. 1; a.A.schon damals *Arloth* NStZ 1985, 280, 280, LR-*Erb*, § 163 a Rn. 87; SK-*Rogall*, § 69 Rn. 4; KK-*Griesbaum*, 6. Auflage, § 163 a Rn. 31).

437 Vgl. *Rudolphi* MDR 1970, 93, 99.

438 KK-*Senge*, § 69 Rn. 4.

439 *Malek*, Rn. 452.

440 BVerfG NJW 1975, 103, 104.

ist, um das für die Entscheidung bedeutsame Wissen des Zeugen möglichst vollständig und unverfälscht zu erfahren.[441] Wegen der hochgradigen Formbarkeit und Steuerbarkeit einer Aussage durch Einflüsse der Vernehmungsperson ist die Pflicht zur Voranstellung des Berichts die wichtigste Kautel zur Sicherstellung einer möglichst unbefangenen und deshalb zumindest nicht von vornherein prozessual verzerrten Zeugenaussage[442]. Es muss für alle Verfahrensbeteiligten erkennbar sein, was der Zeuge aus eigener Erfahrung weiß und was er erst mittels Nachhilfe durch das Gericht bekunden kann[443]. Nur wenn es möglich ist, diese Differenzierung anzustellen, kann der Beweiswert einer Zeugenaussage richtig bemessen werden[444].

### b. Rechtsfolgen bei Verstößen gegen § 69 Abs. 1 S. 1 StPO

Fraglich ist, welche Folgen der Verstoß gegen das Gebot der zusammenhängenden Darstellung nach sich zieht. Im Unterschied zu § 58 Abs. 1 StPO wird § 69 Abs. 1 S. 1 StPO als zwingende, unverzichtbare und revisible Vorschrift angesehen, da durch ihre Nichtbeachtung die Wahrheitsermittlung erheblich beeinträchtigt werden könne.[445]

Ist die Verletzung des § 69 Abs. 1 S. 1 StPO im Vorverfahren eingetreten und die Niederschrift der Vernehmung gemäß § 251 StPO verlesen worden, so kommt es für eine begründetet Revision darauf an, ob das Urteil auf dem Fehler beruht.[446] Diese Frage hat sich in Fällen gestellt, in denen die Tatgerichte jeweils Protokolle richterlicher Vernehmungen verlesen hatten, welche wiederum selbst Bezug auf zuvor stattgefundene polizeiliche Vernehmungen nahmen, ohne dass der Zeuge in den richterlichen Vernehmungen dazu veranlasst worden war, sich über den Beweisgegen-

---

441 Vgl. *Prüfer* DRiZ 1975, 334, 334.

442 *Schünemann* in FS für Meyer-Goßner, S. 390.

443 *Malek*, Rn. 452.

444 BGHSt 3, 281, 284.

445 *Eisenberg*, Rn. 1356.

446 Meyer-Goßner/Schmitt-*Schmitt*, § 69 Rn. 13. Einschränkend allerdings Rogall, der ausführt, dass eine Abweichung von dem vorgeschriebenen Verfahren nach § 69 StPO wegen der prinzipiellen Freibeweislichkeit des Ermittlungsverfahrens nicht durchgängig als Verfahrensverstoß betrachtet werden könne (SK-*Rogall*, § 69 Rn. 4).

stand im Zusammenhang zu äußern.[447] Ein Beruhen hat die Rechtsprechung in diesen Fällen bereits dann bejaht, wenn die Urteilsfeststellungen auf die entsprechenden Zeugenaussagen Bezug nehmen, es nicht auszuschließen ist, dass die Aussage des entsprechenden Zeugen zu der Überzeugung des Gerichts von der Schuld des Angeklagten im Sinne des Urteilsspruchs beigetragen hat.[448]

Welche Folgen die Verletzung des § 69 Abs. 1 S. 1 StPO in der Hauptverhandlung nach sich zieht, ist umstritten. Teilweise wird vertreten, dass es sich bei § 69 Abs. 1 S. 1 StPO um zwingendes Recht handele, auf dessen Beachtung nicht verzichtet werden könne, weil ansonsten die Wahrheitsermittlung erheblich beeinträchtigt werde und eine Verletzung dieser Vorschrift an sich die Revision schon begründen würde.[449] Da bei Nichtbeachtung dieser das Kernstück der Vernehmung betreffenden Vorschrift ein Verstoß gegen die Pflicht zur Wahrheitserforschung liege, ergebe sich diese Folge aus der ratio legis.[450] Das Urteil beruhe schließlich auf der Verletzung des § 69 Abs. 1 S. 1 StPO, wenn sich nicht ausschließen ließe, dass der Fehler die Wahrheitserforschung beeinträchtigt habe.[451] Der Verletzung der Aufklärungspflicht des Gerichts kommt dieser Auffassung zufolge insofern Relevanz zu, als sie für die „Beruhensfrage“ von Bedeutung ist.[452]

Anders wird dies jedoch von der herrschenden Meinung gesehen. Die Revision ist ihrer Auffassung nach nur dann begründet, wenn mit der Verletzung des § 69 Abs. 1 S. 1 StPO zugleich eine Verletzung der Sachaufklärungspflicht des Gerichts gemäß § 244 Abs. 2 StPO gerügt wird.[453] Das OLG Düsseldorf hat hierzu in einem Fall, in dem das Tatgericht dem Zeugen nicht die Gelegenheit gegeben hatte, sich dazu zu äußern, ob er sich an den Vorgang überhaupt erinnern könne, sondern ihm lediglich den Anzeigentext vorhielt, woraufhin der Zeuge bejahend nickte, Folgendes ausgeführt: „Diese [gegenteilige] Ansicht vermag jedoch nicht zu überzeugen, da ein Verstoß gegen § 69 Abs. 1 S. 1 StPO nicht regelmäßig zu fal-

---

447 BGH NJW 1953, 35, 35; BGH StV 1981, 269, 269.

448 So BGH StV 1981, 269, 270; vgl. auch BGH NJW 1953, 35, 35.

449 AK-*Lemke*, § 69 Rn. 9.

450 SK-*Rogall*, § 69 Rn. 43.

451 Vgl. KK-*Senge*, § 69 Rn. 8.

452 Vgl. KK-*Senge*, § 69 Rn. 8; SK-*Rogall*, § 69 Rn. 43; AK-*Lemke*, § 69 Rn. 9.

453 BGH bei Dallinger, MDR 1951, 658, 658; OLG Düsseldorf StV 1997, 122, 122; KMR-*Neubeck*, § 69 Rn. 12; Meyer-Goßner/Schmitt-*Schmitt*, § 69 Rn. 13; LR-*Ignor/Bertheau*, § 69 Rn. 16.

schen tatrichterlichen Feststellungen führt und es mit dem Grundsatz der Verfahrensökonomie nicht zu vereinbaren ist, die Rüge der Verletzung dieser Hilfsvorschrift zur Wahrheitserforschung schon wegen bloßen Verstoßes gegen sie als zulässig anzusehen und anschließend ihre Begründetheit zu untersuchen, obgleich der Beschwerdeführer keinen Anhaltspunkt in Form der Verfahrensbeschwerde dafür gibt, dass die beanstandete Zeugenaussage zur Feststellung eines unzutreffenden Sachverhalts geführt hat."[454]

### c. Zwischenergebnis und Stellungnahme

Im Ergebnis ist zunächst festzustellen, dass die Verletzung des § 69 Abs. 1 S. 1 StPO bei polizeilichen Vernehmungen eher geringe Auswirkungen hat. Auch wenn Polizeibeamte die Reihenfolge des § 69 StPO einzuhalten haben, wirken sich Verstöße hiergegen in der Praxis nur aus, wenn die fehlerhafte polizeiliche Vernehmung selbst in die Hauptverhandlung eingeführt wird. Dies wird in der Regel aber nicht erfolgen, wenn der Zeuge selbst in der Hauptverhandlung vernommen werden kann.

Problematisch ist allerdings insbesondere, dass sich der in der polizeilichen Vernehmung zustande gekommene Verstoß gegen § 69 StPO häufig auch dann durch das Verfahren ziehen wird, wenn der Zeuge in der Hauptverhandlung erneut vernommen werden kann. Zu berücksichtigen ist insofern, dass sich in der Praxis das so genannte Inhaltsprotokoll durchgesetzt hat, bei dem der polizeiliche Vernehmungsbeamte den von ihm für wesentlich gehaltenen Inhalt der zumeist weitaus langatmigeren Ausführungen des Zeugen mit seinen eigenen Worten ins Protokoll diktiert und der Zeuge hinterher lediglich gefragt wird, ob er diese Wiedergabe genehmige oder nicht.[455] Die Hypothesen des Vernehmungsbeamten erlangen so einen prägenden Einfluss auf den Inhalt der Aussage, so dass das Vernehmungsprotokoll – überspitzt formuliert – als Gemeinschaftsarbeit von Zeuge und Vernehmungsbeamten bezeichnet werden kann.[456] Zudem besteht hier der Nachteil, dass im Nachhinein aufgrund mangelnder dialektischer Kontrolle durch einen etwaig anwesenden Rechtsbeistand kaum überprüft werden kann, ob die Anforderungen des § 69 StPO erfüllt wur-

454 Vgl. OLG Düsseldorf StV 1997, 122, 122.
455 Vgl. *Schünemann* in FS für Meyer-Goßner, S. 390.
456 *Schünemann* in FS für Meyer-Goßner, S. 390 f.

den.[457] Das Nichteinhalten der Vorschrift kann somit im Nachhinein zumeist überhaupt nicht dargelegt werden.

Lässt sich ein Verstoß gegen § 69 Abs. 1 S. 1 StPO dagegen darlegen und handelt es sich um staatsanwaltliche oder richterliche Vernehmungen, so ähneln die Rechtsfolgen der Verletzung des § 69 Abs. 1 S. 1 StPO denen, die bei Verletzung des § 58 Abs. 1 StPO eintreten. Die Verletzung des Gebots der zusammenhängenden Darstellung ist vom Tatgericht auf der Beweiswürdigungsebene zu berücksichtigen. Aussagen, die beispielsweise auf Unterbrechungen oder eine „Gemeinschaftsarbeit" zwischen Zeugen und Vernehmungsbeamten zurückzuführen sind und die somit möglicherweise in eine bestimmte Richtung gelenkt wurden, sind lediglich mit einem eventuell festzustellenden geminderten Beweiswert zu belegen.

Der Schutz vor Verletzungen ist bei § 69 Abs. 1 S. 1 StPO unter revisionsrechtlicher Betrachtungsweise nicht besser als derjenige des § 58 Abs. 1 StPO. Zwar scheint es so zu sein, dass einer auf die Verletzung des § 69 Abs. 1 S. 1 StPO gestützten Revision größeres Gewicht beigemessen wird als einer auf die Verletzung des § 58 Abs. 1 StPO gestützten Revision; dies wohl deshalb, weil § 69 Abs. 1 StPO die zentralere Vorschrift gegenüber § 58 Abs. 1 StPO darstellt. Die in der Praxis geforderten revisionsrechtlichen Anforderungen bei Verletzung des Gebots der zusammenhängenden Darstellung sind jedoch hoch. Von Seiten der Verteidigung muss wiederum der „Umweg" über die Aufklärungsrüge genommen werden. Zudem muss im Rahmen der „Beruhensfrage" dargelegt werden, dass die Verletzung des § 69 Abs. 1 S. 1 StPO zu einer Sachverhaltsfeststellung geführt hat, die eventuell nicht der Wahrheit entspricht.

### 3. Die „Weiteren Fragen" im Anschluss an die zusammenhängende Darstellung (Das Verhör)

Nachdem der Zeuge zu einem zusammenhängenden Bericht über den Gegenstand der Vernehmung veranlasst wurde, kann der Vernehmende zur Vervollständigung der Aussage weitere Fragen stellen. § 69 Abs. 2 StPO bestimmt insofern allgemein, dass zur Aufklärung und zur Vervollständigung der Aussage sowie zur Erforschung des Grundes, auf dem das Wissen des Zeugen beruht, nötigenfalls weitere Fragen zu stellen sind. Spezi-

457 Vgl. *Schünemann* in FS für Meyer-Goßner, S. 391.

ell in der gerichtlichen Hauptverhandlung sind die §§ 238 ff. StPO zu beachten. Für die vorliegende Untersuchung sind diese Vorschriften insofern interessant, als auch das Verhör im Anschluss an die zusammenhängende Darstellung des Zeugen durch bestimmte Fragetechniken die Möglichkeit eröffnet, Aussagen zu verfälschen und deshalb in ihrer Qualität zu beeinträchtigen.

### a. Die Regelung des § 69 Abs. 2 StPO

Zunächst ist auf die allgemeine Regelung zum Zeugenverhör, § 69 Abs. 2 StPO, einzugehen. Zu untersuchen ist, ob es Fragen gibt, die als Verstoß gegen § 69 Abs. 2 StPO angesehen werden können und welche Folgen ein etwaiger Verstoß gegen § 69 Abs. 2 StPO hat.

#### aa. Regelungsgehalt

Einerseits ist bereits dem Wortlaut der Vorschrift, insbesondere den Begriffen „Aufklärung der Sache“, „Vervollständigung der Zeugenaussage“ und „Erforschung des Grundes“ zu entnehmen, dass die zu stellenden Fragen in der Regel geeignet und zur Sache gehörig sein müssen.[458] Dementsprechend ist teilweise die Zulässigkeit von „kaptiösen“ oder „suggestiven“ Fragen im Zusammenhang mit § 69 StPO erörtert worden.[459] Andererseits wird in der zugehörigen Literatur die Problematik unzulässiger Fragen im Zusammenhange mit § 69 Abs. 2 StPO jedoch kaum erwähnt. Die eventuelle Unzulässigkeit gestellter Fragen beurteile sich vielmehr nach den §§ 241 Abs. 2, 242 StPO, welche die Befragung in der Hauptverhandlung betreffen.[460]

#### bb. Rechtsfolgen bei Verstößen gegen § 69 Abs. 2 StPO

Konsequenz dieser Handhabung ist, dass das Stellen unzulässiger Fragen, die beispielsweise ungeeignet und nicht zur Sache gehörig sind, außerhalb

458 Vgl. SK-*Rogall*, § 69 Rn. 18, 19.
459 Vgl. *Eb. Schmidt*, § 69 Rn. 1.
460 Vgl. SK-*Rogall*, § 69 Rn. 18.

der Hauptverhandlung unter dem Gesichtspunkt des § 69 Abs. 2 StPO folgenlos ist.

Allgemein wird der Verletzung des § 69 Abs. 2 StPO revisionsrechtlich keine Bedeutung beigemessen.[461] Lediglich vereinzelt wird vertreten, dass ein Verstoß gegen § 69 Abs. 2 StPO unter dem Gesichtspunkt der Aufklärungspflichtverletzung gerügt werden könne.[462] Dann müsse jedoch dargelegt werden, dass bestimmte Fragen nicht gestellt worden seien und der Beschwerdeführer müsse dartun, dass er die Frage nicht selbst habe stellen können.[463]

Es ist insofern zu konstatieren, dass die Vorschrift des § 69 Abs. 2 StPO revisionsrechtlich allein daraufhin geprüft wird, ob ein eventuell gebotenes Verhör oder eine eventuell gebotene Frage unterlassen wurden. Im Mittelpunkt der revisionsrechtlichen Prüfung steht von daher offensichtlich nur der Begriff „nötigenfalls". Eine Revision käme – wenn überhaupt – der herrschenden Meinung nach nur dann in Betracht, wenn der Vernehmende im Zeugenverhör unterlassen hätte, sich aufdrängende Fragen zu stellen. Ob die Fragen dagegen konkret der Sachaufklärung dienten, sie mithin geeignet waren, findet im Streit um die Revisibilität des § 69 Abs. 2 StPO keine Beachtung. Dies hat zur Folge, dass „weitere Fragen" im Sinne des § 69 Abs. 2 StPO, die außerhalb der Hauptverhandlung gestellt werden, unter dem Gesichtspunkt des § 69 Abs. 2 StPO keinen Schutz erfahren.

#### cc. Stellungnahme

Das dargestellte Ergebnis geht mit der allgemein vertretenen Auffassung einher, dass mit der Revision – von einigen Ausnahmen abgesehen – nicht gerügt werden könne, bei der Vernehmung seien Erkenntnisse der Aussage- und Vernehmungspsychologie ignoriert, beziehungsweise es sei gegen solche verstoßen worden.[464]

---

461 Vgl. Meyer-Goßner/Schmitt-*Schmitt*, § 69 Rn. 15; LR-*Ignor/Bertheau*, § 69 Rn. 18; SK-*Rogall*, § 69 Rn. 45.

462 *Eisenberg*, Rn. 1357; KK-*Senge*, § 69 Rn. 10.

463 KK-*Senge*, § 69 Rn. 10; a.A. *Eisenberg*, Rn. 1357, der die Notwendigkeit der Darstellung, der Beschwerdeführer habe die Frage nicht selbst stellen können, nicht für erforderlich hält.

464 Vgl. *Eisenberg*, Rn. 1358 ff.

Dies gibt einerseits Anlass zur Kritik. Denn da der Tatrichter sich im Rahmen der Beweiswürdigung nach den wissenschaftlichen Erkenntnissen der Aussage- und Vernehmungspsychologie zu richten hat, ist nicht einsichtig, warum dies nicht auch für Vernehmungen selbst zu gelten hat, durch welche die Grundlagen der Beweiswürdigung erst gewonnen werden; dies gilt umso mehr, als wegen dieses Zusammenhangs die Erforschung der Wahrheit im Sinne des § 244 Abs. 2 StPO durch Fehler bei der Vernehmungsdurchführung ebenso stark gefährdet ist wie durch solche bei der Beweiswürdigung.[465] Unzulässige „weitere Fragen" im Sinne des § 69 Abs. 2 StPO, die außerhalb der Hauptverhandlung gestellt werden und geeignet sind, die Zeugenaussage zu verfälschen, sind für die Erforschung der Wahrheit ebenso schädlich wie unzulässige Fragen, die in der Hauptverhandlung gestellt werden.

Andererseits entspricht es nach wohl weit verbreiteter Auffassung nicht dem Zweck des § 69 Abs. 2 StPO, Schutz vor unzulässigen Fragen zu bieten. Diese Aufgabe soll anderen Normen zukommen. § 69 Abs. 2 StPO soll lediglich regeln, dass dem Vernommenen nach dem zusammenhängenden Bericht weitere Fragen gestellt werden. Sofern diese ausschließlich in eine Richtung gelenkt werden, geht hiervon auch eine gewisse Suggestion aus. Gerade diese Einseitigkeit, mithin das Unterlassen weiterer Fragen, stellt allerdings eine der Fallgestaltungen dar, bei der eine Revision wegen Verstoßes gegen das Gebot des § 69 Abs. 2 StPO denkbar ist.

### b. Die Regelung des § 241 Abs. 2 StPO

Während § 69 Abs. 2 StPO allgemein für das Verhör im Anschluss an den Zeugenbericht und als in jeder Verfahrenssituation zu beachtende – jedoch nicht besonders geschützte – Vorschrift gilt, ist § 241 Abs. 2 StPO speziell auf die Situation in der Hauptverhandlung zugeschnitten.

#### aa. Anwendungsbereich der Vorschrift

Gemäß § 241 Abs. 2 StPO kann der Vorsitzende in den Fällen des § 239 Abs. 1 StPO und des § 240 Abs. 2 StPO ungeeignete oder nicht zur Sache

---

465 *Eisenberg*, Rn. 1360.

gehörende Fragen zurückweisen. § 239 Abs. 1 StPO beschreibt dabei die an den anglo-amerikanischen Strafprozess angeknüpfte Situation in der Hauptverhandlung,[466] in der die Vernehmung der von der Staatsanwaltschaft und dem Angeklagten benannten Zeugen zunächst der Staatsanwaltschaft oder zunächst dem Verteidiger überlassen wird. Widerspricht die seitens der Staatsanwaltschaft oder seitens der Verteidigung geführte Vernehmung, das so genannte Kreuzverhör, den Grundsätzen einer ordnungsgemäßen Vernehmung, kann der Vorsitzende gemäß § 241 Abs. 1 StPO das Fragerecht insgesamt entziehen oder gemäß § 241 Abs. 2 StPO – für die vorliegende Untersuchung von Bedeutung – die nicht ordnungsgemäßen Fragen zurückweisen.

§ 240 Abs. 2 StPO betrifft dagegen die den Grundsätzen des bundesdeutschen Strafprozesses entsprechende und von daher allgemein übliche Situation, nach der die Vernehmung des Zeugen zunächst gemäß § 238 Abs. 1 StPO durch den Vorsitzenden erfolgt. Im Anschluss an die Vernehmung des Zeugen durch den Vorsitzenden ist es der Staatsanwaltschaft, dem Angeklagten, dem Verteidiger und den Schöffen gemäß § 240 Abs. 2 StPO gestattet, weitere Fragen zu stellen. Auch hier kann der Vorsitzende die im Anschluss an seine Vernehmung durch die anderen Prozessbeteiligenden erfolgenden und nicht ordnungsgemäßen Fragen zurückweisen.

Stellt ein beisitzender Richter oder der Vorsitzende selbst die beanstandete Frage, so ist § 241 Abs. 2 StPO nicht anwendbar.[467] Bei Zweifeln an der Zulässigkeit einer durch die Beisitzer oder den Vorsitzenden gestellten Frage entscheidet das Gericht gemäß § 242 StPO,[468] wobei für die Unzulässigkeit auf die Kriterien des § 241 Abs. 2 StPO zurückzugreifen ist.[469]

### bb. Unzulässige Fragen

Fraglich ist, wann Fragen, die von den anderen Prozessbeteiligten im Zuge des Kreuzverhörs oder im Anschluss an die Vernehmung des Vorsitzen-

---

466 Vgl. Meyer-Goßner/Schmitt-*Meyer-Goßner*, § 239 Rn. 1.

467 Vgl. KK-*Schneider*, § 242 Rn. 1.

468 SK-*Frister*, § 242 Rn. 7; LR-*Becker*, § 242 Rn. 1; a.A.: *Dölp* NStZ 1993, 419 420 f.: Ihmzufolge sehe die StPO weder ein Beanstandungsrecht an Fragen des Vorsitzenden und der beisitzenden Richter vor, noch sei ein solches wünschenswert.

469 Meyer-Goßner/Schmitt-*Meyer-Goßner*, § 242 Rn. 2.

den den Zeugen gestellt werden, eine Form aufweisen, aufgrund derer sie zurückzuweisen sind. § 241 Abs. 2 nennt insofern „ungeeignete“ oder „nicht zur Sache gehörende“ Fragen. Zu untersuchen ist im Folgenden, wann Fragen als ungeeignet oder nicht zur Sache gehörend anzusehen sind. Sollte es sich bei den damit angesprochenen Fragen auch um solche handeln, die die Aussage des Zeugen beeinflussen sollen oder können, gäbe es an dieser Stelle der StPO einen weiteren Anhaltspunkt für den Umgang der Strafprozessordnung mit der die Qualität eines Beweismittels beeinträchtigenden Vorgehensweisen.

„Ungeeignet“ sind etwa solche Fragen, die, mögen sie auch zur Sache gehören, mit den Zielen des Strafprozesses nicht vereinbar sind, da sie etwa in der Methode ihrer Fragestellung zu beanstanden sind.[470] „Nicht zur Sache gehörig“ sind Fragen, die sich nicht einmal mittelbar auf die zur Aburteilung stehende Tat und ihre Rechtsfolgen beziehen.[471] Insgesamt ist jedoch darauf hinzuweisen, dass sich die Abgrenzung zwischen ungeeigneten und nicht zur Sache gehörenden Fragen aufgrund einiger begrifflicher Überschneidungen, auf die hier nicht näher einzugehen ist, als schwierig darstellt.[472] Zu befürworten ist es von daher, zur Vereinfachung als Oberbegriff auf die Unzulässigkeit einer Frage abzustellen.[473]

#### (1.) Wiederholungsfragen

Unzulässig ist eine Frage etwa dann, wenn der zu Befragende sie bereits umfassend und eingehend, unter Umständen sogar bereits mehrfach beantwortet hat.[474] Die Unzulässigkeit wird hier zum einen darin erblickt, dass solche Wiederholungsfragen zur Wahrheitserforschung untauglich sind.[475] Andererseits kann eine Frage, die immer wieder in gleicher Form gestellt wird und die nicht mehr der bloßen Testung eines Zeugen dient,[476] den Befragten auch verwirren. Das Stellen der immer selben Frage kann dazu führen, dass der Befragte – selbst wenn er anfangs völlig von der Richtig-

470 Vgl. KK-*Tolksdorf* (5. Auflage), § 241 Rn. 4.

471 BGH St 2, 284, 287; BGH NStZ 84, 133, 133 f.

472 Vgl. hierzu LR-*Becker*, § 241 Rn. 6.

473 Vgl. KMR-*Paulus*, § 241 Rn. 8; SK-Loseblattsammlung *Schlüchter*, § 241 Rn. 4; LR-*Becker*, § 241 Rn. 6.

474 Vgl. RG St 44, 38, 41; BGH St 2, 284, 290.

475 Vgl. KMR-*Paulus*, § 241 Rn. 10.

476 Vgl. insofern *Dahs*, Rn. 534.

keit seiner Antwort überzeugt war – schließlich an seiner ursprünglichen Antwort zu zweifeln beginnt. Allgemein werden Fragen von daher auch dann als unzulässig angesehen, wenn sie darauf abzielen, den Befragten zu verwirren.[477]

(2.) Fangfragen

Unzulässig sind im Weiteren auch Fangfragen. Das Prinzip der Fangfrage besteht darin, den Gefragten über die Bedeutung seiner eigenen Antwort für den Fragenden zu täuschen, oder über die weiteren Folgerungen, die aus ihr gezogen werden sollen.[478] Eine Fangfrage liegt beispielsweise vor, wenn der Vernehmende die Vernehmungsperson fragt, ob es richtig sei, dass dieser seine Ehefrau seit drei Monaten nicht mehr geschlagen habe.[479] Der Schwerpunkt dieser Frage liegt auf den ersten Blick darauf, dass gefragt wird, ob in den letzten drei Monaten Gewalttätigkeiten vom Vernommenen ausgingen. Zugleich wird durch die Art der Fragestellung („nicht mehr") aber auch unterstellt, dass vor dem Zeitraum von drei Monaten unzweifelhaft Gewalt ausgeübt wurde. Gleichwohl, ob der Vernommene seine Ehefrau nun noch nie, oder nur in den letzten drei Monaten nicht geschlagen hätte, würde eine bejahende Antwort zugleich suggerieren, dass dieser seine Ehefrau vor dem Zeitraum der letzten drei Monate schon geschlagen habe. Eine bejahende Antwort würde den Vernommenen von daher in eine Falle locken.

(3.) Suggestivfragen

Unzulässig nach § 241 Abs. 2 StPO sind schließlich auch Suggestivfragen.[480] Allerdings dürfte der Anwendungsbereich des § 241 Abs. 2 StPO in Bezug auf Suggestivfragen weiter sein als derjenige des § 136 a StPO. Suggestivfragen sind bereits dann ungeeignet im Sinne des § 241 Abs. 2 StPO, wenn sie in der Intention gestellt werden, einem Zeugen eine be-

---

477 SK-Loseblattsammlung-*Schlüchter*, § 241 Rn. 8; LR-*Becker*, § 241 Rn. 14.
478 *Puppe* GA 1978, 289, 292 f.
479 Dieses Beispiel findet sich bei *Dahs*, Rn. 535.
480 Vgl. auch die Ausführungen zur Suggestivfrage unter Punkt 2. Kapitel 4. Abschnitt I. 2.

stimmte Antwort in den Mund zu legen.[481] Das Täuschungsmoment spielt im Rahmen des § 241 Abs. 2 StPO insofern eine geringere Rolle als bei § 136 a StPO.

### cc. Die Folgen unzulässiger Fragen

Zu prüfen ist nun zunächst, welche rechtlichen Auswirkungen das Stellen der vorstehend genannten, unzulässigen Fragen hat. Liegt eine ungeeignete oder nicht zur Sache gehörende Frage vor, so eröffnet § 241 Abs. 2 StPO die Möglichkeit, diese Frage zurückzuweisen. Die zurückgewiesene Frage darf später nicht mehr gestellt und braucht auch nicht beantwortet zu werden.[482] Wird die unzulässige Frage vorschnell, also bevor die Entscheidung über ihre Unzulässigkeit getroffen wurde, beantwortet, so erübrigt sich die Zurückweisung hierdurch nicht.[483] Das Interesse an einer Entscheidung bleibt vielmehr bestehen, weil die Antwort auf eine unzulässige Frage nicht Bestandteil der Aussage wird und unverwertbar ist.[484] Basiert eine Zeugenaussage also beispielsweise auf einer unzulässigen, weil suggestiven Fragestellung, so ist dieser Teil der Aussage nicht verwertbar. Die auf eine in der Hauptverhandlung gestellte und als unzulässig – weil suggestiv – deklarierte Frage gegebene Antwort darf nicht zur Urteilsfindung beitragen.

Fraglich ist nun im Weiteren, welche Folgen ein Verstoß gegen § 241 Abs. 2 StPO revisionsrechtlich hat. Allgemein kann die Revision unter der Voraussetzung, dass ein Gerichtsbeschluss nach § 238 Abs. 2 StPO herbeigeführt worden ist, darauf gestützt werden, dass das Fragerecht fehlerhaft entzogen oder beschränkt oder eine Einzelfrage unberechtigt oder mit unzureichender Begründung zurückgewiesen worden ist.[485]

Unter dem Gesichtspunkt der Revisibilität der Vorschrift werden unter Verwendung der vorstehenden Definition damit vordergründig Fallgestal-

---

481 KK-*Schneider*, § 241 Rn. 11.

482 LR-*Becker*, § 241 Rn. 23.

483 LR-*Becker*, § 241 Rn. 21.

484 BGH bei Dallinger, MDR 1953, 401, 401; SK-Loseblattsammlung-*Schlüchter*, § 241 Rn. 9; KMR-*Paulus*, § 241 Rn. 24.

485 Vgl. Meyer-Goßner/Schmitt-*Meyer-Goßner*, § 241 Rn. 23; *Eisenberg*, Rn. 801; KK-*Schneider*, § 241 Rn. 21. Die Revision kann dabei sowohl auf § 337 StPO wie auf § 338 Nr. 8 StPO gestützt werden (Vgl. KK-*Schneider*, § 241 Rn. 21). Auch eine Aufklärungsrüge kann erhoben werden (LR-*Becker*, § 241 Rn. 35).

tungen problematisiert, in denen Fragen gerade nicht zugelassen worden sind. Diese Fallgestaltungen spielen in der hiesigen Untersuchung aber eher eine nachrangige Rolle, da es gerade um die Frage der Behandlung suggestiver Beeinflussungen geht.

Der umgekehrte Fall, mithin Sachverhalte, in denen mit der Revision gerügt wird, dass eine unter § 241 Abs. 2 StPO unterfallende Frage trotz einer entsprechenden Rüge der Verfahrensbeteiligten zugelassen wurde, wird von der obigen Definition nicht umfasst und scheint insofern weniger Beachtung zu finden.

Lediglich Becker fasst seine Definition weiter, indem er wie folgt formuliert: „Bestätigt das Gericht durch Beschluss (§ 238 Abs. 2) den Entzug des Vernehmungsrechts nach § 241 Abs. 1 oder die Beschränkung des Fragerechts durch den Vorsitzenden oder lässt es durch Beschluss nach § 238 Abs. 2 oder § 242 eine Frage zu Unrecht zu oder nicht zu, so kann dies mit der Revision nach §§ 336, 337 beanstandet werden, vom Angeklagten außerdem auch unter dem Gesichtspunkt einer unzulässigen Beschränkung der Verteidigung im Sinne des § 338 Nr. 8.“[486]

Da keinerlei Argumente dafür ersichtlich sind, dass der Fall, dass eine Frage trotz Beanstandung zu Unrecht zugelassen wurde, nicht revisibel sein sollte, ist mit Becker davon auszugehen, dass mit der Revision insbesondere auch gerügt werden kann, dass eine Frage trotz Beanstandung zu Unrecht zugelassen wurde, so dass es zu einer beispielsweise suggestiven Beeinflussung eines Zeugen gekommen ist. Weiter ist davon auszugehen, dass die Definitionen, die diese Fallgestaltung nicht ausdrücklich umfassen, diese aber auch nicht ausschließen wollen. Das rechtsfehlerhafte Zulassen einer beispielsweise suggestiven Frage kann mit der Revision angefochten werden.

## IV. Ergebnis

Als Zwischenergebnis ist hier festzuhalten, dass Verstöße gegen die Regeln der Zeugenbeweiserhebung unterschiedliche rechtliche Folgen nach sich ziehen.

---

486 LR-*Becker*, § 241 Rn. 31.

### 1. Zusammenfassung

Die klarste und umfassendste Regelung findet sich in § 136 a StPO. Diese zunächst für den Beschuldigten geltende Vorschrift ist auch über § 69 Abs. 3 StPO für Zeugen anwendbar und bestimmt, dass bei Anwendung bestimmter verbotener Vernehmungsmethoden die hieraus hervorgebrachte Aussage nicht verwertbar ist. Dabei ist es gleich, in welchem Verfahrensstadium die verbotene Vernehmungsmethode angewandt wurde. Ist die Aussage durch eine verbotene Vernehmungsmethode im Sinne des § 136 a StPO, hier insbesondere durch das Stellen einer Suggestivfrage entstanden, so ist die diesbezügliche Antwort nicht verwertbar. Zu berücksichtigen ist jedoch, dass es unterschiedliche Stärkegrade der Suggestivfrage gibt. Sofern diese bewusst unwahre Bestandteile enthält, wird eine Täuschung im Sinne des § 136 a StPO jedenfalls zu bejahen sein. Solange eine Suggestivfrage jedoch keine Täuschungsmomente enthält, liegt auch die Anwendung des § 136 a StPO eher fern.[487] Fangfragen und Wiederholungsfragen werden nicht von § 136 a StPO erfasst.

Suggestiv-, Fang- und Wiederholungsfragen, die in der Hauptverhandlung gestellt werden, sind bei entsprechender Zurückweisung in der Hauptverhandlung nach § 241 Abs. 2 StPO unverwertbar.

Systematisch lässt sich insofern feststellen, dass § 136 a StPO vor Suggestivfragen, die den Schweregrad einer Täuschung erreichen, schützt, und zwar in gleich welchem Verfahrensstadium diese Suggestivfragen gestellt werden. Ein weitergehender Schutz besteht in der Hauptverhandlung. Durch § 241 Abs. 2 StPO sind nicht nur Antworten auf Suggestivfragen als solche, sondern zudem auch Antworten auf Fang- und Wiederholungsfragen bei entsprechender Zurückweisung unverwertbar.

Dem entgegen hat ein Verstoß gegen das Einzelvernehmungsgebot des § 58 StPO, von welchem ebenfalls stark suggestive Einflüsse auf die Zeugen ausgehen können, kaum nennenswerte Auswirkungen auf das Strafverfahren. Der Richter kann den Verstoß zwar im Rahmen der Beweiswürdigung berücksichtigen – tut er dies jedoch nicht, so liegt hierin nach herrschender Meinung in der überwiegenden Zahl der Fälle kein Verstoß, der mit einer Revision, und wenn, dann auch nur in Verbindung mit einer schwierig darzulegenden Aufklärungsrüge, geltend gemacht werden könnte.

---

487 Vgl. KK-*Diemer*, § 136 a Rn. 20.

Der Verletzung des gemäß § 69 StPO bestehenden Gebots der zusammenhängenden Darstellung wird von der herrschenden Meinung ein weitergehender Schutz zugesprochen. Ähnlich sind zwar zunächst die direkten Folgen einer Verletzung des Gebotes: der Tatrichter kann dies im Rahmen der Beweiswürdigung berücksichtigen. Die Verletzung dieser Vorschrift soll aber – im Unterschied zu der Verletzung des § 58 StPO – in Verbindung mit einer zu erhebenden Aufklärungsrüge – uneingeschränkt revisibel sein.

Unzulässige, weil ungeeignete oder nicht zur Sache gehörende Fragen, die von den Ermittlungsbehörden außerhalb der Hauptverhandlung gestellt werden und gegen § 69 Abs. 2 StPO verstoßen, haben kaum nennenswerte Auswirkungen auf das Strafverfahren. Denkbar ist zwar wiederum, dass der Richter dies im Rahmen der Beweiswürdigung berücksichtigt. Revisibel ist § 69 Abs. 2 StPO jedoch nur, wenn es unterlassen wurde, die notwendigen weiteren Fragen zu stellen, nicht aber, wenn die gestellten weiteren Fragen unzulässig waren.

Einen weiteren Schutz bietet dann die direkt in der Hauptverhandlung anwendbare Norm des § 241 Abs. 2 StPO. Revisibel – und zwar nicht „nur" mit der Aufklärungsrüge – ist hier insbesondere auch die Rüge, das Gericht habe eine unzulässige, weil beispielsweise suggestive Frage, zu Unrecht zugelassen.

Festzustellen ist damit einerseits, dass die Sanktionierung suggestiver Beeinflussungen umso stärker wird, je höher der Grad der Suggestion ist, andererseits, dass die Sanktionierung suggestiver Beeinflussungen in der Hauptverhandlung stärker ausgeprägt ist als im Vorverfahren.

Die unterschiedliche Behandlung von im Vorverfahren gestellter unzulässiger Fragen und in der gerichtlichen Hauptverhandlung gestellter unzulässiger Fragen hängt dabei offenbar mit praktischen Erwägungen zusammen. Zwar gelten die Grundsätze eines geordneten Strafverfahrens im Vorverfahren ebenso wie in der gerichtlichen Hauptverhandlung. Die strafprozessualen Maßstäbe sind dennoch unterschiedlich. Die strikte Handhabung der Zurückweisung und Unverwertbarkeit bei Suggestiv- und Fangfragen gilt nur in der gerichtlichen Hauptverhandlung, da gerade hier eine strenge Objektivität zur Wahrung der Ziele des Strafprozesses eingehalten werden soll. Hier müssen unzulässige Fragen zur Gestaltung der

Justizförmigkeit und zur Förderung der Wahrheitserforschung aus dem Verfahren herausgehalten werden.[488]

Zwar können unzulässige Fragen, die im Vorfeld der Hauptverhandlung gestellt wurden, ebensolche Auswirkungen haben – die Maßstäbe sind hier jedoch herabgesetzt. Dies hängt möglicherweise mit den jeweiligen Vernehmungssituationen zusammen. In der gerichtlichen Hauptverhandlung sind stets das Gericht und die Staatsanwaltschaft, sowie zumeist auch ein Verteidiger zugegen. Aufgrund deren Anwesenheit ist eine stetige Kontrolle über die Qualität der Fragen gewährleistet, so dass das System des § 241 Abs. 2 StPO auch greifen kann.

Vernehmungen vor den Ermittlungsbehörden, und hier insbesondere vor der Polizei, sind anders gestaltet. An einer solchen Vernehmung nehmen zumeist nur der Vernehmungsbeamte und der jeweilige Zeuge teil, eine „juristisch fachkundige" Person dagegen zumeist nicht.

Sofern beispielsweise ein Rechtsanwalt als Zeugenbeistand bei der Vernehmung zugegen ist, können auch in diesem Verfahrensstadium Fragen unter Hinweis auf § 69 Abs. 2 StPO beanstandet und zurückgewiesen werden. Die Anwesenheit eines Rechtsanwalts stellt jedoch die Ausnahme dar. Das dargestellte Schutzsystem kann von daher zumeist erst in der gerichtlichen Hauptverhandlung seine volle Wirkung entfalten.

### 2. Vergleich zu den Folgen fehlerhafter Gegenüberstellungen

Zu prüfen ist nun, ob der dargestellte Schutz vor suggestiven Beeinflussungen des Zeugen auch auf Identifizierungsgegenüberstellungen übertragbar ist.

In Bezug genommen werden soll hier zunächst die Vorschrift des § 136 a StPO. Zwar wird es, wenn es um die Frage suggestiver Beeinflussungen im Rahmen einer Identifizierungsgegenüberstellung geht, wohl zumeist um schwächere Formen der Suggestion gehen. Aufgrund dessen wird auch regelmäßig formuliert, dass die Durchführung fehlerhafter Gegenüberstellungen eine Minderung des Beweiswertes – gegebenenfalls gegen null – mit sich bringe. Jedoch ist – wenn denn unterstellt wird, dass die Identifizierungsgegenüberstellung Teil des Zeugenbeweises ist – davon auszugehen, dass eine bewusste Täuschung des Zeugen im Sinne des

488 SK-Loseblattsammlung-*Schlüchter*, § 241 Rn. 1.

§ 136 a StPO im Rahmen einer Identifizierungsgegenüberstellung zur Folge haben muss, dass die Aussage des Zeugen, beziehungsweise seine vorgenommene Identifizierung, unter dem Gesichtspunkt des § 136 a Abs. 3 StPO unverwertbar ist.

Sofern es im Rahmen einer durchzuführenden Identifizierungsgegenüberstellung versäumt wird, einen Zeugen zunächst die frühere Vorfallssituation schildern zu lassen oder der Tatverdächtige den Zeugen gemeinsam präsentiert wird, so könnten diese Verstöße auch als Verstöße gegen § 69 Abs. 1 StPO beziehungsweise § 58 Abs. 1 StPO gewertet werden. Eine derartige Differenzierung der Verstöße wird bei fehlerhaften Gegenüberstellungen jedoch meist nicht vorgenommen. Es wird eher allgemein formuliert, dass das Wiedererkennen nach einer Einzel- oder kriminalistisch fehlerhaften Wahlgegenüberstellung von nur geringem Beweiswert sei.[489] Die Urteilsgründe müssen in solchen Fällen erkennen lassen, dass das Gericht die Mängel und ihre Auswirkungen auf den Beweiswert des Wiedererkennens berücksichtigt hat.[490] Damit zeigt sich aber, dass die rechtlichen Folgen sich bei fehlerhaft durchgeführten Zeugenvernehmungen allgemein und fehlerhaft durchgeführten Identifizierungsgegenüberstellungen ähneln. Hier wie dort wird auf möglicherweise stattgehabte suggestive Beeinflussungen damit reagiert, dass dem Ergebnis der Äußerung des Zeugen ein minderer Beweiswert zuerkannt wird.

Auch die Revisibilität der Verstöße gleicht sich. Verstöße gegen § 58 Abs. 1 StPO und § 69 Abs. 1 StPO können grundsätzlich – wenn überhaupt – in Verbindung mit einem Verstoß gegen die richterliche Aufklärungspflicht nach § 244 Abs. 2 StPO gerügt werden. Ebenso verhält es sich mit Verstößen gegen die Gegenüberstellungsregeln. Hier wird allgemein formuliert, dass die Verletzung der Gegenüberstellungsregeln in Verbindung mit der Verletzung der Aufklärungspflicht eine Revision begründen könne und dass es ein sachlichrechtlicher Mangel sei, wenn das Gericht sich beispielsweise des eingeschränkten Beweiswertes einer Einzelgegenüberstellung, eines wiederholten Wiedererkennens oder eines unzureichenden Stimmenvergleichs nicht bewusst war.[491]

---

489 *Odenthal*, S. 130.
490 OLG Düsseldorf StV 1994, 8, 9; OLG Köln StV 1986, 12, 12.
491 Vgl. Meyer-Goßner/Schmitt-*Meyer-Goßner*, § 58 Rn. 15.

# 3. Kapitel: Gegenüberstellung und Sachverständigenbeweis

Auch wenn sich die Behandlung der Gegenüberstellung derjenigen des Zeugenbeweises ähnelt, so fragt es sich dennoch, ob nicht auch eine andere dogmatische Einordnung denkbar ist. Einen ersten Hinweis gibt hier Köhnken, der die Gegenüberstellung als Wiedererkennungstest bezeichnet.[492]

Tests werden von Wissenschaftlern und Sachverständigen durchgeführt. Ihre Bedeutung liegt darin, Informationen über bestimmte Eigenschaften eines Produkts, Verhaltensweisen von Tieren oder andere vielfältig denkbare naturwissenschaftliche Abläufe zu erlangen. Tests werden etwa im Rahmen von Strafverfahren durchgeführt, um die Flugbahn von Gewehrkugeln oder den Abstand des Schützen vom Opfer nachvollziehen zu können.

Bei einer Gegenüberstellung wird nun getestet, ob der Tatzeuge den mutmaßlichen Täter unter mehreren Personen herausfinden kann. Unter Außerachtlassung der von der herrschenden Meinung vorgenommenen Einordnung der Gegenüberstellung als Zeugenbeweis und unter der gedanklichen Voraussetzung, dass hier ein Test durchgeführt wird, muss im nächsten gedanklichen Schritt gefragt werden, ob dann hier nicht auch eine eher dem Sachverständigenbeweis ähnliche Beweiserhebung erfolgt. Unter diesem Gesichtspunkt ist nun zu untersuchen, ob die Gegenüberstellung Aspekte erkennen lässt, die geeignet sind, Gegenstand eines Sachverständigenbeweises zu sein.

## *1. Abschnitt: Der Sachverständigenbeweis*

Um dies beurteilen zu können, ist es erforderlich, Sinn, Zweck und Rechtsnatur des Beweises durch Sachverständige darzustellen.

---

492 Vgl. *Köhnken* Kriminalistik 1993, 231, 231.

## I. Der Begriff des Sachverständigen

Zu klären ist zunächst, was unter dem Begriff „Sachverständiger“ überhaupt zu verstehen ist. Bei einem Sachverständigen handelt es sich um eine Person, die auf einem bestimmten Gebiet über besondere und umfassende Kenntnisse verfügt und deshalb zur Beantwortung von Fachfragen, welche diesen Bereich betreffen, berufen erscheint.[493] Als Sachverständiger im rechtlichen Sinne kann definiert werden, wer auf einem Gebiet der Geistes- oder Naturwissenschaften, der Wirtschaft, der Technik oder eines anderen Sachbereichs überdurchschnittliche Kenntnisse und Erfahrungen hat und diese besondere Sachkunde in Ausübung eines Gewerbes oder eines freien Berufes jedermann persönlich unparteiisch, unabhängig und objektiv zur Verfügung stellt.[494] Sachverständiger ist von daher nicht schon, wer sich durch die Erlernung eines bestimmten Berufes auszeichnet.[495] Sachverständiger ist erst, wer sich als Spezialist auf einem eng definierten Sachgebiet bezeichnen kann.[496] So wird der Angehörige eines Berufes erst dann zum Sachverständigen, wenn er sich auf einem abgrenzbaren Gebiet seines Berufes besondere Detailkenntnisse verschafft hat.[497] Das umfangreiche Fachwissen des Sachverständigen darf dieser hierbei nicht nur aus einer berufsspezifischen Ausbildung herleiten. Dieses muss zusätzlich durch eine ausreichende praktische Erfahrung fundiert sein[498] und den neuesten Stand der wissenschaftlichen Forschung widerspiegeln.[499] Dementsprechend dürfen dem Gutachten des Sachverständigen nur solche Lehrmeinungen und Untersuchungsmethoden zugrunde liegen, die in den maßgebenden Fachkreisen allgemein als richtig und zuverlässig anerkannt sind.[500]

---

493 *Hinke*, S. 20.

494 *Ulrich*, Rn. 1.

495 Anders wohl LR-*Krause*, Vor § 72 Rn. 2, demzufolge ein Kaufmann oder Handwerksmeister offenbar allein aufgrund seiner Ausbildung auf seinem Gebiet ein Experte sein soll.

496 *Bayerlein*, § 1 Rn. 7.

497 *Bayerlein*, § 1 Rn. 7.

498 Zu fordern sind hier mindestens 3 bis 5 Jahre praktische Erfahrung auf dem jeweiligen Gebiet, vgl. *Bayerlein*, § 2 Rn. 19.

499 *Hinke*, S. 20.

500 *Bayerlein*, § 2 Rn. 18.

## II. Sachverständigenbeweis aufgrund der Amtsermittlungspflicht des Gerichts

Zuvorderst wurde geklärt, was unter dem Begriff des Sachverständigen zu verstehen ist. Es fragt sich im Weiteren, welchen Zwecks und welchen Inhalts der in den §§ 72 ff. StPO geregelte Sachverständigenbeweis ist und warum es dieses Beweismittel in dieser Form gibt. Die Beantwortung der Frage muss vor dem Hintergrund neuer technischer Entwicklungen, immer komplexeren technischen Abläufen und einer stetig wachsenden Zahl von Rechtsvorschriften und technischen Normen gesehen werden. Das Wissen in Wissenschaft und Technik ist komplexer, spezialisierter und dabei nicht immer sicherer geworden, so dass viele Richter sich wohl zu Recht in immer mehr Fragen nicht mehr die nötige eigene Sachkunde zutrauen.[501] Sämtliche Wissensgebiete sind für einen Menschen allein schlicht nicht überschaubar.

Nichtsdestotrotz muss ein Richter, um Recht sprechen zu können, in die Lage versetzt werden, auch in Bereichen, in denen er keinerlei Kenntnisse besitzt, eine Beurteilung vornehmen zu können. Diese Anforderung stellt sich an den Richter jeglicher Fachrichtung und gilt selbstverständlich auch für den Strafrichter, der darauf hinzuwirken hat, dass die Ziele des Strafprozesses verwirklicht werden.

Das Ziel eines Strafprozesses liegt nun u.a. im Hervorbringen des wahren Sachverhalts und der Verwirklichung des materiellen Strafrechts.[502] Häufig liegt die gesuchte Wahrheit aber gerade in Bereichen verborgen, die sich dem Laien, als der auch der Richter aufgrund der Vielfältigkeit der heutigen Sachgebiete oft bezeichnet werden muss, verschließt. Nichtsdestotrotz gebietet dem Strafrichter die ihm obliegende Amtsermittlungspflicht, alle entscheidungserheblichen Tatsachen aufzuklären.[503] Hierzu hat er alle Erkenntnisquellen auszunutzen, die für die Feststellung einer entscheidungsrelevanten Tatsache zur Verfügung stehen.[504]

Die Beurteilung eines Sachverhalts bzw. die Bewertung einer bestimmten Tatsache kann dabei häufig nur dadurch vorgenommen werden, dass ein Experte des jeweiligen Gebietes gehört wird, der den Richter aufgrund des ihm zur Verfügung stehenden Fachwissens und seiner praktischen Er-

---

501 *Bayerlein*, § 11 Rn. 35.
502 Vg. *Hetzer*, S. 19.
503 *Müller*, Rn. 64.
504 *Müller*, Rn. 66.

fahrung über den wahren Sachverhalt aufklärt und ihm dadurch eine Entscheidungshilfe an die Hand gibt. Ein Sachverständiger greift mithin immer dann in das prozessuale Geschehen ein, wenn eine Sachentscheidung von Umständen abhängt, die nur mit sachkundiger Hilfe beurteilt werden kann.[505]

## III. Die Aufgaben eines Sachverständigen

Es gehört von daher zu den Aufgaben eines Sachverständigen, mittels seiner besonderen Sachkunde oder mittels seiner technischen Möglichkeiten Tatsachen festzustellen, die nur aufgrund dieser besonderen Sachkunde wahrgenommen bzw. erschöpfend verstanden und beurteilt werden können.[506] Die hierbei vom Sachverständigen vorzunehmenden Tätigkeiten sind unterschiedlichster Art und sollen im Folgenden kurz skizziert werden.[507]

### 1. Vornahme bloßer Verrichtungen

Sie können in der Vornahme bloßer Verrichtungen liegen. Beispielhaft sei hier die Vornahme körperlicher Eingriffe am oder im Körper des Beschuldigten oder Zeugen genannt.[508]

---

505 Vgl. *Tröndle* JZ 1969, 374, 374.

506 AK-*Schreiber*, Vor § 72 Rn. 2.

507 Es ist in diesem Zusammenhang darauf hinzuweisen, dass bezüglich der Aufgabenfelder des Sachverständigen eine unterschiedliche Terminologie verwandt und teilweise auch eine verschiedenartige Einteilung vorgenommen wird. So unterscheidet Bayerlein in § 12 Rn. 9 ff. lediglich zwischen drei Aufgabenfeldern, nämlich der Vermittlung von Erfahrungssätzen, der Tatsachenfeststellung und der Beurteilung von Tatsachen. Die folgende Darstellung unterteilt dagegen in vier Aufgabenbereiche: bloße Verrichtungen; Feststellung von Tatsachen (z.T. auch als Tatsachenbekundungen bezeichnet); Übermittlung (bzw. Vermittlung) von Fachwissen; Beurteilung von Tatsachen.

508 Meyer-Goßner/Schmitt-*Schmitt*, Vor § 72 Rn. 4.

## 2. Feststellung von Tatsachen

Eine andere Möglichkeit ist, dass sich die Tätigkeit des Sachverständigen auf die Feststellung bestimmter Tatsachen beschränkt, die er nur aufgrund seiner besonderen Sachkunde wahrnehmen konnte.[509] Beispielhaft sei hier die bloße Bestimmung der Blutalkoholkonzentration genannt, ohne dass der Sachverständige hieraus irgendwelche Schlussfolgerungen, etwa bezüglich der sich daraus ergebenden Schuldfähigkeit oder Fahrtüchtigkeit zieht.[510]

## 3. Übermittlung von Fachwissen

Weiterhin kann sich die Aufgabe des Sachverständigen auf die Übermittlung von bloßem Fachwissen im Sinne von Erfahrungssätzen beziehen.[511] Gegenstand des Sachverständigenbeweises ist hier lediglich, dass der Richter mit bestimmten Erfahrungssätzen, Forschungsergebnissen oder Erkenntnissen aus dem Wissensbereich des Sachverständigen ganz allgemein vertraut gemacht wird, ohne dass der Sachverständige daraus selbst irgendwelche Schlussfolgerungen auf den Sachverhalt zieht, den allein der Richter zu beurteilen hat.[512] Der Sachverständige hat hier ganz allgemein über bestimmte Erfahrungen und Kenntnisse, zum Beispiel über allgemein anerkannte Regeln der Technik, Stand der Wissenschaft und Technik, diagnostische Hilfsmittel bei klinischen Beobachtungen von Kreislaufstörungen, Grundsätze geordneter Buchführung in kaufmännischen Betrieben, Sinn und Bedeutung von Fachausdrücken, Ergebnisse historischer Forschung, Handelsbräuche, Börsenusancen, Sprachgebrauch gewisser Personenkreise, Ortsüblichkeit von Löhnen und Provisionen, Absatzmöglichkeiten oder Preisbindung während einer bestimmten Zeit oder an einem bestimmten Ort zu berichten.[513]

---

509 KK-*Senge*, Vor § 72 Rn. 2.
510 LR-*Krause*, Vor § 72 Rn. 9.
511 KK-*Senge*, Vor § 72 Rn. 2.
512 LR-*Krause*, Vor § 72 Rn. 8.
513 *Ulrich*, Rn. 5.

## 4. Beurteilung von Tatsachen bzw. Gutachtenerstattung

Letzte und schließlich häufigste Form des Sachverständigenbeweises ist die Beurteilung von Tatsachen.[514] Hierunter ist die Anwendung des dem Sachverständigen zur Verfügung stehenden Erfahrungswissens bei der Begutachtung eines bestimmten Sachverhaltes zu verstehen.[515] Aufgabe und Ergebnis der Tätigkeit des Sachverständigen liegt hier mit anderen Worten in der Gutachtenerstattung, wobei der Sachverständige sich inhaltlich strikt an die Vorgaben des Auftraggebers des Gutachtens zu halten hat. Vor Beginn der Begutachtung erhält er die vom Auftraggeber gestellten Beweisfragen, welche er möglichst klar und präzise zu beantworten hat.[516]

Bei der späteren Gutachtenerstattung selbst darf der Sachverständige sich dann nicht darauf beschränken, dem Gericht bloß ein Ergebnis mitzuteilen. Er muss vielmehr über die dem Gutachten zugrunde gelegten Tatsachen sowie über die angewandten allgemeinen Erfahrungssätze berichten und die Gedankenkette vortragen, welche von diesen Erfahrungssätzen zu dem gefundenen Ergebnis führt.[517]

### a. Form der Beibringung der Tatsachen

Unterschiedlich kann bei dieser Form des Sachverständigenbeweises der Weg sein, auf dem der Sachverständige die Tatsachen erfährt, die er seinem Gutachten zugrunde legt. Die erste Möglichkeit besteht darin, dass ihm die Tatsachen vom Gericht mitgeteilt werden.[518] Auf diese Weise in das Gutachten einfließende Tatsachen werden als Anknüpfungstatsachen bezeichnet.[519]

Eine weitere Möglichkeit für den Sachverständigen, die für das Gutachten notwendigen Tatsachen beizubringen, liegt darin, sie mit Hilfe der eigenen Sachkunde zu ermitteln.[520] Es handelt sich bei den hier angesprochenen Tatsachen um so genannte Befundtatsachen. Befundtatsachen sind

---

514 KK-*Senge*, Vor § 72 Rn. 3; Meyer-Goßner/Schmitt-*Schmitt*, Vor § 72 Rn. 7; *Ulrich*, Rn. 8.
515 LR-*Krause*, Vor § 72 Rn. 10.
516 Vgl. *Bayerlein*, § 28 Rn. 1.
517 *Ulrich*, Rn. 8.
518 Vgl. KK-*Senge*, Vor § 72 Rn. 3.
519 Vgl. Meyer-Goßner/Schmitt-*Schmitt*, Vor § 72 Rn. 7.
520 Vgl. Meyer-Goßner/Schmitt-*Schmitt*, Vor § 72 Rn. 7.

insofern Anknüpfungstatsachen für das Gutachten, die der Sachverständige aber erst auf Grund seiner Sachkunde selbst festgestellt hat.[521] Die Feststellung solcher Tatsachen ist im Auftrag zur Erstellung des Gutachtens beinhaltet.[522] Dies ist etwa der Fall, wenn der Sachverständige Wahrnehmungen bei der Leichenöffnung, Besichtigung des Tatorts oder der Untersuchung von Lebensmitteln oder Kraftfahrzeugen macht,[523] oder wenn er zunächst den Blutalkoholgehalt des Beschuldigten feststellt und hieraus mit seiner Sachkunde im Wege der Rückrechnung den Blutalkoholgehalt zur Tatzeit berechnet.[524]

Weil die Befundtatsachen erst durch den Sachverständigen festgestellt werden und dem Gericht von daher nicht im Voraus bekannt sind, müssen sie dem Gericht als Teil des sachverständigen Gutachtens vermittelt werden; sie werden mithin auch erst durch das Sachverständigengutachten in die Hauptverhandlung eingeführt.[525]

Der Vollständigkeit halber sei als letzte Möglichkeit der Beibringung der für das Gutachten erforderlichen Tatsachen die Form der so genannten Zusatztatsachen erwähnt. Zusatztatsachen gleichen insofern den Befundtatsachen, als sie ebenso wie diese erst durch den Sachverständigen festgestellt werden.[526] Anders als diese ist zu deren Ermittlung und Wahrnehmung jedoch keine besondere Sachkunde erforderlich, so dass das Gericht die Zusatztatsachen auch selbst feststellen könnte.[527] Unter diesem Gesichtspunkt ähneln die Zusatztatsachen wiederum den Anknüpfungstatsachen. Wie diese können sie durch jedermann und nicht nur durch den Sachverständigen festgestellt werden.

Da Zusatztatsachen gerade nicht aufgrund der besonderen Sachkunde des Sachverständigen festgestellt werden, führt man diese auch nicht nach den Regeln des Sachverständigenbeweises in den Prozess ein. Der Sachverständige wird hier vielmehr als Zeuge vernommen.[528] Es gelten dementsprechend die Vorschriften über den Zeugenbeweis.

---

521 Vgl. Meyer-Goßner/Schmitt-*Schmitt*, § 79 Rn. 10.
522 Vgl. *Bayerlein*, § 15 Rn. 1.
523 Vgl. Meyer-Goßner/Schmitt-*Schmitt*, § 79 Rn. 10.
524 *Ulrich*, Rn. 10.
525 Vgl. BGHSt 9, 292, 293; 13, 1, 1; 20, 164, 165 f.; BGH NStZ 88, 20 20.
526 Vgl. Meyer-Goßner/Schmitt-*Schmitt*, Vor § 72 Rn. 7.
527 Vgl. BGHSt 13, 1, 3; 13, 250, 251; 18, 107, 108; 20, 164, 166.
528 Vgl. BGH NStZ 1982, 256, 256.

### b. Gegenstand des Gutachtens

Auch wenn im Rahmen des Vorstehenden schon einige Beispielssachverhalte genannt wurden, in denen der Sachverständige tätig wird, soll zur Verdeutlichung noch einmal explizit auf diejenigen Fälle eingegangen werden, in denen es Aufgabe des Sachverständigen ist, ein Gutachten zu erstellen. Der Gegenstand des angeforderten Gutachtens kann so unterschiedlich sein, dass hier ein kurzer Überblick zu geben ist. Allgemein gilt, dass ein Gericht immer dann einen Sachverständigen beiziehen muss, wenn es selbst auf einem für die Entscheidung bedeutsamen Fachgebiet nicht über genügende Sachkunde verfügt.[529]

In der strafgerichtlichen Praxis müssen so beispielsweise häufig morphologische und anthropologische Gutachten, Gutachten bei schwierigen Fragen der Blutalkoholbestimmung, Glaubwürdigkeitsgutachten oder Gutachten zu Fragen des Bestehens der Schuldfähigkeit beziehungsweise hinsichtlich des Vorliegens der Eingangsvoraussetzungen der §§ 20, 21 StGB eingeholt werden.[530] In Frage kommen aber auch Gutachten zur Beurteilung von Ursachenzusammenhängen (z.B. Unfallanalyse bei Verkehrsunfällen), Zuständen (z.B. Einsturzgefahr bei Spannbetondecken in Ställen) und Eigenschaften (z.B. Echtheit von Kunstwerken) oder Bewertung von Vermögen (z.B. Grundstücken).[531]

### c. Vorgehensweise zur Erstellung des Gutachtens

Ebenso vielfältig wie der Gegenstand des Gutachtens ist die Vorgehensweise der Sachverständigen, um zu einem Ergebnis zu gelangen. Abgesehen von den Fällen, in denen Sachverständige einen „fertigen", also vom Gericht mitgeteilten Tatsachenstoff, beziehungsweise einen vom Gericht in Anwesenheit und mit Unterstützung ihrer selbst erarbeiteten Tatsachenstoff erhalten, müssen sie häufig im Rahmen des gerichtlichen Auftrags eigenverantwortlich tätig werden, um ihrem Gutachten eine Grundlage zu erarbeiten.[532] Dabei haben sie stets zu beachten, dass die richtige Tatsachenfeststellung das unerlässliche Fundament eines zutreffenden Gutach-

529 Vgl. KK-*Krehl*, § 244 Rn. 42.
530 Vgl. *Burhoff*, Rn. 2429 f.
531 *Bayerlein*, § 12 Rn. 13.
532 *Bayerlein*, § 12 Rn. 14.

tens ist.[533] Die Tatsachen, die dem Gutachten zu Grunde zu legen sind, können dabei vor allem aus folgenden Quellen gespeist werden: Aktenstudium, Ortsbesichtigung, Untersuchung von Personen, Untersuchungen von Sachen und Laboranalysen, Pläne, Urkunden, Lichtbilder, Behördenauskünfte, Befragung von Personen (Parteien, Zeugen), Rekonstruktionen, Experimente.[534]

Da unter diesem Punkt der Untersuchung die Fragestellung aufgeworfen wurde, inwiefern sich Identifizierungsgegenüberstellung und Sachverständigenbeweis ähneln, sind nun gerade die Methoden des Sachverständigen genauer zu beleuchten, denen die Gegenüberstellung zugeordnet werden könnte. In Betracht kommen hier vorwiegend die Punkte „Befragung von Personen" und „Experimente".

#### aa. Befragung von Personen

Die selbständige Vernehmung von Zeugen ist dem Sachverständigen grundsätzlich nicht gestattet. Dies gehört zum Kernbereich der Aufgaben des Richters. Nicht als Zeugenvernehmung zu behandeln sind jedoch Explorationen, wie sie zur Erstattung von psychiatrischen, psychologischen oder medizinischen Gutachten erforderlich sind, um innere Befindlichkeiten oder Seelenzustände zu erforschen.[535]

#### bb. Experimente

Unter dem Begriff Experimente sind wissenschaftliche Versuche zu verstehen, die für den Sachverständigen häufig die geeignete Vorgehensweise darstellen, um Tatsachen festzustellen. Experimente versetzen ihn zum einen in die Lage, aus feststehenden Tatsachen auf bestimmte Erfolge zu schließen. Zum anderen ermöglichen sie es ihm aber auch umgekehrt, von bestimmten Folgen auf bestimmte Tatsachen als deren Ursache zu schließen.[536] Die Untersuchungen können sich dabei auf chemische, physikalische und physiologische Stoffe, auf Maschinen und Apparate, bei Schrift-

---

533 *Bayerlein*, § 15 Rn. 6.
534 *Bayerlein*, § 15 Rn. 5.
535 Vgl. *Bayerlein*, § 15 Rn. 225 und § 15 Rn. 87.
536 *Bayerlein*, § 15 Rn. 201.

untersuchungen auf Urkunden, auf Tiere und Pflanzen, auf Leichen und lebende Personen erstrecken.[537] Zu beachten ist bei allen Experimenten, dass die Versuchsanordnung, der Verlauf des Experiments und das Ergebnis genau zu dokumentieren sind.[538]

## *2. Abschnitt: Parallelen zwischen Gegenüberstellung und Sachverständigenbeweisen*

Ungeachtet der Tatsache, dass die Identifizierungsgegenüberstellung allgemein als Teil des Zeugenbeweises angesehen wird, ist zu untersuchen, ob sie in einigen Aspekten nicht demjenigen gleicht, was gemeinhin dem Sachverständigenbeweis zugeordnet wird. Parallelen können möglicherweise darin gesehen werden, dass Aufbau und Gestaltung der Identifizierungsgegenüberstellung einen Ablauf darstellen, der gleichermaßen auch charakteristisch für einen Sachverständigenbeweis sein könnte.

### I. Verantwortliche Personen

Zunächst ist zu prüfen, wer für den Ablauf von Gegenüberstellungen beziehungsweise die Erhebung des Sachverständigenbeweises zuständig ist.

#### 1. Gegenüberstellungen

Gegenüberstellungen werden vom Richter und bei Gefährdung des Untersuchungserfolges durch Verzögerung von der Staatsanwaltschaft oder ihren Hilfsbeamten angeordnet,[539] wobei sowohl der Zeuge, wenn er kein Aussageverweigerungsrecht nach §§ 52 ff. StPO hat, [540] als auch der Be-

---

537 *Ulrich*, Rn. 383.

538 *Bayerlein*, § 15 Rn. 203.

539 *Odenthal*, S. 88. Rechtsgrundlage für die Anordnung der Maßnahme wäre demnach § 81 a StPO (so wohl auch h.M. Nach anderen Ansichten handelt es sich hierbei jedoch um Maßnahmen nach § 58 Abs. 2 StPO oder § 81 b StPO (Vgl. hierzu Meyer-Goßner/Schmitt-*Schmitt* § 58 Rn. 9).

540 Vgl. KK-*Senge*, § 58 Rn. 8.

schuldigte,[541] der sich in Augenschein nehmen lassen muss, zur Mitwirkung verpflichtet sind.

Gemäß § 58 Abs. 2 StPO ist die Durchführung von Gegenüberstellungen bei sachlicher Gebotenheit schon im Vorverfahren zulässig. Die Gegenüberstellung in der Hauptverhandlung ist gesetzlich nicht besonders geregelt. Ihre Zulässigkeit wird jedoch aus der dem Gericht gemäß § 244 Abs. 2 StPO entspringenden Pflicht zur Erforschung der Wahrheit entnommen.[542]

Findet die Gegenüberstellung in der Hauptverhandlung statt, so sollte durch die Anwesenheit des Richters die Neutralität des Verfahrens gesichert sein. Zumeist werden Gegenüberstellungen aber bereits im Vorverfahren angeordnet. Der Vollzug der Maßnahme wird hier regelmäßig der Polizei überlassen, die allein über die personellen und sachlichen Mittel verfügt, die Voraussetzung für die Durchführung einer sachgemäßen Wahlgegenüberstellung sind.[543]

Problematisch hieran ist, dass die Polizeibeamten als Strafverfolger den Tatverdächtigen zumeist der Tat überführen – und nicht entlasten – wollen. Einhergehend mit der Tatsache, dass die Gegenüberstellung in der Regel auch von dem die Ermittlungen durchführenden Beamten geleitet wird,[544] zeigt dies, dass Gegenüberstellungen leicht eine den Tatverdächtigen eher belastende Tendenz einschlagen können.

Problematisch ist zudem, dass Polizeibeamte, die eine Identifizierungsgegenüberstellung durchführen, zwar mit den Durchführungsregeln einer Gegenüberstellung vertraut sein dürften, beziehungsweise sein sollten, jedoch allein aufgrund der Kenntnis der Regeln nicht als Personen bezeichnet werden können, die auf dem Gebiet des Wiedererkennens über eine besondere Sachkunde verfügen.

### 2. Sachverständigenbeweis

Die Befugnis, Sachverständige dem Verfahren hinzuzuziehen, ist unterschiedlich verteilt. Im Ermittlungsverfahren liegt sie bei der Staatsanwalt-

---

541 Vgl. BGH 1 StR 653/70 vom 20.7.1979; BGHSt 34, 39, 49; KG NJW 1979, 1668, 1669.

542 KMR-*Neubeck*, § 58 Rn. 7.

543 *Odenthal*, S. 89.

544 Vgl. *Bender/Nack* II, Rn. 807.

schaft und ihren Hilfsbeamten.[545] Erachtet die Staatsanwaltschaft in diesem Verfahrensstadium gemäß §§ 162, 169 StPO die Vornahme einer richterlichen Untersuchungshandlung für erforderlich, so geht auf ihren Antrag hin die Befugnis zur Anordnung der Maßnahme auf den Ermittlungsrichter über.[546]

Im Zwischenverfahren kann das Gericht, das über die Eröffnung des Hauptverfahrens entscheidet, gemäß § 202 StPO zur besseren Aufklärung der Sache einzelne Beweiserhebungen, mithin auch die Erhebung des Sachverständigenbeweises, anordnen. Im Stadium der Vorbereitung der Hauptverhandlung entscheidet gemäß §§ 219, 221 StPO der Vorsitzende des Gerichts über die Erhebung des Sachverständigenbeweises. In der Hauptverhandlung liegt die Entscheidungsbefugnis gemäß § 244 Abs. 1 und 2 StPO beim Gericht. Vervollständigend ist darauf hinzuweisen, dass für den Angeklagten zudem gemäß § 220 StPO die Möglichkeit besteht, einen Sachverständigen unmittelbar laden zu lassen.

Das Gericht muss im Rahmen seiner Amtsermittlungspflicht all die Maßnahmen durchführen, die zur Aufklärung von entscheidungsrelevanten Tatsachen dienen können.[547] Bedarf das Gericht demnach einer Erkenntnisquelle, die ihm ohne Hinzuziehung eines Sachverständigen nicht zur Verfügung stünde, so beschließt es die Erhebung des Sachverständigenbeweises.[548] Prägendes Merkmal der Sachverständigentätigkeit ist dabei neben der Sachkunde auch die Objektivität des Sachverständigen. Dieser soll zunächst einmal neutral sein. Unter Neutralität ist unparteiisches Verhalten zu verstehen.[549] Der Sachverständige darf sich nicht mit dem Interesse eines Beteiligten identifizieren.[550] Ansonsten ist nicht gewährleistet, dass das vom Sachverständigen zu erstattende Gutachten objektiv richtig ist. Besteht die Besorgnis, dass der Sachverständige nicht die erforderliche Objektivität aufweist, kann er wegen Besorgnis der Befangenheit abgelehnt werden.

Neben der von ihm verlangten Neutralität soll der Sachverständige auch äußere und innere Unabhängigkeit bewahren. Diese kann in verschiedener Hinsicht gefährdet sein kann, etwa durch Weisungsbefugnisse eines Drit-

545 KMR-*Neubeck*, § 73 Rn. 2.
546 KMR-*Neubeck*, § 73 Rn. 2.
547 Vgl. *Müller*, § 3 Rn. 66.
548 *Müller*, § 3 Rn. 66.
549 *Bayerlein*, § 2 Rn. 27.
550 *Bayerlein*, § 2 Rn. 27.

ten, durch wirtschaftliche Abhängigkeit oder durch persönliche oder rechtliche Verbundenheit mit anderen Verfahrensbeteiligten, wie beispielsweise die Freundschaft zu einem Verletzten einer Straftat in einem gegen den Täter geführten Verfahren.[551] Die erforderliche Unabhängigkeit eines Sachverständigen ist schon dann zu verneinen, wenn Umstände vorliegen, die bei objektiver Betrachtung geeignet sind, eine vernünftige Partei an der Unparteilichkeit des Sachverständigen zweifeln zu lassen.[552]

### 3. Zwischenergebnis

Als Zwischenergebnis bleibt hier zunächst festzuhalten, dass die Anforderungen an die verantwortlichen Personen, die einen Sachverständigenbeweis durchführen, beziehungsweise eine Gegenüberstellung leiten, sehr unterschiedlich sind.

Während beim Sachverständigenbeweis Personen die Durchführung der Beweiserhebung überwachen, die über eine besondere Sachkunde verfügen müssen, obliegt dies im Rahmen einer Gegenüberstellung im Vorverfahren Polizeibeamten, die in der Regel keine tiefergehenden Kenntnisse über das Wiedererkennen haben.

Ein grundlegender Unterschied liegt zudem darin, dass ein Sachverständiger streng objektiv handeln muss. Zwar soll die Staatsanwaltschaft – und damit im Grunde auch ihre Hilfsbeamten – gemäß § 160 Abs. 2 StPO nicht nur die zur Belastung, sondern auch die zur Entlastung dienenden Umstände ermitteln. In der Praxis steht jedoch im Vordergrund, dass eine Gegenüberstellung zumeist erst dann angeordnet wird, wenn die Täterschaft des Verdächtigen bereits vermutet wird. In Anbetracht dessen wäre es realitätsfremd, davon auszugehen, dass die durchführenden Polizeibeamten ebenso objektiv die Gegenüberstellung leiten, wie ein Sachverständiger es täte.

## II. Die Gegenüberstellung als Wiedererkennungstest

Unabhängig von der unterschiedlichen Stellung der die Gegenüberstellung/den Sachverständigenbeweis durchführenden Personen soll nun un-

551 Vgl. *Bayerlein*, § 2 Rn. 28.

552 *Bayerlein*, § 2 Rn. 29; *Wellmann-Weidhaas*, Rn. 381.

tersucht werden, ob die Gegenüberstellung inhaltlich Parallelen zum Sachverständigenbeweis aufweist.

Wie bereits festgestellt, unterscheidet sich der Weg, der bis zu der letztendlichen Äußerung des Tatzeugen zu beschreiten ist, von demjenigen einer herkömmlichen Zeugenvernehmung. Anders als bei herkömmlichen Zeugenvernehmungen, im Rahmen derer der Zeuge sofort zum Gegenstand der Vernehmung befragt wird, ist der letztendlichen Vernehmung des Wiedererkennungszeugen zu der Frage, ob und in welchem Maße er einen Tatverdächtigen hat identifizieren können, die Eingangsvernehmung des Zeugen, in der er zunächst seine Erinnerung vom Tatverdächtigen beschreibt, sowie die Durchführung der Gegenüberstellung selbst, vorgelagert.

Die Durchführung der Gegenüberstellung selbst dient dabei dem Zweck, zu erproben, ob eine bestimmte Person vom Tatzeugen wiedererkannt wird, wobei dieses Wiedererkennen durch die Zuschaustellung mehrerer Vergleichspersonen erschwert und dadurch objektiviert werden soll.

### 1. Wiedererkennungstests im Allgemeinen

Eine solche Erprobung findet nicht nur im Bereich der Identifizierungsgegenüberstellung im Strafverfahren sondern auch in gänzlich anderen Bereichen statt. So werden etwa zur Testung der Werbewirksamkeit von Produkten, zur Testung der Lern- und Gedächtnisfähigkeit von Menschen und Tieren und schließlich auch im Bereich des Strafverfahrens zur Frage, ob ein bestimmter Gegenstand oder ein bestimmtes Objekt im Rahmen einer Straftat eine Rolle spielen, Versuche durchgeführt.

Während in den erstgenannten Bereichen den Probanden bestimmte Gegebenheiten kontrolliert präsentiert werden, beispielsweise dadurch, dass zur Testung der Lern- und Gedächtnisfähigkeit im Computer bestimmte Zahlenkolonnen vorgespielt werden, erfolgt die so genannte „Präsentation“ im Bereich des Strafverfahrens dadurch, dass die Zeugen eine bestimmte Gegebenheit „zufällig“, bedingt durch ihre Anwesenheit zu einer bestimmten Zeit an einem bestimmten Ort, wahrnehmen.

Gleich ist allen Wiedererkennungstests, dass im Nachhinein „unter Kontrolle“ geprüft wird, ob und welche Informationen im Gedächtnis der Probanden gespeichert wurden, bzw. noch vorhanden sind.

Inwieweit dies der Fall ist, ist vor Durchführung des Tests unklar. Dies muss erst die Durchführung des Tests erbringen, da ansonsten nicht ergründet werden kann, was genau der Proband in seinem Gedächtnis gespeichert hat.

Im Rahmen eines Strafverfahrens könnte eine erfolgte Täterbeschreibung, beispielsweise auf einen „Mann von 1,80 m Größe, Vollbart, graue Haare, schlank," für sich genommen keinerlei Beweis dafür bieten, dass es sich bei einer Person entsprechenden Aussehens um den Täter handelt oder nicht. Es gibt unzählige Menschen entsprechenden Aussehens. Die Beschreibung des Tatzeugen allein genügt also nicht zur Beantwortung der Frage, ob es sich bei einer entsprechenden Person um den Täter handelt. Auch die alleinige Präsentation der entsprechenden Person könnte aufgrund der hiervon ausgehenden suggestiven Wirkung nicht weiterhelfen.

Im Rahmen einer Gegenüberstellung muss also wie auch im Zuge sämtlicher Wiedererkennungstests erprobt werden, ob ein Wiedererkennen gegeben ist oder nicht. Die auf den Wiedererkennungstest folgende Aussage des Probanden bringt dabei das Testergebnis zum Vorschein. Diese nachfolgende Äußerung der Probanden bzw. des Wiedererkennungszeugen stellt allerdings nur die letzte Komponente des Wiedererkennungstests dar. Vorgelagert sind das Vorgespräch und – ganz wesentlich – die Präsentation der Vergleichsobjekte bzw. Personen.

Ohne die Präsentation von Vergleichsprodukten oder – im Rahmen von Gegenüberstellungen – von Vergleichspersonen – könnte eine Antwort auf die gestellte Fragen – beispielsweise „hat ein Produkt einen Wiedererkennungswert?", „wird der Tatverdächtige als Täter wiedererkannt/nicht wiedererkannt" – nicht gegeben werden. Der Versuchsaufbau gibt den Rahmen vor, Inhalts dessen getestet wird, ob ein Wiedererkennen gegeben ist.

Der Test-Charakter steht damit bei Wiedererkennungstests aller Art – und somit auch bei der Identifizierungsgegenüberstellung – eindeutig im Vordergrund. Ohne diesen Test könnten die gestellten Fragen schlicht und einfach nicht beantwortet werden.

### 2. Der Wiedererkennungstest als Experiment

Fraglich ist, welchen Charakter ein solcher Test hat. Bereits oben wurde erwähnt, dass ein Sachverständiger zur Erstellung seines Gutachtens, bzw. zur Beantwortung der Gutachtenfrage teilweise selbst Experimente vornehmen muss, etwa um aus bestimmten Tatsachen bestimmte Schlussfolgerungen ziehen zu können oder aus bestimmten Folgen auf zu Grunde liegende Tatsachen schließen zu können.

Der Wortbestandteil „test“ in der Begrifflichkeit „Wiedererkennungstest“ deutet darauf hin, dass es sich bei einem solchen Wiedererkennungstest möglicherweise um etwas einem Experiment Ähnliches handeln könnte. Um dies zu klären, ist zu prüfen, worum es sich bei einem Experiment konkret handelt.

In der Naturwissenschaft wird unter einem Experiment die „methodisch-planmäßige Herbeiführung von meist variablen Umständen zum Zwecke wissenschaftlicher Beobachtung“ verstanden.[553] Ein wissenschaftliches Experiment soll messbare Ergebnisse liefern, die nachvollziehbar, wiederholbar und objektiv sind.[554]

Die Messbarkeit des Ergebnisses ist bei Wiedererkennungstests jedenfalls gegeben, da genau angegeben wird, ob und wenn ja mit welcher Wahrscheinlichkeit eine bestimmte Person, ein bestimmter Gegenstand, ein bestimmtes Produkt oder eine bestimmte Gegebenheit wiedererkannt werden konnte.

Merkmal eines Experiments ist im Weiteren, dass keine unsystematische Wahrnehmung der Situation stattfindet, sondern ein unabhängiger Beobachter ohne jede Einflussnahme die Durchführung eines Experiments leitet. Auch dieses Kriterium ist bei Wiedererkennungstests erfüllt, da die durchführenden Personen im Hintergrund bleiben sollen, um keinerlei Hinweise auf bestimmte Objekte geben zu können.

Um eine Reproduzierbarkeit des Experiments zu erlangen, muss ein Versuchsprotokoll angefertigt werden, da die zu verlangende „intersubjektive Überprüfbarkeit“[555] sich ansonsten nicht herstellen lässt.

Auch bei Wiedererkennungstests ist die Anfertigung eines „Versuchsprotokolls“ erforderlich, wobei hier im Rahmen von Wiedererkennungstests weiter zu differenzieren ist. Eine Reproduzierbarkeit ist nicht bei allen Wiedererkennungstests erforderlich und möglich. Bei Produkttests ist dies sicherlich der Fall, da viele verschiedene Personen die Wiedererkennbarkeit eines Produkts testen sollen und hier für alle Testpersonen die gleichen Verhältnisse vorherrschen sollen.

Anders ist dies allerdings bei der Identifizierungsgegenüberstellung. Aufgrund der ihr innewohnenden Besonderheit, dass hier ein singuläres

553 Brockhaus, S. 648, Artikel „Experiment“.
554 Vgl. Brockhaus, S. 648, Artikel „Experiment“.
555 Vgl. Brockhaus, S. 648, Artikel „Experiment“.

Ereignis nachgestellt werden soll und nur eine Person hinsichtlich der Wiedererkennungsfähigkeit getestet wird, kann die Anfertigung des Versuchsprotokolls hier nur der Wahrung der Objektivität und Einhaltung der Versuchsregeln dienen. Eine Reproduzierbarkeit ist hier nicht möglich und mehrere Versuchsdurchgänge können auch nicht vorgenommen werden, da ein wiederholtes Wiedererkennen, wie ausführlich beschrieben, wertlos ist.

Die intersubjektive Überprüfbarkeit erfordert nach hiesiger Auffassung zudem eine nachvollziehbare Dokumentation, die alle wesentlichen Gegebenheiten und Vorgänge aufführt. Auch fehlgeschlagene Versuche und solche, die nicht ein erwartetes Resultat hervorbringen, müssen dokumentiert werden.

Auch an dieser Stelle gleichen Wiedererkennungstests im Allgemeinen, wie allerdings auch die Gegenüberstellung im Besonderen, einem Experiment. Alle Vorgänge sollen, um das Ergebnis nachvollziehbar erklären zu können, sorgfältig dokumentiert werden.

### III. Die Ermittlung des Resultates

Das Ergebnis der Gegenüberstellung, nämlich die Feststellung, ob der Tatverdächtige vom Zeugen identifiziert werden konnte, wird den Äußerungen entnommen, die der Zeuge im Anschluss an die Präsentation des Tatverdächtigen und der Vergleichspersonen tätigt. Dabei werden diese Reaktionen nicht wie bei einem reinen Sachverständigenbeweis in dem Sinne ermittelt, dass wie bei einem Experiment das „Versuchsobjekt" beobachtet und hieraus eine Schlussfolgerung gezogen wird. Der Ablauf stellt sich hier vielmehr so dar, dass der an der Gegenüberstellung teilnehmende Zeuge explizit vernommen wird. Das Ergebnis der Gegenüberstellung basiert also nicht auf einer „Beobachtung", sondern auf der Aussage, die der Zeuge tätigt. Insofern unterscheidet sich der Beweis durch Gegenüberstellung vom allgemeinen Sachverständigenbeweis.

Das Ergebnis der Gegenüberstellung (beispielsweise Tatverdächtiger erkannt/nicht erkannt) basiert also weniger – wie es bei einem Sachverständigenbeweis der Fall wäre – auf beobachteten Tatsachen (Reaktionen der Zeugen) als auf den Aussagen, die der Zeuge im Anschluss an die Gegenüberstellung tätigt, was die von der herrschenden Meinung getroffene Qualifikation der Gegenüberstellung als Zeugenbeweis erklärt.

Ein Sachverständiger muss aus bestimmten Untersuchungen ein Ergebnis herleiten. So untersucht ein Schriftsachverständiger beispielsweise eine Handschrift nach bestimmten übereinstimmenden Merkmalen. Die Kompetenz hierzu hat er wissenschaftlich fundiert erworben.

Das Ergebnis der Gegenüberstellung ergibt sich allein aus der Äußerung des Zeugen. Er verfügt anders als der Sachverständige nicht über ein wissenschaftlich erworbenes, sondern allein über ein spezifisches, nur in seiner Person vorhandenes Wissen. Dieses Wissen ist emotional bedingt. Für die Beurteilung der Frage, wie zutreffend, mithin „objektiv wahr" seine Aussage ist, muss zudem hinterfragt werden, unter welchen Umständen der Zeuge die Gegebenheiten wahrnehmen konnte und welche Emotionen er dabei hatte. Dies ist allerdings eine Komponente, die nicht die die Gegenüberstellung leitenden Personen sondern das spätere Gericht zu beurteilen haben.

Während also der Sachverständigenbeweis eine relativ hohe Gewähr für eine ihm innewohnende Objektivität bietet, bzw. er – falls er kein 100 % sicheres Ergebnis nennen kann, er dann zumindest die Trefferwahrscheinlichkeit benennen kann – verfügt der Zeuge, der letztendlich im Rahmen seiner Vernehmung ein Ergebnis präsentiert, nicht über eine solche objektive Wahrheit. Der Zeuge ist seinen Emotionen, subjektiven Eindrücken, unterworfen, beeinflussbar durch Symphatiewerte und eigene Interessen.

Dies alles führt dazu, dass die letzte Stufe der Gegenüberstellung, nämlich die Vernehmung des Tatzeugen und damit das Ergebnis einer Gegenüberstellung, weniger Sicherheit als das wissenschaftlich fundierte Gutachten eines Sachverständigen bietet.

Unter diesem Aspekt unterscheidet sich die Gegenüberstellung vom Sachverständigenbeweis.

## IV. Ergebnis

Als Zwischenergebnis kann folgendes festgehalten werden: es gibt bei der Gegenüberstellung eine Eingangsfragestellung („Kann der Tatverdächtige durch den Zeugen identifiziert werden?"), die nach Ende der Gegenüberstellung beantwortet werden kann. Dies ist bei einem Sachverständigengutachten insofern ebenfalls der Fall, als diesem eine Beweisfrage vorausgeht, die am Ende des Gutachtens beantwortet wird.

Die Beweisgewinnung an sich unterscheidet sich jedoch. Der Sachverständige überwacht die komplette Versuchsdurchführung und ermittelt das

Ergebnis unter Einhaltung fachwissenschaftlicher Standards, wobei explizit zu betonen ist, dass der Sachverständige selbst das Ergebnis benennt.

Bei der Identifizierungsgegenüberstellung ähnelt lediglich der „mittlere Teil“, mithin die Gegenüberstellung selbst, welche auch einer Art „Versuchsaufbau“ – nämlich den Regeln der RiStBV und den von der Fachliteratur vorgegebenen Regeln unterworfen ist – einer Beweisführung durch einen Sachverständigen. Das Ergebnis der Gegenüberstellung wird jedoch durch die Befragung des Tatzeugen ermittelt, also nicht von einem objektiven Dritten.

Die Testdurchführung selbst ist wie bei einem Sachverständigenexperiment strengen Regeln unterworfen. Während aber das Ergebnis beim Sachverständigengutachten durch den Sachverständigen nachvollziehbar erläutert werden kann und nachvollziehbar erläutert werden können muss, ist dies bei der Identifizierungsgegenüberstellung nicht möglich, da ihr letztendliches Ergebnis auf der eben gerade nicht auf wissenschaftlicher Grundlage basierender Zeugenaussage beruht.

Anders als beim Sachverständigenbeweis wird die Wahlgegenüberstellung zudem nicht von einem externen Sachverständigen als unparteiischer, unvoreingenommener Person durchgeführt. Das „Experiment Wahlgegenüberstellung“ ist zu simpel und kommt zu häufig vor, als dass man hierfür jedes Mal externe Gutachter engagieren könnte. Die Gegenüberstellungen werden deshalb von den Ermittlungsbehörden selbst durchgeführt. Andererseits darf hierunter nicht die Qualität der Gegenüberstellungen leiden. Für die methodengerechte Durchführung des Experiments soll insofern die Vorschrift der Nr. 18 RiStBV sorgen, die eine rudimentäre Zusammenfassung der fachwissenschaftlichen Erkenntnisse beinhaltet. Die Vorschrift gibt den Ermittlern im Gröbsten die Informationen an die Hand, die auch ein Sachverständiger bei Durchführung des Experiments beachten würde. Nur mit dem Thema Gegenüberstellung vertraute, fachkundige Personen, die die entsprechende kriminalistische Sachkunde besitzen, sind geeignet, eine Gegenüberstellung optimal durchzuführen. Der gesamte Ablauf der Gegenüberstellung stellt sich als zu komplex und fehleranfällig dar, als dass fachunkundige Personen in der Lage wären, eine solche zu leiten.

Eine Ausnahme und zugleich einen weiteren Hinweis darauf, dass die Gegenüberstellung Ähnlichkeiten zum Sachverständigenbeweis aufweist liefert Odenthals, der dafür plädiert, dass in den Fällen, in denen die Beweislage schwierig oder das Wiedererkennen mit zahlreichen Fehlerquellen belastet sein könnte, das Gericht von Amts wegen oder auf Antrag eines Verfahrensbeteiligten die Zuverlässigkeit des Wiedererkennens durch einen Sachverständigen überprüfen lassen müsse.[556]

Insgesamt ist unter Beachtung der Gemeinsamkeiten und Differenzen zu konstatieren, dass das Konstrukt der Gegenüberstellung nicht vollständig mit einem Sachverständigenbeweis zu vergleichen ist.

Andererseits weist sie auch Parallelen zum Sachverständigenbeweis auf. Dies gilt vor allem für den Gegenüberstellungsabschnitt „Wiedererkennungstest“, welcher in seiner Durchführung dem Sachverständigenbeweis durch Experiment sehr ähnlich ist.

Insofern bestehen eindeutig Ähnlichkeiten zwischen Gegenüberstellung und Sachverständigenbeweis. Das Testelement im Rahmen der Gegenüberstellung macht diese besonders und zeigt, dass es sich bei der Identifizierungsgegenüberstellung um wesentlich mehr handelt als nur um einen „normalen“ Zeugenbeweis.

## *3. Abschnitt: Fehlerhafte Sachverständigengutachten*

Es stellt sich daran anknüpfend die Frage, wie eine fehlerhaft durchgeführte Gegenüberstellung zu behandeln wäre, wenn sie als Teil eines Sachverständigenbeweises angesehen würde. Um diese Frage beantworten zu können, ist es zunächst erforderlich, die rechtlichen Folgen eines fehlerhaften Sachverständigengutachtens darzustellen.

### I. Voraussetzungen für das Vorliegen eines fehlerhaften Gutachtens

Zur Beantwortung dieser Frage ist zu klären, wann ein Sachverständigengutachten überhaupt als fehlerhaft zu bezeichnen ist. Einleitend soll zunächst skizziert werden, welche Anforderungen an die Fertigung eines Gutachtens gestellt werden.

---

556 *Odenthal* in Köhnken/Sporer, S. 24.

### 1. Nicht objektiv und/oder nicht fachgerecht erstellte Gutachten

Wie bereits festgestellt, trifft den Sachverständigen selbst zunächst die Pflicht zur Objektivität:[557] Er muss vom Richter und den Prozessbeteiligten unabhängig sein und darf sich nur von der Sache her äußern; die von ihm durchgeführte Prüfung und Beurteilung muss frei von Voreingenommenheit sein.

Das vom Sachverständigen zu erstellende Gutachten selbst muss fachmäßig zuverlässig gestützt sein.[558] Das bedeutet, der Sachverständige muss die erforderliche Sachkunde sowie die Kenntnis des Standes der einschlägigen Fragen besitzen, mit der wissenschaftlichen und praktischen Entwicklung vertraut sein, über hinreichende Erfahrungen verfügen und sich der Grenzen der Erkenntnis und der Aussagemöglichkeiten bewusst sein. All diese Fähigkeiten müssen in das Gutachten einfließen, damit es als „fachgerecht erstellt“ bezeichnet werden kann.

Aus dem Vorstehenden ergibt sich, dass es zwei Kriterien gibt, anhand derer der Unterschied zwischen fehlerfreiem und fehlerhaftem Gutachten auszumachen ist. Ein fehlerfreies Gutachten liegt dann vor, wenn zum einen die das Gutachten anfertigende Person bei der Arbeit vollkommen objektiv vorgegangen ist und zum anderen, wenn das Gutachten selbst fachgerecht erstellt wurde. Für das Vorhandensein eines fehlerhaften Gutachtens gibt es verschiedene Kombinationsmöglichkeiten. Ein fehlerhaftes Gutachten kann entweder zwar seitens des Gutachters objektiv, jedoch selbst nicht fachgerecht erstellt worden sein. Das Gutachten kann des Weiteren zugleich unfachgerecht und von einem parteiischen Gutachter gefertigt worden sein. Die letzte Möglichkeit liegt schließlich darin, dass ein Gutachten zwar an sich fehlerfrei, jedoch von einer nicht objektiven Person verfasst wurde.

### 2. Die Kategorie des unbrauchbaren Gutachtens

Fraglich ist, ob ein fehlerbehaftetes Gutachten auch dann vorliegt, wenn das Gutachtenergebnis objektiv richtig sein mag, dies jedoch nicht nachprüfbar für den Weg zu diesem Ziel gilt.

---

557 Vgl. *Peters*, S. 369. Definition des Sachverständigen auch bei *Bayerlein*, § 1 Rn. 6 ff.

558 *Peters*, S. 369.

Basiert das Ergebnis eines Sachverständigengutachtens nicht auf der besonderen Sachkunde und/oder auf der gebotenen Neutralität des Sachverständigen, so kann das Ergebnis eines Gutachtens gerade nicht, wie es der Fall sein sollte, nachvollziehbar erklärt werden. Betroffen sind insofern diejenigen Sachverhalte, in denen das Ergebnis zwar (möglicherweise) richtig, der Weg zum Ergebnis aber nicht korrekt ist. Als „nicht korrekt" ist in diesem Zusammenhang bereits ein Weg zu bezeichnen, der es den Prozessbeteiligten unmöglich macht, zurückzuverfolgen, wie der Sachverständige zu seinem Ergebnis gekommen ist.

Soll ein Gutachten in ein Verfahren eingeführt werden, so müssen die erzielten Testergebnisse den Prozessbeteiligten mitgeteilt werden, um ihnen so die Überprüfung der vom Sachverständigen aus den Befunden gezogenen Schlussfolgerungen zu ermöglichen.[559] Ein Sachverständiger muss seine Testergebnisse, sofern sich in der Hauptverhandlung nach den Maßstäben des § 244 Abs. 2 StPO insofern Aufklärungsbedarf ergibt, dem wissenschaftlichen Transparenzgebot entsprechend angeben und belegen können.[560] Untersuchungsergebnisse von Sachverständigen können nur dann Anerkennung finden, wenn die Methoden, mit denen sie gewonnen worden sind, nachprüfbar sind.[561] Sind beispielsweise zur Aufklärung bedeutsame Arbeitsunterlagen nicht auffindbar, so wird eine „Verwertung" des Gutachtens in dem Sinne, dass dieses Gutachten zur Entscheidungsgrundlage dienen kann, ausscheiden müssen.[562]

Ist also eine Nachprüfung des Ergebnisses nicht möglich oder liegt ein unsachgemäßes oder parteiisches Gutachten vor, so genügt das entsprechende Gutachten nicht den strafverfahrensrechtlichen Anforderungen. Aufgrund des Umstandes, dass das Ergebnis möglicherweise richtig ist, kann allerdings nicht von einem „falschen" Gutachten gesprochen werden, da der Begriff „falsch" eher ergebnisorientiert auszulegen ist. Aufgrund der dem Gutachten innewohnenden Mängel kann nicht beurteilt werden, ob das Gutachtenergebnis richtig oder falsch ist. Das Gutachten ist deshalb nicht als falsch, jedoch als unbrauchbar zu bezeichnen. Ein unbrauchbares Gutachten ist in verfahrenstechnischem Sinne als fehlerbehaftet zu bezeichnen. Das unbrauchbare Gutachten stellt insofern eine besondere Variante eines fehlerbehafteten Gutachtens dar.

---

559 Vgl. BGHSt 45, 164, 180.
560 Vgl. BGHSt 45, 164, 180.
561 BGH StV 1989, 141, 141.
562 *Eisenberg*, Rn. 1582 a.

## II. Folgen fehlerhafter Gutachtens

Im Fortgang der Untersuchung sind die verschiedenen Formen fehlerhafter Sachverständigengutachten auf ihre Folgen zu untersuchen. Die jeweils erarbeiteten Ergebnisse sind auf eine eventuelle Vergleichbarkeit zu fehlerhaft durchgeführten Gegenüberstellungen zu überprüfen.

### 1. Das nicht fachgerechte/unparteiische Gutachten

Fraglich ist zunächst, wie mit dem zwar objektiv/unparteiischen, jedoch fehlerhaft erstellten Gutachten verfahren wird.

#### a. Allgemeine Vorgehensweise

Ein nicht sachkundiges Gutachten kann schlicht seinen Zweck nicht erfüllen.[563] Die StPO setzt sich insbesondere in den §§ 73, 83 und 244 StPO mit solchen Gutachten auseinander. Hier finden sich die unterschiedlichen Möglichkeiten, wie mit fehlerhaften Gutachten verfahren werden soll.

Bei Vorliegen eines mangelhaften Gutachtens bietet es sich zunächst an, ein neuerliches Gutachten anfertigen zu lassen.[564] § 73 StPO bestimmt, dass die Auswahl und – hier relevant, da ein neuerliches Gutachten auch durch einen anderen, zweiten Sachverständigen anzufertigen wäre – die Bestimmung der Anzahl der hinzuzuziehenden Sachverständigen durch den Richter erfolgt.

§ 244 Abs. 4 Satz 2, 2. Halbsatz StPO besagt, dass die Anhörung eines weiteren Sachverständigen dann nicht abgelehnt werden darf, wenn die Sachkunde des früheren Gutachters zweifelhaft ist, wenn sein Gutachten von unzutreffenden tatsächlichen Voraussetzungen ausgeht, wenn das Gutachten Widersprüche enthält oder wenn der neue Sachverständige über Forschungsmittel verfügt, die denen eines früheren Gutachters überlegen erscheinen. Insofern ist das Gericht bei Vorliegen eines fehlerhaften Gutachtens aus den §§ 73 Abs. 1, 244 Abs. 4 Satz 2, 2. Halbsatz StPO in Verbindung mit der ihm obliegenden und aus § 244 Abs. 2 StPO entspringen-

563 KK-*Krehl* § 244 Rn. 58. Sarstedt spricht davon, dass bei Widersprüchen nichts als erwiesen angesehen werden könne (vgl. *Sarstedt* NJW 1968, 177, 178).

564 Vgl. ausführlich *Burhoff*, Rn. 1901 ff.

den Aufklärungspflicht zur Anordnung einer neuen Begutachtung gezwungen.[565]

Eine weitere Vorschrift, die die Einholung eines weiteren Gutachtens ermöglicht, ist die Bestimmung des § 83 StPO. Ihr zufolge kann der Richter eine neue Begutachtung durch dieselben oder andere Sachverständige anordnen, wenn er das Gutachten für ungenügend[566] erachtet. Die herrschende Meinung billigt § 83 StPO jedoch keine gewichtige Rolle zu, da schon § 73 StPO die Heranziehung mehrerer Sachverständiger zulässt und der Umfang der Aufklärungspflicht durch § 244 Abs. 2 StPO festgelegt ist.[567] Dementsprechend ist der Richter schon aufgrund dieser Vorschrif-

565 KK-*Senge*, § 83 Rn. 1.

566 Hinsichtlich des Begriffs „ungenügend" besteht in der Kommentarliteratur nur insofern Einigkeit, als ein Gutachten ungenügend ist, wenn es dem Richter nicht die erforderliche Sachkunde vermittelt (Vgl. *Pfeiffer*, § 83 Rn. 1; Meyer-Goßner/Schmitt-*Schmitt*, § 83 Rn. 2; KMR-*Neubeck*, § 83 Rn. 2), beziehungsweise kein zur Beantwortung der Beweisfrage geeignetes Beweisergebnis erbracht hat (so SK-*Rogall*, § 83 Rn. 4).
Streit besteht darüber, worin der Grund für das ungenügende Gutachten liegen soll. Zum Teil wird hierzu vorwiegend auf inhaltliche Mängel abgestellt (so KMR-*Neubeck*, § 83 Rn. 2; ebenso wohl auch LR-*Krause*, § 83 Rn. 3). Dies hieße, dass § 83 StPO vorwiegend auf fehlerhafte Gutachten anwendbar wäre, so dass die Vorschrift für die vorliegende Untersuchung, die sich mit der Frage beschäftigt, wie auf fehlerhafte Sachverständigengutachten rechtlich reagiert wird, Bedeutung haben könnte.
Die Gegenansicht (SK-*Rogall*, § 83 Rn. 8 ff.) bemängelt an der vorgenannten Auffassung jedoch, dass der Begriff „ungenügend" hier mit Umständen in Zusammenhang gebracht werde, die dem Sachverständigen oder seiner Arbeit zuzurechnen seien. Es gehe in Wahrheit um die Frage, ob das Gutachten die Strafverfolgungsbehörden in die Lage versetze, die in der jeweiligen Prozesslage geforderten „Anschlussleistungen" oder „Anschlussoperationen" zu erbringen. Es gehe also vielmehr um die Frage, ob das Gutachten hinsichtlich der Beweisfrage ein Ergebnis zu liefern vermag. Ein Gutachten sei demnach auch dann ungenügend, wenn es zwar zweifelsfrei und überzeugend dargelegt und insofern mangelfrei sei, jedoch aufgrund etwaiger von außen hinzutretender Umstände auf die Beweisfrage keine Antwort habe. Unter Zugrundelegung dieser Auffassung würde diese Vorschrift für die Untersuchung, wie mit fehlerhaften Gutachten umgegangen wird, keine Bedeutung haben, da sie eben nicht den Umgang mit fehlerhaften Sachverständigengutachten regeln soll.

567 Vgl. Meyer-Goßner/Schmitt-*Schmitt*, § 83 Rn. 1; KMR-*Neubeck*, § 83 Rn. 1; KK-*Senge*, § 83 Rn. 1; LR-*Krause*, § 83 Rn. 1. a.A. jedoch SK-*Rogall*, § 83 Rn. 1 ff., der in Fortführung seines anderen, in vorhergehender Fußnote erläuterten Ansatzes bezüglich des Begriffs „ungenügend" auch andere Schlussfolgerungen hinsichtlich der normativen Bedeutung der Vorschrift zieht.

ten verpflichtet, bei Vorliegen eines mangelhaften Gutachtens ein neues Gutachten in Auftrag zu geben.

### b. Nichtwiederholbarkeit des unparteiischen, fehlerhaften Gutachtens

Mit Blick auf das Vorliegen einer fehlerhaften Wahlgegenüberstellung hilft die Feststellung, dass bei Vorliegen eines mangelhaften Gutachten ein weiteres Gutachten in Auftrag gegeben werden müsse, allerdings nicht weiter. Die Anfertigung eines Zweitgutachtens würde die Durchführung einer erneuten Gegenüberstellung erfordern. Diese ist aber im Hinblick darauf, dass der Tatzeuge den Tatverdächtigen bereits bei der ersten Gegenüberstellung gesehen hat, ohne jede Aussagekraft. Die Anfertigung eines zweiten, fachgerechten „Gutachtens“, sprich die Durchführung einer erneuten, fachgerechten Gegenüberstellung, ist nicht mehr möglich. Fraglich ist von daher, wie der Fall zu behandeln ist, bei dem lediglich ein fehlerhaftes Sachverständigengutachten vorliegt und die Einholung eines neuen Gutachtens nicht mehr möglich ist. Das erste Gutachten könnte nun entweder überhaupt keine Berücksichtigung finden oder – im Sinne eines „minderwertigen Beweises“ – doch Eingang in die Hauptverhandlung finden.

#### aa. Die verfahrenstechnische „Verwertung“ fehlerbehafteter Gutachten

Zur Beantwortung dieser Frage ist zunächst zu klären, wie grundsätzlich verfahrenstechnisch mit fehlerbehafteten Gutachten umgegangen wird.

Zu konstatieren ist zunächst, dass diese Frage in aller Regel keine Rolle spielt und von daher auch selten problematisiert wird. Das dargestellte System der §§ 73, 83 und 244 StPO soll dazu führen, dass dem Tatgericht vor Abschluss des Verfahrens ein fachgerechtes Gutachtenergebnis vor-

---

Seiner Ansicht nach sei § 83 StPO sehr wohl eine eigenständige Bedeutung zuzusprechen. § 83 StPO bringe zum Beispiel zum Ausdruck, dass ein ungenügendes Gutachten den bisherigen Gutachter nicht unbedingt automatisch disqualifiziere. Zudem gebe die Vorschrift Vorgaben für ein Auswahlermessen nach § 73 StPO. Schließlich erlaube § 83 StPO die Anordnung einer erneuten Begutachtung auch in Fällen, in denen die Aufklärungspflicht nicht zu der Beweiserhebung dränge oder in denen ein entsprechender Beweisantrag abgelehnt werden könnte.

liegt, weshalb die Frage, ob und wie ein fehlerhaftes Gutachten zu würdigen ist, eher selten gestellt wird. Das Tatgericht kann und muss letztendlich davon ausgehen, sich einem fachgerecht erstellten Sachverständigengutachten gegenüberzusehen. Lediglich am Rande finden sich Hinweise darauf, wie mit fehlerbehafteten Gutachten umgegangen wird.

(1.) Die „übliche" Beweiswürdigungslösung

So formuliert Ulrich beispielsweise wie folgt: Der Richter muss sich in seiner Sachentscheidung mit der Erforderlichkeit des eingeholten Gutachtens auseinandersetzen und insbesondere die Frage beantworten, inwieweit das Gutachten als Grundlage heranzuziehen oder abzulehnen ist.[568] Inwieweit das Ergebnis des Gutachtens jedoch Berücksichtigung findet, ist Sache des Richters, da letztendlich er allein die Verantwortung für das Urteil trägt.[569] Will der Richter eine Frage im Widerspruch zu einem Gutachten lösen, hat er die maßgeblichen Darlegungen dieses Gutachtens wiederzugeben und unter Auseinandersetzung mit diesen seine Gegenansicht zu begründen.[570]

Hier spiegelt sich die „übliche" Beweiswürdigungslösung wieder. Jedes Sachverständigengutachten, mithin auch jedes fehlerhafte Sachverständigengutachten, findet Eingang in die Beweiswürdigung, wo es nach seinem Wert beurteilt wird. Der Verwendung des Begriffs „inwieweit" im Rahmen der Feststellung, es obliege dem Verantwortungsbereich des Richters, inwieweit das Ergebnis eines Gutachtens Berücksichtigung finde, ist dabei zu entnehmen, dass auch fehlerhafte Sachverständigengutachten zum Beweisergebnis beitragen können, gegebenenfalls aufgrund der angenommenen Fehlerhaftigkeit als Beweis minderen Wertes.

(2.) Alternativlösung

Fraglich ist, ob sich eine Alternativlösung anbietet, wie mit fehlerbehafteten Gutachten beweiswürdigungsrechtlich umgegangen werden kann.

568 *Ulrich*, Rn. 274.
569 *Ulrich*, Rn. 274.
570 *Ulrich*, Rn. 274.

Ein Hinweis für eine solche Alternativlösung lässt sich zunächst Sachverhalten entnehmen, in denen ein Gericht von einem (fehlerhaften) Gutachtenergebnis abweicht, und zwar ohne ein weiteres Gutachten einzuholen.[571] In dieser Situation gilt: Folgt das Gericht dem Gutachten insgesamt, in Einzelfragen oder auch nur in einem Punkt nicht, hat es in den Entscheidungsgründen die Ausführungen des Sachverständigen und die nach Auffassung des Gerichts entgegenstehenden Umstände und Erwägungen auf dem vom Sachverständigen vertretenen Fachgebiet jeweils ausführlich zu erörtern.[572] Auch wenn die Kernaussage der dieser Aussage zu Grunde liegenden Entscheidungen darin zu sehen ist, dass ein Gericht von einem Gutachtenergebnis abweichen darf, wenn es dies hinreichend begründet, so lässt sich der Aussage als Nebenprodukt doch ein bestimmtes Schema betreffend der Behandlung fehlerhafter Sachverständigengutachten entnehmen: Das fehlerhafte Sachverständigengutachten findet Eingang in die Beweiswürdigung, wird dort diskutiert, trägt der Urteilsfindung aufgrund seiner Fehlerhaftigkeit im Ergebnis aber nicht bei.

Diese, der vorgenannten Aussage nur sozusagen als Nebenprodukt zu entnehmende Vorgehensweise, verallgemeinert Müller wie folgt:[573]

Im Rahmen seiner Prüfung, inwieweit das Gutachten zu verwerten ist, hat der Richter in zwei Arbeitsschritten vorzugehen. Die Verwertung des Gutachtens involviert zunächst die Teilfrage, ob der Gegenstand der Verwertung, mithin das Beweisthema des Gutachtens, entscheidungsrelevant ist.[574] Nach Beantwortung der Teilfrage „Entscheidungsrelevanz" ist dann im Rahmen der Beweiswürdigung die weitere Teilfrage zu beantworten – nämlich diejenige, inwieweit die gutachterlichen Äußerungen, die zu einem entscheidungsrelevanten Thema gemacht werden, inhaltlich als richtig[575] anzunehmen und damit zur Entscheidungsgrundlage zu machen

---

571 So bspw. in BGH NStZ 2009, 181, wo das Landgericht einem den Angeklagten belastenden Glaubhaftigkeitsgutachten nicht gefolgt ist.

572 *Eisenberg*, Rn. 1609; BGH GA 77, 275; BGH NStZ 1983, 377; BGH NStZ 2009, 181.

573 *Müller*, Anmerkung zu BayOblG ZSW 1984, 13. In: ZSW 1984, 18; *Müller*, Der Sachverständige im gerichtlichen Verfahren – Handbuch des Sachverständigenbeweises.

574 *Müller* ZSW 1984, 18, 18.

575 Hier stellt sich die Frage, welcher Grad der Überzeugung von der Richtigkeit des Gutachtens erlangt werden muss, um das Gutachten verwenden zu können. Teilweise wird die Auffassung vertreten, dass bereits dann von der Richtigkeit eines Gutachtens ausgegangen werden kann, wenn dieses nur möglicherweise richtig

oder als inhaltlich falsch zu verwerfen und damit als Entscheidungsgrundlage abzulehnen sind.[576]

Hinzuweisen ist in diesem Zusammenhang darauf, dass – soweit Müller von einem „Verwertungszwang" spricht[577] – hiermit die Auseinandersetzung mit dem Gutachten selbst postuliert wird; „Verwertungszwang" bedeutet nicht, dass hierdurch der Inhalt des Gutachtens für das Gericht verbindlich gemacht wird.[578] Gemeint ist vielmehr, dass ein jedes erstelltes Gutachten im Urteil diskutiert werden muss, es mithin Eingang in die Beweiswürdigung findet. Auf diese Besonderheit in der Terminologie ist zu achten, wenn Formulierungen wie beispielsweise „eine Verwertung eines Gutachtens müsse ausscheiden" oder der Inhalt eines Gutachtens sei „zu verwerfen" verwandt werden. Hiermit soll lediglich zum Ausdruck gebracht werden, dass im Rahmen der Beweiswürdigung klargestellt werden soll, weshalb ein Gutachtenergebnis nicht zur Entscheidung beitragen kann und darf.

(3.) Stellungnahme

Im Ergebnis scheint die vorstehend dargestellte Alternativlösung den Besonderheiten des Sachverständigenbeweises weitaus gerechter zu werden als die „übliche" Beweiswürdigungslösung.

---

ist (so BayOblG ZSW 1984, 13, 16). Dem ist jedoch entgegen zu treten. Denn wenn das Gericht die Schlussfolgerungen des Gutachtens nur möglicherweise für richtig hält, so bedeutet dies, dass es gerade nicht von der Richtigkeit dieser Schlussfolgerungen überzeugt ist, sondern es für ebenso möglich hält, dass sie unzutreffend sind (Vgl. *Müller* ZSW 1984, 18, 19). In der Praxis hätte dies zur Folge, dass ein Gericht immer dann, wenn es nicht in der Lage ist, zu beurteilen, ob ein Gutachten richtig oder unrichtig ist, diesem folgen muss (*Müller* ZSW a.a.O.). Fiele das Gutachten nun für den Angeklagten negativ aus, so müsste es auch dann verwendet werden, wenn es möglicherweise unrichtig ist. Ein Beweis darf jedoch nicht gegen den Angeklagten verwandt werden, wenn das Gericht nicht von der Wahrheit/Richtigkeit dieses Beweises überzeugt ist. Erforderlich ist, wie bereits oben ausgeführt, eine objektiv hohe Wahrscheinlichkeit vom Vorliegen einer Tatsache, gepaart mit einem subjektiven „Nichtbezweifeln". Eine Verwendung des nur möglicherweise richtigen Gutachtens würde folglich dem deutschen Beweisrecht widersprechen (so auch *Müller* ZSW 1984, 18, 19).

576 *Müller* ZSW 1984, 18, 18.

577 *Müller*, Rn. 675 f.

578 *Müller*, Rn. 676.

Denn nur bei der so Alternativlösung wird der oben[579] beschriebene Grundsatz beachtet, wonach ein nicht sachkundiges Gutachten schlicht seinen Zweck nicht erfüllen kann. Es gibt kein zu 50 Prozent richtiges Gutachtenergebnis. Entweder das Gutachtenergebnis trifft zu oder nicht. Gleiches gilt für die Kategorie des so genannten unbrauchbaren Gutachtens. Ist letztendlich nicht aufklärbar, ob das Gutachtenergebnis auf fachgerechte Weise hervorgebracht worden und das Ergebnis korrekt ist, hat es auch keinerlei Aussagekraft. Dann kann es aber auch keinen Beweis für einen bestimmten Umstand, auch nicht im Sinne eines geminderten Beweiswerts liefern.

Die vorzunehmende Beweiswürdigung beim Sachverständigenbeweis unterscheidet sich damit nach hiesiger Auffassung von der allgemein üblichen Beweiswürdigungslösung. Die üblicherweise im Rahmen der Beweiswürdigung angewandte Herangehensweise, den Wert eines Beweises zu bestimmen und einen Beweis gegebenenfalls auch mit gemindertem Wert zu berücksichtigen, verträgt sich nicht mit dem Charakter des Sachverständigenbeweises. Dessen Besonderheiten erfordern eine modifizierte Beweiswürdigungslösung: Zwar ist die Beweiserhebung durch Sachverständigenbeweis wie jede andere Beweiserhebung auch im Rahmen der Beweiswürdigung zu berücksichtigen. Anders als andere fehlerhafte Beweiserhebungen darf das Ergebnis einer fehlerhaften Sachverständigenbeweiserhebung nicht zur Urteilsfindung beitragen, auch nicht durch Annahme eines geminderten Beweiswertes. Das Gericht hat das fehlerhafte Sachverständigengutachten als Entscheidungsgrundlage insofern zu verwerfen, als es zwar im Rahmen der Beweiswürdigung die sachverständige Beweiserhebung diskutieren, jedoch zugleich auch klarstellen muss, dass das fehlerhafte Gutachten aufgrund seiner Fehlerhaftigkeit nicht zur Entscheidungsfindung beigetragen hat. Damit unterscheidet sich die sachverständige Beweiserhebung beweiswürdigungsrechtlich von anderen Beweiserhebungen.

#### bb. „Verwertung“ nichtwiederholbarer Gutachten

Sachverständige Beweiserhebungen sind in der Regel wiederholbar. Liegt nun die Fallvariante des inhaltlich falschen und damit die Variante des

---

579 Vgl. 3. Kapitel 3. Abschnitt II. 1. a.

nicht zur Entscheidungsgrundlage taugenden Gutachtens vor, so fragt sich, wie der weitere Verfahrensgang zu gestalten ist, wenn die gutachterliche Beweiserhebung nicht wiederholbar ist, wenn es also aufgrund der Umstände nicht möglich ist, ein weiteres, „richtiges" Gutachten zu erstellen.

Die Tatsache, dass es nicht möglich ist, ein weiteres Gutachten anfertigen zu lassen, darf nicht dazu führen, dass das fehlerhafte Gutachten Verwendung findet. Ungeachtet der Tatsache der Unwiederholbarkeit der Gutachtenanfertigung bleibt der hier vertretene Grundsatz bestehen, dass inhaltlich falsche Gutachten in dem oben beschriebenen Sinne „zu verwerfen" sind und nicht als Entscheidungsgrundlage dienen können. Dies muss damit auch für das nicht wiederholbare, fehlerhafte Gutachten gelten. Das für den Tatverdächtigen nachteilige Ergebnis eines Gutachtens, das falsch ist, darf nicht Entscheidungsgrundlage sein.

Dies gilt auch für so genannte unbrauchbare Gutachten. Wie bereits vorstehend ausgeführt, liegt in Fällen, in denen das Ergebnis an sich zwar korrekt sein mag, der Weg zum Ergebnis jedoch fehlerbehaftet ist, kein zwingend falsches, jedoch zumindest ein unbrauchbares Gutachten vor, welches aber ebenfalls unter den Oberbegriff „fehlerbehaftete Gutachten" zu subsumieren ist. Denn wenn der Weg zum Ergebnis fehlerhaft beschritten wurde, so kann das Ergebnis nur möglicherweise korrekt sein, zumindest, wenn nicht auszuschließen ist, dass der Fehler sich auf das Ergebnis ausgewirkt hat. Ein Fehler ist auch bereits darin zu sehen, dass schlicht nicht nachprüfbar ist, wie ein Sachverständiger zu seinem Ergebnis gelangt ist.

Kann nun infolge der „Verwerfung" des Gutachtens und der fehlenden Möglichkeit der Erlangung eines überzeugenden Gutachtens das Beweisthema nicht geklärt werden, so kommt im strafrechtlichen Bereich der Grundsatz „in dubio pro reo" zum Zuge.[580] Es spricht nichts dafür, ein Gutachten nur deshalb zum Beweis zu erheben, weil es kein Besseres gibt. Es muss vielmehr davon ausgegangen werden, dass bei einem fehlerhaften Sachverständigengutachten eben nichts als erwiesen angesehen werden kann.[581] Liegen dem Sachverständigengutachten also beispielsweise zweifelhafte Untersuchungsmethoden zu Grunde, so sind diese in den Entscheidungsgründen des Urteils zu nennen, um die Nichtverwendung des vorhandenen Gutachtenergebnisses zu erklären. Dieses kann nicht als Ent-

580 Vgl. *Müller* Rn. 687.

581 Vgl. *Sarstedt* NJW 1968, 177, 178, der sich an dieser Stelle jedoch allein auf widersprüchliche Gutachten bezieht.

scheidungsgrundlage dienen[582] und darf dementsprechend auch nicht zur Urteilsfindung beitragen. Das zwar unparteiische, jedoch fehlerhafte nicht wiederholbare Gutachten ist somit als untaugliches Beweismittel anzusehen.

### c. Übertragung des Ergebnisses auf Gegenüberstellungen

Im Hinblick auf die Identifizierungsgegenüberstellung kann damit folgendes Zwischenergebnis festgehalten werden: würde sie im System der Beweismittel anders als bisher – nämlich nicht als Teil der Zeugenvernehmung, sondern als etwas dem Sachverständigenbeweis Ähnliches – eingeordnet, so ergäben sich hieraus auch Änderungen hinsichtlich der Art und Weise ihrer Verwertung in der Hauptverhandlung. Nach bisheriger Praxis wird einer Zeugenaussage, der eine fehlerhafte Gegenüberstellung zu Grunde liegt, ein verminderter Beweiswert zugesprochen. Das Ergebnis der fehlerhaften Gegenüberstellung hat also eine – wenn auch geminderte – Bedeutung.

Würde die Gegenüberstellung nun zwar als etwas Eigenes, aber dem Sachverständigenbeweis Ähnliches angesehen, so könnte in Erwägung gezogen werden, auch die rechtlichen Folgen der jeweils fehlerhaften Beweiserhebung einander anzugleichen.

Verfahrenstechnisch müsste zunächst die Frage der Entscheidungsrelevanz gestellt werden, wobei diese, da es um die zentrale Frage des Wiedererkennens eines vermeintlich Tatverdächtigen geht, in der Regel angenommen werden dürfte.

Nach Beantwortung der Frage der Entscheidungsrelevanz müsste dann diskutiert werden, ob die Gegenüberstellung verfahrensregelgemäß durchgeführt wurde. Ist dies der Fall, so kann das Ergebnis der Gegenüberstellung als Entscheidungsgrundlage dienen. Ergibt die Prüfung, dass die Gegenüberstellung verfahrensfehlerhaft durchgeführt wurde, so ist das Gegenüberstellungsergebnis als inhaltlich unbrauchbar zu verwerfen und als Entscheidungsgrundlage abzulehnen.

Gleiches gilt für Gegenüberstellungen, deren Ergebnis richtig sein mag, die jedoch nicht dem wissenschaftlichen Transparenzgebot entsprechend

582 BGH MDR 1982, 45, 45; BGH VersR 1977, 733, 734; BayObLG ZSW 1985, 85, 85.

dokumentiert sind. Es kann hier nicht überprüft werden, ob das Gegenüberstellungsergebnis ordnungsgemäß ermittelt wurde, so dass offen bleibt, ob die Verfahrensregeln, die die Ermittlung eines möglichst richtigen Ergebnisses gewährleisten sollen, eingehalten wurden. Solche Gegenüberstellungen sind mit unbrauchbaren Gutachten gleichzusetzen. Sie sind als unbrauchbare Gegenüberstellungen zu bezeichnen. Ihr Ergebnis ist in dem Sinne „zu verwerfen", als es nicht zur Entscheidungsgrundlage dienen kann.

Eine Besonderheit der Gegenüberstellung liegt nun darin, dass sie nicht wiederholt durchgeführt werden kann. Wie bereits oben dargestellt, hat das Ergebnis einer wiederholt durchgeführten Gegenüberstellung aufgrund der hohen Suggestivwirkung der ersten Gegenüberstellung keinerlei Aussagekraft. Die Durchführung einer neuerlichen Gegenüberstellung verbietet sich deshalb. Die einmal durchgeführte Gegenüberstellung ist von daher mit einem nicht wiederholbaren Gutachten zu vergleichen.

Unter der Prämisse, dass Gegenüberstellungen etwas dem Sachverständigenbeweis Ähnliches sind, kann als Ergebnis damit wie folgt formuliert werden: Weder fehlerhafte noch unbrauchbare Gegenüberstellungen können als Entscheidungsgrundlage dienen. Ist eine Gegenüberstellung nicht ordnungsgemäß durchgeführt worden oder unbrauchbar, so kann sie nicht wiederholt werden. Der Beweis durch Vornahme einer Gegenüberstellung kann in dem konkreten Fall nicht mehr geführt werden. Die Täterschaft einer bestimmten Person müsste auf andere Umstände als die unter fehlerhaften Bedingungen zustande gekommene Identifizierung gestützt werden.

### 2. Das fehlerfrei/parteiische und das fehlerhaft/parteiische Sachverständigengutachten

Wie bereits erwähnt, ist das Vorliegen eines objektiv erstellten, inhaltlich jedoch mangelhaften Gutachtens nicht die einzig mögliche Form eines fehlerhaften Sachverständigengutachtens. Eine weitere Variante liegt darin, dass das zwar mangelfreie Gutachten von einer nicht objektiven Person angefertigt wurde. Denkbar ist schließlich auch, dass das Gutachten nicht nur inhaltlich mangelhaft ist, sondern zudem von einer nicht objektiven Person angefertigt wurde. Anders als bei dem Vorliegen bloß mangelhafter Gutachten kommt im Falle vorstehender Komponenten die Anwendung des § 74 StPO in Betracht. Diese Vorschrift soll im Folgenden genauer untersucht werden.

### a. Tatbestandsvoraussetzungen des § 74 StPO

§ 74 Abs. 1 StPO bestimmt, dass ein Sachverständiger aus denselben Gründen, die zur Ablehnung eines Richters berechtigen, abgelehnt werden kann. Ein Richter kann aufgrund der in §§ 22 bis 24 StPO genannten Gründe an der Berechtigung zur Mitwirkung in einem Verfahren gehindert sein. Unterschieden wird hierbei zwischen den Instituten des Ausgeschlossenseins des Richters und der Richterablehnung. Ziel beider Institute ist es, die Richterbank von Richtern freizuhalten, die dem rechtlich zu würdigenden Sachverhalt und den daran Beteiligten nicht mit der erforderlichen Distanz des Unbeteiligten – und deshalb am Ausgang des Verfahrens uninteressierten – Dritten gegenüberstehen.[583] Jedoch beschreiten beide Institute unterschiedliche Wege, um zu diesem Ziel zu gelangen.

#### aa. Ausschließungsgründe

Ausschließungsgründe bestimmt die StPO in den §§ 22 und 23. Die Ausschließungsgründe treten kraft Gesetzes ein.[584] Das bedeutet, dass sich kein Verfahrensbeteiligter explizit auf ihr Vorliegen berufen muss, um sie wirksam werden zu lassen. Dies lässt sich daraus erklären, dass den Tatbeständen, die ein Ausgeschlossensein eines Richters begründen, objektivierbare Tatsachen und Vorgänge zugrunde liegen, die jederzeit von jedermann zuverlässig und eindeutig nachprüfbar sind.[585] Aufgrund dieser Eindeutigkeit muss seitens des Gerichts lediglich deklaratorisch das Ausgeschlossensein eines Richters festgestellt werden.[586] Der Ausschluss selbst ist bereits automatisch durch das Vorliegen der in den §§ 22, 23 StPO genannten Gründen erfolgt.

Zu den Ausschließungsgründen im Einzelnen: Ein Ausschließungsgrund liegt bei Richtern gemäß § 22 Nr. 1 bis 3 StPO vor, wenn er selbst als Verletzter gilt oder er eine Beziehung zum Beschuldigten oder Verletzten hat.[587] Gemäß § 22 Nr. 4 und 5 StPO ist ein Richter von der Mitwir-

583 BVerfGE 21, 139, 145 f.

584 Meyer-Goßner/Schmitt-*Schmitt*, § 22 Rn. 1; BVerfGE 21, 139, 145; BVerfGE 46, 34, 37.

585 Vgl. KK-*Scheuten*, § 22 Rn. 1.

586 Vgl. KK-*Scheuten*, § 22 Rn. 1.

587 LR-*Siolek*, § 22 Rn. 1.

kung ausgeschlossen, wenn bereits im Voraus in bestimmter Weise nichtrichterlich tätig geworden oder in der Sache vernommen worden ist.[588] § 23 StPO schließt die Mitwirkung eines Richters aus, der im Voraus bereits als Richter in der Sache tätig geworden ist.

bb. Ablehnungsgründe

§ 24 StPO bezeichnet nun die Fälle, in denen ein Richter abgelehnt werden kann. Ablehnungsgründe liegen vor, wenn der Richter entweder kraft Gesetzes ausgeschlossen oder befangen ist. Da der Richter im ersteren Fall bereits kraft Gesetzes ausgeschlossen ist, stellt der Ablehnungsantrag hier nur ein Mittel dar, das Gericht zu zwingen, über diese von Amts wegen zu berücksichtigende Frage eine Entscheidung zu treffen, die selbst allerdings nur eine feststellende Bedeutung hat.[589]

Der zweite Ablehnungsgrund – nämlich der der Befangenheit – liegt vor, wenn der Richter sich in einem inneren Zustand befindet, der seine vollkommen gerechte, von jeder falschen Rücksicht freie Einstellung zur Sache, seine Neutralität und Distanz gegenüber Verfahrensbeteiligten beeinträchtigen kann.[590] Dieser Definition ist bereits zu entnehmen, dass die Feststellung des Vorliegens einer Befangenheit im Unterschied zu den Gründen, die zur Ausschließung führen, von vielfältigen Wertungen und damit subjektiven Elementen abhängig ist.

Daher begründet auch nicht die mangelhafte Gutachtenerstattung allein die Besorgnis der Befangenheit.[591] Mangelnde Sachkunde macht einen Sachverständigen nicht befangen.[592] Die angeblich fehlende Sachkunde/Qualifikation betrifft den sachlichen Gehalt der Begutachtung und nicht die Unparteilichkeit des Sachverständigen.[593] Anderes gilt jedoch, wenn der Sachverständige bei der Begutachtung unprofessionell und zudem einseitig vorgegangen ist.[594] Voraussetzung hierfür ist, dass konkrete Anhaltspunkte den Verdacht nahe legen, dass die inhaltliche Fehlerhaftigkeit

588 LR-*Siolek*, § 22 Rn. 30.
589 Vgl. Meyer-Goßner/Schmitt-*Schmitt,* § 24 Rn. 4.
590 LR-*Siolek*, § 24 Rn. 4.
591 *Müller* ZSW 1980, 189.
592 Vgl. *Burhoff*, Rn. 1902.
593 OLG München OLGR 98, 303; OLG München OLGR 98, 397; *Ulrich* Rn. 235.
594 Meyer-Goßner/Schmitt-*Schmitt*, § 74 Rn. 6.

des Gutachtens dem Zweck der Bevorzugung der einen oder der Benachteiligung der anderen Partei dienen soll.[595]

Eine etwaige Befangenheit des Richters ist aufgrund der auf subjektive Elemente bezogenen Anhaltspunkte nicht von jedermann bereits auf den ersten Blick zu erkennen. Die Entscheidung über die Befangenheit eines Richters bedarf daher eines Anstoßes durch diejenigen, die sich durch die „eine Besorgnis begründenden Vorgänge" unmittelbar betroffen fühlen.[596] Nur wenn das Gericht die vorgebrachten Tatsachen für ausreichend erachtet, um die Besorgnis der nicht gegebenen Objektivität zu begründen, wird der betroffene Richter von der Mitwirkung am Verfahren ausgeschlossen. Da die für die Annahme einer Befangenheit vorgebrachten Tatsachen aber nur unter Würdigung des Einzelfalls eine Bedeutung haben und nicht von vornherein offensichtlich waren, kann eine Befangenheit nicht automatisch von Amts wegen eintreten. Hierüber muss explizit entschieden werden. Die Entscheidung des Gerichts ist von daher konstitutiv.[597]

#### cc. Nur Sachverständigenablehnung, nicht jedoch Sachverständigenausschließung möglich

Die Gründe, die zur Ausschließung eines Richters zwingen, stellen beim Sachverständigen nur Ablehnungsgründe dar.[598] Von Amts wegen kommt eine Ausschließung eines Sachverständigen also nicht in Betracht.[599] Da § 74 StPO aber darauf abstellt, dass ein Sachverständiger aus denselben Gründen wie ein Richter und ein Richter auch betreffend etwaig vorliegender Ausschließungsgründe abgelehnt werden kann, sind auf den Sachverständigen alle in den §§ 22 bis 24 StPO genannten Gründe anwendbar, um seine Mitwirkung am Verfahren zu unterbinden.

595 *Müller*, Rn. 243.

596 BVerfGE 46, 34, 37.

597 KK-*Scheuten*, § 22 Rn. 1.

598 Vgl. Meyer-Goßner/Schmitt-*Schmitt*, § 74 Rn. 3.

599 Eine Ausnahme stellt § 87 Abs. 2 S. 3 StPO dar. Hiernach ist ein Arzt von der Mitwirkung an einer Obduktion ausgeschlossen, sofern er den Verstorbenen in der dem Tod unmittelbar vorausgegangenen Krankheit behandelt hat.

### dd. Zwischenergebnis

Als Zwischenergebnis ist hier festzuhalten, dass ein Sachverständiger zum einen aufgrund objektiver, also für jedermann erkennbarer Tatsachen abgelehnt werden kann. Dies ist vor allem dann der Fall, wenn aufgrund äußerer Umstände vermutet werden kann, dass der Sachverständige seine Beurteilung nicht vollkommen objektiv treffen kann. Zum anderen kann ein Sachverständiger dann abgelehnt werden, wenn zwar nicht von vornherein aufgrund äußerer Umstände eine Parteilichkeit zu vermuten ist, er eine solche aber durch sein Verhalten erkennen lässt.

## b. Rechtsfolgen des § 74 StPO

Liegen die Voraussetzungen des § 74 StPO vor, wird ein Ablehnungsantrag Erfolg haben. Der frühest mögliche Zeitpunkt der Antragsstellung ist gegeben, wenn die Sache gerichtlich anhängig ist.[600] Der letztmögliche Zeitpunkt für die Antragsstellung ist der Schluss der Beweisaufnahme; nach Beginn der Urteilsverkündung braucht das Gericht Anträge nicht mehr entgegenzunehmen.[601] Hieraus ist zu ersehen, dass über die Ablehnung des Sachverständigen vor, während und auch noch nach seiner Gutachtenerstattung entschieden werden kann.

Je nach Zeitpunkt der Antragsstellung ist auch unterschiedlich mit dem erhobenen Sachverständigenbeweis zu verfahren. Der mit Erfolg abgelehnte Sachverständige darf nicht weiter vernommen[602], ein schon erstattetes Gutachten nicht verwertet werden[603], wobei der Begriff der „Verwertbarkeit" hier wie bereits oben dahingehend auszulegen sein dürfte, dass das Ergebnis des von einem befangenen Sachverständigen angefertigten Gutachtens nicht als Entscheidungsgrundlage dienen kann.

Dies gilt selbst dann, wenn der abgelehnte Sachverständige unersetzbar ist. Denn gerade beim Sachverständigenbeweis ist zu berücksichtigen, dass der Sachverständige im Gegensatz zum Zeugen kein vom Gericht „vorgefundenes", sondern ein gewissermaßen künstlich geschaffenes Be-

600 LR-*Dahs*, § 74 Rn. 21.
601 Meyer-Goßner/Schmitt-*Schmitt*, § 74 Rn. 12; LR-*Dahs*, § 74 Rn. 23.
602 Meyer-Goßner/Schmitt-*Schmitt* § 74 Rn. 19.
603 OLG Düsseldorf MDR 1984, 71, 72.

weismittel und insoweit in besonderer Weise „Gehilfe des Gerichts“ ist.[604] Bei festgestellter Befangenheit ist dieser viel eher geeignet, Misstrauen in die Objektivität von Strafverfolgung und Gericht zu säen als die „gefundenen“ Beweismittel.[605] Gerade in einer Rechtsordnung, die nicht auf die Wahrheitsfindung um jeden Preis abstellt, verlangt auch der Sinn der gesetzlichen Regelung, dass mit der Ablehnung alle Feststellungen des Gutachters unverwertbar werden müssen, die er im Zusammenhang mit seiner Beauftragung als Sachverständiger gemacht hat.[606]

#### c. Übertragung des Ergebnisses auf Gegenüberstellungen

Auch an dieser Stelle eröffnet sich nun die Möglichkeit, Vergleiche zur Identifizierungsgegenüberstellung zu ziehen.

##### aa. Vorliegen objektiver Umstände, die die Gegenüberstellung parteiisch erscheinen lassen

Denkbar ist zunächst, dass bereits aufgrund äußerer Umstände vermutet werden kann, dass die die Gegenüberstellung durchführenden Personen nicht mit der gebotenen Unparteilichkeit an die Sache herangehen. Dies ist insofern denkbar, als es sich bei dem „Versuchsleiter“ häufig um einen Polizeibeamten handelt. Dieser versucht, Straftaten aufzuklären. Dabei steht er als „Hilfsbeamter der Staatsanwaltschaft“[607] auf Seiten der Ankläger, so dass unter Umständen bereits hieraus eine Parteilichkeit hergeleitet werden könnte.

Diese Tatsache allein kann jedoch nicht genügen, um bei einer angenommenen Einordnung der Identifizierungsgegenüberstellung als Sachverständigenbeweis diesen – wenn er unter der Leitung eines Polizeibeamten steht – als parteiisch zu qualifizieren und den durchführenden Beamten

---

604 *Hanack* JR 1966, 425, 427.
605 *Hanack* JR 1966, 425, 427.
606 Vgl. *Hanack* JR 1966, 425, 427.
607 „Hilfsbeamter der Staatsanwaltschaft“ ist eine veraltete Bezeichnung, die aber die Stellung der Polizeibeamten deutlich macht. Neuerdings wird der Begriff „Ermittlungspersonen der Staatsanwaltschaft“ bevorzugt (Vgl. Meyer-Goßner/Schmitt-*Meyer-Goßner*, § 152 Rn. 1 GVG).

als befangen abzulehnen. Allgemein kann aus der dienstlichen Tätigkeit eines Beamten nicht schon dessen Befangenheit hergeleitet werden.[608] Dies folgt schon daraus, dass auch für die Ermittlungsbeamten der Staatsanwaltschaft gemäß § 160 Abs. 2 StPO die gesetzliche Verpflichtung zur Ermittlung nicht nur der belastenden, sondern auch der entlastenden Umstände besteht.[609]

§ 74 StPO i.V.m. § 22 Nr. 4 StPO gibt ein Ablehnungsrecht allerdings dann, wenn der Sachverständige u.a. in der Sache selbst als Beamter der Staatsanwaltschaft oder als Polizeibeamter tätig gewesen ist. Polizeibeamte dürfen als Sachverständige demnach abgelehnt werden, wenn sie konkret in dem Verfahren gegen den Beschuldigten im Einsatz waren und insofern gemäß § 152 Abs. 1 GVG, §§ 161 Satz 2, 163 StPO an den Ermittlungen teilgenommen haben.[610]

Wie bereits oben geschildert[611], wird eine Gegenüberstellung zumeist von dem auch die Ermittlungen führenden Beamten geleitet. Allein die Erhebung eines Sachverständigenbeweises durch einen an den Ermittlungen beteiligten Beamten würde genügen, um das Gutachten als nicht objektiv abzulehnen. Dieses dürfte im gerichtlichen Verfahren nicht zur Entscheidungsgrundlage werden. Folglich dürfte bei Einordnung der Gegenüberstellung als Sachverständigenbeweis auch eine Gegenüberstellung, die durch einen an den Ermittlungen gegen den Beschuldigten beteiligten Beamten geleitet wurde, nicht zur Urteilsfindung beitragen.

#### bb. Subjektive Komponenten, die die Gegenüberstellung parteiisch erscheinen lassen

Zu untersuchen ist zudem die zweite Variante, wonach die die Gegenüberstellung durchführenden Beamten zwar nicht bereits von vornherein als unparteiisch gelten, sie aber durch ihr Verhalten erkennen lassen, dass die verlangte Objektivität bei ihnen nicht gegeben ist. Eine solch einseitige Tendenz ist im Rahmen einer Gegenüberstellung insbesondere dann zu bejahen, wenn Suggestivfragen gestellt werden („Der war es doch, oder nicht?“).

---

608 BGHSt 18, 214, 215.

609 Vgl. BGHSt 18, 214, 215.

610 KMR-*Neubeck*, § 74 Rn. 6.

611 3. Kapitel 2. Abschnitt I. 1.

Solche oder ähnliche Fragestellungen stellen einen groben Fehler dar. Zugleich wird eine Belastungstendenz deutlich, die die Parteilichkeit des „Versuchsleiters" deutlich macht. Würde eine solche Frage von einem Sachverständigen formuliert, läge es nahe, ihn wegen Befangenheit gemäß §§ 74, 24 StPO abzulehnen. Das Ergebnis der Gegenüberstellung dürfte ebenfalls nicht als Entscheidungsgrundlage dienen. Würde die Gegenüberstellung als etwas dem Sachverständigenbeweis Ähnliches angesehen, so ist es denkbar, auch hier die gleichen Maßstäbe anzusetzen. Das Gegenüberstellungsergebnis dürfte in Fällen, in denen eine Parteilichkeit der durchführenden Personen deutlich wird, nicht zur Urteilsfindung beitragen.

## *4. Abschnitt: Ergebnis*

Als Ergebnis zu diesem Kapitel ist folgendes festzuhalten: Die Identifizierungsgegenüberstellung ist von ihrem Charakter her dem Sachverständigenbeweis sehr ähnlich. Anknüpfungspunkt des Gegenüberstellungsbeweises ist zwar die Wahrnehmung eines Tatzeugen und „Endpunkt" ist die Vernehmung des Zeugen. Die Erhebung des Beweises selbst ähnelt der Erhebung eines Sachverständigenbeweises per Experiment jedoch weitaus mehr als derjenigen des Zeugenbeweises. Bei der Gegenüberstellung selbst, dem „mittleren Teil" des Beweises durch Gegenüberstellung, handelt es sich um den zentralen Punkt des Gegenüberstellungsbeweises, welcher der Beweiserhebung selbst den Namen gibt und ohne welchen es dieses gesamte Konstrukt nicht gäbe.

Es ist aufgrund dessen überlegenswert, auch die Konsequenzen, wie sie sich nach hiesiger Auffassung bei Vorliegen fehlerhafter Sachverständigengutachten darstellen, auf fehlerbehaftete Gegenüberstellungen zu übertragen. Sind bei Durchführung der Gegenüberstellung Fehler unterlaufen, so kann eine infolge dieser Gegenüberstellung erfolgte Identifizierung nicht als Indiz für die Täterschaft des vermeintlich Identifizierten herangezogen werden. Die vorgenommene Gegenüberstellungsmaßnahme muss zwar im Rahmen der Urteilsbegründung erwähnt werden, jedoch ist auszuführen, an welchem Mangel die Gegenüberstellung litt. Ihr Ergebnis ist dann nicht als Indiz für die Täterschaft zu verwenden.

# 4. Kapitel: Die kategoriale Unterscheidung zwischen qualitativ minderwertigen und rechtswidrig gewonnenen Beweisen

Unter den bisherigen Kapiteln wurde zunächst das Konstrukt der Gegenüberstellung dargestellt und sodann versucht, dieses an verschiedenen Beweismitteln zu messen. Deutlich geworden ist dabei, dass die Gegenüberstellung nicht so diskussionslos wie bisher als Teil des Zeugenbeweises angesehen werden kann. Es ist sehr wohl denkbar, sie aufgrund ihres experimentellen Charakters in die Nähe des Sachverständigenbeweises zu rücken.

Im Zusammenhang mit diesen Ansätzen ist weiterhin angedeutet worden, dass sich die rechtliche Behandlung der erhobenen, fehlerhaften Beweise unterschiedlich gestaltet. So findet sich das Ergebnis einer Zeugenaussage grundsätzlich im „Pool" der freien Beweiswürdigung[612] wieder. Das gilt gleichermaßen, ob das Gericht die Aussage von vornherein bereits für wahr oder unwahr hält, ob der Zeuge in weitem Maße als unglaubwürdig erscheint oder ob – wie für die vorliegende Untersuchung relevant – eine Identifizierungsgegenüberstellung fehlerhaft und ihr Ergebnis somit mehr als zweifelhaft ist. Ob das Gericht dies schließlich in seiner Beweiswürdigung genauso sieht, oder ob es der Zeugenaussage dennoch einen gewissen Beweiswert, der zusammen mit weiteren Indizien zu einer Verurteilung führen kann, bemisst, wird zumeist erst durch das Ergebnis der Beweiswürdigung, also im Urteil deutlich. Lediglich in bestimmten Fällen fließt das Ergebnis einer Zeugenvernehmung nicht in den „Pool" der freien Beweiswürdigung und unterliegt stattdessen einem Beweisverwertungsverbot.[613]

Anders hat nach hier vertretener Auffassung die Behandlung des Sachverständigenbeweises zu erfolgen. Wird das Sachverständigengutachten vom Richter für unbrauchbar gehalten, so gibt er die Gründe hierfür in der

612 Die Grundsätze der „freien Beweiswürdigung" sind bereits oben dargestellt worden.

613 So etwa in Fällen ungeeigneter Fragen gemäß § 241 Abs. 2 StPO (Vgl. oben 2. Kapitel 4. Abschnitt II. 3. b.) und in Fällen des § 136 a StPO (Vgl. oben 2. Kapitel 4. Abschnitt I.).

Urteilsbegründung an. Das Ergebnis des fehlerbehafteten Gutachtens selbst findet im Urteil dagegen keine Resonanz. Es trägt zur Urteilsfindung nicht bei.

Allein vorstehende Beispiele verdeutlichen, dass das Beweisrecht dem Rechtsanwender offensichtlich verschiedene Möglichkeiten eröffnet, die sich anbietenden Beweise zu behandeln und sie gegebenenfalls – ebenfalls auf unterschiedlichem Wege – aus dem Verfahren auszuschließen.

Diese verschiedenen Möglichkeiten sind für die vorliegende Arbeit, mithin die Frage, wie fehlerbehaftete Gegenüberstellungen behandelt werden müssen, von Relevanz. Je nachdem, welcher Beweisart der Gegenüberstellungsbeweis zugeordnet wird, schließt sich eine unterschiedliche Behandlung fehlerbehafteter Gegenüberstellungen an. Nachfolgend sollen diese verschiedenen Möglichkeiten der Beweisbehandlung skizziert werden.

Zugleich ist zu untersuchen, ob sich im deutschen Beweisrecht eine einheitliche Linie, mithin eine Grundstruktur erkennen lässt, die eine bestimmte Vorgehensweise bei der Behandlung der an unterschiedlichen Fehlern leidenden Beweise vorgibt. Beweise können auf unterschiedliche Art fehlerhaft sein. Denkbar ist einerseits, dass ein Beweis von seiner Qualität her minderwertig ist, er beispielsweise nicht als sicheres Indiz für das Vorliegen einer Tatsache dienen kann. Denkbar ist andererseits, dass ein Beweis unter Verstoß gegen bestimmte Regeln erhoben wurde. Hier wie dort ist zu prüfen, wie die entsprechenden Beweise rechtlich behandelt werden. Die nachfolgende Untersuchung soll sich mit dieser Problematik beschäftigen, wobei einerseits Qualitätsaspekte im Beweisrecht, andererseits Aspekte rechtsfehlerhaft erhobener Beweise, welche unter der Überschrift „Beweisverbote“ zusammengefasst sind, beleuchtet werden sollen.

Im Anschluss hieran ist zu untersuchen, ob die nähere Befassung mit diesen Themenbereichen Hinweise darauf liefert, welchem Bereich eine fehlerhafte Gegenüberstellung zuzuordnen ist und ob sich hierdurch Anhaltspunkte dazu finden lassen, wie fehlerbehaftete Gegenüberstellungen zu behandeln sind.

## *1. Abschnitt: Qualitätsaspekte im deutschen Beweisrecht*

In der Untersuchung ist zunächst auf die Beweise einzugehen, die an einem Qualitätsmangel leiden. Zu untersuchen ist, welche Rolle der Qualitätsaspekt allgemein im Beweisrecht spielt. Existiert ein bestimmter Qualitätsstandard, den ein Beweis grundsätzlich aufweisen muss? Auf welche Weise versucht das Beweisrecht, qualitativ hochwertige Beweise zu erlangen und qualitativ minderwertige Beweise auszusondern, um die materielle Wahrheit zu erforschen? Wo liegt die Grenze zwischen zuverlässigen und unzuverlässigen Beweisen? Ab welchem Grad minderer Qualität will das Beweisrecht einen Beweis komplett aus einem Verfahren heraushalten?

## I. Gesetzliche Regelungen

Zur Beantwortung dieser Fragen sind zunächst die gesetzlichen Regelungen zu untersuchen. Im Folgenden ist zu fragen, ob es im herkömmlichen Beweisrecht Bestrebungen gibt, aufgrund derer qualitativ minderwertige Beweise, beziehungsweise unzuverlässige Beweismittel, aus dem Verfahren ausgeschlossen werden können.

### 1. Der Unmittelbarkeitsgrundsatz

Zur Beantwortung dieser Frage ist zunächst das Regelungswerk der §§ 250 ff. StPO in Betracht zu ziehen, welches möglicherweise eine Auswahl der Beweis in Bezug auf ihre Zuverlässigkeit trifft.

#### a. Das Regelungswerk

§ 250 Satz 1 StPO bestimmt, dass die Wahrnehmungen einer Person durch ihre Vernehmung in der Hauptverhandlung in den Prozess einzuführen sind. § 250 Satz 2 StPO verbietet zugleich, diese Vernehmung durch die Verlesung einer früher getätigten Aussage zu ersetzen. Zwar werden in den §§ 251 ff. StPO zahlreiche Ausnahmen hierzu getroffen, wodurch das gesamte Regelungswerk nach einer Ansicht so unübersichtlich und so schwer zu behalten und zu beherrschen ist, „dass es eine missliche und manchmal fast erschreckende Aufgabe ist, praktisch mit ihm zu arbeiten“[614] – der Ausgangspunkt steht jedoch fest: Es wird eine Rangordnung

614 So schon *Schneidewin* JR 1951, 481, 481.

der Beweismittel „Zeuge“ bzw. „Sachverständiger“ und „Urkunde“ hinsichtlich ein und derselben Tatsache festgelegt, wodurch im Grundsatz verhindert werden soll, dass ein Beweis allein mit schriftlichen Beweissurrogaten geführt wird.[615] § 250 StPO ist insofern Ausdruck des so genannten Unmittelbarkeitsprinzips.[616]

### b. Praktische Auswirkungen

Praktische Folgen des Unmittelbarkeitsprinzips sind beispielsweise, dass dem richterlichen Augenschein (z.B. Ortstermin am Unfallort) Vorrang gegenüber einer entsprechender Zeugenaussage (z.B. Schilderung eines Polizeibeamten über die örtlichen Gegebenheiten der Unfallstelle) einzuräumen ist, dass die Wahrnehmung der Dispositivurkunde selbst (z.B. des beleidigenden Flugblattes) anstelle der inhaltlichen Wiedergabe des Flugblattes durch einen Leser zu verlangen ist.[617] Die Unmittelbarkeit verlangt im Weiteren nach persönlicher Vernehmung eines Zeugen anstelle der Verlesung einer entsprechenden privaten Aufzeichnung eben dieses Zeugen oder einer förmlichen Vernehmungsniederschrift seiner früheren Aussage.[618]

### c. Sinn und Zweck des Prinzips

Sinn und Zweck des Unmittelbarkeitsgrundsatzes liegen maßgeblich darin, dass sich das Gericht einen möglichst direkten und unvermittelten ei-

---

615 HK-*Julius*, § 250 Rn. 1.

616 Inhalt und prozessuale Funktion des Unmittelbarkeitsprinzips sind umstritten. Einen Überblick gibt insofern Löhr, S. 36 ff. Der hier vertretenen Auffassung zufolge ist beim Unmittelbarkeitsprinzip begrifflich zwischen der Unmittelbarkeit im formellen und derjenigen im materiellen Sinne zu unterscheiden. Der Grundsatz der formellen Unmittelbarkeit verlangt die Beweisaufnahme vor dem erkennenden Gericht selbst, während die Unmittelbarkeit im materiellen Sinne die Beziehung des einzelnen Beweismittels zum Beweisthema betrifft (Vgl. hierzu *Geppert*, S. 121 ff.). D vorliegende Untersuchung geht auf die Unmittelbarkeit im materiellen Sinne ein.

617 Vgl. *Geppert*, S. 128.

618 Vgl. *Geppert*, S. 128.

genen Eindruck von dem zu beurteilenden Sachverhalt verschaffen soll.[619] Das Gericht soll seine Beweise möglichst aus der Quelle selbst schöpfen[620], da sich die Verlässlichkeit der menschlichen Erkenntnistätigkeit, mithin auch die Wahrheitsermittlung im Strafprozess, umso mehr erhöht, je näher der Betrachter an die zu erkennende Tatsache herankommt.[621]

Hinter diesem Verständnis der Unmittelbarkeit steht der Gedanke des bestmöglichen Beweises.[622] Originalbeweismittel haben Vorrang vor Beweissurrogaten, da das Original für die Beweiserhebung zuverlässiger ist als das Surrogat.[623] Das Gericht hat zur Beweisführung tunlichst dasjenige Beweismittel auszuwählen, aus dessen Inhalt es unmittelbar die Richtigkeit der zu erweisenden Tatsache entnehmen kann.[624]

Hervorzuheben ist in diesem Zusammenhang die Ausdrucksweise der Autoren. Begriffe wie „bestmöglicher Beweis“ und „zuverlässige Beweiserhebung“ machen deutlich, worum es geht: nämlich um die Beweisqualität.[625] Das Anliegen des Unmittelbarkeitsprinzips besteht in der Erhebung qualitativ hochwertiger Beweise, mithin in der Qualitätssicherung im Strafprozess. Es soll sichergestellt werden, dass die auf die Beweisaufnahme folgende Beweiswürdigung auf zuverlässigster Grundlage erfolgen kann.[626] Denn die Ermittlung des wahren Sachverhaltes als notwendige Grundlage eines gerechten Urteils ist ein zentrales Anliegen eines rechtsstaatlich geordneten Strafverfahrens.[627]

#### d. Kein Beweismittelverbot bei Verstoß gegen das Unmittelbarkeitsprinzip

Wie vorstehend ausgeführt, soll mit dem Regelungswerk der §§ 250 ff. StPO eine bestimmte Art der Beweiserhebung ausgeschlossen werden.

Fraglich ist, ob ein Verstoß gegen die Regeln der 250 ff. StPO ein Beweismittelverbot auslösen kann bzw. ein solches darstellt. Dies könnte in-

619 HK-*Julius*, Vor §§ 250 ff Rn. 1; *Eisenberg*, Rn. 65.
620 *Eisenberg*, Rn. 66.
621 *Dahs* StV 1988, 169, 169.
622 *Geppert*, S. 127; *Grünwald* JZ 1966, 489, 493; *Dahs* StV 1988, 169, 169.
623 *Dahs* StV 1988, 169, 169.
624 *Löhr*, S. 46.
625 So *Geppert*, S. 128.
626 *Kuhnert* GA 1979, 413; HK-*Julius*, § 244 Rn. 1.
627 BVerfG NJW 1983, 1043, 1043.

sofern angenommen werden als teilweise formuliert wird, die Vorschriften der §§ 250 ff StPO sprächen eine Form eines Beweismittelverbotes aus.[628] Die Benutzung eines vorhandenen Beweismittels wird also untersagt.

Dem ist jedoch entgegenzuhalten, dass die Vorschriften, die auf Wahrung des Unmittelbarkeitsprinzips abzielen und mithin die mittelbare Beweiserhebung ausschließen, deutlich von den Beweisverboten abzugrenzen sind. Bei den auf die Wahrung des Unmittelbarkeitsprinzips abzielenden Vorschriften handelt es sich um solche, welche innerbeweisrechtlichen, zum Teil sozusagen beweistechnischen Erwägungen ihren Ursprung verdanken.[629] Beweisverbote haben dagegen dogmatisch gesehen mit Tauglichkeit oder Untauglichkeit einer Beweiserbringung nichts zu tun.[630] Ein Beweisverbot trägt in das Beweisrecht von außen etwas Fremdes hinein, insofern es schlechterdings nicht haben will, dass etwas auf eine bestimmte Art bewiesen wird.[631] Diese schon von Bennecke/Beling in ihrem damaligen „Lehrbuch des deutschen Reichs-Strafprozessrechts" beschriebenen Grundsätze sind, soweit ersichtlich, in der Folgezeit nicht wieder aufgegriffen und neu vertieft worden. Sie haben aber gleichwohl ihre Bedeutung nicht verloren, da der Unterschied, der zwischen Beweisverboten und den Vorschriften, die das Unmittelbarkeitsprinzip wahren sollen, besteht, hierdurch treffend veranschaulicht wird.

Der Verstoß gegen § 250 StPO in Form der Verwendung eines sachferneren Beweismittels wird mit der Revision unter dem Gesichtspunkt der Verletzung der gerichtlichen Aufklärungspflicht beanstandet.[632] Revisionsgrund ist insofern gerade nicht allein § 250 StPO. Die Rüge richtet sich konkret gegen die Nichtbenutzung des näher liegenden Beweismittels, nicht aber gegen die Benutzung des fern liegenden Beweismittels. Die Logik, die eine Revision bei einem Verstoß gegen § 250 StPO verfolgt, ist damit nicht mit der eines Beweisverbotes vergleichbar. Denn die Rüge richtet sich gerade nicht dagegen, einen bestimmten Beweis überhaupt erhoben zu haben, sondern dagegen, einen anderen, näher liegenden Beweis gerade nicht berücksichtigt zu haben.

Auch § 251 StPO beinhaltet kein Beweisverbot sondern nur das Verbot, das Beweismittel des Urkundenbeweises zu benutzen. Es geht nicht

---

628 Vgl. Meyer-Goßner/Schmitt-*Meyer-Goßner*, § 250 Rn. 1; Einl Rn. 53.

629 *Bennecke/Beling*, S. 5.

630 *Bennecke/Beling*, S. 4.

631 *Bennecke/Beling*, S. 4.

632 Vg. LR-*Sander/Cirener*, § 250 Rn. 38.

darum, bestimmte Erkenntnisse aus dem Verfahren herauszuhalten, sondern andere (sachnähere) Erkenntnisse zu berücksichtigen.

### e. Ergebnis

Festzustellen ist im Ergebnis zunächst, dass das Unmittelbarkeitsprinzip u.a. der Sicherung der Beweisqualität dient. Bieten sich mehrere Beweismittel zum Beweis einer Tatsache an, so ist dasjenige heranzuziehen, welches aufgrund seiner Sachnähe der Wahrheit – objektiv gesehen – am nächsten kommen müsste. Das der Wahrheit am nächsten stehende Beweismittel ist zugleich das qualitativ hochwertigste Beweismittel. Insofern zeigt sich auch anhand des Unmittelbarkeitsprinzips, dass die Qualität der Beweise im Strafprozess eine erhebliche Rolle spielt.

Es kann als eine Art von Beweismittelverbot bezeichnet werden, dass dem Zeugen-, bzw. Sachverständigenbeweis der Vorrang vor dem Urkundenbeweis einzuräumen ist. Im Übrigen ergibt sich aber insbesondere aus § 244 Abs. 2 StPO, dass der sachnähere Beweis zu erheben ist.

Grundsätzlich ist das Strafprozessrecht von dem Grundsatz beherrscht, dass eine Beweiserhebung nicht allein wegen der Unzuverlässigkeit des Beweismittels ausgeschlossen ist; es vertraut – nach teilweise vertretener Meinung „allzu sehr“ – grundsätzlich darauf, dass durch die freie Beweiswürdigung die der Wahrheitsfindung drohenden Gefahren gebannt würden.[633] Qualitativ minderwertige Beweise sollen grundsätzlich vom Gericht im Rahmen der freien Beweiswürdigung als solche erkannt und bewertet werden und mit ihrem entsprechenden Gewicht in die Urteilsbildung einfließen.

Die Rechtssätze der Unmittelbarkeit stellen eine Ausnahme dar, die diese grundsätzlich vorgenommene Vorgehensweise durchbricht. Qualitativ hochwertigere Beweise sollen im Verfahren bevorzugt berücksichtigt werden. Ziel ist dabei zwar die Benutzung des sachnächsten Beweismittels, nicht aber die Eliminierung von Beweisführungsmöglichkeiten durch Ausschluss anderer Beweismittel, da sachfernere Beweismittel trotzdem in das Verfahren eingeführt werden dürfen.

633 *Grünwald* JZ 1966, 489, 493.

## 2. Völlige Ungeeignetheit des Beweismittels

Zu prüfen ist, ob sich ein weiterer gesetzlich geregelter Qualitätsaspekt in § 244 Abs. 3 S. 2, 4. Alt. StPO findet. Ein Beweisantrag darf hiernach abgelehnt werden, wenn das Beweismittel völlig ungeeignet ist. Dies ist der Fall, wenn im Wege des Freibeweises festgestellt werden kann, dass sich mit dem angebotenen Beweismittel das in dem Beweisantrag in Aussicht gestellte Ergebnis nach sicherer Lebenserfahrung nicht erzielen lässt.[634]

Es sind nun vielfältige Umstände denkbar, aufgrund derer sich das mit dem Beweisantrag in Aussicht gestellte Ergebnis nicht erreichen lässt. In Betracht kommen könnte insofern – rein begrifflich gesehen – auch, dass ein Beweismittel aufgrund seiner minderen Qualität nicht geeignet ist, das mit dem Beweisantrag in Aussicht gestellte Ergebnis zu erreichen. Auch in solchen Fällen könnte die Erhebung eines Beweises dann wegen völliger Ungeeignetheit abgelehnt werden. Vereinzelt ist diese Vorgehensweise bereits – und zwar im Rahmen der Gegenüberstellungsproblematik – angedacht worden. So hat Schweling argumentiert, die Durchführung einer Gegenüberstellung, die nur ein wiederholtes Wiedererkennen zum Gegenstand haben könne, sei als „völlig ungeeignetes Beweismittel" im Sinne des § 244 Abs. 3 StPO anzusehen.[635]

Diese Argumentation soll an dieser Stelle Anknüpfungspunkt sein, um der Frage nachzugehen, ob ein Beweismittel allgemein aufgrund eines gegebenen geringeren Beweiswertes wegen völliger Ungeeignetheit abgelehnt werden kann. Soweit dies möglich sein sollte, würde sich auch an dieser Stelle des Gesetzes eine Regelung finden, aufgrund derer qualitativ minderwertige Beweise aus dem Verfahren ausgeschieden werden können. Im Folgenden ist zu untersuchen, ob Beweise mit geringerem Beweiswert auch durch Anwendung des § 244 Abs. 3 S. 2, 4.Alt. StPO ausgeschlossen werden können. Hierzu muss näher auf die vorgenannte Vorschrift eingegangen werden.

---

634 Vgl. RGSt 56, 134, 135; BGHSt 14, 339, 342; BGH StV 1990, 7, 7; BGH StV 1990, 98, 98.

635 *Schweling* MDR 1969, 177, 179.

### a. Problematik des § 244 Abs. 3 S. 2, 4. Alt. StPO

Hinter der auf den ersten Blick einfachen Regelung des § 244 Abs. 3 S. 2, 4. Alt. StPO verbirgt sich eine Problematik, die nur unter Zugrundelegung des § 244 Abs. 2 StPO verstanden werden kann. § 244 Abs. 2 StPO bestimmt, dass das Gericht zur Erforschung der Wahrheit die Beweisaufnahme von Amts wegen auf alle Tatsachen und Beweismittel zu erstrecken hat, die für die Entscheidung von Bedeutung sind. Aus dieser aus § 244 Abs. 2 StPO gezogenen Wahrheitserforschungspflicht entspringt das Beweisantizipationsverbot. Das Beweisantizipationsverbot untersagt dem Strafrichter, vor Erhebung des Beweises dessen Ergebnis negativ zu unterstellen und die Beweiswürdigung somit vorwegzunehmen.[636] Der Tatrichter soll vielmehr jede Möglichkeit der Sachverhaltsaufklärung nutzen und darf die Beweise erst nach durchgeführter Beweisaufnahme würdigen.[637] Seine Rechtfertigung findet das Beweisantizipationsverbot zum einen darin, dass die Frage nach dem Umfang der Beweisaufnahme von der Würdigung des erhobenen Beweises (§ 261 StPO) zu trennen ist und zum anderen in dem Erfahrungssatz, dass sich das Ergebnis der Beweisaufnahme und der Wert des Beweismittels erst nach der Durchführung der Beweisaufnahme bestimmen lassen.[638]

Aufgrund des Umstandes, dass § 244 Abs. 2 StPO eine vorweggenommene Beweiswürdigung untersagt, § 244 Abs. 3 StPO jedoch eine Möglichkeit bietet, einen angebotenen Beweis im Voraus von der Beweisaufnahme auszuschließen, besteht zwischen diesen beiden Vorschriften ein Spannungsfeld. Umstritten ist, wie die Grenzen im Zusammenspiel zwischen § 244 Abs. 2 und 3 StPO zu ziehen sind. Eine unterschiedliche Grenzziehung könnte auch Auswirkungen auf die Frage haben, ob ein minderwertiger und somit unzuverlässiger Beweis bereits von vornherein als ungeeignet anzusehen ist und somit gemäß § 244 Abs. 3 S. 2, 4. Alt. StPO aus dem Verfahren ausgeschieden werden kann oder ob diese Möglichkeit nicht besteht.

636 *Engels*, S. 21.
637 Vgl. *Engels*, S. 22.
638 *Born*, S. 130.

### b. Mindermeinung: Völlige Ungeeignetheit nur bei Vorliegen eines entsprechenden Erfahrungssatzes

Eine Meinung geht nun davon aus, dass die Anwendung des Ablehnungsgrundes der Ungeeignetheit nur dann in Betracht kommt, wenn der dem Beweisantizipationsverbot zu Grunde liegende Erfahrungssatz, dass sich ein sicheres Urteil über das Beweisergebnis erst nach der Beweisaufnahme selbst treffen lasse, durch einen anderen nicht falsifizierbaren Erfahrungssatz verdrängt wird.[639] Das Kriterium der Ungeeignetheit würde sich in diesem Falle gerade nicht aus dem Ergebnis schon erhobener Beweise ergeben.[640] Indem gefragt werde, ob nach sicherer Lebenserfahrung das im Beweisantrag behauptete Beweisergebnis mit dem genannten Beweismittel nicht zu erzielen sei, erfolge die Beurteilung eines Beweismittels als ungeeignet ohne Rücksicht auf das bisherige Ergebnis der Beweisaufnahme.[641] Der Ablehnungsgrund der völligen Ungeeignetheit und das Verbot der vorweggenommenen Beweiswürdigung erführen somit überhaupt keine Überschneidungen, so dass hier auch keine Ausnahme vom Beweisantizipationsverbot vorliege.[642] Konsequenz dieser strikten Auffassung ist, dass die Anwendung des Ablehnungsgrundes der völligen Ungeeignetheit auf den Fall der absoluten Untauglichkeit eines Beweismittels beschränkt bliebe.[643]

Die Argumentation, wonach Beweisantizipationsverbot und der Anwendungsbereich des völlig ungeeigneten Beweismittels überschneidungslos nebeneinander stünden, überzeugt jedoch nicht. Zwar muss der vorgenannten Auffassung zugegeben werden, dass nach dem Wortlaut des § 244 Abs. 3 S. 2, 4. Alt. StPO tatsächlich einiges für die absolute Untauglichkeit als Anwendungserfordernis spricht.[644] Die Begriffe „absolut“ und „völlig“ dürften sich insoweit decken.

Nicht gefolgt werden kann dieser Ansicht jedoch insoweit, als sie den Ablehnungsgrund der völligen Ungeeignetheit nur in den Fällen anwenden will, wenn das Beweisantizipationsverbot durch einen anderen, nicht falsifizierbaren Erfahrungssatz ausgehebelt werde. Da auf Basis solcher Sätze

---

639 Vgl. *Engels*, S. 28.
640 Vgl. *Born*, S. 131.
641 *Born*, S. 131.
642 Vgl. *Born*, S. 131 f.
643 *Ter Veen*, S. 151.
644 Vgl. *Engels*, S. 28.

„in foro nur die Fälle objektiver Unmöglichkeit des Beweisgelingens erfasst werden könnten, würde dies dem Ablehnungsgrund der völligen Ungeeignetheit jede Bedeutung nehmen".[645] Nur in den seltensten Fällen wird sich ein Erfahrungssatz bilden lassen, der ohne jegliche Berücksichtigung der bisherigen Beweiserhebung die Erreichung des Beweisziels mit dem beantragten Beweismittel ausschließt. Die Anwendung des Ablehnungskriteriums der völligen Ungeeignetheit wäre wohl auf die Fälle beschränkt, in denen wissenschaftliche Erkenntnisse der Führung des Beweises entgegenstehen. Dieser Anwendungsbereich des § 244 Abs. 3 StPO wäre aber zu eng gezogen. Die „sich auf rationale Erwägungen, intersubjektiv anerkannte gute Gründe stützende, nicht schematisierende Beweisprognose kann und darf nicht ausgeschlossen werden".[646]

Widersprochen werden muss der Mindermeinung auch insoweit, als sie keinerlei Überschneidungen im Zusammenspiel der Absätze 2 und 3 des § 244 StPO sieht. Selbst wenn die Beurteilung einer „völligen Ungeeignetheit" in der Tat ohne Berücksichtigung der übrigen, bisher erhobenen Beweise erfolgt, so ändert dies nichts daran, dass der Zeitpunkt der Einschätzung des Beweismittels als „völlig ungeeignet" vor der Beweisaufnahme liegt. Hinsichtlich dieses konkreten Beweismittels findet daher entgegen der vorgenannten Auffassung schon eine vorweggenommene Beweiswürdigung statt.

### c. Herrschende Meinung

Dementsprechend sieht die herrschende Meinung in der vorgezogenen Einschätzung der Geeignetheit des Beweismittels eine Ausnahme in Form einer Durchbrechung des Beweisantizipationsverbotes.[647] Welche Voraussetzungen jedoch für die Annahme einer völligen Ungeeignetheit erforderlich sind, ist innerhalb der herrschenden Meinung wiederum umstritten.

---

645 KK-*Herdegen* (5. Auflage), § 244 Rn. 78.

646 KK-*Herdegen* (5. Auflage), § 244 Rn. 78.

647 Vgl. RG St 56, 139, 140; BGH StV 1989, 238, 239; LR-*Becker*, § 244 Rn. 232; *Eisenberg*, Rn. 215; *Herdegen* NStZ 1984, 97, 98; *Keller* ZStW 101 (1989), 381, 390.

### aa. Weite Auslegung der völligen Ungeeignetheit

Eine Auffassung innerhalb der herrschenden Meinung tendiert in die Richtung, es für die Annahme völliger Ungeeignetheit schon genügen zu lassen, dass das benannte Beweismittel keine tragfähige Grundlage für eine Beeinflussung oder Korrektur der richterlichen Überzeugungsbildung abgeben kann. So hat es der BGH zum Beispiel für erwägenswert gehalten, den Ablehnungsgrund der völligen Ungeeignetheit des Beweismittels in besonders gelagerten Fällen nicht gänzlich losgelöst vom bisherigen Beweisergebnis anzunehmen.[648] Dieser Ablehnungsgrund sei vielmehr auch dann in Erwägung zu ziehen, wenn der Tatrichter aus der besonderen Sicherheit des bisher gewonnenen Beweisergebnisses oder aus einer besonderen Schwäche des im Beweisantrag benannten Beweismittels oder aus einer Kombination beider Elemente die sichere Beurteilung begründen und verantworten kann, dass das erstrebte Beweisergebnis mit dem benannten Beweismittel nicht zu erreichen ist.[649]

Unter Zugrundelegung dieser Auffassung könnten somit unzuverlässige Beweise auch gemäß § 244 Abs. 3 S. 2, 4. Alt. StPO aus dem Verfahren ausgeschlossen werden. Wäre der Richter aufgrund der bisherigen Beweisaufnahme bereits von einer bestimmten Tatsache überzeugt, so könnte er allein unter Hinweis auf seine bereits bisher gebildete Überzeugung einen Beweisantrag als völlig ungeeignet zurückweisen. Dies würde bedeuten, dass ein Beweismittel, das nach Ansicht des Richters einen lediglich geminderten Beweiswert besitzt, welcher ihn in seiner Überzeugung nicht umzustimmen vermag, von vornherein ausgeschlossen werden könnte.

Jedoch ist diese Auffassung strikt abzulehnen. Sie führt durch subjektive Bewertungen zur Ungeeignetheit des Beweismittels zu prospektiven Beweisurteilen zu Lasten des Antragsstellers.[650] Eine Beweisbehauptung kann nicht deshalb abgelehnt werden, weil das Tatgericht beispielsweise die kontradiktorische Aussage eines schon vernommenen Zeugen für glaubhaft hält.[651] Dies folgt zum einen unter Beachtung des Beweisantizipationsverbotes und des Ausnahmecharakters der Ablehnungsgründe des

648 BGH NStZ 1997, 503, 504.
649 BGH NStZ 1997, 503, 504.
650 Vgl. *ter Veen*, S. 138.
651 Vgl. insofern *Herdegen* NStZ 1997, 505, 505 zum Ablehnungsgrund der Bedeutungslosigkeit.

§ 244 Abs. 3 StPO aus dem generellen Fehlen eines Ablehnungsgrundes der Erwiesenheit des Gegenteils der Beweisbehauptung oder ihrer Nichterweislichkeit nach dem Ergebnis der bisherigen Beweisaufnahme.[652]

Zum anderen kann über den Wert eines angebotenen Beweismittels erst nach Erhebung des Beweises entschieden werden.[653] Beim Zeugenbeweis lässt sich erst nach der vor dem erkennenden Gericht stattfindenden Vernehmung beurteilen, welchem von sich widersprechenden Zeugen mehr Glauben geschenkt werden kann.[654] Dürfte das Tatgericht seine Einschätzung als nicht mehr in Frage zu stellendes Datum der Beweiswürdigung fixieren, würde der erhobene und für gelungen angesehene Beweis gegen jedes den Beweis des Gegenteils oder eine relevante Modifikation erstrebende Beweisbegehren immunisiert.[655] Gerade beim Zeugenbeweis basiert die Glaubhaftigkeit einer Aussage auf den ihr zu Grunde gelegten Sachverhaltsfeststellungen. Zielt ein Beweisantrag darauf ab, an die Stelle erlangter Daten andere relevante Daten treten zu lassen, so darf ein solcher Antrag nicht mit der Begründung abgelehnt werden, bereits erhobene Beweise hätten etwas anderes ausgesagt.[656] Es hinge dann vom Zufall ab, welcher von mehreren Zeugen, die unterschiedliche Angaben machen, zuerst gehört und welchem dementsprechend Glauben geschenkt würde. Denkbar ist es immerhin auch, dass, auch wenn der erste Zeuge glaubhaft ausgesagt hat, ein anderer Zeuge unterschiedliche Angaben tätigt und dennoch in gleichem Maße glaubhaft aussagt. Ein Urteil dürfte dann nicht allein auf die Aussage des ersten Zeugen gestützt werden, was allerdings nahe liegend passieren könnte, wenn nur der erste Zeuge als glaubwürdig angesehen wird und eine weitere Beweiserhebung deshalb unterbliebe.

Ein Beweisantrag darf nur abgelehnt werden, wenn das Gericht ohne Rücksicht auf das bisher gewonnene Ergebnis der Beweisaufnahme feststellen kann, dass sich mit dem benannten Beweismittel das in dem Beweisantrag in Aussicht gestellte Ergebnis nach sicherer Lebenserfahrung nicht erreichen lässt.[657] Gerade letzteren Grundsatz missachtet jedoch die weit gezogene Auffassung, da das Abstellen auf die subjektive Überzeu-

652 Vgl. BGH NStZ 1997, 503, 504.
653 *Hanack* JZ 1972, 114, 115.
654 RGSt 1, 189, 190.
655 Vgl. *Herdegen* NStZ 1997, 505, 505.
656 Vgl. *Herdegen* NStZ 1997, 505, 505.
657 *Alsberg-Güntge*, Rn. 1178 mit weiteren Nachweisen.

gung des Richters notwendigerweise eine Berücksichtigung des bisherigen Beweisergebnisses impliziert.

### bb. Enge Auslegung der völligen Ungeeignetheit

Die vorzugswürdige Auffassung innerhalb der herrschenden Meinung stellt von daher zu Recht fest, dass sich die nur ausnahmsweise erlaubte antizipierte Beweiswürdigung lediglich auf das konkrete Beweismittel selbst beziehen und eine Vermittlung und Abwägung sonstiger, in der Hauptverhandlung erhobener Beweise, nicht stattfinden darf.[658] Wenn die völlige Ungeeignetheit des Beweismittels nur aus ihm selbst im Zusammenhang mit der Beweisbehauptung geschlossen werden muss[659], so stellt sich die Frage, welche Bemessungskriterien für eine völlige Ungeeignetheit anzulegen sind. Fest steht insofern, dass sich die Ungeeignetheit nur selten aus der Natur des Beweismittels selbst ergibt, weil es an allgemeinen Kennzeichen für die Untauglichkeit fehlt.[660] Erforderlich ist vielmehr eine auf die Umstände des Einzelfalls bezogene Entscheidung, aufgrund derer es als völlig ausgeschlossen erscheint, dass die unter Beweis gestellte Tatsache durch das benannte Beweismittel nachgewiesen werden kann.[661] Rechtsprechung und Literatur haben zur Handhabung des Begriffs der „völligen Ungeeignetheit“ Fallgruppen gebildet, die dem Rechtsanwender den Umgang und die Einordnung von Beweisanträgen, die als „völlig ungeeignet“ in Betracht kommen, ermöglichen sollen.

Eine abstrakt-objektive Ungeeignetheit liegt etwa dann vor, wenn die Tatsache dem Zeugenbeweis überhaupt nicht zugänglich ist.[662] Beim Sachverständigenbeweis ist eine Ungeeignet etwa dann gegeben, wenn für die Bekundung Sachverstand nicht erforderlich ist[663] oder wenn dem Sachverständigen die für das Gutachten erforderlichen tatsächlichen Grundlagen nicht verschafft werden können.[664]

---

658 BGH StV 2002, 352, 352; BGH b. Holz, MDR 1982, 282, 283; BGH StV 1993, 232, 233; LR-*Becker*, § 244 Rn. 232; KK-*Herdegen* (5. Auflage), § 244 Rn. 78.

659 So BGH StV 202, 352, 352.

660 Vgl. *ter Veen*, S. 139.

661 LR-*Becker*, § 244 Rn. 230.

662 *Eisenberg*, Rn. 216.

663 *Eisenberg*, Rn. 216.

664 BGHSt 14, 339, 342 f.

Im Weiteren kann sich die Ungeeignetheit eines Beweismittels auch aus konkret-objektiven Umständen ergeben. Völlig ungeeignet sind beispielsweise der taube Zeuge, der für etwas benannt wird, was er gehört hat oder der blinde Zeuge, der bekunden soll, was er gesehen hat.[665] Allgemein kann demnach formuliert werden, dass völlige Ungeeignetheit beim Zeugenbeweis dann vorliegt, wenn der Zeuge wegen dauernder körperlicher oder geistiger Gebrechen oder wegen einer vorübergehenden geistigen Störung die in sein Wissen gestellte Wahrnehmung nicht machen konnte.[666] Beim Sachverständigenbeweis soll sich die konkret-objektive Ungeeignetheit etwa daraus ergeben, dass die in Betracht kommende Untersuchungsmethode unausgereift ist oder ihr keinerlei Beweiswert zukommt.[667]

Die Betonung ist jedoch darauf zu legen, dass der Beweiswert zur Annahme völliger Ungeeignetheit bei null liegen muss. Ein geminderter, geringer oder zweifelhafter Beweiswert darf dabei keinesfalls mit völliger Ungeeignetheit des Beweismittels gleichgesetzt werden.[668] Für den denkbaren Fall, dass sich die Minderwertigkeit eines Beweises aus dem bisherigen Beweisergebnis andeuten könnte,[669] hat der 1. Senat des BGH die Nichtanwendbarkeit der Figur der „völligen Ungeeignetheit" wie folgt begründet: Sollten Beweise minderer oder zweifelhafter Qualität vor ihrer Erhebung vom Verfahren ausgeschlossen werden, so würde hierdurch der legitime Versuch eines Prozessbeteiligten verhindert, die aus den gebrauchten Beweismitteln erwachsenen Vorstellungen von den zu untersuchenden Ereignissen oder Zuständen durch einen Gegenbeweis auszuräumen, und damit die dem Gericht obliegende vollständige Aufklärung des Sachverhalts beeinträchtigen.[670] Allgemein kann formuliert werden, dass der Umstand, dass das Beweismittel nur relativ ungeeignet ist, sich also im Vorhinein nur beurteilen lässt, dass seine Benutzung für die Beweisfrage keine sicheren Schlüsse zulässt, das Gericht nicht gemäß § 244 Abs. 3 S. 2, 4. Alt. StPO zur Ablehnung des Beweisantrags berechtigt.[671]

---

665 LR-*Becker*, § 244 Rn. 233; Alsberg-*Güntge*, Rn. 1184.
666 Meyer-Goßner/Schmitt-*Meyer-Goßner*, § 244 Rn. 59.
667 *Eisenberg*, Rn. 219.
668 BGH StV 1993, 508, 508; KG StV 1993, 120, 120.
669 Vgl. insofern vorstehenden Punkt 4. Kapitel 1. Abschnitt I. 2. c. aa.
670 BGH StV 1993, 508, 508.
671 Vgl. Alsberg-*Güntge*, Rn. 1188.

### d. Ergebnis

Zusammenfassend ist hier Folgendes festzuhalten: Der Ablehnungsgrund der völligen Ungeeignetheit stellt eine Ausnahme vom Beweisantizipationsverbot dar. Diese Ausnahme greift zwar nicht nur dann, wenn dies aufgrund eines nicht falsifizierbaren Erfahrungssatz festgestellt werden kann. Es ist aber auch zu weitgehend, eine völlige Ungeeignetheit bereits dann anzunehmen, wenn aufgrund des bisherigen Beweisergebnisses vermutet werden könnte, das angestrebte Beweisergebnis lasse sich mit dem betreffenden Beweisantrag nicht erreichen. Richtigerweise ist zur Feststellung völliger Ungeeignetheit nur darauf zu achten, ob sich das konkrete Beweisergebnis mit dem entsprechenden konkreten Antrag beweisen lässt. Das Ergebnis anderer, bereits erhobener Beweise, ist außer Acht zu lassen. Die völlige Ungeeignetheit muss stattdessen für jeden Einzelfall festgestellt werden. Ein minderer oder zweifelhafter Beweiswert kann nie zur völligen Ungeeignetheit führen. Nur absolut untaugliche Beweismittel können wegen völliger Ungeeignetheit abgelehnt werden.

Das impliziert zwar einerseits, dass ein absolut unzuverlässiges Beweismittel, wie beispielsweise der „als Ohrenzeuge benannte Taube" aus dem Verfahren herausgehalten und insofern eine Qualitätsauswahl getroffen wird. Andererseits gilt dies aber auch nur für Beweismittel, die von vornherein einen offensichtlich gegen null tendierenden Beweiswert haben. Nicht umfasst ist die große Gruppe qualitativ lediglich minderwertiger Beweise.

Der Ablehnungsgrund der völligen Ungeeignetheit kann somit in der Regel nicht dazu führen, dass qualitativ minderwertige Beweise aus dem Verfahren ausgeschlossen werden. Sein Zweck liegt vielmehr darin, nutzlose Beweiserhebungen, welche nicht der Sachaufklärung dienen, sondern nur auf eine Prozessverschleppung hinauslaufen, zu verhindern.[672] Soweit hierdurch qualitativ völlig untaugliche Beweismittel ausgeschlossen werden, stellt dies lediglich einen Nebeneffekt dar. Als Vorschrift, die auch die Qualität der zu erhebenden Beweise zu sichern sucht, ist § 244 Abs. 3 S. 2, 4. Alt. StPO nur am äußersten Rande zu verstehen.

672 RG St 58, 378, 380; RG St 63, 329, 331; BGH St 14, 339, 342; BayObLG MDR 1981, 338, 338; Alsberg-*Güntge*, Rn. 1177.

## II. Beurteilung der Qualität von Beweisen abseits fest geschriebener Regeln

Unter Punkt I. wurde erläutert, auf welche Weise das Beweisrecht mit gesetzlichen Regeln auf die Qualität der erhobenen Beweise einzuwirken versucht. Es hat sich ergeben, dass sich Qualitätsaspekte hier im Grunde nur unter der Vorschrift des § 250 StPO finden lassen. Zu untersuchen ist nun im Weiteren, ob, und wenn ja, welche Wege beschritten werden, um den Einfluss qualitativ minderwertiger Beweise auf ein späteres Urteil zu unterbinden. In Betracht kommt insofern, dass das allgemeine Verfahrensrecht die Voraussetzungen dafür schafft, die Qualität der Beweise abseits fest geschriebener Regeln beurteilen zu können. Um sich diesem Aspekt zu nähern, sollen die allgemeinen Verfahrensgrundsätze beleuchtet werden, insbesondere unter Berücksichtigung der Vorgehensweise des Strafrichters im Ablauf eines Strafverfahrens. Diese kann in zwei Phasen eingeteilt werden: Der Strafrichter rekonstruiert den Sachverhalt, der den Gegenstand der Anklage bildet und würdigt ihn sodann selbst.[673]

Es bieten sich unter Zugrundelegung dessen vordergründig zwei Ebenen an, auf denen zwischen qualitativ hochwertigen und qualitativ minderwertigen Beweisen differenziert werden könnte. Dies sind die von dem Tatgericht bestimmten Ebenen der Beweissammlung und der Beweiswürdigung. Eine etwaige Selektion könnte einerseits bereits in der Phase der Stoffsammlung, aber auch in der Phase der späteren Würdigung aller – auch der möglicherweise minderwertigen Beweise – erfolgen. Im Folgenden sind beide Ebenen auf ihren Umgang mit qualitativ minderwertigen Beweisen hin zu untersuchen. Sodann ist nach ihrem Verhältnis zueinander zu fragen.

### 1. Die Aufklärungspflicht gemäß § 244 Abs. 2 StPO

Zunächst soll auf die richterliche Aufklärungspflicht eingegangen werden. Gemäß § 244 Abs. 2 StPO hat das Gericht die Beweisaufnahme zur Erforschung der Wahrheit auf alle Tatsachen und Beweismittel zu erstrecken, die für die Entscheidung von Bedeutung sind. Die Pflicht zur vollständigen und erschöpfenden Wahrheitsermittlung bedingt, dass das Gericht

673 *Schmitt*, S. 180; *Kunert* GA 1979, 401, 401.

vom Vorliegen sämtlicher entscheidungserheblicher Tatsachen überzeugt sein muss und zu diesem Zweck Beweismittel zur Bildung aber auch Überprüfung einer Überzeugung heranziehen muss, soweit dazu ein Anlass besteht.[674] Das Gericht hat hernach darauf hinzuarbeiten, dass die herangezogenen Beweise erschöpfend ausgewertet werden.[675]

Bereits bei Auswahl der hinzuzuziehenden Beweise hat das Gericht jedoch darauf zu achten, dass die Beweiserhebung eine bestmögliche Sachnähe aufweist. Nach § 244 Abs. 2 StPO hat das Gericht sich des sachnächsten Beweismittels zu bedienen und dieses in der nach den Gegebenheiten bestmöglichen Form zu verwenden.[676] Es stellt einen Verstoß gegen die Pflicht zur umfassenden Aufklärung dar, wenn das Gericht ein erreichbares sachnäheres Beweismittel nicht nützt.[677]

Das Aufklärungsgebot verlangt demnach nicht nur die vollständige, sondern auch die nach der Sach- und Beweislage optimale Erforschung des Sachverhalts.[678] Die Erhebung des bestmöglichen Beweises bedingt, dass es sich hierbei häufig – bezogen auf das Beweisthema – um den sachnäheren Originalbeweis handelt, dessen Aussageinhalt selbst den Schluss auf das Vorliegen oder Nichtvorliegen eines entscheidungserheblichen Umstandes zulässt.[679] Das Gericht darf sich deshalb bei der Auswahl unter

674 *Eisenberg*, Rn. 11. Wie weit die Aufklärungspflicht dabei im Einzelfall geht, ist umstritten. Einige Formulierungen gehen so weit, dass „das Gericht alle Beweismittel ausschöpfen müsse, wenn auch nur die entfernte Möglichkeit einer Änderung der bisher begründeten Vorstellung von dem zu beurteilenden Sachverhalt bestehe (so BGHSt 23, 176, 188; 30 131, 141). Dies geht nach der wohl herrschenden Ansicht zu weit: der Tatrichter könne nicht jeder „entfernten Möglichkeit" nachgehen, nicht das gedanklich nicht Ausschließbare zum Kriterium der Aufklärungspflicht machen. Von einer Beweiserhebung könne deshalb dann abgesehen werden, wenn der Tatrichter für seine Prognose, dass die Beweiserhebung nicht zu relevanten Ergebnissen führen werde, Gründe habe, die in hohem Maße plausibel seien (KK-*Herdegen* (5. Auflage), § 244 Rn. 21; ähnlich BGH NStZ-RR 1996, 299, 299; Meyer-Goßner/Schmitt-*Meyer-Goßner*, § 244 Rn. 12 („verständige Würdigung der Sachlage"); BGHSt 36, 159, 165). Der Anlass für das Gericht, trotz der erlangten Überzeugung weitere erkennbare Beweismöglichkeiten zu benutzen, sei desto größer, je weniger gesichert ein Beweisergebnis erscheine und je gewichtiger die Unsicherheitsfaktoren seien (BGH StV 1996, 249, 249).

675 Vgl. etwa BGHSt 29, 109, 112.

676 BGHSt 46, 73, 79; BGHSt 31, 148, 152.

677 BGHSt [GS] 32, 115, 123.

678 KK-*Krehl*, § 244 Rn. 36.

679 BVerfGE 57, 250, 277.

mehreren Beweismitteln regelmäßig nicht damit begnügen, den mit der Gefahr größerer Unzuverlässigkeit behafteten sachferneren Beweis zu erheben, sofern qualitativ bessere Beweismittel zur Verfügung stehen.[680] Die höherwertige Beweisstufe hat Vorrang gegenüber einer geringerwertigen.[681] Generell wird man formulieren dürfen: Wo das Gesetz mehrere Wege zur Gewinnung von Beweisstoff und zur Ermittlung des Beweiswertes von Beweismitteln offen lässt, muss der einzuschlagende Weg in Berücksichtigung und Abwägung der im Einzelfall von Gesetzes wegen zu beachtenden Zwecke gefunden werden und stets wird einer dieser Zwecke die bestmögliche „Erforschung der Wahrheit" sein, das heißt die im Rahmen der Gegebenheiten optimale „Ausschöpfung" der Beweismittel unter dem zweifachen Aspekt der Gewinnung von Beweisstoff für die Sachverhaltsannahmen und von „Hilfstatsachen" des Beweises zur Beweiswert-Beurteilung.[682]

Als Ergebnis ist festzuhalten, dass die Phase der Beweissammlung – vorbehaltlich der Ausübung des Beweisantragsrechts der Verfahrensbeteiligten – wesentlich durch das Tatgericht bestimmt wird. Dieses ist verpflichtet, den Sachverhalt optimal zu erforschen, weshalb beispielsweise immer der sachnähere Beweis dem sachferneren Beweis vorgezogen werden soll. Bei dieser Vorgehensweise stehen eindeutig Qualitätsaspekte im Vordergrund. Aufgrund der Tatsache, dass das Tatgericht im Rahmen der ihm obliegenden Aufklärungspflicht die Beweise auswählt, die erhoben werden sollen, mithin auch den sachnäheren dem sachferneren Beweis vorzuziehen hat, wird diese Qualitätsauswahl durch die individuelle richterliche Entscheidung getroffen.

### 2. Die freie Beweiswürdigung gemäß § 261 StPO

Als weitere Norm, die in ihrer Anwendung Berührungspunkte mit der Beurteilung der Qualität eines Beweises aufweist, kommt § 261 StPO in Betracht. Im Folgenden ist zu untersuchen, inwieweit Qualitätsaspekte in der Norm des § 261 StPO zu Tage treten, bzw. in deren Zusammenhang zu berücksichtigen sind.

---

680 BVerfGE 57, 250, 277. Zu den Ausnahmen von der steten Geltung des Gebots: KK-*Herdegen* (5. Auflage), § 244 Rn. 25 b.

681 *Eisenberg*, Rn. 13.

682 KK-*Herdegen* (5. Auflage), § 244 Rn. 25.

a. Allgemeine Grundsätze

Oben[683] wurde bereits im Kontext der dort zu untersuchenden Behandlung des Zeugenbeweises dargestellt, was unter der richterlichen Überzeugungsbildung, mithin unter der persönlichen Gewissheit des Richters zu verstehen ist. Die richterliche Überzeugung bezieht sich letztendlich auf die Frage, ob eine bestimmte Tat durch eine bestimmte Person begangen wurde. Die Strafbarkeit nach einer bestimmten Strafnorm setzt aber voraus, dass der Täter alle der ihr innewohnenden Tatbestandsmerkmale erfüllt hat. Es genügt mithin nicht, dass das Gericht pauschal von der Schuld eines Tatverdächtigen überzeugt ist. Erforderlich ist vielmehr, dass die richterliche Überzeugung sich auf das Vorliegen von Tatsachen, die dann unter die Tatbestandsmerkmale eines Straftatbestandes zu subsumieren sind, erstreckt. Es stellt sich insofern die Frage, wie das Gericht seine Überzeugung hinsichtlich des Vorliegens eines einzelnen Beweises bildet und ob, bzw. auf welche Weise, in diesem Zusammenhang Qualitätsaspekte eine Rolle spielen.

Der Richter bildet seine Überzeugung aufgrund der von ihm vorzunehmenden freien Beweiswürdigung. „Freie Beweiswürdigung" bedeutet insofern, dass der Richter nicht mehr – wie zum Beispiel im gemeinrechtlichen Prozess – an gesetzliche Beweisregeln oder Richtlinien gebunden ist, sondern die Beweismittel und ihren Wert selbst beurteilen muss.[684] Es wird damit dem Umstand Rechnung getragen, dass es allgemein gültige Regeln, die mit Sicherheit auch im Einzelfall Geltung beanspruchen können, nicht gibt, da sich der Wert eines Beweismittels nicht abstrakt beurteilen lässt.[685] Der Tatrichter fügt die für seine Überzeugungsbildung verwerteten Beweisanzeichen zusammen und würdigt sie sodann unter allen für ihre Beurteilung maßgeblichen Gesichtspunkten.[686] Im Rahmen der freien Beweiswürdigung werden mithin alle erhobenen Beweise auf ihren wirklichen Beweiswert geprüft und danach abgewogen.[687]

Der Wert eines Beweises wird im konkreten Fall festgestellt.[688] Im Beispiel einer getätigten Zeugenaussage bedeutet dies, dass etwa der persönli-

683 Vgl. 2. Kapitel, 3. Abschnitt II.
684 *Schmitt*, S. 188.
685 *Meurer* in FS Oehler, S. 357.
686 Vgl. BGHSt 12, 311, 312.
687 BGHSt 18, 238, 241.
688 KK-*Ott*, § 261 Rn. 29.

che Gesamteindruck einer Aussageperson, die Art und Weise ihrer Bekundung, die innere Wahrscheinlichkeit ihrer Schilderung und zahlreiche weitere Umstände den Wert der Aussage bestimmen.[689] Das Tatgericht darf der unbeeideten Aussage glauben und der beeideten nicht, es darf die Angaben eines wegen Meineids Vorbestraften für wahr erachten und dem Angeklagten gegenüber einer Vielzahl von Belastungszeugen glauben.[690]

Folge dieser Herangehensweise ist, dass es grundsätzlich kein „Alles oder Nichts" in dem Sinne gibt, dass der Richter einem Beweis entweder komplett folgt oder ihn gänzlich ablehnt. Beispielsweise kann das Gericht in einer Zeugenaussage doch eine gewisse Tendenz, einen Hinweis auf ein bestimmtes Beweisergebnis erblicken, auch wenn gewisse Zweifel an der Glaubwürdigkeit der Beweisperson oder der Glaubhaftigkeit der gesamten Aussage bestehen.

#### b. Besonderheit beim Sachverständigenbeweis

Nicht vollständig in dieses Schema passt allerdings der Sachverständigenbeweis. Bereits oben[691] ist bezüglich der beweiswürdigungsrechtlichen Herangehensweise beim Sachverständigenbeweis ausgeführt worden, dass im Rahmen der Beweiswürdigung zunächst die Frage der Entscheidungsrelevanz zu beantworten ist. Nach Beantwortung der Teilfrage „Entscheidungsrelevanz" ist dann weiter zu fragen, inwieweit die gutachterlichen Äußerungen, die zu einem entscheidungsrelevanten Thema gemacht werden, inhaltlich als richtig anzunehmen und damit zur Entscheidungsgrundlage zu machen oder als inhaltlich falsch zu verwerfen und damit als Entscheidungsgrundlage abzulehnen sind.

Auch bereits oben ist dabei ausgeführt worden, dass es hier nur zwei mögliche Ergebnisse gibt. Entweder ein Gutachten ist zu einem bestimmten Punkt korrekt – dann kann und muss es in dem Sinne verwertet werden, als es als Entscheidungsgrundlage herangezogen wird. Ist ein Gutachten dagegen fehlerhaft, kann es nicht als Entscheidungsgrundlage herangezogen werden und ist inhaltlich zu verwerfen.

Hier zeigt sich ein Unterschied zu den allgemeinen Grundsätzen der Beweiswürdigung im Hinblick auf die Bewertung des einzelnen Beweises.

---

689 BGHSt 18, 238, 241.
690 Vgl. *Schmitt*, S. 188 f.
691 Vgl. 3. Kapitel, 3. Abschnitt II. 1.

Während es hier auch „Zwischenformen“ zwischen „vollwertigen“ und „wertlosen“ Beweisen gibt, gilt dies nicht für den Sachverständigenbeweis. Zwar findet ein jedes Sachverständigengutachten Eingang in die Beweiswürdigung – kommt das Gericht allerdings zu dem Ergebnis, dass das Gutachten inhaltliche Fehler aufweist oder ist das Gutachten aufgrund mangelnder Transparenz unbrauchbar, wird es in diesem Punkt komplett als Entscheidungsgrundlage ausgeschlossen. Einen minderwertigen Sachverständigenbeweis gibt es insofern nicht.

#### c. Zwischenergebnis

Als Zwischenergebnis ist an dieser Stelle festzuhalten, dass die Qualität eines Beweismittels im Rahmen der freien Beweiswürdigung klassifiziert wird. Der Tatrichter hat hier individuell zu beurteilen, welches Beweismittel tauglich und welches besser ist. Die Beurteilung des Wertes eines Beweises erfolgt hier individuell und abseits gesetzlicher Regelungen. Es steht dem Richter frei, einen Beweis als „vollwertig“, „wertlos“ oder – als Zwischenform – „minderwertig“ zu beurteilen.

In der Systematik der Beweiswürdigung und hier insbesondere im Hinblick auf die Frage, wie die Qualität von Beweisen beurteilt wird, stellt der Sachverständigenbeweis eine besondere Unterform dar. Er findet zwar ebenfalls immer Eingang in die Beweiswürdigung; einen „minderwertigen“ Sachverständigenbeweis gibt es jedoch nicht. Entweder das Ergebnis eines Gutachten wird zur Entscheidungsgrundlage gemacht oder anderenfalls komplett als solche ausgeschlossen.

### 3. Verhältnis zwischen freier Beweiswürdigung und Aufklärungspflicht

Aus den Vorstehenden Ziffern 1. und 2. ergibt sich, dass in beiden Phasen der von dem Strafrichter vorzunehmenden Tätigkeiten, mithin sowohl im Rahmen der Beweisstoffsammlung, als auch im Rahmen der späteren Würdigung der erhobenen Beweise, ein Instrumentarium, anhand dessen der Ausschluss minderwertiger Beweise vorgenommen werden könnte, nicht existiert. Eine Ausnahme bildet lediglich der ebenfalls vorstehend beschriebene Sonderfall der Behandlung fehlerhafter Sachverständigengutachten, Eine Selektion der Beweise als solche findet jedoch grundsätzlich mit Ausnahme des „Sonderfalls Sachverständigengutachten“ nicht statt.

In der Phase der Stoffsammlung existiert das Prinzip der Erhebung des sachnäheren Beweises – um einen Ausschluss minderwertiger Beweise handelt es sich hierbei jedoch nicht. Im Rahmen der Beweiswürdigung wird der Wert der erhobenen Beweise gegeneinander abgewogen und bestimmt.

Festzustellen ist damit, dass Qualitätsaspekte, wenn auch Verstöße gegen Qualitätsaspekte nicht durch den Einsatz rigoroser Mittel, wie etwa durch Ausschluss minderwertiger Beweise geahndet werden – diese Folge tritt lediglich beim oben beschriebenen „Sonderfall Sachverständigengutachten“ ein –, so doch sowohl im Rahmen der Stoffsammlung als auch im Rahmen der Beweiswürdigung eine Rolle spielen, als in beiden Phasen klar die Intention erkennbar ist, die möglichst qualitativ hochwertigsten Beweise zur Geltung kommen zu lassen.

Um weiter der Frage der Beurteilung der Qualität von Beweisen abseits fest geschriebener Regeln nachgehen zu können, mithin um ein einheitliches Bild der Tätigkeit des Tatrichters zur Erlangung hochwertiger Beweise zu erlangen, ist nun zu fragen, in welchem Verhältnis die Phasen der Stoffsammlung und Beweiswürdigung zueinander stehen. Wie bereits ausgeführt, befassen sich beide Phasen – allerdings aus unterschiedlichen Warten – mit der Qualität der zu erhebenden Beweise. Zu untersuchen ist nun, wie sich der Grundsatz der richterlichen Aufklärungspflicht zu dem Grundsatz der freien richterlichen Beweiswürdigung verhält und welche Rückschlüsse hierdurch auf den Aspekt „Erhebung qualitativ hochwertiger Beweise“ gezogen werden können.

#### a. Erste Ansicht: Spannungsverhältnis

Einer Ansicht zufolge stehen Aufklärungspflicht und freie richterliche Überzeugung in einem gewissen Spannungsverhältnis.[692] Der Richter könne beispielsweise einer Behauptung auch dann glauben, wenn sie nicht Gegenstand der Beweiserhebung war, da es für seine persönliche Gewissheit genügen könne, dass sie ihm aufgrund des sonstigen Beweisergebnis-

---

692 So etwa KK-*Krehl*, § 244 Rn. 29; *Sarstedt/Hamm* II, Rn. 518; *Wessels* JuS 1969, 1, 7.

ses als wahr erscheine.[693] Das Spannungsverhältnis zwischen den genannten Vorschriften ergebe sich in dieser Konstellation daraus, dass obwohl der gemäß § 244 Abs. 2 StPO bestehenden Aufklärungspflicht nicht vollständig nachgekommen werde, ein Beweiswürdigungsfehler hieraus nicht folge. Die auf der Verletzung des § 244 Abs. 2 StPO gründende Aufklärungsrüge besage dagegen, der Tatrichter sei zwar von dem Sachverhalt, wie er ihn feststellt, überzeugt gewesen, er hätte aber nicht von ihm überzeugt sein dürfen, jedenfalls noch nicht, nicht ohne weitere Ermittlungen, nicht schon aufgrund dieser Hauptverhandlung.[694]

Weiterhin ergebe sich ein Spannungsverhältnis auch daraus, dass der Richter entlastende Behauptungen als unglaubhaft zurückweisen könne, auch wenn sich ihr Gegenteil nicht feststellen ließe.[695] Diese zweite Konstellation betrifft die Fallgestaltung, dass eine auf § 244 Abs. 2 StPO basierende Beweiserhebung zwar zu einem bestimmten Ergebnis geführt hat, der Tatrichter dieses jedoch durch die von ihm vorgenommene Beweiswürdigung als nicht gegeben angesehen habe.

Das Problem der Aufklärungsrüge liege also darin, dass sie dem Tatrichter bei einer nach dem Grundsatz „in dubio pro reo“ erfolgten Entscheidung zugunsten des Angeklagten zum Vorwurf mache, dass er die vorhandenen Möglichkeiten zur Überwindung seiner Zweifel nicht ergriffen und nicht alles getan habe, um zur vollen Überzeugung zu gelangen, während die den Schuldspruch bekämpfende Aufklärungsrüge den Vorwurf impliziere, der Tatrichter habe eine voreilige, ungenügend fundierte Überzeugung gebildet, die bei vollständiger Beweiserhebung noch hätte erschüttert werden und zu einem anderen Ergebnis hätte gelangen können.[696] Die Aufklärungsrüge setze sich damit in Widerspruch zu § 261 StPO, der gerade in diesem Punkte den Tatrichter freistelle, auch von Eingriffen durch den Revisionsrichter.[697]

---

693 KK-*Krehl*, § 244 Rn. 29.
694 *Sarstedt/Hamm* I, Rn. 247.
695 KK-*Krehl*, § 244 Rn. 29.
696 *Wessels* JuS 1969, 1, 6.
697 *Sarstedt/Hamm* I, Rn. 247.

### b. Vereinheitlichende Ansicht

Teilweise wird die vorgenannte Ansicht, wonach die Grundsätze der Aufklärungspflicht und der freien Beweiswürdigung in einem Spannungsverhältnis stünden, kritisiert. Das Aufklärungsgebot sei kein der freien Beweiswürdigung gegensätzliches Prinzip, sondern notwendige Voraussetzung dafür, dass das abschließende Bewerten der Beweise der Forderung nach prozessualer Gerechtigkeit möglichst nahe komme.[698]

Die erstgenannte Auffassung gehe fehl, weil sie sich zu sehr auf die subjektive Komponente der Überzeugung im Sinne des § 261 StPO beziehe. Zu berücksichtigen sei vielmehr, dass sich auch die richterliche Überzeugung im Rahmen des § 261 StPO auf eine objektive Tatsachengrundlage stützen müsse.[699] Bei dem erforderlichen Aufklärungsumfang gehe es infolgedessen nicht darum, ob das Gericht nach der bisherigen Beweisaufnahme von einem bestimmten Sachverhalt aufgrund seiner (freien) Würdigung bereits überzeugt sei; zu fragen sei vielmehr, ob es im Hinblick auf die bestehende Beweislage von seiner Sachverhaltsannahme „überzeugt“ sein könne und dürfe, d.h., ob es alle erreichbaren Erkenntnismittel ausgeschöpft habe, die seine Überzeugungsbildung so oder so beeinflussen könnten.[700]

Quintessenz dieser Auffassung ist, dass das Unterlassen einer möglicherweise relevanten Beweiserhebung zugleich eine Lücke in der für die freie Beweiswürdigung erforderlichen objektiven Tatsachengrundlage nach sich ziehen muss.[701] Ein Verstoß gegen § 244 Abs. 2 StPO ziehe demzufolge automatisch einen Verstoß gegen § 261 StPO nach. Die Beibringung, bzw. das Vorhandensein aller erforderlichen Beweise im Sinne von § 244 Abs. 2 StPO und die für eine Beweiswürdigung im Sinne des § 261 StPO erforderliche objektive Tatsachengrundlage bezögen sich insofern auf das gleiche Maß. Die Prinzipien ergänzen sich dieser Auffassung zufolge, statt sich zu widersprechen.

---

698 *Schmitt*, S. 393.

699 Im Anschluss an die bereits oben geführte Diskussion muss „objektive Tatsachengrundlage“ in diesem Zusammenhang bedeuten, dass aufgrund feststehender Indizien eine hohe Wahrscheinlichkeit dafür gegeben sein muss, dass sich ein Geschehen in einer gewissen Weise abgespielt habe.

700 *Schmitt*, S. 393.

701 Vgl. *Schmitt*, S. 393.

### c. Ergebnis

Im Ergebnis finden sich in beiden vorstehend dargestellten Ansichten Ansatzpunkte, die zusammen genommen ein zutreffendes Bild des Verhältnisses zwischen Aufklärungspflicht und Beweiswürdigung zeichnen. Ersterer Auffassung ist zuzugeben, dass es richtig ist, dass ein System der freien Beweiswürdigung der komplementären Ergänzung durch Vorschriften bedarf, die sicherstellen, dass die Freiheit nicht grenzenlos wird und das Gebiet der Bestimmung des Umfangs der Beweisaufnahme usurpiert.[702] Eine auf der Grundlage freier Selektion des Tatsachenmaterials gebildete freie Überzeugung wird mit Recht als unerträglich bezeichnet.[703] Eine auf willkürlicher Sammlung des Beweisstoffes basierende Beweiswürdigung wird aber auch von niemandem bezweckt. Auch die zweitgenannte Auffassung fordert eine Sachaufklärung, die eine optimale Erforschung des Sachverhaltes garantiert und die den Richter dazu zwingt, nach objektiven Kriterien zu entscheiden, ob alle erreichbaren Erkenntnismittel ausgeschöpft sind, die seine Überzeugungsbildung in die eine oder andere Richtung beeinflussen können.[704]

Es stellt sich vielmehr die Frage, ob Aufklärungspflicht und freie Beweiswürdigung derart rigoros als gegensätzliche Prinzipien bezeichnet werden können und ob eine andere Sichtweise tatsächlich zwingend zu einer freien Selektion des Beweisstoffes führen würde. Denn auch die erstgenannte Auffassung sieht die Beweisprinzipien in einem Wechselspiel:[705] Der Richter rekonstruiert den Tatvorgang in Gestalt von Vorstellungsinhalten, die er im Urteil darlegt, und er würdigt, was er selbst rekonstruiert hat; die Qualität seiner Wertung hängt von der Qualität des Objekts der Wertung ab.[706]

Nichts anderes bringt die zweitgenannte Auffassung zum Ausdruck, wenn sie davon spricht, dass eine trennscharfe Unterscheidung der Prinzipien in der Verfahrenswirklichkeit als äußerst schwierig, wenn nicht gar unmöglich erscheint. Bereits beim Festlegen des Prozessablaufs durch den Vorsitzenden werden gedankliche Elemente eine wesentliche Rolle spielen, die man auch als „vorweggenommene Beweiswürdigung“ bezeichnen

---

702 So *Kunert* GA 1979, 401, 413.

703 So *Herdegen* NStZ 1984, 97, 97.

704 Vgl. *Schmitt*, S. 393.

705 KK-*Herdegen* (5. Auflage), § 244 Rn. 26.

706 *Herdegen* NStZ 1984, 97, 97.

kann: Es werden beispielsweise Auswahl und Reihenfolge der zu vernehmenden Zeugen nicht zweckfrei, sondern im Hinblick auf das bisherige Ergebnis der Ermittlungen bestimmt.[707] Das Bewerten verstärkt sich mit Fortlauf der Verhandlung – etwa wenn neue Beweismittel hinzugezogen werden müssen oder bereits avisierte Beweismittel entbehrlich werden. Es entsteht insoweit ein dynamischer Prozess zwischen Beweissammlung und vorläufiger Beweiswürdigung, der dazu führt, dass beide Phasen ineinander übergehen und eben nicht strikt voneinander zu trennen sind.[708]

Genau dies soll meines Erachtens auch zum Ausdruck gebracht werden, wenn erstgenannte Auffassung von einem „Wechselspiel" der Prinzipien spricht. In neueren Publikationen wird dementsprechend auch von Vertretern dieser Auffassung formuliert, dass ein Ergänzungsverhältnis zwischen einer notwendigerweise unzulänglichen Beweiserhebung, der ebenso notwendigerweise unzulänglichen Beweiswürdigung und der Existenz eines autonomen Beweisantragsrechts als „asymptotische" Annäherung an die Wahrheitsfindung besteht.[709] Dies ähnelt der Argumentation Schmitts, derzufolge eine Verletzung der Aufklärungspflicht auch eine fehlerhafte Beweiswürdigung – da auf nicht objektiver Tatsachengrundlage – zur Folge habe.

Zusammenfassend ist über die Grundsätze der Aufklärungspflicht, der freien Beweiswürdigung und das Verhältnis der beiden Konstrukte zueinander Folgendes zu sagen: Die Aufklärungspflicht stellt sich nicht als starres Konstrukt dar, und auch das Wesen der freien Beweiswürdigung ist, da es durch die „freie richterliche Überzeugung" geprägt ist, grundsätzlich variabel. Beide Prinzipien knüpfen an eine objektiv nachvollziehbare Tatsachengrundlage an. Beweise sind nach § 244 Abs. 2 StPO nur dann zu erheben, wenn sich dies nach objektiver Beurteilung gebietet. Die richterliche Überzeugung nach § 261 StPO darf sich nur auf objektiv nachprüfbare Tatsachen beziehen.

Die Frage der Notwendigkeit des Erhebens weiterer Beweise erfordert vom Tatgericht eine ständige Überprüfung dahingehend, ob eine weitere Beweiserhebung nach objektiven Kriterien geboten erscheint. Das bedeutet, dass das Tatgericht bereits im Rahmen dieser Beurteilung sich die Frage stellen muss, ob eine entsprechende Beweiserhebung im Rahmen der späteren Urteilsfindung eine Rolle spielen wird, um die später zu bildende

---

707 *Schmitt*, S. 393.
708 Vgl. *Schmitt*, S. 394.
709 Vgl. *Sarstedt/Hamm*, Rn. 516.

richterliche Überzeugung auf ein entsprechendes Tatsachenfundament aufbauen zu können. Dies impliziert, dass das Tatgericht sich bereits zu diesem Zeitpunkt Gedanken über die Beweislage macht, die sich anbietenden Beweise ordnet und vorläufig nach ihrem Wert beurteilt. Es ist angesichts dessen nicht zutreffend, wenn Beweiserhebung und Beweiswürdigung in zwei strikt voneinander zu trennende Phasen unterteilt werden, wobei die zweite Phase erst nach vollständigem Abschluss der ersten Phase eingreife. Sicherlich setzt die Phase der Beweiswürdigung grundsätzlich erst nach der Phase der Stoffsammlung ein. Die Grenzen sind jedoch fließend. Es besteht ein ständiges Wechselspiel zwischen Erhebung der Beweise, vorläufiger Bewertung der Beweise und Beurteilung der Notwendigkeit, weitere Beweise zu erheben.

Der Grundsatz der freien Beweiswürdigung wirkt insofern auf die Phase der Stoffsammlung vor. Damit klärt sich ein wesentlicher Teil der Frage, welche Rolle der Qualitätsaspekt im deutschen Beweisrecht spielt, mithin, ob, und wenn ja, auf welche Art und Weise, eine Qualitätsauswahl erfolgt: Es ist der richterlichen Prüfung im Einzelfall überlassen, ob eine Beweiserhebung erfolgt, welches überhaupt ein taugliches und welches das bessere Beweismittel ist.

Aufgrund dessen kennt das Beweisrecht auch – abgesehen vom Reglungswerk des § 250 ff. StPO – keine festen Regeln über die Behandlung qualitativ minderwertiger Beweise. Die Beurteilung der Qualität der Beweise erfolgt durch das Tatgericht. Dieses befasst sich zunächst im Rahmen seiner Sachaufklärung unter vorläufiger Würdigung des Sachverhalts mit der Frage, welche Qualität ein Beweis wohl aufweist bzw. welcher Beweiswert ihm wohl zukommt. Nach gegebenenfalls erfolgter Beweiserhebung unterliegt es ebenfalls der Würdigung des Tatgerichts, welche Qualität und welche Zuverlässigkeit dem nun erhobenen Beweis zugesprochen wird.

## *2. Abschnitt: Beweisverbote*

Wie bereits oben ausgeführt, soll unter dem hiesigen Kapitel untersucht werden, ob sich im Beweisrecht eine einheitliche Linie, mithin eine Grundstruktur erkennen lässt, die eine bestimmte Vorgehensweise bei der Behandlung der an unterschiedlichen Fehlern leidenden Beweise vorgibt. Nachdem vorstehend die Frage der Behandlung qualitativ minderwertiger Beweise behandelt wurde, verbleibt nun die Auseinandersetzung mit den an rechtlichen Mängeln leidenden Beweisen. Es soll überprüft werden, ob sich hierdurch sowie aus der Gesamtstruktur des Beweisrechts Hinweise für die richtige Behandlung fehlerbehafteter Gegenüberstellungen finden lassen.

## I. Bedeutung und Begriff

Zweck des Strafverfahrens ist die Erforschung der materiellen Wahrheit.[710] Um diese zu erforschen, dürfen und müssen die Ermittlungsbehörden „im Prinzip rücksichtslos mit der Fackel hineinleuchten in das finsterste Dunkel".[711] Entsprechend dem Grundsatz der freien Beweiswürdigung ist das Gericht grundsätzlich frei in der Wahl der Mittel, die zur Ermittlung der Wahrheit dienlich sind.[712]

Jedoch gibt es selbst auferlegte Schranken der Erkenntnis, die das „Nichtbewiesenwerdendürfen" im Gegensatz zum „Nichtbewiesenwerdenkönnen" statuieren.[713] Eine an keine Grenzen gebundene Aufklärung von Straftaten würde die Gefahr der Zerstörung vieler gemeinschaftlicher und persönlicher Werte in sich bergen, weshalb der Strafprozess selbst in die sittlichen und rechtlichen Rangordnungen unseres Staates eingebettet ist.[714] Die Strafprozessordnung verlangt keine Wahrheitserforschung um jeden Preis.[715] Diese darf nur mit den prozessual zulässigen Mitteln und in prozessual zulässiger Weise unter Berücksichtigung anderer Werte erfolgen.[716] Hierdurch erfährt auch das Gebot umfassender Beweiswürdigung eine Ausnahme und wird insofern modifiziert.[717]

Zahlreiche Vorschriften der StPO setzen der Gewinnung und Verwertung bestimmter Beweise Schranken. Bennecke/Beling haben für diese Rechtssätze, „die entweder überhaupt eine bestimmte Thatsache dahingestellt zu lassen anbefehlen (...) oder bestimmte Beweismittel für unzulässig erklären", den Begriff der Beweisverbote geprägt.[718] Sie sind zum

710 KK-*Pfeiffer/Hannich*, Einleitung Rn. 117; LR-Kühne, Einl. Abschn. B Rn. 20.
711 So *Bennecke/Beling*, S. 2.
712 LR-*Schäfer (4. Auflage)*, Einl. Kapitel 14 Rn. 1.
713 *Bennecke/Beling*, S. 3.
714 *Roxin*, § 24 Rn. 19.
715 Vgl. BGH St 14, 358, 365.
716 *Eisenberg*, Rn. 329.
717 Vgl. *Eisenberg*, Rn. 109; KK-*Pfeiffer/Hannich*, 6. Auflage, Einleitung Rn. 120.
718 Vgl. *Bennecke/Beling*, S. 3.

einen als rechtsstaatliche Begrenzung der Aufklärungspflicht für Polizei und Staatsanwaltschaft und das Gericht –, und zum anderen als Ausdruck einer grundsätzlich rechtsstaatlichen Wertentscheidung, nach welcher lieber ein Schuldiger freigelassen als ein Unschuldiger verurteilt werden soll, zu verstehen.[719]

## II. Systematik

Im Folgenden soll ein kurzer Überblick über die Arten der Beweisverbote gegeben werden. Dabei ist darauf hinzuweisen, dass in diesem Bereich keine einheitliche Terminologie vorherrscht.[720] Im Allgemeinen kann der Oberbegriff der Beweisverbote jedoch in die Bereiche „Beweiserhebungsverbote" und „Beweisverwertungsverbote" unterteilt werden.[721]

### 1. Beweiserhebungsverbote

Wie bereits festgestellt, stellen Beweiserhebungsverbote Schranken für die Aufklärungspflicht auf und grenzen die freie Beweiswürdigung ein.[722] Beweiserhebungsverbote lassen sich grob in Beweisthemaverbote, Beweismethodenverbote und Beweismittelverbote untergliedern.

Beweisthemaverbote scheiden bestimmte Sachverhalte als Gegenstand strafprozessualer Beweisführung aus.[723] Bestimmte Tatsachen dürfen nicht zum Gegenstand der Beweisführung gemacht werden.[724] Die gesetzliche Regelung eines Beweisthemaverbotes findet sich beispielsweise in den §§ 61 f. BBG, 39 BRRG. Danach wird bei Staats- und Amtsgeheimnissen die gerichtliche Aufklärung für den Fall ausgeschlossen, dass keine Aussagegenehmigung erteilt wird.[725]

Das Verbot, bestimmte Beweismethoden zu beschreiten, ergibt sich aus einer anderen Sichtweise. Beim Beweismethodenverbot ist das zur Auf-

---

719 *Kühne*, Rn. 880.

720 *Eisenberg*, Rn. 335; *Kühne*, Rn. 881.

721 Vgl. KK-*Fischer*, Einleitung Rn. 385; Meyer-Goßner/Schmitt-*Meyer-Goßner*, Einl Rn. 50.

722 *Eisenberg*, Rn. 336; KK-*Fischer*, Einleitung Rn. 386.

723 KK-*Fischer*, Einleitung Rn. 386.

724 *Kühne*, Rn. 882.

725 *Roxin/Schünemann*, § 24 Rn. 17.

klärung gestellte Beweisthema als solches möglich und auch zulässig.[726] Lediglich die Art der Beschaffung des Beweismittels wird hier als unzulässig deklariert, während andere Methoden zur Aufklärung des Sachverhaltes zur Verfügung stehen.[727] Paradefall der Beweismethodenverbote sind die in § 136 a StPO aufgezählten Vernehmungsmethoden.

Beweismittelverbote betreffen wiederum an sich mögliche und zulässige Beweisthemen, schließen jedoch bestimmte persönliche oder sachliche Beweismittel von der Beweiserhebung aus.[728] Beispielhaft sei die Vernehmung von Personen angeführt, die von ihrem Zeugnis- oder Auskunftsverweigerungsrecht Gebrauch machen. Unzulässig ist es gemäß § 274 StPO beispielsweise auch, über die Beachtung der für die Hauptverhandlung vorgeschriebenen Förmlichkeiten anders als durch das Sitzungsprotokoll Beweis zu führen.

Als weitere Form der Beweiserhebungsverbote werden teilweise die relativen Beweisverbote geführt. Diese Verbotsgruppe bezieht sich auf eine zulässige Beweisgewinnung, die jedoch hinsichtlich der Voraussetzungen der Anordnung und Durchführung beschränkt wird.[729] So dürfen körperliche Eingriffe beispielsweise nur durch einen Arzt und nur auf Anordnung eines Richters erfolgen. Die relativen Beweisverbote werden jedoch teilweise als eigene Kategorie der Beweiserhebungsverbote geführt. Zumeist werden sie den Beweismittelverboten zugeordnet.[730]

## 2. Das Eingreifen von Beweisverwertungsverboten

Sind die rechtlichen Voraussetzungen, an die die Beweiserhebung geknüpft ist, nicht beachtet worden und liegt ein Verstoß gegen ein Beweiserhebungsverbot vor, so muss geprüft werden, ob die so erlangten Beweisergebnisse verwertet werden können.[731] Die Annahme eines Beweisverwertungsverbotes hat zur Folge, dass bestimmte Informationen und □eweisergebnisse nicht in die Beweiswürdigung, beziehungsweise die Ur-

726 Vgl. *Eisenberg*, Rn. 347; KK-*Fischer*, Einleitung Rn. 386.
727 Vgl. LR-*Schäfer* (4. Auflage), Einl. Kap. 14, Rn. 6.
728 Vgl. *Eisenberg*, Rn. 348.
729 *Eisenberg*, Rn. 355; *Roxin/Schünemann*, § 24, Rn. 15.
730 *Kühne*, Rn. 881. Vgl. auch KK-*Pfeiffer/Hannich*, 6. Auflage, Einleitung Rn. 119.
731 Vgl. *Roxin/Schünemann*, § 24 Rn. 21.

teilsfindung, einfließen dürfen.[732] Die Unterscheidung zwischen Erhebungs- und Verwertungsverboten betrifft somit die Frage, ob und inwieweit ein Beweis, der entgegen einem Verbot erhoben worden ist, bei der Urteilsfindung verwertet werden darf.[733] Fraglich ist, wann die Annahme eines Beweisverwertungsverbotes in Betracht zu ziehen ist.

### a. Gesetzliche Regelungen

Unproblematisch ist dies, soweit gesetzliche Regelungen ein solches anordnen. Dies ist jedoch nur selten der Fall. Ein gesetzliches und ausnahmslos zwingendes Verwertungsverbot weist die Strafprozessordnung lediglich in § 136 a Abs. 3 S. 2 StPO auf,[734] wonach Aussagen, die aus verbotenen Vernehmungsmethoden herrühren, auch dann nicht verwertet werden dürfen, wenn der Beschuldigte der Verwertung zustimmt. Aus dem Verstoß gegen ein Beweismethodenverbot folgt hier zwingend die Annahme eines Beweisverwertungsverbotes. Weitere gesetzliche Regelungen, die ein Beweisverwertungsverbot anordnen, finden sich beispielsweise in § 252 StPO und bestimmten Vorschriften des BZRG und der AO.[735]

In den §§ 98 b Abs. 3 S. 3, 100 b Abs. 5, 100 d Abs. 5 S. 3, Abs. 6, 100 h Abs. 3, 100 i Abs. 3 S. 2, 110 e StPO sind zudem strafprozessuale Verwendungsverbote enthalten, welche regeln, dass bestimmte, personenbezogene Daten in anderen Strafverfahren nicht verwendet werden dürfen, soweit diese nicht die Aufklärung besonders schwerwiegender Katalogstraftaten zum Gegenstand haben. Die Terminologie „Verwendungsverbot“ geht dabei auf den in den Vorschriften benutzten Begriff des „Verwendens“ zurück. Verschiedentlich ist dies im Sinne von „verwerten“ zu verstehen.[736] Teilweise werde „Verwendungsverbote“ insofern auch unter dem Begriff „Beweisverwertungsverbote“ eingeordnet.[737]

---

732 *Eisenberg*, Rn. 356.

733 LR-*Schäfer* (4. Auflage), Einl. Kap. 14 Rn. 13.

734 *Eisenberg*, Rn. 357.

735 Vgl. *Kühne*, Rn. 907.

736 *Eisenberg*, Fn. 7 zu Rn. 335 a.

737 Vgl. *Kühne*, Rn. 507. Nach Meyer-Goßner sind Verwendungsverbote dagegen von Verwertungsverboten zu unterscheiden (Meyer-Goßner/Schmitt-*Meyer-Goßner*, Einl Rn. 57 d), wobei er allerdings keine unterschiedlichen Merkmale auflistet.

### b. Ungeschriebene Beweisverwertungsverbote

Fraglich ist, in welchen Fällen ein Beweisverwertungsverbot angenommen werden kann, wenn dieses gerade nicht ausdrücklich geregelt ist. Teilweise wird die Annahme eines Beweisverwertungsverbotes als zwingende Folge des Verstoßes gegen ein Beweiserhebungsverbot angesehen, sofern das Urteil auf dem entsprechenden Beweis beruht. Die Revisionsmöglichkeiten – und Beweisverwertungsverbote können als revisionsrechtlich rügbare Interdikte der Benutzung der durch Verletzung von Beweiserhebungsverboten erlangten Informationen bezeichnet werden[738] – seien grundsätzlich unbeschränkt und umfassten alles, was an prozessualen Gesetzesverletzungen überhaupt in Frage komme.[739] Der Staat dürfe nicht folgenlos gegen die von ihm selbst geschaffenen Regeln verstoßen. Welche Folgen der Regelverstoß habe, ergebe sich in Ermangelung besonderer Vorschriften für den Strafprozess aus dem Revisionsrecht,[740] Gesetzesverstöße seien demnach dann allgemein rügbar und hätten insofern die Annahme eines Beweisverwertungsverbotes zur Folge, wenn das Urteil gemäß § 337 StPO auf ihnen beruhe.[741]

Vorgenannte Auffassung hat sich in Praxis und Literatur jedoch nicht durchsetzen können. Soweit der Gesetzgeber keine ausdrücklichen Regelungen geschaffen hat, gilt nach herkömmlicher Auffassung, dass nicht aus jedem Verstoß gegen ein Beweiserhebungsverbot automatisch ein Verwertungsverbot folgt.[742] Ein allgemeines Recht der Verfahrensbeteiligten, jedes prozessordnungswidrige Verhalten, also jeden irgendwie gearteten Verfahrensverstoß des Gerichts mit der Revision zu rügen, wird nicht anerkannt.[743] Die stete Annahme eines Verwertungsverbotes würde das rechtsstaatliche Gebot der Aufrechterhaltung einer wirksamen Strafrechtspflege unterlaufen.[744] Die Verwertung der aus einer rechtsfehlerhaften Be-

---

738 Vgl. AK-*Kühne*, vor § 48 Rn. 52; *Kühne*, Rn. 909. Hierzu auch *Roxin/Schünemann* § 24 Rn. 26. Zur Notwendigkeit der einheitlichen Beantwortung von Fragen des Revisions- und Beweisverbotsrechts: Alsberg/Nüse/Meyer, S. 478.

739 *Eb. Schmidt* JZ 1958, 596, 598.

740 AK-*Kühne*, vor § 48 Rn. 52 a.

741 Vgl. AK-*Kühne*, vor § 48 Rn. 52 a.

742 Vgl. BGH St 19, 325, 331; 24, 125, 128; Alsberg-*Güntge*, Rn. 895; *Eisenberg*, Rn. 362.

743 So BGH St [GS] 11, 213, 214.

744 *Rogall* ZStW 91 [1979], 1, 31.

weiserhebung hervorgegangenen Beweise ist deshalb nicht stets unzulässig.[745]

Um zu untersuchen, auf welcher Art von Vorschriften ungeschriebene Beweisverwertungsverbote basieren, soll näher auf diese Regelungen eingegangen werden. Eine grundsätzliche Unterscheidung innerhalb der ungeschriebenen Beweisverwertungsverbote ist insbesondere zwischen den unselbständigen und den selbständigen Beweisverwertungsverboten zu treffen.[746] Als unselbständige Beweisverwertungsverbote werden solche bezeichnet, die auf der Verletzung eines Beweiserhebungsverbotes beruhen, während selbständige Beweisverwertungsverbote nicht auf einer Verletzung des Gesetzes beruhen, sondern unmittelbar aus der Verfassung hergeleitet werden.[747]

#### aa. Unselbständige Beweisverwertungsverbote

Zunächst ist ein Überblick über die unselbständigen Beweisverwertungsverbote zu geben. Diese setzen voraus, dass bei der Erlangung des entsprechenden Beweises Verfahrensbestimmungen verletzt worden sind.[748] Inwieweit die Verletzung eines Beweiserhebungsverbotes ein Beweisverwertungsverbot nach sich zieht, gehört zu den umstrittensten Problemen des Beweisrechts, zu deren Lösung ein allgemein gültiger Weg mit verbindlichen Abgrenzungskriterien bisher nicht anerkannt ist.[749] Es werden jedoch im Wesentlichen drei verschiedene Auffassungen vertreten, die eine Unterscheidung zwischen verwertbaren und unverwertbaren Beweisen zu treffen versuchen.[750] Diese sollen im Folgenden umrissen werden.

---

745 BVerfG NJW 2000, 3557, 3557.

746 Vgl. *Eisenberg*, Rn. 362 f; kritisch betreffend dieser Untergliederung: *Roxin/Schünemann*, § 24 Fn. 3.

747 Vgl. *Eisenberg*, Rn. 362 f.

748 Vgl. Alsberg-*Güntge, Rn. 894.*

749 Vgl. *Eisenberg*, Rn. 364.

750 Vgl. Meyer-Goßner/Schmitt-*Meyer-Goßner*, Einl Rn. 55 a.

(1.) Rechtskreistheorie und Abwägungslehre der Rechtsprechung

Der Rechtsprechung zufolge richten sich die allgemein einem Beweisverwertungsverbot gesteckten Grenzen jeweils nach der Sachlage und der Art des Verbots.[751] In einer frühen, grundlegenden Entscheidung hat der BGH ausgeführt, dass geprüft werden müsse, ob die Verletzung der Vorschrift den Rechtskreis des Betroffenen berühre oder ob sie für ihn nur von untergeordneter oder gar von keiner Bedeutung sei.[752] Die Rechtskreistheorie kam zunächst dann zur Anwendung, wenn eine Rügebefugnis des Angeklagten bezüglich eines trotz Erhebungsverbotes verwerteten Beweises mit der Begründung abgelehnt wurde, sein Rechtskreis sei nicht berührt.[753]

Geltung erlangt die Rechtskreistheorie bei Beweiserhebungsverboten, die ausschließlich dem Schutz des Staates (§§ 54, 96 StPO) oder dritter Personen (§§ 55, 81 c StPO) dienen.[754] Beispielhaft für unterschiedliche Ergebnisse der Rechtskreistheorie seien die Bestimmungen des § 52 StPO und des § 55 StPO genannt: Ein Verstoß gegen die Belehrungspflicht gegenüber einer Person, die ein Zeugnisverweigerungsrecht geltend machen könnte, hat ein Verwertungsverbot zur Folge, da das Zeugnisverweigerungsrecht auch den Schutz der Familie des Angeklagten – und mithin auch seinen Rechtskreis – berührt.[755] Ein Verstoß gegen die Belehrungspflicht eines auskunftsverweigerungsberechtigten Zeugen bleibt dagegen für den Angeklagten folgenlos, da das Auskunftsverweigerungsrecht nur den Zeugen vor einer Selbstbelastung, nicht aber den Rechtskreis des Angeklagten schützt.[756]

Die Rechtskreistheorie allein ist jedoch als Abgrenzungskriterium nicht ausreichend. Sie erfasst nicht alle Arten von Beweiserhebungsverboten und deckt somit nur einen Teilaspekt der Problematik ab.[757] Zur Veranschaulichung einer Vorschrift, deren Verletzungsfolgen nicht unter Zuhil-

---

751 BGH St 27, 355, 357; BGH St 38, 214, 219. Vgl. auch BGH St [GS] 11, 213, 215: Für die Untersuchung, ob der Verstoß gegen ein Beweiserhebungsverbot ein Verwertungsverbot zur Folge hat, spielt vor allem der Rechtfertigungsgrund der Bestimmung und die Frage, in wessen Interesse sie geschaffen ist, eine Rolle.

752 BGH St [GS] 11, 213, 215.

753 Vgl. etwa BGH St 33, 148, 154.

754 Meyer-Goßner/Schmitt-*Meyer-Goßner*, Einl Rn. 55 a.

755 Vgl. BGH St [GS] 11, 213, 216.

756 Vgl. BGH St [GS] 11, 213, 216 f.

757 Vgl. *Beulke*, Rn. 459; *Eisenberg*, Rn. 365; Meyer-Goßner/Schmitt-*Meyer-Goßner*, Einl Rn. 55 a.

fenahme der Rechtskreistheorie bestimmt werden kann, sei hier § 53 StPO genannt. § 53 StPO berechtigt Berufsgeheimnisträger zur Zeugnisverweigerung, sofern sie nicht von der Verpflichtung zur Verschwiegenheit entbunden sind. Die Norm bezweckt sowohl den Schutz des Vertrauensverhältnisses zwischen Vertrauensperson und demjenigen, der vertrauensvoll ihre Hilfe in Anspruch nimmt, als auch das öffentliche Interesse daran, dass der Rat- und Hilfesuchende sich an rückhaltloser Offenbarung nicht durch die Besorgnis behindert fühlt, die Vertrauensperson könnte das ihm Anvertraute als Zeuge einmal preisgeben.[758] Ergeht nun seitens des Gerichts der falsche Hinweis auf eine angeblich fortbestehende Entbindung von der Schweigepflicht gegenüber einem nach § 53 StPO zeugnisverweigerungsberechtigten Zeugen und sagt dieser daraufhin aus, so führt dies auch der Rechtsprechung zufolge zu einem Verwertungsverbot.[759]

Zur Begründung dieses Verwertungsverbotes kann sie sich allerdings nicht auf die Rechtskreistheorie beziehen. Wie sich bereits aus dem vorgenannten Normzweck ergibt, ist der Rechtskreis des Beschuldigten bei Verstößen gegen § 53 StPO offensichtlich nicht tangiert. Bei ausschließlicher Anwendung der Rechtskreistheorie müsste das Eingreifen eines Beweisverwertungsverbotes folglich verneint werden.

Die Rechtsprechung löst dieses Dilemma, indem sie formuliert, die aus der Rechtskreistheorie hergeleiteten Erwägungen seien auf den Regelungsbereich der §§ 53, 53 a StPO nicht übertragbar.[760] Hier und in ähnlich gelagerten Fällen greift sie deshalb regelmäßig auf andere Bewertungsansätze zurück, um die Frage des Eingreifens eines Beweisverwertungsverbotes zu beantworten.[761] Die Entscheidung für oder gegen ein Verwertungsverbot wird allgemein aufgrund einer umfassenden Abwägung getroffen.[762] Neben der Betroffenheit des Rechtskreises sind der Schutz-

---

758 KK-*Senge*, § 53 Rn. 1. Hinzuweisen ist jedoch darauf, dass die Frage, ob der Zeugnisverweigerungsberechtigte trotz fehlender Entbindung von der Schweigepflicht aussagt, allein von ihm beantwortet werden muss. Will er trotzdem aussagen, so muss er auch dann vernommen werden, wenn dadurch ein Verstoß gegen § 203 StGB nahe liegt. Trotz des Verstoßes gegen § 203 StGB unterliegt seine Aussage keinem Verwertungsverbot (Vgl. BGH St 9, 59, 61; 18, 146, 147. a.A.: *Beulke*, Rn. 462).

759 Vgl. BGH St 42, 73, 78; sowie 33, 148, 153 mit näherer Begründung.

760 Vgl. BGH St 42, 73, 77; 33, 148, 154.

761 *Eisenberg*, Rn. 365.

762 Vgl. BGH St 19, 325, 329; 27, 355, 357; 31, 304, 307; 35, 32, 34; 37, 30, 32; 38, 214, 219 f.

zweck der verletzten Vorschrift, die Frage, ob das Beweismittel auch auf gesetzmäßige Weise zu erlangen gewesen wäre,[763] das Gewicht des Verfahrensverstoßes, seine Bedeutung für die rechtlich geschützte Sphäre des Betroffenen, das Interesse des Staates an einer funktionstüchtigen Strafrechtspflege und nicht zuletzt der Gesichtspunkt des fairen Verfahrens in die Waagschale zu werfen.[764] Hernach müsse in jedem Einzelfall das Interesse des Staates an der Tataufklärung gegen das Individualinteresse des Bürgers an der Bewahrung seiner Rechtsgüter einer Abwägung unterzogen werden.[765] Die Rechtskreistheorie selbst stellt unter Zugrundelegung des Vorstehenden lediglich eines unter mehreren Abgrenzungs- und Abwägungskriterien dar, welches zur Unterscheidung zwischen Eingreifen und Nichteingreifen eines Verwertungsverbotes dient.[766]

Sowohl die Abwägungslehre im Ganzen, als auch die Rechtskreistheorie als Einzelkriterium sehen sich Kritik ausgesetzt. Auch die Verfechter der Abwägungslehre sehen ihre Schwäche in der Unschärfe ihrer Abwägungskriterien, die nur teilweise durch inzwischen anerkannte Fallgruppen überwunden werde.[767] Zudem vermöge das Vorhandensein individueller Vorstellungen bei denjenigen Personen, die – mangels einheitlicher Bewertungsskala – eine solche Wertung im Einzelfall vorzunehmen hätten, einheitliche, vorhersehbare Ergebnisse kaum zu gewährleisten.[768] Es werde insofern die grundlegende Regel, der zufolge es gelte, die Forderung nach Gerechtigkeit mit einer möglichst geringen Einbuße an Rechtssicherheit zu verwirklichen, vernachlässigt.[769] Teilweise wird sogar diese fehlende Berechenbarkeit ihres Anwendungsergebnisses als Grund für ihre Heranziehung genannt: Um einerseits seine Rechtsvorstellungen durchsetzen zu können, ohne andererseits den allzu offenen rechtsdogmatischen Bruch zu vollziehen, wende der BGH die Abwägungslehre an, weil sie von sämtlichen dogmatisch zur Verfügung stehenden Beweisverbotslehren den geringsten Widerstand bei der Ablehnung eines Verwertungsverbotes biete.[770]

---

763 Hierzu *Alsberg/Nüse/Meyer*, S. 480.

764 Alsberg-*Güntge*, Rn. 897; vgl. auch BGH St 24, 125, 131; 38, 214, 220 m.w.N.

765 Alsberg-*Güntge,* Rn. 897; *Eisenberg*, Rn. 367; Meyer-Goßner/Schmitt-*Meyer-Goßner*, Einl Rn. 55 a.

766 Vgl. etwa BGH St 38, 214, 220.

767 *Rogall* ZStW 91 [1979], 1, 35.

768 *Eisenberg*, Rn. 367; vgl. auch *Trüg*, S. 264.

769 Vgl. *Jäger*, S. 1, 108 f..

770 So *Trüg*, S. 477.

Gegen die Rechtskreistheorie im Speziellen wird argumentiert, dass der Angeklagte ein Recht darauf habe, dass eben nicht nur die speziell zu seinem Schutz bestimmten Vorschriften beachtet würden, sondern dass allgemein die Justizförmigkeit des Verfahrens gewährleistet bleibe.[771] So gesehen berührten Normverletzungen in diesem Bereich immer zugleich auch den Rechts- und Interessenkreis des Angeklagten.[772] Aufgrund dieser allgemeinen Betroffenheit sei das Kriterium des Rechtskreises zur Differenzierung wenig geeignet.[773]

(2.) Schutzzwecklehre

Einen anderen Ansatz verfolgt die so genannte „Schutzzwecktheorie". Vertreter dieser Auffassung heben zur Frage des Eintretens eines Beweisverwertungsverbotes ausschließlich auf den Schutzzweck der verletzten Beweiserhebungsvorschrift ab.[774] Entscheidend dafür, ob eine Verfahrensnorm im Falle ihrer Verletzung ein Revisionsrügerecht begründe, könne nur der Sinn und Zweck der jeweils verletzten Vorschrift, das heißt die Frage sein, ob der Gesetzgeber mit der Aufstellung der verletzten Norm überhaupt die Absicht verfolge, Urteile, die auf der Verletzung dieser Norm beruhen, zu verhindern.[775] Würde der Schutzzweck der jeweiligen

771 *Roxin/Schünemann*, § 24 Rn. 24; *Eisenberg*, Rn. 365.

772 *Geppert* Jura 88, 305, 313.

773 Vgl. *Roxin/Schünemann*, § 24 Rn. 24.

774 *Eisenberg*, Rn. 366. Hinzuweisen ist darauf, dass es keine einheitliche Schutzzwecktheorie gibt. Diese unterteilt sich wiederum in verschiedene Untertheorien. Vertiefend mit den verschiedenen Formen der Schutzzwecktheorie beschäftigt sich etwa *Jäger*, S. 82 ff.
Eine modifizierte Form der Schutzzwecklehre vertritt Fezer. Ihmzufolge erschöpfen sich die unvermeidlichen Beschränkungen der Aufklärungsmöglichkeiten des Staates nicht in ihrer Schutz- und Abwehrfunktion dem betroffenen Bürger gegenüber, sondern bringen gleichzeitig eine bewusste Selbstbeschränkung des Staates bei der Wahrnehmung der Strafverfolgungsaufgaben zum Ausdruck. Beweiserhebungsvorschriften hätten über das Eingriffsverbot bzw. die Handlungsanweisung an die Strafverfolgungsorgane hinaus zum Norminhalt, dass die unter Missachtung des Normbefehls gewonnenen Beweismöglichkeiten für die Wahrheitsfindung nicht zur Verfügung stehen, weshalb Beweisverwertungsverbote ihre normative Grundlage in der Beweiserhebungsnorm selbst haben sollen (vgl. *Fezer*, Strafprozessrecht, S. 220 f.).

775 *Rudolphi* MDR 1970, 93, 97.

Verfahrensnorm im Einzelfall verfehlt und damit der ihm zugrunde liegende gesetzgeberischen Wertentscheidung zuwider zur Wahrheitsfindung ein „unverhältnismäßiges“ Erkenntnismittel benutzt, sei diese Vorgehensweise essentiell fehlerhaft, als „Beweismittel reprobiert“, und deshalb zum Nachweis von Tatsachen als rechtlich nicht existent zu behandeln.[776] Gehe der Schutzzweck der verletzten Norm dagegen ausschließlich in eine andere Richtung, verfolge die in concreto missachtete Verfahrensnorm also gerade nicht den Zweck, den Einfluss bestimmter Faktoren, wie zum Beispiel bestimmter Beweisergebnisse, auf das Urteil zu verhindern, so sei es nicht möglich, ein Urteil, das u.a. auch auf diesen Faktoren beruhe, dadurch zu Fall zu bringen, dass der genannte Verfahrensverstoß mit der Revision gerügt werde.[777] Dadurch werde der verletzten Verfahrensnorm eine Aufgabe zugeschrieben, die sie nach dem Willen des Gesetzgebers gerade nicht habe.[778]

Aber auch die Schutzzwecktheorie sieht sich Kritik ausgesetzt: Die Analyse des Sinns einer bestimmten Vorschrift könne keinen Aufschluss darüber geben, wie auf die Verletzung dieser Vorschrift zu reagieren sei.[779] Für die Behandlung eines etwaigen Verfahrensverstoßes seien vielfältige Gesichtspunkte maßgeblich, die sich nicht notwendig mit denjenigen, die zur Normierung der entsprechenden Vorschrift führten, decken würden.[780] Zudem bestehe bei nahezu jeder Beweiserhebungsvorschrift Streit darüber, welches ihr Schutzzweck sei.[781] Je nach Interpretationsansatz könnten sich so bei der gleichen Vorschrift völlig unterschiedliche Ergebnissen herbei argumentieren.[782] Beinhalteten manche Beweiserhebungsverbote zudem mehrere Schutzzwecke, so bleibe es eine offene Frage, welcher dieser Schutzzwecke für das Eingreifen des Verwertungsverbotes maßgeblich sein solle.[783] Unklar sei schließlich, welche Reichweite dem Begriff des Schutzzwecks beigemessen werde. Würde der Schutzzweck einer Norm weit aufgefasst – etwa bezogen auf die Erreichung ei-

776 KMR-*Paulus*, § 244 Rn. 516.
777 *Rudolphi* MDR 1970, 93, 97.
778 *Rudolphi* MDR 1970, 93, 97.
779 *Haffke* GA 1973, 65, 77.
780 *Haffke* GA 1973, 65, 77.
781 *Eisenberg*, Rn. 366; *Alsberg/Nüse/Meyer*, S. 479 Fn. 386.
782 *Rogall* ZStW 91 [1979], 1, 27.
783 *Rogall* ZStW 91 [1979], 1, 27.

nes wahren und gerechten Urteils – so führe dies sehr früh zu der Annahme eines Beweisverwertungsverbotes.[784]

### (3.) Lehre vom informationellen Folgenbeseitigungs- und Unterlassungsanspruch

Eine Lösung zur nachvollziehbaren Begründung von Beweisverwertungsverboten wird teilweise in der von Amelung entwickelten „Lehre vom informationellen Folgenbeseitigungs- und Unterlassungsanspruch“ erblickt.[785] Ihrem Ausgangspunkt zufolge sind Rechtssubjekte auch Inhaber subjektiver Rechte. Diese subjektiven Rechte sollen es ihrem Inhaber erlauben, bestimmte Informationen zurückzuhalten und dadurch zu verhindern, dass sie von anderen gespeichert, weitergegeben oder verwertet werden.[786] Die so genannten „Informationsbeherrschungsrechte“ leiten sich für den Bürger aus speziellen Grundrechten, wie Art. 10 und 13 GG oder aus dem Allgemeinen Persönlichkeitsrecht im Sinne des Art. 1 Abs. 1, 2 Abs. 1 GG ab, während sie für den Staat ihre Grundlage in amtlichen Geheimnissen haben.[787] Informationsbeherrschungsrechte betreffen demnach die grundrechtliche Geheimnissphäre, Aussageverweigerungsrechte, das Persönlichkeitsrecht sowie berufliche und staatliche Geheimhaltungsbefugnisse.[788]

Wird der informationelle Abwehranspruch verletzt, weil die Strafverfolgungsorgane ohne gesetzliche Ermächtigung in das Informationsbeherrschungsrecht eingreifen, so verwandelt sich der Abwehranspruch in einen informationellen Sekundäranspruch, der darauf gerichtet ist, den Rechtsträger so zu stellen, wie er stünde, wenn es nicht zu dem rechtswidrigen Eingriff in das Informationsbeherrschungsrecht gekommen wäre.[789] Es handelt sich hierbei um einen subjektiven, öffentlich-rechtlichen Folgenbeseitigungsanspruch.[790] Sind die Strafverfolgungsbehörden im Besitz von Informationen, die sie nicht auf rechtmäßige Weise erlangt haben, so ist

784 Vgl. *Rogall* ZStW 91 [1979], 1, 27.
785 Vgl. *Knut Amelung*, Informationsbeherrschungsrechte im Strafprozeß. Dogmatische Grundlagen individualrechtlicher Beweisverbote.
786 Vgl. ausführlich *Amelung* in FS Roxin, S. 1260.
787 Vgl. *Amelung* in FS Roxin, S. 1260.
788 *Roxin/Schünemann*, § 24 Rn. 27.
789 *Amelung* in FS Roxin, S. 1260 f.
790 *Eisenberg*, Rn. 367 a.

das Verwertungsverbot das Mittel zur Beseitigung dieser unrechtmäßigen Informationslage. Zu beachten ist dabei, dass ein Verfahrensfehler, der bloßes Handlungsunrecht schafft, nicht zur Grundlage eines Folgenbeseitigungsanspruches werden soll. Dieser müsse sich ausschließlich auf die Beseitigung informationellen Erfolgsunrechts beziehen und mithin nur eingreifen, wenn die Strafverfolgungsbehörden keinen Anspruch auf die Informationen hatten.[791] Wird beispielsweise der Richtervorbehalt bei der Anwendung bestimmter strafprozessualer Maßnahmen, welche an sich gerechtfertigt wären, missachtet, so liegt demnach bloßes Handlungsunrecht vor, welches nicht zu einem Beweisverwertungsverbot führen soll.[792]

Rechtsschutzbefugt, weil in seinen Rechten verletzt, ist dieser Konzeption zufolge nicht nur der Angeklagte, sondern allgemein derjenige, dessen Informationsbeherrschungsrecht bei dem Akt der Beweisgewinnung missachtet worden ist.[793] Bei dem Verletzten muss es sich deshalb nicht unbedingt um den Angeklagten handeln: Zwar können Verletzter und Angeklagter identisch sein – bei jenem kann es sich aber genausogut um einen Dritten oder gar eine Behörde handeln.[794]

Die Lehre vom informationellen Unterlassungs- und Folgenbeseitigungsanspruch erfährt teilweise harsche Kritik: Es sei nicht ohne weiteres anzunehmen, dass die erwähnten Grundrechte als Informationsbeherrschungsrechte bezeichnet werden könnten, geschweige denn, ihren Gewährleistungsinhalt mit dem Recht auf Beherrschung von Informationen zutreffend zu beschreiben.[795] Da die Lehre von den Informationsbeherrschungsrechten zudem nicht von der Anerkennung eines Rechts auf informationelle Selbstbestimmung abhängig gemacht werde, fehle der Lehre eine tragfähige (grundrechts-)dogmatische Fundierung.[796]

Aber auch wenn die Theorie vom informationellen Unterlassungs- und Folgenbeseitigungsanspruch nicht derart resolut zu kritisieren ist, so liegt eine ihr innewohnende Problematik beispielsweise darin, dass sie davon ausgeht, alle Beweisverwertungsverbote ließen sich ausschließlich als Rechtsfolgen der Verletzung eines „Informationsbeherrschungsrechts“

---

791 *Amelung*, S. 41.

792 *Amelung*, S. 42.

793 *Weßlau* StV 1995, 278, 278.

794 *Weßlau* StV 1995, 278, 278.

795 So *Rogall* in FS Grünwald, S. 532. Hiergegen wiederum *Amelung* in FS Roxin, S. 1267 ff.

796 *Rogall* in FS Grünwald, S. 533.

auffassen.[797] Unter dieser Prämisse lassen sich jedoch die Unverwertbarkeit einer Zeugen- oder Beschuldigtenaussage, wenn gegen die Benachrichtigungspflicht verstoßen worden ist oder die Unverwertbarkeit der Einlassung des Beschuldigten, dem die vorherige Konsultation seines Verteidigers nicht gestattet worden ist, nicht erklären. Da diese Verwertungsverbote ihre Rechtfertigung aus einem Verfahrensfehler ziehen und Amelung ein Verwertungsverbot nur bei „informationellem Erfolgsunrecht" entstehen lassen will, besteht hier eine Anwendungslücke.[798]

Ebenfalls gegen die Prämisse des ausschließlichen Eingreifens eines Verwertungsverbots bei vorliegendem Erfolgsunrecht richtet sich die Kritik, dass Amelung bei Verletzung des Richtervorbehaltes die Verwertung zulassen will, sofern die Strafverfolgungsorgane einen Anspruch auf die Information haben, diese also auch rechtmäßig zu erlangen gewesen wäre.[799] Unabhängig von der Frage, ob die materiellen Voraussetzungen einer Maßnahme vorliegen, muss hier aus Gründen des präventiven Rechtsschutzes ein Beweisverwertungsverbot greifen.[800] Eine willkürliche Verletzung des Richtervorbehaltes untergräbt nämlich die Entscheidung des Gesetzgebers, bestimmte Maßnahmen nur von einer unabhängigen Institution anordnen zu lassen.[801]

Insgesamt kann konstatiert werden, dass die „Lehre vom informationellen Folgenbeseitigungs- und Unterlassungsanspruch" wichtige Denkanstöße bezüglich der Eingriffsvoraussetzungen von Beweisverwertungsverboten liefert. Für eine ausnahmslose Anwendung auf dem gesamten Feld der Beweisverbote ist sie jedoch nicht geeignet.

---

797 *Weßlau* StV 1995, 278, 279. Weiterer Anlass zur Kritik wird hier zudem an dem aussschließlich individualrechtlichen Ansatz der Theorie gesehen, der sich u.a. auch auf die Annahme einer „Beschwer" auswirkt, sowie die Möglichkeit des frühzeitigen Ausscheidens von entlastenden Informationen (vertiefend dazu *Weßlau* StV 1995, 278, 279 f.).

798 *Weßlau* StV 1995, 278, 279.

799 *Roxin/Schünemann*, § 24 Rn. 27.

800 *Schroth* JuS 1998, 969, 973.

801 *Schroth* JuS 1998, 969, 973.

### bb. Selbständige Beweisverwertungsverbote

Im Weiteren sind die selbständigen Beweisverwertungsverbote, mithin die unmittelbar aus der Verfassung hergeleiteten Beweisverwertungsverbote, zu untersuchen.

#### (1.) Beweisverbot aufgrund Verstoßes gegen das Persönlichkeitsrecht

Ihren Ausgangspunkt finden die selbständigen Beweisverwertungsverbote zum einen in den Grundrechten des Angeklagten, der Zeugen und der unbeteiligten Dritten.[802] Ein verfassungsrechtliches Beweisverbot kann sich hier insbesondere aus dem Grundrecht des Art. 2 Abs. 1 GG i.V.m. Art. 1 Abs. 1 GG ergeben. Dieses gewährt dem einzelnen Bürger einen unantastbaren Bereich privater Lebensgestaltung, welcher der Einwirkung der öffentlichen Gewalt schlechthin entzogen ist.[803] Selbst schwerwiegende Interessen der Allgemeinheit können Eingriffe in diesen Bereich nicht rechtfertigen.[804] Eine Abwägung nach Maßgabe des Verhältnismäßigkeitsgrundsatzes findet hier nicht statt.[805]

Abseits dieses unantastbaren Bereiches privater Lebensgestaltung sind Eingriffe dagegen denkbar. Als gemeinschaftsbezogener und gemeinschaftsgebundener Bürger muss jedermann staatliche Maßnahmen hinnehmen, die im überwiegenden Interesse der Allgemeinheit unter strikter Wahrung des Verhältnismäßigkeitsgrundsatzes getroffen werden.[806] Eingriffe auf Ebene allgemeiner sozialer Kontakte bedürfen schließlich keines besonderen Schutzes.[807]

Relevant wird dieses, aus Art. 2 Abs. 1 GG i.V.m. Art. 1 Abs. 1 GG entspringende Verwertungsverbot beispielsweise bei der Frage der Verwertung heimlicher Tonband-, Foto- oder Filmaufnahmen sowie der Beschlagnahme von Tagebüchern.[808] Jedoch besteht hinsichtlich Reichweite und Umfang des Verwertungsverbots im Einzelnen Uneinigkeit, welche

---

802 *Eisenberg*, Rn. 385.

803 Vgl. BVerfGE 34, 238, 245; 6, 32, 41; 6, 389, 433; 27, 1, 6; 32, 373, 378 f.; 80, 367, 373.

804 BVerfGE 80, 367, 373.

805 BVerfGE 34, 238, 245.

806 BVerfGE 34, 238, 246.

807 *Eisenberg*, Rn. 387.

808 Vgl. *Roxin/Schünemann*, § 24 Rn. 55 ff.

durch unterschiedliche Ansätze in der Rechtsprechung und selbst durch abweichende Stellungnahmen innerhalb der Bundesverfassungsgerichtsbarkeit zum Ausdruck kommt.[809]

### (2.) Beweisverbot aufgrund Verstoßes gegen das Rechtsstaatsprinzip

Zu prüfen ist im Weiteren, ob sich ein selbständiges Beweisverwertungsverbot auch aus dem Verstoß gegen das Rechtsstaatsprinzip oder eine der aus ihm zu Tage tretenden Ausgestaltungen ergeben kann. Bereits an dieser Stelle ist darauf hinzuweisen, dass die Prüfung für die vorliegende Arbeit deshalb besondere Relevanz aufweist, weil für die etwaige und theoretisch denkbare Verankerung eines Beweisverwertungsverbotes, welches die Einführung fehlerhafter Gegenüberstellungen verhindern will, möglicherweise die Bereiche „Rechtsstaatsprinzip“ und „fair-trial-Prinzip“ in Betracht kommen.

#### (a.) Der Begriff des Rechtsstaatsprinzips

Zunächst ist auf das Rechtsstaatsprinzip als solches einzugehen, wobei aufgrund der Komplexität des Begriffes[810] eine Vorstellung von dessen In-

---

809 So wird hinsichtlich der Verwertung von Tagebuchaufzeichnungen dieses teilweise für unzulässig gehalten (Vgl. Votum der vier unterlegenen Richter in BVerfGE 80, 367, 380 ff.; Roxin, § 24 Rn. 56). Eine andere Auffassung erkennt zwar grundsätzlich einen absolut geschützten Kernbereich an, sieht diesen aber selbst bei der Verwertung von Tagebuchaufzeichnungen nicht als tangiert an (So das Votum der vier obsiegenden Richter in BVerfGE 80, 367, 373 ff.), was die Reichweite des Schutzbereiches äußerst eng erscheinen lässt. Der BGH weist schließlich in seiner Rechtsprechungspraxis allgemein darauf hin, dass auch unter Verstoß gegen das Persönlichkeitsrecht hervorgebrachte Beweise dann verwertet werden könnten, wenn dies nach einer Abwägung gerechtfertigt sei, da das Grundgesetz nicht nur dem Persönlichkeitsrecht, sondern auch einer funktionsfähigen Rechtspflege eine besondere Bedeutung zumesse (Vgl. BGH St 34, 397, 401). Vgl. zu den unterschiedlichen Auffassungen innerhalb der Rechtsprechung auch *Roxin/Schünemann*, § 24 Rn. 55 ff.

810 Eine genaue terminologische Begriffsbestimmung bereitet Schwierigkeiten, da es keinen allgemeingültigen Begriff des Rechtsstaates gibt, der sich ohne weiteres heranziehen und im konkreten Fall anwenden ließe (Vgl. *Maurer* Staatsrecht, § 8 Rn. 5). Fest steht, dass ein Rechtsstaat mehr sein muss als ein Staat, in dem es irgendeine Form von Recht gibt; ansonsten wäre jeder Staat ein Rechtsstaat, der

halt am besten dadurch zu erlangen ist, wenn ein Überblick über seine einzelnen Ausgestaltungen gegeben wird.

Ausprägungen des Rechtsstaatsprinzips finden sich beispielsweise in den Grundrechten, der Gewaltenteilung, der Rechtsbindung der staatlichen Organe, dem Grundsatz des Gesetzesvorbehaltes, der Rechtsschutzgarantie, der Staatshaftung, der Rechtssicherheit, dem Verhältnismäßigkeitsgrundsatz und schließlich in den rechtsstaatlichen Straf- und Prozessrechtsgrundsätzen.[811]

Rechtsstaatliche Straf- und Strafprozessrechtsgrundsätze sind teilweise ausdrücklich im Grundgesetz festgelegt. So bestimmt etwa Art. 103 Abs. 2 GG, dass eine Tat nur bestraft werden kann, wenn die Strafbarkeit gesetzlich bestimmt war, bevor die Tat begangen wurde und statuiert damit den

---

in irgendeiner Weise rechtliche Regelungen zum Zwecke des Zusammenlebens seiner Bürger formuliert hat (Vgl. *Görisch* JuS 1997, 988, 988).
Dies passt offensichtlich nicht mit der Vorstellung überein, die hierzulande mit dem Begriff des Rechtsstaates einhergeht. Allgemein lässt sich stattdessen sagen, dass der Rechtsstaat ein Staat ist, in dem nicht nur die Beziehungen zwischen den Bürgern, sondern auch das Verhältnis zwischen dem Staat und den Bürgern und der innerstaatliche Bereich rechtlich geregelt sind (Vgl. *Maurer* Staatsrecht, § 8 Rn. 5). Kennzeichnend ist für den Rechtsstaat insofern, dass die Ausübung der Staatsgewalt rechtlich gebunden ist. Gegenbegriff zum Rechtsstaat ist der reine Machtstaat, die Diktatur (*Schmalz*, Rn. 108). In Letzterem bestehen entweder keine oder keine ausreichenden rechtlichen Regelungen oder werden die bestehenden Regelungen von den Machthabern bewusst und ständig ignoriert (*Maurer* Staatsrecht, § 8 Rn. 5).
Über den Geltungsgrund des Rechtsstaatsprinzips besteht Streit. Nach Auffassung des „summativen Rechtsstaatsverständnisses" kenne das Grundgesetz nicht „das Rechtsstaatsprinzip" schlechthin; vielmehr werde der Typus „Rechtsstaat" von einer Reihe von Einzelelementen geprägt, die im Grundgesetz in unterschiedlicher Weise normativen Niederschlag gefunden hätten (Münch/Kunig-*Schnapp*, Art. 20 Rn. 24).
Dem „integralen Rechtsstaatsverständnis" zufolge bildet das Rechtsstaatsprinzip dagegen nicht nur eine Sammelbezeichnung für die jeweiligen Einzelregelungen – ihm komme darüber hinaus eine eigenständige Bedeutung zu (*Maurer* Staatsrecht, § 8 Rn. 3). Es stelle einmal eine Auslegungsrichtlinie für die gesamte Verfassung- und Rechtsordnung dar und komme zum anderen unmittelbar zur Anwendung, wenn und soweit im konkreten Fall Einzelregelungen fehlten. Das Rechtsstaatsprinzip sei insofern als eine jener unmittelbar bindend wirkende Leitideen zu verstehen, die der Verfassungsgeber nicht in einem besonderen Rechtssatz konkretisiert habe, von der er aber ausgegangen sei, weil sie das vorverfassungsgemäße Gesamtbild geprägt habe (Vgl. BVerfGE 2, 380, 403).

811 Vgl. im einzelnen *Maurer* Staatsrecht, § 8 Rn. 9 ff.

Grundsatz „nulla poena sine lege“ – keine Strafe ohne Gesetz. Gemäß Art. 103 Abs. 3 GG darf niemand wegen derselben Tat auf Grund der allgemeinen Strafgesetze mehrmals bestraft werden. Mit dieser Bestimmung wird dem Grundsatz „ne bis in idem“, dem rechtsstaatlichen Verbot der Doppelbestrafung Ausdruck verliehen.

Andere Straf- und Strafprozessrechtsgrundsätze sind nicht ausdrücklich im Grundgesetz erwähnt und werden stattdessen aus dem allgemeinen Rechtsstaatsprinzip abgeleitet. Hierzu gehören etwa das Schuldprinzip, wonach jede Strafe Schuld voraussetzt, wobei die Strafe in einem angemessenen Verhältnis zwischen Schwere der Tat und individueller Schuld stehen muss;[812] die Unschuldsvermutung, wonach jeder Verdächtige bis zur rechtskräftigen Verurteilung als unschuldig zu gelten hat;[813] das Verbot des Zwanges zur Selbstbezichtigung[814] und der Grundsatz in dubio pro reo – im Zweifel für den Angeklagten.[815] Zu den rechtsstaatlichen Straf- und Strafprozessrechtsgrundsätzen gehören des Weiteren der durch Art. 104 Abs. 1 GG statuierte Richtervorbehalt bei Freiheitsentziehung, der in Art. 103 Abs. 1 GG zum Ausdruck kommende Grundsatz des rechtlichen Gehörs und der Grundsatz des fairen Verfahrens.

Neben den aus dem Verstoß gegen Grundrechte entspringenden Beweisverwertungsverboten kommen insbesondere die Straf- und Strafprozessrechtsgrundsätze für die Konstruktion eines aus dem Rechtsstaatsprinzip entspringenden Beweisverwertungsverbotes in Betracht. Wird in diesem Zusammenhang über die Herleitung von Beweisverwertungsverboten aus dem Rechtsstaatsprinzip diskutiert, so werden als aus diesem herzuleitenden und hierfür in Frage kommenden Fallgruppen vornehmlich der Verhältnismäßigkeitsgrundsatz und der Grundsatz des fairen Verfahrens genannt.[816] Ein Verstoß gegen den Verhältnismäßigkeitsgrundsatz kommt in Betracht, wenn der Rechtseingriff im Einzelfall außer Verhältnis zum Strafverfolgungsinteresse steht.[817] Komplexer erscheint dagegen der Begriff des „fairen Verfahrens“. Im Folgenden ist deshalb zunächst näher auf diesen Grundsatz einzugehen.

---

812 Vgl. BVerfGE 20, 323, 331; 95, 96, 140 f.

813 Vgl. BVerfGE 74, 358, 369 ff.; 82, 106, 114 f.

814 Vgl. BVerfGE 56, 37, 43; 80, 109, 121.

815 Vgl. *Maurer* Staatsrecht, § 8 Rn. 43.

816 Vgl. *Störmer* Jura 1994, 393, 396; *Rogall* ZStW 91 [1979], 1, 22 f.; *Alsberg/Nüse/Meyer*, S. 528, hier insbesondere Fn. 730.

817 KMR-*Paulus*, § 244 Rn. 518.

### (b.) Ausgangspunkt des Grundsatzes des fairen Verfahrens

Das Recht auf ein faires Verfahren zählt zu den wesentlichen Grundsätzen eines rechtsstaatlichen Verfahrens.[818] Die genaue Verortung dieses Rechts ist nicht eindeutig. So hat das Bundesverfassungsgericht die Wurzel dieses allgemeinen Prozessgrundrechts in einer viel beachteten Entscheidung zum einen in den in einem materiell verstandenen Rechtsstaatsprinzip verbürgten Grundrechten und Grundfreiheiten des Menschen gesehen, insbesondere in dem durch ein Strafverfahren bedrohten Recht auf Freiheit der Person (Art. 2 Abs. 2 Satz 2 GG), dessen freiheitssichernde Funktion auch im Verfahrensrecht Beachtung erfordert; zum anderen in Art. 1 Abs. 1 GG, der es verbietet, den Menschen zum bloßen Objekt eines staatlichen Verfahrens herabzuwürdigen, und von daher einen Mindestbestand an aktiven verfahrensrechtlichen Befugnissen des Angeklagten voraussetzt.[819] In der Mehrzahl der Entscheidungen des Bundesverfassungsgerichts und des Bundesgerichtshofes wird als Ausgangspunkt des Grundsatzes des fairen Verfahrens dagegen auf das Rechtsstaatsprinzip in Verbindung mit dem allgemeinen Freiheitsrecht aus Art. 2 Abs. 1 GG benannt.[820]

Eine schriftliche Fixierung findet das Recht auf ein faires Verfahren in Artikel 6 EMRK. Dort heißt es u.a. in Absatz 1 Satz 1: „Jede Person hat ein Recht darauf, dass über Streitigkeiten in Bezug auf ihre zivilrechtlichen Ansprüche und Verpflichtungen oder über eine gegen sie erhobene strafrechtliche Anklage von einem unabhängigen und unparteiischen, auf Gesetz beruhenden Gericht in einem fairen Verfahren, öffentlich und innerhalb angemessener Frist verhandelt wird.“ In der Bundesrepublik Deutschland gelten die Bestimmungen der EMRK im Range eines Zustimmungsgesetzes nach Art. 59 Abs. 2 Satz 1, 2. Alt. GG.[821] Der EMRK kommt nach dem Grundgesetz demnach lediglich der Rang eines einfachen Bundesgesetzes zu, wobei allerdings Inhalt und Entwicklungsstand der EMRK bei der Auslegung des Grundgesetzes zu berücksichtigen sind:[822] Die Bestimmungen der EMRK gelten als Auslegungshilfe für die

818 BVerfGE 26, 66, 71; 57, 250, 274 ff.; *Stein/Frank*, S. 431.

819 BVerfGE 57, 250, 275.

820 BVerfGE 38, 105, 111; 66, 313, 318; 70, 297, 322 f.; 86, 288, 317; BVerfG StV 1992, 283; BVerfGE NJW 1992, 1496; BGH St 32, 44, 47; 38, 214, 220 f.; 38, 302, 305.

821 BVerfGE 82, 106, 115.

822 Vgl. *Grabenwarter*, § 3 Rn. 6 ff..

Bestimmung von Inhalt und Reichweite von Grundrechten und rechtsstaatlichen Grundsätzen des Grundgesetzes.[823] Die in Art. 6 EMRK garantierten Rechte und die Auslegung durch die Rechtsprechung des Europäischen Gerichtshofs für Menschenrechte werden insofern herangezogen, um aus dem Rechtsstaatsprinzip, zum Teil in Zusammenhang mit anderen Grundrechten des Grundgesetzes, einzelne Verfahrensrechte zu entwickeln.[824] Rechtsgrundlage und Geltungsgrund des Rechts auf ein faires Verfahren bleibt jedoch für den Bereich der Bundesrepublik Deutschland das aus Art. 20 Abs. 3 GG abzuleitende Rechtsstaatsprinzip.

(c.) Inhalt des „fair-trial"-Prinzips

Fraglich ist nun, was unter dem Begriff des „fairen Verfahrens", dem so genannten „fair-trial"-Prinzip, zu verstehen ist. Eine präzise Beschreibung des Inhalts dieses Prinzips bereitet Schwierigkeiten. Selbst in Art. 6 EMRK, welcher das Recht auf ein faires Verfahren explizit benennt, erfolgt keine genaue Begriffsbestimmung. Welche Garantien der Grundsatz im Einzelnen umfasst, ergibt sich auch aus der EMRK nicht, so dass der europäische Gerichtshof zu seiner Auslegung die Rechtsstaatlichkeit als Teil des gemeinsamen Erbes der Staaten heranzieht.[825] Wenn es bereits an einer präzisen Beschreibung des Begriffes des „fairen Verfahrens" im Zusammenhang mit einer Norm mangelt, die diesen explizit benutzt, so bereitet es zumindest ebensolche Schwierigkeiten, eine genaue Begriffsbestimmung für die deutsche Rechtsordnung zu entwickeln, die das „faire Verfahren" nicht einmal gesetzlich normiert, sondern es lediglich zu den „Grundsätzen eines rechtstaatlichen Verfahrens" zählt. Aus den Formulierungen der europäischen und deutschen Gerichtsbarkeit ergibt sich lediglich, dass der Begriff des „fairen Verfahrens" aus dem – allerdings ebenso unscharfen – Begriff des „Rechtsstaatsprinzips" zu entwickeln ist. Dementsprechend fehlt es hier komplett an einer widerspruchsfreien Definition.[826]

823 Vgl. BVerfGE 74, 358, 370.
824 *Grabenwarter*, § 3 Rn. 8.
825 Vgl. *Meyer-Ladewig*, Art. 6 Rn. 35.
826 *Rzepka*, S. 441.

(aa.) Darstellung durch die Literatur

Zu prüfen zunächst, ob seitens der Literatur eine nähere Begriffsbestimmung erfolgt ist. Die durch die Literatur vorgenommenen und zumeist ebenfalls sehr allgemeinen Umschreibungen des Begriffs des „fairen Verfahrens“ ähneln – sofern sich ihre Lösung nicht in der deutschen Übersetzung des Begriffes „fair“ erschöpfen – den üblichen Formeln.[827] Bemerkenswert ist allerdings, dass einige Autoren mit ihren Definitionen einen deutlichen Schwerpunkt auf die Einhaltung der geschriebenen Verfahrensregeln setzen:[828] So hätten die Gerichte sich streng an den allgemeinen justizrechtlichen Grundsatz zu halten, wonach alles zu vermeiden sei, was im Angeklagten das Vertrauen auf die dem Gericht unbedingt obliegende Intention auf Wahrheit und Gerechtigkeit erschüttern könnte.[829] Ein faires Verfahren sei justizförmig, pfleglich und zweckvoll durchzuführen; die staatlichen Organe seien insofern verpflichtet, sich im Interesse des Angeklagten Selbstbeschränkungen aufzuerlegen.[830]

Die letztere Aussage, welche auf Selbstbeschränkungen des Staates abstellt, wird in ihrer Zielrichtung von hier aus nicht dahingehend interpretiert, dass sich die Ermittlungsbehörden bei Durchführung des Strafverfahrens explizit an die Durchführungsregeln zu halten haben. Eine dahingehende „Selbstbeschränkung“ der Ermittlungsbehörden, sich strikt an die Strafverfahrensregeln zu halten, entspricht einer vorauszusetzenden Selbstverständlichkeit und ergibt sich bereits aus den Grundsätzen der Gesetzmäßigkeit und des Gesetzesvorbehaltes. Die „Selbstbeschränkung“ liegt vielmehr darin, sich auch innerhalb des Spielraumes, den die gesetzlichen Regeln bieten, so zu verhalten, dass dem Beschuldigten/Angeklagten keine Nachteile erwachsen. Rzepka hat insofern folgendermaßen formuliert: Der Grundsatz des fairen Verfahrens verlangt unter anderem die Einhaltung der geschriebenen Verfahrensregeln zwecks Durchführung eines qualitativ hochwertigen Strafverfahrens.[831]

---

827 Vgl. hierzu *Rzepka*, S. 266 ff.
828 *Rzepka*, S. 269.
829 *Eb. Schmidt* JZ 1965, 733, 734.
830 *Kuhlmann* DRiZ 1976, 11, 14.
831 *Rzepka*, S. 269.

### (bb.) Darstellung durch die Rechtsprechung

Zur Annäherung an die inhaltliche Bedeutung des Begriffes soll im Weiteren auf die Vorstellung der Rechtsprechung hierzu eingegangen werden. Diesbezüglich ist festzustellen, dass zahlreiche Gerichtsentscheidungen trotz der Allgegenwärtigkeit des Begriffs des „fairen Verfahrens" von einer Begriffserläuterung absehen. Es wird stattdessen jeweils versucht, die Programmatik eines Strafverfahrens abstrakt zu umschreiben.[832] Die inhaltliche Bedeutung des Begriffes Fairness wird etwa darin gesehen, dass der Staat seinen Strafanspruch um des Rechtsgüterschutzes Einzelner und der Allgemeinheit willen in einem justizförmig geordneten Verfahren durchsetzen müsse, um damit dem vom Gewicht der Strafe Bedrohten eine wirksame Sicherung seiner Grundrechte zu gewährleisten.[833] Der Staat müsse in fairer Weise auf die Zwangslage des Beschuldigten Rücksicht nehmen.[834] Dies bedeute, dass der Beschuldigte im Rechtsstaat des Grundgesetzes nicht nur Objekt des Verfahrens sein dürfe; ihm müsse vielmehr die Möglichkeit gegeben werden, zur Wahrung seiner Rechte auf den Gang und das Ergebnis des Strafverfahrens Einfluss zu nehmen.[835] Der „fair-trial"-Grundsatz verbiete jeglichen Missbrauch der staatlichen Macht im Prozess und solle dem Angeklagten möglichste Chancengleichheit gegenüber der ihm an Mitteln, Kenntnissen und Einfluss überlegenen Anklagebehörde, mithin so genannte „Waffengleichheit", sichern.[836] Neben diesem Grundsatz der „Waffengleichheit" ist als weitere Ausprägung des Grundsatzes des „fair-trial" anerkannt, dass dem Gericht gegenüber dem

---

832 *Rzepka*, S. 155.

833 BVerfGE 57, 250, 275.

834 KG NStZ 1995, 146, 147,.

835 BVerfGE 65, 171, 175; 46, 202, 210; 26, 66, 71.

836 LG Mönchengladbach StV 1987, 333, 333. Kritisch hierzu *Peters*, S. 210: Ihm zufolge gehe eine angenommene Waffengleichheit an den Realitäten vorbei, da sie in der Praxis nicht durchzusetzen sei. Allgemein zum Grundsatz der Waffengleichheit auch SK-Paeffgen, Art. 6 EMRK, Rn. 79: Das Prinzip der Waffengleichheit im Strafverfahren ist ein typischer Gedanke des kontradiktorischen Verfahrens anglo-amerikanischer Prägung und mit dem kontinental-europäischen Strafprozess nur in höchst übertragener Form in Einklang zu bringen. Es wirkt sich insofern aus, als man verlangen kann, dass die Maxime beachtet wird, ein faires Gleichgewicht zwischen den an einem Strafverfahren beteiligten Lagern herzustellen.

Angeklagten Fürsorgepflichten, etwa in Form von Hinweispflichten, obliegen.[837]

Insgesamt ist in Bezug auf die Rechtsprechung zu konstatieren, dass das „fair-trial"-Prinzip bisher keine fassbare, konkrete Definition erfahren hat. Der Grundsatz des fairen Verfahrens wird zwar des Öfteren bemüht, um „ungerechte" Ergebnisse zu korrigieren – eine konkret anwendbare, inhaltliche Bestimmung des Begriffs existiert bisher dennoch nicht.

### (cc.) Beispiele aus der Rechtsprechung

Nachfolgenden sollen deshalb einige Beispiele aus der Rechtsprechung gegeben werden, in denen sich die Rechtsprechung mit dem „fair-trial"-Prinzip befasst:

Zunächst soll hier auf die bereits oben zitierte Entscheidung BVerfGE 57, 250 eingegangen werden. Der dortige Beschwerdeführer rügte, dass der „fair-trial"-Grundsatz verletzt sein sollte, weil schriftliche Angaben eines Zeugen, der vom Bundesnachrichtendienst für eine Vernehmung nicht zur Verfügung gestellt worden war, verwertet wurden. Im Ergebnis hat das Bundesverfassungsgericht den „fair-trial"-Grundsatz hier als gewahrt angesehen. Für diese Entscheidung maßgeblich war, dass das Tatgericht eine Interessenabwägung vorgenommen hatte, welche zwar zu Gunsten des Schutzes des Zeugen ausgefallen war, sich die Beschränkung der Verteidigung jedoch dadurch ausgleichen ließ, dass der Verteidigung die ihr sonst zustehenden Rechte, wie die Befragung des Zeugen (durch Übermittlung eines Fragenkatalogs) und die Beurteilung der Glaubwürdigkeit des Zeugen (durch Befragung von Verhörspersonen sowie anderen, mit dem Zeugen in Kontakt stehenden Personen), gewährt wurden. Zudem hat das Bundesverfassungsgericht auch berücksichtigt, dass die Aussage des Zeugen das sonstige Beweisergebnis lediglich „abrundete" bzw. „absicherte", mithin die Entscheidung nicht allein auf die Vernehmung dieses Zeugen gestützt wurde. Das Bundesverfassungsgericht hat insofern zusammenfassend wie folgt formuliert: „Das Bayerische Oberste Landesgericht ist ersichtlich auch den besonderen Anforderungen gerecht geworden, die an die Würdigung eines solchen Beweises zu stellen sind. Es hat nicht nur die Glaubwürdigkeit des Zeugen einer eingehenden Überprüfung

837 LG Mönchengladbach StV 1987, 333, 333, *Peters*, S. 210.

unterzogen, sondern die Beweisaufnahme auch so umfassend gestaltet, daß die Aussage des Zeugen, die das Beweisergebnis im Übrigen lediglich abrundet, durch andere Beweismittel bestätigt und vielfach abgesichert werden konnte."[838]

Ein weiteres Beispiel für den Inhalt des „fair-trial"-Prinzips bietet BVerfGE 65, 171. Hier hat das Bundesverfassungsgericht einen Verstoß gegen das faire Verfahren darin gesehen, dass eine Revisionshauptverhandlung in Abwesenheit des bestellten Verteidigers durchgeführt wurde. Es sei ein Gebot rechtsstaatlicher fairer Verfahrensführung, die Hauptverhandlung nicht in Abwesenheit des Verteidigers durchzuführen.[839] Als Begründung hat das Bundesverfassungsgericht ausgeführt, dass ein Angeklagter grundsätzlich das Recht habe, in der Revisionshauptverhandlung anwesend zu sein und sich dort selbst zu verteidigen. Im vorliegenden Fall war der Revisionsführer jedoch an der Teilnahme der Revisionshauptverhandlung aufgrund einer für ihn geltenden räumlichen Beschränkung gehindert, weshalb ihm u.a. ein Verteidiger bestellt wurde. Verhandelt das Gericht in einer solchen Konstellation ohne den bestellten Verteidiger, so liegt nach Ansicht des Bundesverfassungsgerichts ein Verstoß gegen das faire Verfahren vor, weil ein Angeklagter ansonsten vor der Entscheidung des Revisionsgerichts weder vom Inhalt der Hauptverhandlung Kenntnis nehmen, noch sich dort Gehör verschaffen kann, weil der Staat selbst ihn hinderte, auf den Gang und das Ergebnis der Verhandlung Einfluss zu nehmen.[840]

Ein weiteres Beispiel für den Inhalt des „fair-trial"-Prinzips bietet die Entscheidung des BGH StV 2004, 470, welche sich mit der so genannten Sanktionsschere befasst. Im konkreten Fall stand im Raum, dass dem Angeklagten im Fall einer geständigen Einlassung eine Freiheitsstrafe von zwei Jahren auf Bewährung, ohne Geständnis hingegen eine Freiheitsstrafe von bis zu sechs Jahren in Aussicht gestellt wurde. Hierin liege nach Ansicht des BGH nicht nur ein Verstoß gegen § 136 a Abs. 1 S. 3 StPO (Versprechen eines gesetzlich nicht vorgesehenen Vorteils), sondern auch eine mit den Grundsätzen eines fairen Strafverfahrens nicht zu vereinba-

---

838 Vgl. BVerfG, Beschluss vom 26.5.1981, AZ 2 BvR 215/81, abrufbar im Internet: http://www.juris.de (Stand: 31.3.2015), Rn. 88 f.

839 Vgl. BVerfG, Beschluss vom 18.10.1983, AZ 2 BvR 462/82, abrufbar im Internet: http://www.juris.de (Stand: 31.3.2015), Rn. 17.

840 Vgl. BVerfG, Beschluss vom 18.10.1983, AZ 2 BvR 462/82, abrufbar im Internet: http://www.juris.de (Stand: 31.3.2015),, Rn. 21.

rende Androhung einer die Schuldangemessenheit übersteigenden Strafe, da ein so gravierender Unterschied in den Schlussanträgen mit der strafmildernden Wirkung eines Geständnisses nicht mehr erklärbar und als unzulässiges Druckmittel zur Erwirkung eines verfahrensverkürzenden Geständnisses zu werten wäre.[841]

Es existieren zahlreiche weitere Entscheidungen, die sich mit dem Grundsatz des fairen Verfahrens befassen, deren Aufzählung jedoch den Rahmen dieser Arbeit sprengen würde. Von daher sollen die vorstehenden Entscheidungen nur exemplarisch verdeutlichen, dass es beim „fair-trial"-Prinzip stets darum geht, die Einhaltung der den Beschuldigten/Angeklagten zustehenden Rechte möglichst effektiv zu gewährleisten, bzw. auf diese Rechte bei Anwendung der gesetzlichen Regelungen Rücksicht zu nehmen.

#### (d.) Verwertungsverbot bei Verstößen gegen das Rechtsstaatsprinzip

Nachdem zunächst ein Überblick über die inhaltliche Bedeutung der Begriffe „Rechtsstaatsprinzip" und „Grundsatz des fairen Verfahrens" gegeben wurde, stellt sich nun die Frage, welche Folgen ein Verstoß gegen eben diese Prinzipien nach sich zieht. Zu prüfen ist, ob Verstöße gegen diese Prinzipien Beweisverwertungsverbote auslösen können. Die Untersuchung soll sich dabei insbesondere mit zwei Merkmalen des Rechtsstaatsprinzips, nämlich dem Verhältnismäßigkeits- und dem „fair-trial"-Grundsatz, beschäftigen.

##### (aa.) Theoretischer Ansatz

Die Ansichten zu der Frage, ob Verstöße gegen diese Prinzipien Beweisverwertungsverbote auslösen, gehen auseinander. Teilweise wird die Frage verneint. Verwertungsverbote ließen sich allein weder aus dem Verhältnismäßigkeitsgrundsatz, noch aus dem „fair-trial"-Grundsatz herleiten. In Bezug auf den Verhältnismäßigkeitsgrundsatz wird angeführt, dass dieser im Rahmen der strafprozessualen Informations- und Beweisverwertung lediglich als ein Regulativ für die Zulässigkeit von Grundrechtsein-

---

841 Vgl. BGH StV 2004, 470, 471.

griffen diene. Sei ein mit der Verwertung bevorstehender Eingriff in ein Grundrecht unverhältnismäßig, so stelle dies eine Verletzung des Grundrechts dar. Nicht der isoliert angewendete Verhältnismäßigkeitsgrundsatz, sondern das Grundrecht selbst, d.h. der der drohenden Verletzung entgegenstehende grundrechtliche Abwehranspruch konstituiere dann die Rechtsfolge „Verwertungsverbot“.[842] Ebenso ist dieser Ansicht zufolge ein Verwertungsverbot wegen Verstoßes gegen den fair-trial-Grundsatz nicht direkt auf das Rechtsstaatsprinzip zu stützen, weil der als „Prozeßgrundrecht“ fungierende „fair-trial“-Grundsatz nicht nur aus dem Rechtsstaatsprinzip, sondern gleichsam aus dem allgemeinen Freiheitsrecht (Art. 2 Abs. 1 GG) herzuleiten sei. Ein darauf zurückgeführtes Verwertungsverbot resultiere deshalb letztlich ebenfalls auf dem grundrechtlichen Abwehranspruch.[843] Dies gelte im Übrigen auch bei Verstößen gegen den „nemo tenetur se ipsum accusare“-Grundsatz – hier müsse das Beweisverwertungsverbot auf das allgemeine Persönlichkeitsrecht aus Art. 2 Abs. 1 GG i.V.m. Art. 1 Abs. 1 GG gestützt werden.[844] Ähnlich äußern sich Alsberg/Nüse/Meyer, welche der Ansicht sind, ein unmittelbarer Rückgriff auf den „fair-trial“-Grundsatz sei insbesondere deshalb nicht erforderlich, weil sich alle Fälle eines Beweisverbots mit den Einzelbestimmungen der StPO und des Grundgesetzes lösen ließen.[845] Zudem hätte das Rechtsstaatsprinzip in Form des Verhältnismäßigkeits- und „fair-trial“-Grundsatzes seine Bedeutung vornehmlich darin, die Abwägung zu beeinflussen, ob ein Beweiserhebungsverbot zu einem Beweisverwertungsverbot führe.[846]

Vorgenannten Ansichten ist jedoch nicht zuzustimmen. Sicherlich fließen im Rahmen einer Verhältnismäßigkeitsprüfung grundrechtliche Gesichtspunkte in die Abwägung ein. Eine wesentliche Rolle spielen aber auch jeweils die unter den Punkten (aa) bis (cc) aufgeführten Merkmale des Rechtsstaatsprinzips. Zudem ist gerade die Beachtung des Verhältnismäßigkeitsgrundsatzes Ausdruck rechtsstaatlichen Denkens. Gleiches gilt für den Grundsatz des fairen Verfahrens. Dieser ist dem Rechtsstaatsprin-

---

842 *Störmer* Jura 1994, 393, 396.
843 *Störmer* Jura 1994, 393, 396.
844 *Störmer* Jura 1994, 393, 397.
845 *Alsberg/Nüse/Meyer*, S. 528, Fn. 730.
846 *Alsberg-Güntge,* Rn. 1047.

zip immanent.[847] Weil nun aber die Ausgangspunkte des Verhältnismäßigkeitsgrundsatzes und auch diejenigen des „fair-trial"-Grundsatzes im Rechtsstaatsprinzip erblickt werden, müssen die Wurzeln für ein diese Fallgruppen betreffendes Verwertungsverbot auch beim Rechtsstaatsprinzip gesucht werden.[848]

Gegen die Auffassung von Alsberg/Nüse/Meyer ist zudem einzuwenden, dass es sich bei möglichen, aus dem Rechtsstaatsprinzip zu entnehmenden Verwertungsverboten gerade nicht um unselbständige, sondern um selbständige, das heißt unmittelbar aus der Verfassung ergebende Beweisverwertungsverbote handelt.[849] Dem Rechtsstaatsprinzip kommt gerade nicht nur im Rahmen der Abwägung, ob ein Verstoß gegen ein Beweiserhebungsverbot zu einem Verwertungsverbot führt, Bedeutung zu. Maßgeblich ist vielmehr die Frage, ob die Verwertung eines Beweismittels einen (selbständigen) Verfassungsverstoß darstellt. Das Eingreifen eines Verwertungsverbotes ist also unabhängig davon zu prüfen, ob bereits ein Verstoß gegen ein Beweiserhebungsverbot vorausgegangen ist oder das Beweismittel in zulässiger Weise gewonnen wurde.[850]

(bb.) Beispiele der Rechtsprechung

Innerhalb der Rechtsprechung ist die Frage der Annahme eines Beweisverwertungsverbotes bei Verstößen gegen das Rechtsstaatsprinzip verschiedentlich thematisiert worden.

Beispielhaft kann hier zunächst BGHSt 24, 125 genannt werden. Der Entscheidung liegt der Sachverhalt zu Grunde, dass einem Unfallverursacher unter Androhung von Zwang eine Blutprobe durch einen Medizinalassistenten, nicht aber durch einen Arzt abgenommen wurde[851], woraufhin sich im Verfahren die Frage der Verwertbarkeit dieser Blutprobe stellte. Im Rahmen dessen hat der Bundesgerichtshof untersucht, ob „das dem Grundgesetz immanente Rechtsstaatsprinzip verlangt, dass das auf die ge-

---

847 KK-*Pfeiffer/Hannich*, 6. Auflage, Einleitung Rn. 28; BVerfGE 38, 105, 111; 66, 313, 318.

848 Im Ergebnis ebenso *Rogall* ZStW 91 [1979] 1, 22 f.; *Eisenberg*, Rn. 383 a, 385.

849 Vgl. *Eisenberg*, Rn. 385.

850 Vgl. *Eisenberg*, Rn. 385 mit weiteren Nachweisen.

851 Vgl. BGH, Urteil v. 17.3.1971, AZ 3 StR 189/70, abrufbar im Internet: http://www.juris.de (Stand: 31.3.2015), Rn. 1.

schilderte Weise fehlerhaft gewonnene Untersuchungsergebnis nicht verwertet wird".[852] Von einem fairen Verfahren könne dann nicht mehr die Rede sein, wenn den Polizeibeamten, die Zwang androhten, bekannt gewesen wäre, dass die Person, die das Blut entnahm, kein Arzt war.[853] In diesem Falle wäre die Blutprobe bewusst durch Missbrauch staatlicher Zwangsbefugnis gewonnen worden.

Zwar ist der Bundesgerichtshof in der vorstehenden Beschreibung von der Verwertbarkeit der Blutprobe ausgegangen – jedoch lässt sich der Entscheidung entnehmen, dass in der Verwertung des Ergebnisses einer Beweiserhebung ein Verstoß gegen das Rechtsstaatsprinzip liegen kann, wenn eine Beeinträchtigung grundlegender Elemente des Rechtsstaats vorliegt.[854]

Hervorzuheben ist insofern, dass der Bundesgerichtshof explizit geprüft hat, ob in der Verwertung des Ergebnisses ein Verstoß gegen das Rechtsstaatsprinzip liegt, nicht aber, ob die Beweiserhebung selbst gegen das Rechtsstaatsprinzip verstößt. Dies ist als gedanklicher Ansatzpunkt für die vorliegende Arbeit beispielsweise für die Fallgruppe so genannter „unbrauchbarer" Gegenüberstellungen interessant. „Unfair" ist die Gegenüberstellung hier ja nicht deshalb, weil die die Gegenüberstellung durchführenden Personen eventuell nicht wussten, dass sie einen Fehler begehen bzw. nicht deshalb, weil im Nachhinein möglicherweise nicht mehr festgestellt werden kann, ob ein Fehler vorliegt oder dieser sich auf die Identifizierungsleistung ausgewirkt hat. Ein Verstoß gegen das Rechtsstaatsprinzip könnte in diesen Fällen darin gesehen werden, dass das Ergebnis einer Gegenüberstellung im Rahmen der Beweiswürdigung verwertet wird, obwohl der Rechtsanwender überhaupt nicht weiß, ob diesem Ergebnis Aussagekraft zukommt.

Ein weiteres Beispiel, in dem die Annahme eines Beweisverwertungsverbotes wegen Verstoßes gegen das faire Verfahren, und damit gegen das Rechtsstaatsprinzip, eine Rolle spielte, zeigt BGHSt 42, 191. Der dortigen Entscheidung liegt der Sachverhalt zu Grunde, dass es im Rahmen der Sitzungspause einer Hauptverhandlung zu einem vom Strafkammervorsitzen-

852 Vgl. BGH, Urteil v. 17.3.1971, AZ 3 StR 189/70, abrufbar im Internet: http://www.juris.de (Stand: 31.3.2015), Rn. 18.

853 Vgl. BGH, Urteil v. 17.3.1971, AZ 3 StR 189/70, abrufbar im Internet: http://www.juris.de (Stand: 31.3.2015), Rn. 19.

854 Vgl. BGH, Urteil v. 17.3.1971, AZ 3 StR 189/70, abrufbar im Internet: http://www.juris.de (Stand: 31.3.2015), Rn. 19.

den angeregten Gespräch kam, an dem neben ihm auch die Sitzungsvertreterin der Staatsanwaltschaft und die Verteidiger der bislang schweigenden, bzw. bestreitenden Angeklagten teilnahmen. Für den Fall eines Geständnisses wurden jeweils Freiheitsstrafen von acht Jahren in Aussicht gestellt, wobei aus Sicht der Verteidiger und des Strafkammervorsitzenden Inhalt der Verständigung gleichfalls war, dass weitere offene Verfahren gegen ihre Mandanten nach § 154 StPO eingestellt würden. Nach Ablegung der entsprechenden Geständnisse stellte sich sodann heraus, dass die Vertreterin der Staatsanwaltschaft die Behandlung nach § 154 StPO nur auf die übrigen verfahrensgegenständlichen Tatvorwürfe, nicht jedoch auf weitere Tatvorwürfe bezog.[855] Nach Offenlegung dieses Dissenses zwischen den Beteiligten fasste die Strafkammer den Beschluss, die abgelegten Geständnisse nicht zu verwerten.

Im Rahmen seiner Erörterungen zum „fair-trial"-Prinzip hat der BGH zunächst ausgeführt, dass das bei der angestrebten Verständigung gewählte Verfahren – die Gespräche erfolgten nicht in der Hauptverhandlung, das vorläufige Ergebnis wurde nicht in der Hauptverhandlung erörtert, bevor die Geständnisse abgelegt wurden – wegen seiner offensichtlichen Anfälligkeit für Missverständnisse nicht unbedenklich sei.[856] Weiter führt der BGH aus, dass Verstößen gegen die Grundsätze des fairen Verfahrens u.a. mit der Annahme von Verwertungsverboten zu begegnen sei[857] – mit der Nichtverwertung der Geständnisse habe das Tatgericht diesen Grundsätzen des fairen Verfahrens entsprochen.[858]

Ein drittes Beispiel für den Umgang der Rechtsprechung mit der hier behandelten Thematik bietet BGH 31, 304. Dieser Entscheidung lag der Sachverhalt zu Grunde, dass der Angeklagte sich mit der Bitte, ihm gegen Entgelt beim Einschmuggeln von Haschisch behilflich zu sein, an einen V-Mann der Polizei wandte, woraufhin dieser das zuständige Rauschgiftdezernat informierte und ohne richterliche Genehmigung zur Überführung des Angeklagten zwei Telefongespräche mit diesem führte, die das Betäu-

---

855 Vgl. BGH, Urteil v. 17.7.1996, AZ 5 StR 121/96, abrufbar im Internet: http://www.juris.de (Stand: 31.3.2015), Rn. 5.

856 Vgl. BGH, Urteil v. 17.7.1996, AZ 5 StR 121/96, abrufbar im Internet: http://www.juris.de (Stand: 31.3.2015), Rn. 9.

857 Vgl. BGH, Urteil v. 17.7.1996, AZ 5 StR 121/96, abrufbar im Internet: http://www.juris.de (Stand: 31.3.2015), Rn. 10.

858 Vgl. BGH, Urteil v. 17.7.1996, AZ 5 StR 121/96, abrufbar im Internet: http://www.juris.de (Stand: 31.3.2015), Rn. 11.

bungsmittelgeschäft zum Inhalt hatten und welche von Polizeibeamten mitgehört als auch aufgezeichnet wurden.[859]

Der BGH hat in der Verwertung dieser Tonbandmitschnitte einen Rechtsfehler gesehen und wie folgt formuliert: „Das gesamte Strafverfahrensrecht steht unter dem Leitgedanken der Rechtsstaatlichkeit (Art. 20 Abs. 3 GG). Ausdruck dieses Gedankens sind die Regelungen des § 136 Abs. 1 S. 2 StPO, wonach niemand gezwungen ist, gegen sich selbst auszusagen, und der §§ 136 a, 163 a Abs. 3, 4 StPO, wonach es den Strafverfolgungsbehörden verboten ist, durch unzulässige Mittel wie Täuschung, Drohung oder Misshandlung auf die Willensfreiheit des Beschuldigten einzuwirken. Ist es aber ein Grundsatz des rechtsstaatlichen Strafverfahrens, eine in verbotener Weise gewonnene Aussage des Beschuldigten nicht gegen ihn zu verwerten, so kann es gleichfalls nicht zugelassen werden, dass eine Äußerung des Beschuldigten, die in unzulässiger Weise mit Hilfe technischer Mittel festgehalten worden ist, gegen ihn verwendet wird."[860]

Es sei mit den Grundsätzen eines rechtsstaatlichen Strafverfahrens unvereinbar, dass der Verdächtige unter Umgehung der richterlichen Anordnungsbefugnis von einem V-Mann der Polizei mit deren Billigung und unter deren Mitwirkung gezielt angerufen und unter Ausnutzung des bestehenden Vertrauensverhältnisses in ein Gespräch über eine Straftat verwickelt werde, damit dieses auf Tonband aufgenommen und später gegen ihn verwendet werden könne.[861] In dieser Verfahrensweise sei eine durch Täuschung bewirkte Provokation der fernmündlichen Selbstbelastung des Verdächtigen zu sehen, die in Verbindung mit der Umgehung der gesetzlich bestimmten richterlichen Zuständigkeit für die Anordnung der Aufzeichnungsmaßnahme insgesamt einen so schwerwiegenden Verfahrensverstoß darstelle, dass dem gewonnenen Ergebnis die Verwertbarkeit versagt werden müsse. Zwar habe diese Auffassung zur Folge, dass wichtige Beweismittel zur Aufklärung von Straftaten unbenützt bleiben müssten, obwohl dem Grundsatz wirksamer Strafrechtspflege Verfassungsrang zukomme (BVerfGE 51, 324, 345). Das müsse im Interesse eines rechts-

859 Vgl. BGH, Urteil v. 17.3.1983, AZ 4 StR 640/82, abrufbar im Internet: http://www.juris.de (Stand: 31.3.2015), Rn. 2 f.

860 Vgl. BGH, Urteil v. 17.3.1983, AZ 4 StR 640/82, abrufbar im Internet: http://www.juris.de (Stand: 31.3.2015), Rn. 12.

861 Vgl. BGH, Urteil v. 17.3.1983, AZ 4 StR 640/82, abrufbar im Internet: http://www.juris.de (Stand: 31.3.2015), Rn. 13.

staatlichen Verfahrens jedoch hingenommen werden; die Strafprozessordnung zwinge nicht zur Wahrheitserforschung um jeden Preis (BGHSt 14, 358, 365).[862]

Letztlich ergibt sich aus allen drei genannten Entscheidungen des BGH, dass ein Verstoß gegen das Rechtsstaatsprinzip ein Beweisverwertungsverbot zur Folge haben muss, jedenfalls sofern sich der Verfahrensverstoß als so schwerwiegend darstellt, dass er auch im Interesse einer wirksamen Strafrechtspflege nicht hingenommen werden kann.

### c. Ergebnis

Zusammenfassend ist zunächst im Allgemeinen festzustellen, dass es verschiedene Arten von Beweisverwertungsverboten gibt und zahlreiche Theorien zu ihrer Herleitung existieren. Ein gemeinsamer Ansatzpunkt aller Beweisverwertungsverbote und der zu ihnen entwickelten Theorien kann jedoch darin erblickt werden, dass Beweisverwertungsverbote dann in Betracht kommen sollen, wenn der Staat durch sein Handeln zu weit in die Rechtssphäre des Betroffenen Bürgers vorgedrungen ist. Es geht bei Beweisverwertungsverboten herkömmlicherweise immer um die Abgrenzung von Rechtssphären. Inwieweit ist es hinnehmbar, dass der Staat in die Rechte des Einzelnen eingreift? Ab welchem Zeitpunkt darf ein Eingriff nicht mehr geduldet werden, so dass es dem Staat verwehrt ist, etwaige aus dem Eingriff erlangte Vorteile zu nutzen?

Im Besonderen ist als Ergebnis der vorhergehenden Untersuchung hervorzuheben, dass sich Beweisverwertungsverbote auch aus dem Verstoß gegen das Rechtsstaatsprinzip herleiten lassen. Jedoch ist zu konstatieren, dass sich diese nicht kategorisieren lassen, so dass eine einheitliche Handhabung kaum möglich erscheint.[863] Die ungenaue Konturierung der aus dem Rechtsstaatsprinzip herzuleitenden Beweisverwertungsverbote ergibt

---

862 Vgl. BGH, Urteil v. 17.3.1983, AZ 4 StR 640/82, abrufbar im Internet: http://www.juris.de (Stand: 31.3.2015), Rn. 14.

863 Eine Auflistung verschiedener Fälle, in denen ein Beweisverwertungsverbot wegen Verstoßes gegen das fair-trial-Prinzip angenommen wurde findet sich etwa bei *Rzepka*, S. 137, Fn. 96. Beispielhaft genannt für bisherige Anwendungsfälle dieses Verwertungsverbotes seien BGHSt 24, 125, 131 (Mßbrauch staatlicher Zwangsbefugnis im Rahmen von § 81 a StPO) und BGHSt 42, 191, 193 (Nichtverwertung eines Geständnisses bei fehlgeschlagener Verständigung im Strafverfahren).

sich bereits aus den ebenso ungenauen Begriffsdefinitionen. Dies gilt sowohl für den Oberbegriff des „Rechtsstaatsprinzips“ als auch für die Unterformen „Verhältnismäßigkeitsgrundsatz“ und „faires Verfahren“.

Die Prüfung der Verhältnismäßigkeit setzt eine Güterabwägung voraus, so dass von vornherein verschiedene Argumente gegeneinander abgewogen werden müssen, die in jedem Einzelfall eine unterschiedliche Gewichtung haben. Die Frage, ob ein Verwertungsverbot wegen Verstoßes gegen das Verhältnismäßigkeitsprinzip anzunehmen ist, kann deshalb auch nur für den jeweiligen Einzelfall beantwortet werden, so dass eine allgemeingültige Formel, wann ein Verwertungsverbot hier einzugreifen hat, nicht in Betracht kommt.

Schwierigkeiten bereitet ebenfalls die einheitliche Anwendung eines Beweisverwertungsverbotes wegen Verstoßes gegen das faire Verfahren. Der Begriff des „fairen Verfahrens“ ist ebenso kompliziert zu fassen, wie der Begriff „Rechtsstaatsprinzip“. Hinsichtlich beider Begriffe erscheint es unmöglich, diese kurz und prägnant zu umschreiben. Das faire Verfahren ist inzwischen zu einem „allgemeinen Prozessgrundrecht“ geworden, an dem alle Beschränkungen zu messen sind, die von den speziellen grundrechtlichen Verfahrensgarantien nicht erfasst werden.[864]

## *3. Abschnitt: Zusammenfassende Betrachtung*

Der erste Abschnitt dieses Kapitels hat sich mit der Frage beschäftigt, welche Rolle Qualitätsaspekte im deutschen Beweisrecht spielen. Die Untersuchung hat ergeben, dass eine Vorauswahl der Beweismittel im Hinblick auf die ihnen innewohnende Qualität grundsätzlich nicht stattfindet. Zwar ist beispielsweise dem Regelungswerk der §§ 250 ff. StPO zu entnehmen, dass grundsätzlich der sachnähere Beweis zu erheben ist, gesetzliche Regelungen über den Ausschluss unzuverlässiger Beweise existieren jedoch nicht. Eine gewisse Qualitätsauswahl findet im Zusammenhang der Beweiserhebung lediglich unter Regie des Tatgerichts und unter strenger Beachtung der Grenzen des § 244 Abs. 2 StPO statt. Der Tatrichter darf dann von einer Beweiserhebung absehen, wenn er für seine Prognose, dass die Beweiserhebung nicht zu relevanten Ergebnissen führen werde, Gründe

864 *Pieroth/Schlink*, Rn. 115.

hat, die in hohem Maße plausibel sind.[865] Das Vorliegen solcher, in hohem Maße plausibler Gründe wird jedoch die Ausnahme darstellen.

An die Beweiserhebung schließt sich die Würdigung der Beweise an. Diese obliegt ebenfalls dem Tatrichter im Rahmen der von ihm individuell zu bildenden Beurteilung. Ihm erwächst die Aufgabe, über die Ergebnisse der Beweisaufnahme zu entscheiden, ohne an Beweisregeln, das heißt an gesetzliche Vorschriften über die Wirkung der Beweise, an Bestimmungen darüber, unter welchen Voraussetzungen eine Tatsache als bewiesen anzusehen ist, gebunden zu sein.[866]

Die Grenzen zwischen der von § 244 Abs. 2 StPO dominierten Phase der Stoffsammlung und der von § 261 StPO dominierten Phase der Beweiswürdigung sind dabei fließend. Im Zusammenhang der vorliegenden Untersuchung ist insofern als Ergebnis herauszustellen, dass das Beweisrecht grundsätzlich keine festen Regeln vorgibt, wie mit qualitativ minderwertigen Beweisen verfahren werden soll.[867] Die Frage, ob, und wenn ja, welcher Wert einem Beweis zukommt, obliegt allein der richterlichen Entscheidung im Einzelfall. Dabei kann ein Beweis sowohl als vollwertig, wertlos oder auch – als Zwischenform – minderwertig angesehen werden.

Insgesamt anders verhält es sich dagegen mit rechtswidrig gewonnenen Beweisen. Beweise, die einem Beweisverbot unterliegen, finden keinen Zugang in die freie Beweiswürdigung. Die Wirkung der Beweisverbote ist damit im Vorfeld angesiedelt und betrifft eine dem Grundsatz der Beweiswürdigung vorgelagerte Problematik.[868]

Die unterschiedliche Behandlung der an verschiedenartigen Fehlern leidenden Beweise ist im Rahmen dieser Zusammenfassung deutlich hervorzuheben. Qualitativ minderwertige Beweise finden Eingang in das Verfahren und werden seitens des Tatgerichts nach ihrem Wert beurteilt. Rechtswidrig gewonnene Beweise, die einem Verwertungsverbot unterliegen, werden dagegen im Verfahren so behandelt, als hätten sie nie existiert.

Eine gewisse Sonderbehandlung findet der fehlerbehaftete Sachverständigenbeweis. Auch er findet zwar vollständig Eingang in die freie Beweis-

865 Vgl. BGHSt 36, 159, 165; KK-*Krehl*, § 244 Rn. 33.

866 *Meurer* in FS Oehler, S. 357.

867 Vertiefend zu freier Beweiswürdigung und Beweiswürdigung nach Beweisregeln: *Meuer* in FS Oehler, S. 357 ff.

868 Vgl. *A. Schmidt*, S. 69 ff., insbesondere S. 73; nach a.A. handelt es sich bei Beweisverboten um Ausnahmen vom Grundsatz der freien Beweiswürdigung (so *Schmitt*, S. 190; LR-*Sander*, § 261 Rn. 64).

würdigung und fällt damit eindeutig in die Kategorie der so genannten mangelhaften Beweismittel. Allerdings gibt es keinen minderwertigen Sachverständigenbeweis. Ist ein Sachverständigengutachten fehlerhaft, so wird es insofern nicht „verwertet", als es zwar im Rahmen der Beweiswürdigung diskutiert wird, es jedoch nicht als Entscheidungsgrundlage herangezogen wird. In diesem Punkt ähnelt die Folge des fehlerbehafteten Sachverständigenbeweises der Folge rechtswidrig gewonnener Beweise.

Grundsätzlich ist aber festzustellen, dass das Beweisrecht von einer kategorialen Unterscheidung zwischen mangelhaften Beweismitteln und rechtswidrig gewonnenen Beweismitteln ausgeht.

# 5. Kapitel: Aufweichungen der kategorialen Unterscheidung

Nachfolgend wird zu untersuchen sein, ob weiterhin von dieser kategorialen Unterscheidung ausgegangen werden kann, oder ob es Anhaltspunkte für eine Aufweichung dieser kategorialen Unterscheidung gibt.

## *1. Abschnitt: Problemstellung*

Ansatzpunkt könnte insofern sein, dass, wie es etwa Rzepka formuliert hat, der Grundsatz des fairen Verfahrens unter anderem auch die Einhaltung der geschriebenen Verfahrensregeln zwecks Durchführung eines qualitativ hochwertigen Strafverfahrens verlangt.[869] Hiermit korrespondiert der in Teilen der Literatur in Bezug auf das „fair-trial"-Prinzip vorgebrachte Ansatz, wonach sich ein faires Verfahren vornehmlich durch seine Justizförmigkeit, mithin durch das strenge Einhalten der Verfahrensregeln auszeichnet.

Denkbar wäre es, unter Zugrundelegung dieser Auffassung zu schlussfolgern, dass nur ein Strafverfahren, welches die Durchführungsregeln beachtet, die Erlangung qualitativ einwandfreier Beweise ermöglicht. Dieser Denkansatz ist für die vorliegende Arbeit aus zweierlei Gründen interessant:

Zum einen deshalb, weil hierdurch möglicherweise neben das Kriterium „Eindringen in die Rechtssphäre des Betroffenen", welches bisher Voraussetzung für die Annahme eines Beweisverwertungsverbotes war, ein weiteres Kriterium tritt: die mangelhafte Qualität eines Beweises. Die mangelhafte Qualität des Beweises ergäbe sich insofern daraus, dass das Verfahren, aus dem der Beweis hervorgebracht wurde, eben nicht ordnungsgemäß geführt wurde. Zwar würde auch ein Beweisverwertungsverbot wegen Verstoßes gegen das „fair-trial"-Prinzip aufgrund fehlender Justizförmigkeit des Verfahrens vordergründig die Rechtssphäre des Betroffenen verletzen. Nichtsdestotrotz könnte sich ein solches Verwertungsverbot jedoch im Grunde auf die mangelnde Qualität eines Beweises stüt-

869 *Rzepka*, S. 269.

zen und diesen Aspekt – und nicht die Betroffenheit der Rechtssphäre des Einzelnen – in den Vordergrund stellen.

Zudem ist dieser Denkansatz aber auch gerade für die hier vorliegende Untersuchung interessant, weil es sich bei den Regeln der Identifizierungsgegenüberstellung um solche handelt, die kriminalistisch / methodische Sorgfaltsmaßstäbe für Gegenüberstellungen formulieren und damit auch gerade die Justizförmigkeit des Verfahrens und damit die Qualität der Beweise fördern sollen. Werden diese Regeln nicht eingehalten, so könnte es in Betracht kommen, einen Verstoß gegen den Grundsatz des fairen Verfahrens wegen mangelnder Qualität der erhobenen Beweise zu rügen.

Im vorigen Kapitel wurde ausgeführt, dass das herkömmliche Beweisrecht eben gerade von einer kategorialen Unterscheidung zwischen qualitativ minderwertigen und rechtswidrig gewonnenen Beweismitteln vornimmt. Diese kategoriale Unterscheidung zieht sich grundsätzlich durch das gesamte Beweisrecht, also sowohl die geschriebenen wie auch die ungeschriebenen Verfahrensregeln. Es existieren herkömmlicherweise keine Verfahrensregeln, aufgrund derer qualitativ minderwertige Beweise ausgeschlossen werden können. Es soll der individuellen Beurteilung des Tatgerichts überlassen werden, welcher Wert einem einzelnen Beweis zugeordnet wird.

Als Ausnahme konnte dort allerdings bereits die Behandlung des Sachverständigenbeweises ausgemacht werden. Liegt beispielsweise ein so genanntes unbrauchbares Gutachten vor, so ist dieses nicht zur Entscheidungsgrundlage zu machen. Ein unbrauchbares Gutachten liegt dann vor, wenn sein Ergebnis nicht nachvollziehbar ist, beispielsweise weil mangels vorhandener Dokumentation das Transparenzgebot nicht eingehalten wurde. Das Nichteinhalten des Transparenzgebots stellt aber im Grunde genommen nichts anderes als das Nichteinhalten der Verfahrensregeln dar. Unter dem vorstehend genannten Denkansatz könnte also in der Behandlung fehlerhafter Sachverständigengutachten, mithin dem Umstand, dass ein solches Gutachten eben nicht Entscheidungsgrundlage sein kann, ein Beispiel dafür gesehen werden, dass die etwaige „Verwertung“ eines mangelhaften Beweises unfair sein könnte.

Der eingangs dieses Abschnitts formulierte Gedanke, welcher das „fair-trial“-Gebot bei der Berücksichtigung qualitativ minderwertiger Beweise tangiert sieht, würde die Grenze der grundsätzlich vorhandenen kategorialen Unterscheidung überschreiten, und zwar im Bereich der ungeschriebenen Verfahrensregeln.

Fraglich ist, ob es auch gesetzliche Regelungen gibt, die sich mit der Qualität eines Beweises beschäftigen und die damit im Grunde ebenfalls eine Überschreitung der ursprünglich gezogenen kategorialen Unterscheidung darstellen. Zu prüfen ist, ob es in der heutigen Rechtsanwendung Vorschriften gibt, deren Zweck möglicherweise (auch) darauf ausgerichtet ist, das Zustandekommen zuverlässiger Beweise zu garantieren. Im Nachfolgenden sind einige solcher Vorschriften zu nennen. Es ist zu untersuchen, ob diese Vorschriften sich überhaupt in die vorherrschende Dogmatik einfügen lassen.

## I. § 168 c StPO

Als erste in diesem Zusammenhang zu nennende Vorschrift kommt die durch das 1. StVRG[870] von 1974 eingefügte Vorschrift des § 168 c StPO in Betracht.

### 1. Regelungsinhalt

§ 168 c StPO regelt die Anwesenheitsbefugnisse bei richterlichen Untersuchungshandlungen im Ermittlungsverfahren, vor allem die des Beschuldigten und seines Verteidigers.[871] Gemäß § 168 c Abs. 1 StPO ist bei der richterlichen Vernehmung des Beschuldigten der Staatsanwaltschaft und dem Verteidiger die Anwesenheit gestattet. Bei der richterlichen Vernehmung eines Zeugen oder Sachverständigen ist gemäß § 168 c Abs. 2 StPO neben der Staatsanwaltschaft und dem Verteidiger auch dem Beschuldigten die Anwesenheit gestattet.[872] Gem. § 168 c Abs. 5 StPO sind die zur Anwesenheit Berechtigten grundsätzlich von den Vernehmungsterminen zu benachrichtigen.

---

870 Erstes Gesetz zur Reform des Strafverfahrensrechts vom 9.12.1974, BGBl. I, 3392, 3533.

871 LR-*Erb*, § 168 c Rn. 1.

872 Umstritten ist, ob durch analoge Anwendung der Vorschrift auch Mitbeschuldigten und ihren Verteidigern die Anwesenheit bei der richterlichen Vernehmung des Beschuldigten zu gestatten ist (Vgl. zum Diskussionsstand SK-*Wohlers*, § 168 c Rn. 9 ff.).

## 2. Zweck der Norm

Nachfolgend ist nun § 168 c StPO daraufhin zu untersuchen, den Schutz welchen Rechtsgutes die Norm bezweckt.

### a. Schutz der Rechtssphäre des Beschuldigten

Die mit der Schaffung des § 168 c StPO gegebene gesetzgeberische Absicht liegt dem BGH zufolge darin, den Beschuldigten in seinem Anwesenheitsrecht bei richterlichen Zeugenvernehmungen im vorbereitenden Verfahren besser zu stellen.[873]

Nach teilweise vertretener Auffassung ist Schutzgut des § 168 c StPO sowohl der Anspruch auf rechtliches Gehör als auch der Grundsatz der Waffengleichheit. Durch die Annahme eines Beweisverwertungsverbotes solle verhindert werden, dass in dem Abschnitt des Vorverfahrens unter Verletzung des Anspruchs auf rechtliches Gehör (Art. 103 Abs. 1 GG; Art. 6 Art. 1 S. 1 MRK) und unter Außerachtlassung des Grundsatzes der Waffengleichheit zwischen Staatsanwaltschaft und Beschuldigtem ein für den weiteren Verlauf des Strafverfahrens möglicherweise entscheidendes Beweisergebnis herbeigeführt werden kann, ohne dass dem Beschuldigten und/oder seinem Verteidiger zuvor Gelegenheit gegeben war, hierauf Einfluss zu nehmen.[874] Gerade die Anwesenheitsrechte bei Untersuchungshandlungen seien als ein Ausfluss des Grundsatzes der Waffengleichheit anzusehen, dessen Missachtung zugleich einen Verstoß gegen das Rechtsstaatsprinzip bedinge.[875]

Teilweise wird der Schwerpunkt des Schutzzwecks weniger im Punkte der Waffengleichheit als vielmehr in einer mit dem Anspruch auf rechtliches Gehör verknüpften Gewährleistung einer effektiven Verteidigung gesehen.[876] Es werde damit der Erkenntnis Rechnung getragen, dass die Ergebnisse des Ermittlungsverfahrens in vielfacher Weise und über die Verlesungsmöglichkeiten nach § 251 StPO hinaus auf das Hauptverfahren einwirken. Ferner ermögliche die Vorschrift es, durch Verteidigungsaktivitäten im Ermittlungsverfahren die Verfahrenseinstellung durch die

---

873 BGHSt 26, 332, 335.
874 KK-*Griesbaum*, § 168 c Rn. 1.
875 *Krause* NJW 1976, 2029, 2029; *ders.* in StV 1984, 169, 173.
876 LR-*Erb*, § 168 c Rn. 1.

Staatsanwaltschaft zu erreichen und damit die den Beschuldigten regelmäßig stärker belastende Verstrickung in ein gerichtlich anhängiges Strafverfahren zu vermeiden.

Einer weiteren Auffassung zufolge finden die Anwesenheitsrechte des Beschuldigten und der Verteidigung ihre Grundlage weder im Grundsatz der Waffengleichheit noch im Anspruch auf rechtliches Gehör, sondern in der Gewährleistung einer effektiven Verteidigung.[877]

Ungeachtet der konkreten dogmatischen Verankerung bleibt festzuhalten, dass § 168 c StPO eine wichtige innerstaatliche Ausgestaltung des durch Artikel 6 Abs. 3 Buchstabe d) MRK gewährleisteten unmittelbaren Fragerechts enthält.[878] Gemäß Artikel 6 Abs. 3 Buchstabe d) MRK hat jede angeklagte Person das Recht, Fragen an Belastungszeugen zu stellen oder stellen zu lassen und die Ladung und Vernehmung von Entlastungszeugen unter denselben Bedingungen zu erwirken, wie sie für Belastungszeugen gelten. Das so genannte Konfrontationsrecht gilt als zentraler Bestandteil einer effektiven Verteidigung und stellt eine Ausformung des in Artikel 6 Abs. 1 MRK statuierten fairen Verfahrens dar.[879] Die Vorschrift garantiert dem Beschuldigten das Recht, dass ein Belastungszeuge mit ihm konfrontiert wird, um ihn zu befragen und seine Glaubwürdigkeit in Zweifel ziehen zu können.[880]

Ein Verstoß gegen die Benachrichtigungspflicht, mithin die Nichtgewährung der Wahrnehmung des Konfrontationsrechts stellt einen Eingriff in die Rechtssphäre des Betroffenen dar, und zwar gleichwohl, ob die Verankerung des Schutzzwecks der Norm im Grundsatz der Waffengleichheit, der Gewährleistung einer effektiven Verteidigung oder in der Gewährung rechtlichen Gehörs gesehen wird. Damit handelt es sich bei § 168 c StPO (zumindest auch) um eine Regel, die die Rechtsstellung des Beschuldigten betrifft.

### b. Schutzzweck Qualitätssicherung

Fraglich ist, ob der Schutzzweck der Vorschrift mit dem Schutz der Rechtssphäre des Beschuldigten erschöpfend umschrieben ist.

---

877 SK-*Wohlers*, § 168 c Rn. 1.
878 Vgl. LR-*Erb*, § 168 c Rn. 1.
879 KK-*Schädler/Jacobs*, Art. 6 MRK, Rn. 63.
880 Vgl. EGMR StV 1997, 617, 619; BGHSt 51, 150, 154.

Zum Teil wird im Hinblick auf den Zweck der Anwesenheitsrechte formuliert, dass diese – neben der den Verfahrensbeteiligten gewährten Möglichkeit der Einflussnahme auf den Inhalt und das Ergebnis der Vernehmung – auch die Richtigkeit und Vollständigkeit der erstellten Protokolle gewährleisten sollen.[881] Dieser Aussage zufolge stellt die Möglichkeit der Einflussnahme, welche als Ausdruck der Ansprüche auf rechtliches Gehör und Waffengleichheit gilt, lediglich einen der mit der Vorschrift verfolgten Zwecke dar.

Weiterer Zweck der Einräumung eines Anwesenheitsrechts sei es, die Richtigkeit und Vollständigkeit der erstellten Protokolle zu gewährleisten. Mit dem Streben nach richtigen und vollständigen Protokollen wird allerdings vordergründig nicht der Schutz des Rechtskreises des Beschuldigten bezweckt. Richtige und vollständige Protokolle richterlicher Vernehmungen haben deshalb eine besondere Bedeutung, weil sie eben als solche in die Hauptverhandlung als Beweismittel eingeführt werden können.[882] Der Tatrichter muss die damals vernommene Person bei Vorliegen bestimmter Voraussetzungen nicht nochmals anhören. Er kann und muss in diesem Falle seine Überzeugung allein auf die damalige Vernehmungsniederschrift stützen. Wenn aber die damalige Vernehmungsniederschrift ausschlaggebend für die Bildung der richterlichen Überzeugung in einem bestimmten Punkt ist, so ist es erforderlich, dass das Protokoll das Geschehen der damaligen Vernehmung so detailgetreu wie möglich wiedergibt.

Indem also mit dem Anwesenheitsrecht des Beschuldigten und seines Verteidigers unter anderem die Erlangung vollständiger und richtiger Protokolle richterlicher Vernehmungen bezweckt wird, stellt dies nichts anderes als die Forderung nach zuverlässigen Beweisen dar. Zuverlässige Beweise sind unter diesem Aspekt gleichbedeutend mit qualitativ hochwertigen Beweisen.

Unter Zugrundelegung der oben genannten Definition zum Zweck der Vorschrift kann folglich festgestellt werden, dass dieser offensichtlich zumindest nicht nur in dem Schutz der Rechtssphäre des Beschuldigten liegt. Geschützt werden soll vielmehr auch die Zuverlässigkeit der Beweise und somit die Qualität der Beweiserhebung an sich. Unter diesem Blickwinkel handelt es sich bei § 168 c StPO neben einer Vorschrift, die möglicherwei-

---

881 So SK-*Wohlers*, § 168 c Rn. 43.
882 AK-*Achenbach*, § 168 c Rn. 2.

se den Rechtskreis des Beschuldigten schützt, auf jeden Fall auch um eine Qualitätssicherungsvorschrift.

c. Qualitätssicherung als vorrangiges Ziel

Noch unterschiedlicher fällt das Ergebnis der Untersuchung unter Zugrundelegung einer weiteren Definition aus: Dieser zufolge sollen die Anwesenheitsrechte der Beteiligten dazu beitragen, die Richtigkeit und Vollständigkeit der Protokolle zu garantieren, indem ihnen die Gelegenheit gegeben wird, auf die Ermittlungsergebnisse und die Form ihrer Niederschrift Einfluss zu nehmen.[883] In letzterem liege dann eine Konkretisierung des Anspruchs auf ein faires Verfahren und zudem eine Verwirklichung des Anspruchs des Beschuldigten auf rechtliches Gehör.[884]

Der vorrangige Zweck der Anwesenheitsrechte liegt dieser Ansicht folgend vornehmlich in der Erlangung richtiger und vollständiger Protokolle. Gestützt wird diese Auffassung durch die Unterlagen über die Verhandlungen des Deutschen Bundestages zur Einführung dieser Vorschrift. Dort wird formuliert, dass die grundsätzliche Gestattung der Anwesenheit des Beschuldigten und des Verteidigers bei richterlichen Vernehmungen eines Zeugen oder Sachverständigen allein deswegen angemessen erscheine, da die Niederschrift über eine richterliche Vernehmung – anders als eine staatsanwaltschaftliche Niederschrift – nach Maßgabe des § 251 Abs. 1 StPO in der Hauptverhandlung zum Zwecke des Beweises verlesen werden kann.[885] Die Intention des Gesetzgebers bei Schaffung dieser Vorschrift lag demnach vor dem Hintergrund, dass der Tatrichter sich bei bloßer Vornahme einer Protokollverlesung in der späteren Hauptverhandlung kein eigenes Bild von der Zuverlässigkeit des Beweises mehr machen kann, darin, zuverlässige, mithin qualitativ hochwertige Beweise bereits im Stadium des Vorverfahrens zu erlangen. Etwaige andere Ziele, die mit der Einführung der Vorschrift bezweckt wurden, werden in den Unterlagen über die Verhandlungen des Deutschen Bundestages nicht genannt. Die Anwesenheitsrechte sind unter diesem Blickwinkel nur das Mittel zum Zweck – nämlich dem Zweck, vollständige und richtige Protokolle zu erlangen.

---

883 So AK-*Achenbach*, § 168 c Rn. 2.
884 Vgl. AK-*Achenbach*, § 168 c Rn. 2.
885 BT-Drucks. 7/551, S. 76.

Die aus der Benutzung des Mittels „Anwesenheitsrecht“ folgenden Effekte, mithin die Erfüllung des Anspruchs auf rechtliches Gehör und die Gewährung von so genannter Waffengleichheit, stellen sich insofern als lediglich willkommene Nebeneffekte dar. Die Hauptzielrichtung der Vorschrift besteht jedoch in der Erlangung möglichst detailgetreuer und wahrer Vernehmungsprotokolle, damit der Tatrichter sein Urteil auf zuverlässigen Beweisen gründen kann. Demzufolge handelt es sich bei § 168 c StPO um eine Qualitätssicherungsvorschrift, die den Rechtskreis des Beschuldigten nur als Nebeneffekt schützt.

#### d. Zwischenergebnis

Als Zwischenergebnis kann festgehalten werden, dass § 168 c StPO eine Doppelfunktion innehat. Einerseits schützt die Vorschrift die Rechtssphäre des Beschuldigten, andererseits dient sie allerdings auch dem Zustandekommen zuverlässiger Beweise, mithin der Erhöhung der Zuverlässigkeit des Beweisergebnisses. Insofern handelt es sich bei § 168 c StPO zugleich auch um eine Qualitätssicherungsvorschrift.

### 3. Rechtsfolge bei Verstoß gegen die Benachrichtigungspflicht

Fraglich ist, welche Rechtsfolge ein Verstoß gegen die Benachrichtigungspflicht des § 168 c Abs. 5 StPO nach sich zieht.

#### a. Problematik

Unter Heranziehung der herkömmlichen Dogmatik des Beweisrechts kämen folgende Konsequenzen in Betracht: Sofern § 168 c StPO als Norm zum Schutz der Rechtssphäre des Beschuldigten aufgefasst wird, käme als Rechtsfolge die Annahme eines Verwertungsverbotes in Betracht. Sofern § 168 c StPO als Qualitätssicherungsvorschrift aufgefasst wird, könnte eine unter Verstoß gegen die Benachrichtigungspflicht zustande gekommene Vernehmungsniederschrift Eingang in die Beweiswürdigung finden. Dort müsste ihre mindere Qualität dann thematisiert werden.

### b. Vorgehensweise in der Praxis

Rechtsfolge des Verstoßes gegen die Benachrichtigungspflicht ist hinsichtlich der ohne den Anwesenheitsberechtigten erfolgten Vernehmung die Annahme eines Verwertungsverbotes.[886] Dieses muss durch die Erhebung eines Widerspruchs gegen die Verwertung in der Hauptverhandlung geltend gemacht werden.[887] Ohne das Einverständnis des Angeklagten und des Verteidigers darf die Vernehmung sodann nicht als richterliches Protokoll gem. § 251 Abs. 1 StPO in die Hauptverhandlung eingeführt werden.[888] Das auf die Verletzung der Benachrichtigungspflicht folgende Beweisverwertungsverbot soll die Relevanz der Norm absichern.[889]

Dies bedeutet jedoch nicht, dass die unter Verstoß gegen § 168 c Abs. 5 StPO erfolgte Beweiserhebung für das weitere Verfahren keine Bedeutung hat. Denn der BGH folgt hinsichtlich der weiteren Vorgehensweise der so genannten Beweiswürdigungslösung, mit Hilfe derer er den Inhalt der Vernehmung auf andere Weise in die Hauptverhandlung einführen kann. Seiner Ansicht nach unterscheide sich der Vorgang der Vernehmung, sofern die Anwesenheitsberechtigten aufgrund der fehlenden Benachrichtigung an der richterlichen Vernehmung nicht teilnehmen konnten, nicht von einer Vernehmung durch die Polizei oder die Staatsanwaltschaft.[890] Da solche Protokolle nach § 251 Abs. 2 S. 2 StPO verlesen werden dürften, spreche vieles dafür, es zuzulassen, das Protokoll einer unter Verletzung der Benachrichtigungspflicht erfolgten richterlichen Vernehmung als Protokoll einer anderen – nichtrichterlichen – Vernehmung zu verlesen, wobei sich der Tatrichter dann des minderen Beweiswertes des Beweismittels bewusst sein müsse.[891]

---

886 Meyer-Goßner/Schmitt-*Schmitt*, § 168 c Rn. 6; *Weßlau* StV 2010, 41, 41. Der BGH konkretisiert dies in der Entscheidung BGHSt 51, 150, 154 f. zu Artikel 6 Abs. 3 Buchstabe d) MRK dahingehend, dass ein Verstoß gegen die Norm und damit zugleich gegen § 168 c Abs. 5 StPO nur dann vorliegt, wenn zugleich ein Verstoß gegen das faire Verfahren vorliegt, was wiederum der Fall sein soll, wenn die unterbliebene konfrontative Befragung der Justiz zuzurechnen ist.

887 KK-*Griesbaum*, § 168 c Rn. 22; LR-*Erb*, § 168 c Rn. 56.

888 BGHSt 26, 332, 335; 31, 140, 144.

889 BGHSt 26, 332, 335.

890 BGH NStZ 1998, 312, 313.

891 BGH NStZ 1998, 312, 313; BGH StV 1997, 512, 513; BGHSt 34, 231, 234; KK-*Griesbaum*, § 168 c Rn. 25; Meyer-Goßner/Schmitt-*Schmitt*, § 168 c Rn. 6.

### c. Rückschlüsse für die vorliegende Untersuchung

Ungeachtet des Umstandes, dass dieser Umgang mit den Folgen eines Verstoßes gegen die Benachrichtigungspflicht berechtigter Kritik ausgesetzt ist,[892] stellt sich die Frage, welche Rückschlüsse dieser Umgang für die vorliegende Arbeit zulässt.

Der von der herrschenden Meinung gewählte Umgang mit den Folgen eines Verstoßes gegen die Benachrichtigungspflicht erscheint nicht konsequent. Einerseits wird der Verstoß gegen die Benachrichtigungspflicht bei erfolgendem Widerspruch mit einem Beweisverwertungsverbot geahndet. Insofern entspricht die Vorgehensweise derjenigen, die üblicherweise bei Eingriffen in die Rechtssphäre eines Betroffenen gewählt wird.

Andererseits soll der Inhalt der entsprechenden Vernehmung nichtsdestotrotz unter Zuhilfenahme des § 251 Abs. 2 StPO Eingang in die Hauptverhandlung finden und im Rahmen der Beweiswürdigung als qualitativ minderwertiger Beweis berücksichtigt werden. Insofern ähnelt der Umgang mit dem Verstoß gegen die Benachrichtigungspflicht demjenigen, der bei Verstößen gegen Normen gewählt wird, die der Sicherung der Qualität der Beweiserhebung dienen. Gerade im hier vorliegenden Zusammenhang stellt sich allerdings die Frage, ob ein Gericht derart unterschiedliche Maßstäbe zwischen § 251 Abs. 1 und § 251 Abs. 2 StPO ansetzen würde, mithin ob der dann angenommenen „nichtrichterlichen" Vernehmung tatsächlich ein derart geringerer Wert zugeordnet wird, dass sich das Verwertungsverbot bezüglich der Einführung über § 251 Abs. 1 StPO de facto auswirkt.

Die bereits festgestellte Uneindeutigkeit bzw. Mehrdeutigkeit hinsichtlich des Zwecks der Norm – nämlich einerseits Schutz der Rechtssphäre des Beschuldigten sowie Sicherung der Qualität der Beweiserhebung andererseits – schlägt damit auch auf die Frage der rechtlichen Folgen bei Verstößen gegen die Norm durch. Ebenso wie die Norm an sich schon beide Bereiche der hier vorgenommenen kategorialen Unterscheidung tan-

892 Vgl. nur SK-*Wohlers*, § 168 c Rn. 43, demzufolge eine richterliche Vernehmung auch dann, wenn sie verfahrensfehlerhaft durchgeführt wird, eine richterliche Vernehmung bleibt. Über die Möglichkeiten des Rückgriffs auf § 251 Abs. 2 StPO würden die Gewährleistungen des § 168 c StPO und des Artikel 6 Abs. 3 Buchstabe d) MRK leer laufen. Für ein umfassendes Verwertungsverbot ebenfalls LR-*Erb*, § 168 c Rn. 59, *Krause* StV 1984, 169, 173 m.w.N.; a.A. LR-*Rieß*, Rn. 58 ff. (25. Auflage).

giert, wird auch hinsichtlich der rechtlichen Folge bei Verstößen eine Vermischung eigentlich zu trennender rechtlicher Folgen vorgenommen. Die Norm dient dem Schutz der Rechtssphäre und der Qualität der Beweiserhebung. Folgen eines Verstoßes sind sowohl die Annahme eines Verwertungsverbotes, aber eben zugleich die Einführung des Inhalts der Beweiserhebung, jedoch unter Annahme eines geminderten Beweiswertes.

Es zeigt sich hierdurch, dass es für die Dogmatik des Beweisrechts offensichtlich größte Probleme mit sich bringt, wenn es einmal Vorschriften gibt, die eine Vermischung der eigentlich getrennten Bereiche „Schutz der Rechtssphäre“ und „Qualitätssicherung“ vornehmen. Im Falle des § 168 c StPO wird dieses Dilemma dadurch gelöst, dass zwar zunächst ein Beweisverwertungsverbot – und zwar für eine Norm, die auch als Qualitätssicherungsvorschrift zu verstehen ist – angenommen wird, dieses aber im Anschluss durch die Möglichkeit der Einführung der Beweiserhebung auf einem Ersatzwege umgangen werden kann, womit dann im Ergebnis wiederum die Folgen eintreten, die bei einem Verstoß gegen eine so genannte Qualitätssicherungsvorschrift vorgesehen sind. Dieser Lösungsweg ist nicht überzeugend.

## II. § 43 LFGB

Eine weitere Vorschrift, deren Zweck möglicherweise darauf ausgerichtet ist, die Qualität der zu erhebenden Beweise zu sichern, findet sich im Lebensmittelrecht. Das Lebensmittelrecht dient dem Zwecke der Gesunderhaltung der Verbraucher und der Redlichkeit der am lebensmittelrechtlichen Verkehr Beteiligten.[893] Lebensmittel müssen eine gewisse Qualität aufweisen, um den Menschen vor Krankheiten zu bewahren. Das Lebensmittelrecht bietet dem Staat nun verschiedene Instrumentarien, u.a. in Form von Überwachungsrechten, um die Aufrechterhaltung der Qualität der Lebensmittel zu gewährleisten. Die Vorschriften zur Überwachung finden sich in Abschnitt 7, §§ 38 bis 49 des Lebensmittel-, Bedarfsgegenstände- und Futtermittelgesetzbuches (Lebensmittel- und Futtermittelgesetzbuch – LFGB).[894]

---

893 Vgl. *Voß*, Rn. 1.

894 Gesetz zur Neuordnung des Lebensmittel- und des Futtermittelrechts vom 1.9.2005 (BGBl. I, S. 2617). Mit dem LFGB nahm der deutsche Gesetzgeber die erforderlichen Anpassungen des nationalen Rechts an das Gemeinschaftsrecht

Eines der Überwachungsrechte der zuständigen Behörde besteht in dem Recht zur Entnahme einer Probe. Gemäß § 43 Abs. 1 S. 1 LFGB dürfen die mit der Überwachung beauftragten Personen und, bei Gefahr im Verzug, die Beamten der Polizei, gegen Empfangsbescheinigung Proben nach ihrer Auswahl zum Zweck der Untersuchung fordern oder entnehmen. Gemäß § 43 Abs. 1 S. 2 LFGB ist bei der Probenahme – soweit in Rechtsverordnungen nach dem LFGB nicht anderes bestimmt ist – ein Teil der Probe (Gegenprobe) oder, sofern die Probe nicht oder ohne Gefährdung des Untersuchungszwecks nicht in Teile von gleicher Beschaffenheit teilbar ist, ein zweites Stück der gleichen Art und, soweit vorhanden aus demselben Los, und von demselben Hersteller wie das als Probe entnommene (Zweitprobe) zurückzulassen.

### 1. Zweck der Norm

Fraglich ist, welcher Zweck der Entnahme einer Gegen-, bzw. Zweitprobe zu Grunde liegt. Teilweise wird zum Zweck der Gegenprobe formuliert, dieser liege darin, ein weiteres Beweismittel zur Verfügung zu haben.[895] Die gleiche Zielrichtung dürfte demnach einer Zweitprobe zukommen. Jedoch ist die vorgenannte Definition sprachlich ungenau. Mit der Gegen-, bzw. Zweitprobe wird gerade nicht der Zweck verfolgt, ein weiteres Beweismittel in Händen zu halten. Es wäre auch unter Berücksichtigung der Tatsache, dass die Probe demjenigen, bei dem sie zurückgelassen wurde, nicht zur freien Verfügung steht, sie amtlich versiegelt wird und sie der Behörde zu ihrer Verfügung stehen muss, widersinnig, diese am Ort der Probenziehung zu hinterlassen. Wenn es nur darum ginge, weitere Bewei-

---

vor. Ziel der Neuordnung ist es, die Sicherheit der Lebensmittel „vom Acker bis zum Teller“ zu gewährleisten, weshalb der Futtermittelbereich für Lebensmittel liefernde Tiere in einem Gesetz mit den Produktgruppen Lebensmittel, Kosmetika und Bedarfsgegenstände im Lebensmittel-, Bedarfgegenstände und Futtermittelgesetzbuch zusammengefasst wurde (vgl. Art. 1 des Gesetzes zur Neuordnung des Lebensmittel- und des Futtermittelrechts). Das LFGB ersetzt im Wesentlichen u.a. das Lebensmittel- und Bedarfgegenständegesetz in der Fassung vom 9.9.1997 (BGBl. I, S. 2296), welches sich nunmehr als „Vorläufiges Tabakgesetz“ allein auf Tabakerzeugnisse bezieht (Zum Vorstehenden vgl. ausführlich *Voß*, Rn. 4)..

895 *Meyer*, S. 121 zu § 42 LMBG a.F. Die Regelung des § 42 LMBG a.F. ist nunmehr in § 43 LFGB enthalten.

se in Händen zu halten, könnte die Probe auch von der Behörde mitgenommen werden. Weiterhin kann es sich, wenn wie im Falle einer Gegenprobe, diese einen Teil der Probe darstellt, allein deshalb nicht um einen weiteren Beweis handeln, weil die Probe von dem Teil der Probe abgetrennt wurde, der sich bei der untersuchenden Behörde befindet. Es handelt sich bei Gegen- und Zweitprobe also um einen Teil des Beweismaterials, der getrennt aufbewahrt wird. Schließlich spricht gegen die Klassifizierung als „weiterer Beweis", dass das Beweismaterial, würde es sich bei jedem abgetrennten Teil der Hauptprobe um einen weiteren Beweis handeln, durch mehrmalige Teilung beliebig vervielfältigt werden könnte.

Zweck der weiteren Probe ist deshalb auch nicht das Erlangen eines weiteren Beweismittels, sondern die Ermöglichung der Überprüfung, ob beispielsweise das auf die entnommene Probe angewandte Messverfahren zuverlässig ist, ob es sich bei der entnommenen Probe um einen „Ausreißer" handelt oder ob die untersuchte Probe verwechselt worden ist.[896] Die Gegen-, bzw. Zweitprobe dient deshalb der Verifizierung des für den Probengeber negativen Ergebnisses der Erstprobe. Es soll überprüft werden, ob das Ergebnis der für den Probengeber negativ ausgefallenen Erstprobe tatsächlich zutrifft. Der Zweck liegt also gerade nicht darin, ein weiteres Beweismittel in Händen zu halten, sondern das Ergebnis des bereits vorhandenen ersten Beweises zu untermauern oder zu erschüttern. Andersherum liegt der Zweck der Anordnung einer Gegen- bzw. Zweitprobe aus der Sicht des lebensmittelrechtlich Verantwortlichen darin, ihm über das ursprüngliche Motiv der Identitätsfeststellung hinaus die Möglichkeit eines Gegenbeweises zu geben, welche untrennbar mit der Probe selbst verbunden ist.[897]

Die Entnahme einer Gegen-, bzw. Zweitprobe dient damit letztendlich eindeutig und ausschließlich der Feststellung der Qualität und Zuverlässigkeit des erhobenen Beweises, um hieraus ein unangreifbares Beweisergebnis zu erlangen. Der Zweck der in § 43 LFBG statuierten Pflicht zur Hinterlassung einer Gegen-, bzw. Zweitprobe beim Probengeber liegt folglich in der Qualitätssicherung. Auch bei § 43 LFBG handelt es sich deshalb um eine Vorschrift, die entgegen der herkömmlichen Vorgehensweise des Beweisrechts die Qualität der Beweise bereits bei ihrer Erhebung zu sichern sucht.

---

896 Vgl. *Voß*, Rn. 159.
897 *Schüler* ZLR 1981, 92, 94 zu § 42 LMBG a.F.

## 2. Folgen der Verletzung der Norm nach herrschender Meinung

Fraglich ist nun, wie die Ergebnisse einer entnommenen Lebensmittelprobe in das gerichtliche Verfahren eingeführt werden und wie mit den Fällen umgegangen wird, in denen eine Verifizierung des Ergebnisses der Erstprobe aufgrund beispielsweise fehlender oder fehlerhafter Gegen- oder Zweitprobenziehung nicht möglich ist.

Nach herkömmlicher Auffassung ist die entnommene Probe im gerichtlichen Verfahren als Beweismittel wie jedes andere auch zu behandeln, welches den Grundsätzen der freien Beweiswürdigung nach § 261 StPO unterworfen sei.[898] Die Beurteilung des Beweiswertes einer Probe, insbesondere die Frage, ob sie in einem Straf- oder Bußgeldverfahren zum Nachweis einer Zuwiderhandlung ausreiche, hänge von den Umständen des Einzelfalls ab und sei der richterlichen Beweiswürdigung im Einzelfall überlassen.[899]

Dieser Grundsatz gelte auch in dem Falle, dass sich das Beweisergebnis nicht durch eine Gegen- oder Zweitprobe verifizieren lasse: Die Zugänglichmachung der nach § 42 LMBG vorgeschriebenen Gegenprobe sei nicht Voraussetzung für eine Verurteilung; die Entscheidung der Frage, ob auch ohne Gegenprobe zuverlässige Feststellungen getroffen werden können, bleibe allein der freien Beweiswürdigung des Tatrichters überlassen.[900] Allein hier werde die fehlende Zweitprobe berücksichtigt.[901] Ein Verstoß gegen die Pflicht zum Hinterlassen einer Gegen-, bzw. Zweitprobe führe folglich nicht zur Unverwertbarkeit der Probe als Beweismittel.[902] Die Verwertung der Probe sei im Gegenteil unabhängig vom Vorliegen einer Gegen- oder Zweitprobe.[903]

898 Vgl. *Voß*, Rn. 160.
899 *Meyer*, S. 118.
900 OLG Düsseldorf LRE 21, 28, 30 m.w.N.; *Voß*, Rn. 159.
901 Vgl. OLG Koblenz ZLR 1981, 406, 410; OLG Düsseldorf ZLR 1988, 400, 401 zu § 42 LMBG.
902 OLG Stuttgart LRE 11, 75, 76 m.w.N.
903 OLG Koblenz LRE 8, 373, 375; *Meyer*, S. 117.

### 3. Stellungnahme

Diese Umgehensweise mit der Situation, dass eine Gegen-, bzw. Zweitprobe nicht gezogen werden kann, stellt ein Beispiel dafür dar, dass ein Beweis trotz der Gefahr bestehender Unzuverlässigkeit bzw. Mangelhaftigkeit wegen eines Verstoßes gegen eine Qualitätssicherungsvorschrift in die Beweisaufnahme eingeführt wird und hier den allgemeinen Regeln der freien Beweiswürdigung unterliegt. Aufgrund der nicht gegebenen Überprüfbarkeit und der damit gegebenen Gefahr, dass das Ergebnis der Beweiserhebung schlicht falsch ist, kann der entsprechende Beweis nicht als „sicher" und damit auch nicht als „qualitativ hochwertig" bezeichnet werden.

Ist ein Beweis zwar nicht de facto fehlerbehaftet, kann eine Mangelhaftigkeit aber auch nicht ausgeschlossen werden – und die Gefahr eines Fehlers ist ja gerade im Bereich der Lebensmittelproben gegeben, da ansonsten die explizite Anordnung der Ziehung einer Zweit- bzw. Gegenprobe überflüssig wäre – so ist der entsprechende Beweis nach hiesiger Meinung eher dem Bereich der unzuverlässigen/mangelhaften Beweise zuzuordnen. Die Möglichkeit, dass die gezogene Probe fehlerbehaftet ist, lässt sich in solchen Fällen eben nicht ausschließen. Und möglicherweise fehlerbehaftete Beweise sind unzuverlässig.

Der vorstehend dargestellte Umgang mit fehlerhaften, weil unter Verstoß gegen § 43 LFBG erhobenen Lebensmittelproben, wird jedoch nur sehr vereinzelt kritisiert. Lediglich Schüler hat im Jahre 1981 zu § 42 LMBG a.F. vorgetragen, es sei ein Gebot der Gerechtigkeit, eine Verurteilung wegen eines Verstoßes gegen Vorschriften über das Inverkehrbringen von Lebensmitteln etc. vom Vorliegen einer Gegenprobe abhängig zu machen.[904] Eine Erstprobe, die ohne Zurücklassen einer Gegen- bzw. Zweitprobe gezogen werde, ohne dass dies durch wirksamen Verzicht legitimiert sei, dürfe in einem Straf- bzw. Bußgeldverfahren nicht als Beweismittel verwandt werden.[905]

Aber auch abseits allgemeiner Gerechtigkeitserwägungen ist die Vorgehensweise der herrschenden Meinung unter Berücksichtigung des Zwecks der Vorschrift inkonsequent und offenbart die Probleme, die der Beweis-

---

904 *Schüler* ZLR 1981, 92, 97.
905 *Schüler* ZLR 1981, 92, 97.

rechtsdogmatik bereitet werden, wenn es doch einmal Vorschriften gibt, die die Qualität der Beweise zu sichern suchen.

Kritik richtet sich zunächst gegen die Inkonsequenz, die in der Handhabung der Regeln über die Entnahme einer Gegen-, bzw. Zweitprobe zum Ausdruck kommt. Die Untersuchung zum Zweck der Norm hat eindeutig ergeben, dass diese der Sicherung der Qualität der Beweise, mithin einer zuverlässigen Beweiserhebung dient. Vor dem Hintergrund, dass das für den Probegeber negative Ergebnis der Erstprobe beispielsweise durch unzuverlässige Messverfahren verfälscht sein kann, es sich um einen „Ausreißer“ handeln kann oder die untersuchte Probe möglicherweise verwechselt worden sein kann, ist zwingend die Sicherung einer Gegen-, bzw. Zweitprobe vorgeschrieben. Allein die Tatsache, dass aufgrund dieser Problematik der offensichtlichen Fehleranfälligkeit – und entgegen der ansonsten im Beweisrecht vorherrschenden Dogmatik – die Sicherung der Qualität des Ergebnisses expliziert normiert wurde, spricht dagegen, einen Verstoß gegen diese Pflicht folgenlos hinzunehmen.

Des Weiteren erscheint es widersinnig, entgegen der eigentlich vorherrschenden Dogmatik zunächst eine Qualitätssicherungsvorschrift zu statuieren, einen Verstoß gegen diese Qualitätssicherungsvorschrift aber im Ergebnis für sich genommen hinzunehmen und den Wert des fehlerhaften Beweises dann doch – wie üblich – im Rahmen der freien Beweiswürdigung zu beurteilen. Trotz „Vorschaltung“ einer Qualitätssicherungsvorschrift findet die Beurteilung, ob der entsprechende Beweis qualitativ hoch- oder minderwertig ist, ausschließlich im Rahmen der freien Beweiswürdigung statt. Wenn der fehlerhaft erhobene und somit auch in seiner Beweisrichtung fehleranfällige Beweis seine Bewertung aber allein nach der freien Überzeugung des Tatgerichts erfährt, ist die Normierung vorgeschalteter Qualitätssicherungsvorschriften überflüssig, da ein Verstoß gegen letztere für das Ergebnis der Beweisaufnahme dann vollkommen irrelevant wäre.

Zu befürworten ist entgegen der herrschenden Meinung, Erstproben, die nicht durch Gegen- oder Zweitproben bestätigt werden können, aufgrund der Unüberprüfbarkeit ihres Ergebnisses als unverwertbar zu behandeln. Dies erscheint jedoch unter Berücksichtigung der herkömmlichen Dogmatik als äußerst schwierig: Diese unterscheidet bekanntlich zwischen rechtswidrig gewonnenen Beweisen, die einem Beweisverwertungsverbot unterliegen, und unter Verstoß gegen Ordnungsvorschriften zustande gekommenen Beweisen, welche keinem Verwertungsverbot unterliegen. Bei Einordnung in eine dieser Kategorien erscheint § 43 LFBG auf den ersten

Blick letzterer Gruppe zuzuordnen zu sein. Die Annahme eines Beweisverwertungsverbotes müsste sich also eigentlich verbieten. Aus der bisherigen Argumentation ergibt sich aber bereits, dass dieses Ergebnis unter Berücksichtigung des Zwecks der Vorschrift unangemessen erscheint.

### III. Nr. 18 RiStBV

Schließlich kommt als weitere Vorschrift, die die Qualität der Beweise zu sichern sucht, die Regelung der Nr. 18 RiStBV in Betracht. Die RiStBV bezweckt allgemein, den Ermittlungsbehörden einheitliche Vorgaben für die Durchführung ihrer Aufgaben an die Hand zu geben. Sie richtet sich grundsätzlich an die Staatsanwaltschaften und regelt, wie behördenintern mit bestimmten Gegebenheiten umzugehen ist. Dementsprechend handelt es sich auch bei Nr. 18 RiStBV auf den ersten Blick um eine bloße Organisations- und Dienstvorschrift. Solche Vorschriften betreffen die innere Organisation und den Dienstbetrieb der Behörde, wie zum Beispiel die Art der Bearbeitung der Akten und das Verfahren.[906]

Die Vorschrift Nr. 18 RiStBV dient nun der einheitlichen Anwendung von Gegenüberstellungen durch die Polizei und die Staatsanwaltschaften. Ziel ist es, Gegenüberstellungen in der Form durchführen zu lassen, dass das Ergebnis möglichst der Wahrheit entspricht und in einem Gerichtsverfahren als Beweis voll verwertbar ist. Der Sinn der einheitlichen Regelung liegt insofern in der Qualitätssicherung. Unter der Annahme, dass es sich bei der Gegenüberstellung um eine Art von „Experiment" handelt, das fachwissenschaftlichen Anforderungen gerecht werden soll, ist eine Formulierung der fachgerechten Durchführung einer Gegenüberstellung auch nötig. Dies gilt gerade im Hinblick darauf, dass das Experiment nicht von Experten, sondern von Polizeibeamten durchgeführt wird.

Dementsprechend kann auch Nr. 18 RiStBV als eine Vorschrift gesehen werden, die die alleinige Funktion hat, kriminalistisch / methodische Sorgfaltsmaßstäbe zu formulieren. Sie richtet sich als interne Dienstanweisung an nachgeordnete Behörden, um deren Art der Handhabung dienstlicher Tätigkeiten zu steuern.

Die Besonderheit der Regelung Nr. 18 RiStBV liegt aber darin, dass sie zugleich der Gewinnung zuverlässiger Beweise dient. Auch wenn es sich

---

906 Vgl. *Maurer* Verwaltungsrecht, § 24 Rn. 8.

bei ihr „nur“ um eine untergesetzliche Vorschrift handelt, so ist doch festzustellen, dass hier eine weitere Regelung existiert, die die Qualität der Beweise zu sichern sucht und die insofern nicht genau in das Schema der bisher getroffenen kategorialen Unterscheidung passt.

### IV. Ergebnis

Insgesamt lässt sich erkennen, dass es für die herkömmliche Dogmatik erhebliche Probleme gibt, mit Vorschriften umzugehen, die entgegen des sonst Üblichen Regeln beinhalten, die sich auf die Qualität der Beweiserhebung beziehen. Es bereitet Schwierigkeiten, zu begründen, warum zunächst Qualitätssicherungsvorschriften aufgestellt werden, der Verstoß gegen diese dann aber folgenlos bleiben soll, bzw. erst auf Ebene der Beweiswürdigung Berücksichtigung findet.

Die herrschende Meinung weicht dieser Problematik aus, indem sie entweder – wie im Falle des § 168 c StPO – als Schutzzweck der Vorschrift zugleich die Rechtssphäre des Beschuldigten angibt bzw. sich auf Rechtsfolgenseite inkonsequent verhält oder – wie im Falle des § 43 LFGB – unter der Prämisse, dass es sich schließlich um eine reine Ordnungsvorschrift handele, die Diskussion um die Annahme eines Verwertungsverbotes ganz vermeidet. Letzteres gilt ebenfalls für Nr. 18 RiStBV, wobei hier hinzukommt, dass es sich um eine untergesetzliche Norm handelt, so dass die Diskussion um die Annahme eines Verwertungsverbotes gar nicht erst aufkommt.

## *2. Abschnitt: Lösungsansätze*

Fraglich ist jedoch, ob es angesichts der unter der Oberfläche bestehenden Widersprüche der herkömmlichen Dogmatik nicht Tendenzen gibt, die festgestellte kategoriale Unterscheidung zwischen rechtswidrigen und bloß unzuverlässigen Beweisen aufzuheben. Im Ansatz ist anhand von § 168 c StPO und schließlich verstärkend durch § 43 LFBG deutlich geworden, dass diese kategoriale Unterscheidung sich offensichtlich nicht derart stringent aufrechterhalten lässt. Im Folgenden sind zwei Gerichtsentscheidungen zu untersuchen, die möglicherweise ein Einfallstor für eine Änderung der bisherigen Dogmatik bieten.

## I. BGH-Verfahren zur Zulässigkeit des Einsatzes eines Polygraphen

Als Beispiel für eine Konstellation, in der ein Beweis vordergründig mangels ausreichender Qualität vom Strafverfahren ausgeschlossen wurde, Aspekte rechtswidriger Beweisgewinnungen und ihrer Folgen aber ebenfalls eine Rolle gespielt haben dürften, ist die Entscheidung BGH StV 1999, 74 ff. zur Zulässigkeit des Einsatzes eines Lügendetektors heranzuziehen.

### 1. Sachverhalt

In dem der Entscheidung zu Grunde liegenden Verfahren war der Angeklagte wegen sexuellen Missbrauchs eines Kindes in drei Fällen zu einer Gesamtfreiheitsstrafe verurteilt worden. Mit seiner anschließend erhobenen Revision rügte der Angeklagte u.a. die Ablehnung eines Beweisantrags, mit dem er die Einholung eines psychophysiologischen Gutachtens mittels der Durchführung einer Untersuchung mit dem Polygraphen[907] begehrte. Der Antrag sollte zum Beweis dafür dienen, dass er die ihm zur Last gelegten Vorwürfe zu Recht bestreite. Das Landgericht lehnte den Beweisantrag ab, weil eine solche Untersuchung nach seiner Meinung in das Recht des Angeklagten auf Entschließungsfreiheit eingreife und er so zum bloßen Objekt des Verfahrens gemacht würde.

### 2. Die Entscheidung des BGH

Der BGH hat die Revision zurückgewiesen. Zwar hat er seine Rechtsprechung insofern aufgegeben, als der Einsatz eines Polygraphen zumindest dann keinen unzulässigen Eingriff in die durch Art. 1 Abs. 1 GG und § 136 a StPO geschützte Freiheit der Willensentschließung darstelle, wenn der Beschuldigte der Untersuchung zustimme.[908] Allerdings hat der BGH

---

907 Polygraphen sind Geräte, mit denen Blutdruck, Puls, Atemtätigkeit, Schweissabsonderung und hautgalvanische Reaktionen gemessen werden, um anhand dieser vegetativ gesteuerten Reaktionsweisen Schlüsse auf die subjektive Richtigkeit der Aussage zu ziehen (vgl. zur Methode etwa *Steinke* MDR 1987, 535 ff.).

908 BGH StV 1999, 74, 76. Diese Auffassung begründete der BGH in seiner früheren Grundsatzentscheidung damit, dass der Beschuldigte bei der Vernehmung mit

die Unzulässigkeit des Einsatzes eines Polygraphen nunmehr damit begründet, dass eine polygraphische Untersuchung ein völlig ungeeignetes Beweismittel i.S.d. § 244 Abs. 3 Satz 2 Alt. 4 StPO darstelle.[909]

Die Entscheidungsgründe des BGH sind zunächst auf ihre Argumentation hinsichtlich einer möglichen Verletzung von Art. 1 Abs. 1 GG und § 136 a StPO darzustellen. Einleitend stellt der BGH insofern fest, dass in einer Konstellation, in der der Angeklagte selbst einen auf eine Untersuchung gerichteten Beweisantrag stelle, dieser insoweit keinen Akt der Fremdbestimmung erleide, sondern sich frei entscheiden könne.[910]

### a. Kein Verstoß gegen Art. 1 Abs. 1 GG

Zunächst liege bei einer vorhandenen Einwilligung in einen Polygraphentest kein Verstoß gegen die Menschenwürde vor. Das Untersuchungsverfahren und das Gerät würden zwar willentlich nicht unmittelbar beeinflusste körperliche Vorgänge messen, dies ermögliche dem Untersuchenden aber keinen Einblick in die Seele des Beschuldigten.[911]

Diese Ansicht begründet der BGH zum einen mit Blick auf die Untersuchung solcher Körperdaten, die Schlüsse auf allgemein bestehende Emotionen und intrapsychische Veränderungen zuließen, damit, dass der Polygraphentest gerade keine eindeutigen Zusammenhänge zwischen bestimmten kognitiven oder emotionalen Zuständen und hierfür spezifischen Reaktionsmustern im vegetativen System erkennen ließe, so dass mit seiner Hilfe gerade nicht gemessen werden könne, ob der Untersuchte die Wahrheit sage.[912]

---

einem Lügendetektor keine der Untersuchungsfragen beantworten könne, ohne dass zugleich willensunabhängige Körpervorgänge aufgezeichnet und vom Sachverständigen zur Beurteilung seiner Glaubwürdigkeit benutzt würden, so dass neben dem „Bewusstsein" des Beschuldigten auch immer sein „Unterbewusstsein" antworte. Dies stelle einen Blick in die Seele des Beschuldigten und ihre unbewussten Regungen dar, was die Freiheit der Willensentschließung und Willensbetätigung des Beschuldigten beeinträchtige und damit § 136 a StPO verletze (Vgl. BGHSt 5, 332, 334).

909 BGH StV 1999, 74, 77.

910 Vgl. BGH StV 1999, 74, 74.

911 Vgl. BGH StV 1999, 74, 76.

912 Vgl. BGH StV 1999, 74, 76.

Zum anderen sei auch im Hinblick auf diejenigen körperlichen Vorgänge, die sich willentlich nicht unmittelbar beeinflussen ließen, festzustellen, dass vom Gericht auch sonst vom Willen nicht steuerbare Ausdrucksvorgänge eines Beschuldigten, die es ohne technische Hilfsmittel wahrnehmen könne, wie zum Beispiel starke Schweißbildung, Erröten oder Ähnliches, verwertet werden dürften.[913] Schließlich ergebe sich die Unantastbarkeit der Subjektstellung des Beschuldigten im Falle seines Einverständnisses in den Polygraphentest auch daraus, dass brauchbare Messergebnisse ohne die manipulationsfreie Mitwirkung des Beschuldigten nicht zu erzielen seien.[914]

Die vorstehend genannten Argumente, die der BGH für die rechtliche Zulässigkeit von Polygraphentests anführt, sind jedoch nicht derart überzeugend, um die Durchführung von Polygraphentests zwingend als unter dem Blickwinkel des Art. 1 Abs. 1 GG akzeptabel erscheinen zu lassen. Sie erklären sich erst daraus, dass der BGH schließlich feststellt, dass er dem Selbstbestimmungsrecht des Individuums allgemein ein größeres Gewicht beimessen möchte, indem er formuliert, eine differenzierende, auf das Einverständnis des Beschuldigten abstellende Sichtweise werde am ehesten dem Zweck des Art. 1 Abs. 1 GG gerecht. Art. 1 Abs. 1 GG diene nicht der Einschränkung, sondern dem Schutz der Würde des Menschen, wozu auch die Freiheit gehöre, über sich selbst zu verfügen und sein Schicksal eigenverantwortlich gestalten zu können.[915] Die Nichtgewährung des durch einen Polygraphentest möglichen Entlastungsbeweises stelle deshalb einen ungerechtfertigten „Schutz“ dar.

### b. Kein Verstoß gegen § 136 a StPO

In seinem zweiten Argumentationsstrang führt der BGH sodann aus, dass der Einsatz eines Polygraphen auch nicht gegen die den Art. 1 Abs. 1 GG ausformende Bestimmung des § 136 a StPO verstoße.[916] Hierzu prüft er den Einsatz eines Lügendetektors zunächst auf seine Übereinstimmung mit § 136 a Abs. 1 S. 1 StPO. Dieser Regelung zufolge darf die Freiheit der Willensentschließung und Willensbetätigung nicht durch Misshand-

913 Vgl. BGH StV 1999, 74, 76.
914 Vgl. BGH StV 1999, 74, 76.
915 Vgl. BGH StV 1999, 74, 76.
916 Vgl. BGH StV 1999, 74, 77.

lung, Ermüdung, körperliche Eingriffe, Verabreichung von Mitteln, Quälerei, Täuschung oder Hypnose beeinträchtigt werden. Einen Verstoß gegen diese Vorschrift lehnt der BGH jedoch mit der Begründung ab, dass der Beschuldigte durch einen Polygraphentest nicht gravierend getäuscht werde.[917] Durch eine gravierende Täuschung zeichnen sich aber gerade die in Satz 1 aufgezählten verbotenen Vernehmungsmethoden aus.

Der BGH wendet sich in seiner Prüfung alsdann § 136 a Abs. 1 S. 2 StPO zu. Gemäß § 136 a Abs. 1 S. 2 StPO darf Zwang nur angewandt werden, soweit das Strafverfahrensrecht dies zulässt. Die Gewährung einer Dispositionsbefugnis könnte nun insoweit Zwang auf den Beschuldigten ausüben, als sie einen indirekten Druck erzeugen könnte, von der Befugnis auch tatsächlich Gebrauch zu machen, weil der Beschuldigte damit rechnen müsste, dass das Gericht – bewusst oder unbewusst – von einem Unschuldigen die kontrollierte Offenlegung seines Wissens erwartet und deshalb die Verweigerung einer Offenlegung als Bestätigung der Schuld ansehen würde.[918] Diese Argumentation lässt der BGH jedoch mit der Begründung nicht gelten, dass eine Weigerung, den Test durchzuführen, vom Gericht ebenso wenig zu Lasten des Beschuldigten berücksichtigt werden dürfe, wie dessen Entscheidung, sich zu den gegen ihn erhobenen Vorwürfen zu äußern oder zu schweigen.[919]

Schließlich prüft der BGH die Voraussetzungen für eine entsprechende Anwendung des § 136 a StPO. Auch hier kommt er zu dem Ergebnis, dass die Vorschrift in dem Falle, dass der Beschuldigte der Untersuchung mittels eines Polygraphen zustimmt, nicht anwendbar sei, weil es an der für eine Analogie erforderlichen Vergleichbarkeit der Fallgruppen fehle. Der Einsatz eines Polygraphen erreiche insofern nicht den Schweregrad der vom Gesetz genannten verbotenen Vernehmungsmethoden.[920]

### c. Völlige Ungeeignetheit des Polygraphen

Der Einsatz eines Polygraphen scheitert nach Ansicht des BGH stattdessen daran, dass es sich bei ihm um ein völlig ungeeignetes Beweismittel han-

917 BGH StV 1999, 74, 77.
918 *Frister* ZStW 1994 [106], 303, 325; *Peters* ZStW 1975 [87], 663, 676.
919 BGH StV 1999, 74, 77.
920 BGH StV 1999, 74, 77.

dele. Die völlige Ungeeignetheit betreffe beide sich anbietenden Verfahren, mithin sowohl das Kontrollfragen-, als auch das Tatwissenverfahren.

### aa. Der Kontrollfragentest

Beim Kontrollfragenverfahren, der „direkten Methode", wird der Proband ohne Rücksicht auf Besonderheiten der Tatumstände unter anderem unmittelbar auf seine Täterschaft hin befragt.[921] Neben den sich unmittelbar auf die Täterschaft beziehenden Fragen enthält der Kontrollfragentest in der Regel Fragen – so genannte „Kontrollfragen" –, die sich auf ähnliche Sachverhalte beziehen sowie drei neutrale Fragen.[922] Die Kontrollfragen stehen in keinem direkten Zusammenhang mit dem konkreten Tatvorwurf, thematisieren jedoch ähnliche, emotional belastende Inhalte.[923] So könnte in einem Diebstahlsfall eine typische Kontrollfrage etwa dann, wenn der Proband im Vortest-Interview bereits Zugeständnisse dahingehend machte, vor seinem 18. Geburtstag einige Gegenstände gestohlen zu haben, folgendermaßen lauten: „Abgesehen von dem, was Sie bereits erzählt haben: haben Sie vor Ihrem 18. Geburtstag etwas genommen, das Ihnen nicht gehörte?". Der Täter soll beim Kontrollfragentest bei den tatbezogenen Fragen stärkere innere Erregung und damit körperlich messbare Reaktionen zeigen als bei den Kontrollfragen, während dies bei einem Unschuldigen umgekehrt sein soll. Für den Täter sind die tatbezogenen Fragen bedrohlich, hier besteht Entdeckungsgefahr.[924] Für die Unbeteiligten sind dagegen die von ihnen tatsächlich oder wahrscheinlich oder möglicherweise begangenen anderweitigen Normverstöße peinlicher oder heben sich für sie daher als besonders belastend aus der Fragenreihe heraus, während sie von sich genau wissen, dass sie mit der aufzuklärenden Straftat nichts zu tun haben.[925]

Der BGH billigt dem Kontrollfragentest keinerlei Beweiswert zu und sieht ihn deshalb als völlig ungeeignetes Beweismittel an. Denn es sei nach einhelliger wissenschaftlicher Methode nicht möglich, eindeutige Zusammenhänge zwischen bestimmten kognitiven oder emotionalen Zu-

---

921 *Kargl/Kirsch* JuS 2000, 537, 538.
922 *Steinke* MDR 1987, 535, 536.
923 *Rill/Vossel* NStZ 1998, 481, 482.
924 *Undeutsch* MSchrKrim 1979, 228, 230.
925 *Undeutsch* MSchrKrim 1979, 228, 230.

ständen und hierfür spezifischen Reaktionsmustern im vegetativen Nervensystem zu erkennen.[926] Der wissenschaftsmethodische äußerst zweifelhafte Ansatz gebe dem Untersuchenden allenfalls intuitive und dem Gericht gar keine Möglichkeit der Überprüfung, ob das Testverfahren im konkreten Fall zu zutreffenden Ergebnissen geführt habe.[927] Zudem seien schon die theoretischen Grundannahmen des Kontrollfragentests nicht belegt: Auch der zu Unrecht Beschuldigte könne aus Angst vor den strafrechtlichen Folgen bei den tatbezogenen Fragen mit starker Erregung reagieren.[928] Gegen den Kontrollfragentest spreche weiterhin, dass das Erregungsmaß bei jedem Menschen unterschiedlich sei, die Formulierung der Kontrollfragen leicht den an sie gestellten Anforderungen nicht genügen könne, die Auswahl der Kontrollfragen durch den Untersuchenden intuitiv sei und es weder für den Untersuchenden noch das Gericht die Möglichkeit einer objektive Überprüfung des Untersuchungsablaufes gebe.[929]

#### bb. Der Tatwissentest

Beim Tatwissenverfahren, der so genannten indirekten Methode, wird die Untersuchungsperson mit Einzelheiten des Tatvorgangs konfrontiert, um so festzustellen, ob der Proband über Täterwissen verfügt.[930] Hier wird anders als beim Kontrollfragentest nicht die Glaubhaftigkeit der Verneinung eines Tatvorwurfs geprüft, sondern ob ein Proband spezifische Informationen besitzt, die nur ein Tatbeteiligter haben kann.[931] Die Untersuchung läuft dabei folgendermaßen ab:[932] In einem Vorgespräch wird zunächst gefragt, was der Proband von der Tat wisse, wobei davon ausgegangen wird, dass der Unschuldige nur rudimentäre Kenntnisse hat und der Täter Detailkenntnisse leugnen wird. Bei der anschließenden Untersuchung werden dann bisher nicht genannte Details des Tathergangs und des Taterfolgs erfragt, jeweils zusammen mit einer Reihe gleichartiger, aber nicht zutreffender Details. Für den Unbeteiligten sind die Details allesamt ohne

926 BGH StV 1999, 74, 76.
927 BGH StV 1999, 74, 77.
928 BGH StV 1999, 74, 77.
929 BGH StV 1999, 74, 77 f.
930 *Kargl/Kirsch* JuS 2000, 537, 538.
931 *Steinke* MDR 1987, 535, 536.
932 Vgl. hierzu *Undeutsch* MSchrKrim 1979, 228, 229.

besondere Bedeutung, während für den Täter die Details, die sich auf die von ihm verübte Tat beziehen, eine alarmierende Wirkung haben und eine entsprechende unwillkürliche Reaktion auslösen soll, welche dann gemessen wird.

Das Tatwissenverfahren scheidet nach Ansicht des BGH immer dann aus, wenn der Beschuldigte bereits von dem gegen ihn erhobenen Vorwurf und den darauf bezogenen Ermittlungsergebnissen Kenntnis erlangt hat, da anderenfalls die ausschlaggebenden Orientierungsreaktionen auch bei einem Nichttäter zu erwarten seien.[933] Aufgrund dessen, dass der Beschuldigte einem Polygraphentest grundsätzlich erst nach erfolgter Akteneinsichtnahme zustimmen wird und er nach erfolgter Einsichtnahme ebensolche Detailkenntnis wie die Ermittlungsbehörden hat, dürfte das Tatwissenverfahren nach Ansicht des BGH grundsätzlich unbrauchbar sein.

### 3. Kritische Betrachtung der Entscheidung

Die Entscheidung des BGH ist im Folgenden einer kritischen Untersuchung zu unterziehen. Zu prüfen ist zunächst, ob die Entscheidung sich innerhalb des Rahmens bewegt, den das Beweisrecht vorgibt. Weiterhin ist zu untersuchen, ob die jeweils gewählte rechtliche Argumentation des BGH haltbar ist.

#### a. Rechtlicher Rahmen der Entscheidung

Zunächst ist auf den rechtlichen Rahmen der Entscheidung einzugehen. Vordergründig bewegt sich der BGH mit seiner Entscheidung innerhalb der Grenzen, die durch die kategoriale Unterscheidung zwischen rechtswidrig gewonnenem und qualitativ minderwertigem Beweismittel gezogen werden. Zwar gibt der BGH mit der Entscheidung seine früher vertretene Ansicht auf, der zufolge der Einsatz eines Polygraphen gegen Art. 1 Abs. 1 GG und 136 a StPO verstoße. Diese früher vertretene Auffassung führte dazu, dass der Einsatz eines Polygraphen eine verbotene Beweismethode darstellte, so dass eine hieraus hervorgegangene Erkenntnis als rechtswidrig gewonnener Beweis unverwertbar war. Indem der BGH je-

933 BGH StV 1999, 74, 79.

doch stattdessen den Weg über § 244 Abs. 3 S. 2, 4. Alt. StPO wählt, greift er zu einem der wenigen „Rettungsanker“ im deutschen Strafverfahrensrecht, der es aufgrund seiner Struktur – wenn auch nur als Nebeneffekt des eigentlichen Normzwecks[934] – ermöglicht, qualitativ absolut minderwertige Beweise aus der Beweisaufnahme herauszuhalten. Hierzu musste er den Polygraphentest als vollkommen nutzloses Beweismittel stigmatisieren.

Rein formal stimmt diese Vorgehensweise mit der herkömmlichen Dogmatik des Beweisrechts überein. Sie hält an der kategorialen Unterscheidung zwischen rechtlich begründetem Beweismethodenverbot und dem „bloß“ untauglichen Beweismittel fest.

### b. Subsumtion des Polygraphentests unter § 244 Abs. 3 S. 2, 4. Alt. StPO

Fraglich ist jedoch, ob diese Vorgehensweise von ihrer rechtlichen Argumentation her nachvollziehbar ist. Hierzu ist zunächst die Qualifikation des Polygraphentests als völlig ungeeignetes Beweismittel im Sinne von § 244 Abs. 3 S. 2, 4. Alt. StPO auf ihre Richtigkeit hin zu überprüfen.

Bereits oben wurde die inhaltliche Bedeutung des § 244 Abs. 3 S. 2, 4. Alt. StPO diskutiert.[935] Es wurde festgestellt, dass ein minderer oder zweifelhafter Beweiswert nie zur völligen Ungeeignetheit führen kann. Nur absolut untaugliche Beweismittel, deren Einführung in das Verfahren von vornherein als vollkommen nutzlos erscheint, können wegen völliger Ungeeignetheit abgelehnt werden. Eine „relative“ Ungeeignetheit des Beweismittels genügt nach der Rechtsprechung für die Subsumtion unter § 244 Abs. 3 S. 2, 4. Alt. StPO dagegen nicht.[936]

Unter Beachtung der vorstehend aufgeführten Voraussetzungen müsste es sich bei dem mittels eines Polygraphen geführten Beweises zur Subsumtion unter § 244 Abs. 3 S. 2, 4. Alt. StPO um eine vollkommen nutzlos erscheinende Beweiserhebung handeln, die nicht einmal einen rudimentären Beweiswert aufweisen dürfte. Der BGH hat in den Entscheidungsgründen seiner neuesten Polygraphenentscheidung bereits zahlreiche Be-

---

934 Vgl. oben, 4. Kapitel 1. Abschnitt I. 2. d).

935 Vgl. oben 4. Kapitel 1. Abschnitt I. 2.

936 BGH NJW 1983, 404, 404; BGH MDR 1978, 988, 988; BGH StV 1983, 7, 7; BGH StV 1984, 231, 232; BayObLG MDR 1981, 338, 338; KG StV 1993, 120, 120; OLG Düsseldorf NStZ 1990, 506, 506.

denken in Bezug auf die Aussagekraft polygraphischer Untersuchungen genannt.[937] Unberücksichtigt ließ der BGH in seiner Argumentation jedoch die in der Literatur diskutierten Angaben hinsichtlich der Treffgenauigkeit von Polygraphentests. Auch die Treffgenauigkeit beziehungsweise Aussagekraft eines Beweismittels ist aber in Betracht zu ziehen, wenn es um die Frage geht, ob es als vollkommen nutz- und wertlos anzusehen ist. Dies soll im Folgenden nachgeholt werden.

#### aa. Die Treffgenauigkeit von Polygraphentests

Wenn es um die Angaben von Trefferquoten gerade in Bezug zu Polygraphentests geht, ist vorab darauf hinzuweisen, dass es verfehlt wäre, hier die Wirklichkeit exakt wiedergebende Versuchsergebnisse zu verlangen. Hierzu mangelt es an geeigneten Validitätskriterien. Abgesehen von dem gerichtlichen Urteil, dessen Zuverlässigkeit durch den Polygraphen gerade verbessert werden soll, gibt es kein Kriterium, anhand dessen entschieden werden könnte, ob der Beschuldigte wirklich schuldig ist oder nicht.[938] Es ist deshalb in der Realität nicht möglich, methodisch die Anzahl derjenigen Fälle zu errechnen, in denen die Anwendung des Polygraphen zu einer richtigen Beurteilung von Schuld oder Unschuld geführt habe.[939] Angaben zu Trefferquoten können sich dementsprechend nur aus Laborversuchen speisen.

Die Überprüfung auf Grund von Laboratoriumsexperimenten bietet sowohl Vor- als auch Nachteile. Sie hat den einzigartigen Vorzug, dass dort und nur dort eine vollständige Kontrolle aller Bedingungen und der Richtigkeit der abgegebenen Urteile möglich ist; zugleich besteht aber der große Nachteil, dass in der unvermeidbar künstlichen Situation des Experiments menschliche Gefühle sich nie mit jener Kraft und Farbigkeit entfalten wie in der Lebenswirklichkeit, in der es im Ernst um „Sein oder Nichtsein“, um die berufliche oder gar gesamte bürgerliche Existenz, um Freiheit oder Strafhaft geht.[940] Bei Simulationsstudien ist deshalb zu berücksichtigen, dass sie in Bezug auf eine Reihe von Randbedingungen, wie zum Beispiel die motivationale und emotionale Ausgangslage der Proban-

937 Vgl. oben 5. Kapitel 2. Abschnitt I. 2. c.
938 *Frister* ZStW 1994 [106], 303, 308 f.
939 *Frister* ZStW 1994 [106], 303, 308 f.
940 *Undeutsch* MSchrKrim 1979, 228, 231.

den, erhebliche Unterschiede zu realen Testungen aufweisen.[941] Nichtsdestotrotz dürfte bei einem Testaufbau – beispielhaft genannt sei hier der Fall, dass die Hälfte von 72 Versuchspersonen den Auftrag hatten, eine verbotene Handlung zu begehen (Wegnahme von Bargeld) und dies in der anschließenden Untersuchung zu verheimlichen[942] – die Versuchsperson, die genau weiß, dass sie in einem bestimmten Punkt lügt, eine andere körperliche Reaktion zeigen, als wenn sie in diesem Punkt die Wahrheit sagt: Denn in diesem Moment weiß die Versuchsperson, dass nun der entscheidende Punkt des Tests gekommen ist. Allein dies sorgt für einen anderen Erregungszustand bei Beantwortung dieser Frage. Auch wenn Laborversuche in ihren Ergebnissen die Realität nicht exakt wiederzugeben vermögen, so ist doch davon auszugehen, dass sie in ihrer Tendenz Hinweise für die Beurteilung der Treffgenauigkeit von Polygraphentests geben können.

Bereits im Jahre 1979 hat Undeutsch ausführlich die Ergebnisse verschiedener Laborversuche zur Validität von Polygraphentests veröffentlicht.[943] Beim Tatwissenverfahren lag die Trefferquote zwischen 80 % und 97,9 %. Unterteilt in die Gruppen „Täter“ und „Unbeteiligte“ ergaben sich folgende Ergebnisse: Bei den „wirklichen Tätern“ lag die Trefferquote zwischen 80 % und 91,9 %, bei den Unbeteiligten zwischen 80 % und 100 %. Beim Kontrollfragenverfahren kam es zu ähnlichen Ergebnissen. Die Trefferquote lag hier in den verschiedenen Versuchen insgesamt zwischen 80 % und 88 %. Unterteilt in die Gruppen „Täter“ und „Unbeteiligte“ wurden bei der Tätergruppe Treffgenauigkeiten zwischen 70 % und 87,5 % und bei der Gruppe der Unbeteiligten Treffgenauigkeiten zwischen 87,5 % und 90 % angegeben. Im Jahre 1996 beziffert Undeutsch die Trefferquoten bei Personen, die die Begehung der aufzuklärenden Tat wahrheitswidrig verneint haben, der so genannten Tätergruppe, mit 97 % und bei Personen, die die Begehung der Straftat wahrheitsgemäß verneint haben, mit 93 %.[944]

Ähnlich Zahlen gibt Steinke an: beim Tatwissenverfahren existiere bei schuldigen Personen eine Treffgenauigkeit von 80 %.[945] Beim Kontrollfra-

941 *Rill/Vossel* NStZ 1998, 481, 483.

942 So in den Untersuchungen von Barland, dargestellt bei *Undeutsch* MschrKrim 1979, 228, 232.

943 Vgl. *Undeutsch* MSchKrim 1979, 228 ff., insbesondere die Tabellen 3 und 4 zur Validität zum Tatwissenverfahren und zum Kontrollfragenverfahren.

944 *Undeutsch* FamRZ 1996, 329, 331.

945 *Steinke* MDR 1987, 535, 536.

genverfahren würden 5 % schuldige Probanden fälschlich als glaubwürdig und 15 % unschuldige Probanden fälschlich als unglaubwürdig bezeichnet.[946]

Rill/Vossel zweifeln die von Undeutsch und Steinke genannten hohen Trefferquoten dagegen als nicht nachvollziehbar an.[947] Sie berufen sich auf Feldstudien, welche die Zuverlässigkeit des Verfahrens – bei 88 % korrekt positiven und 53 % korrekt negativen Befunden – im Durchschnitt bei 71 % angeben. Hierbei müsse man sich zudem vergegenwärtigen, dass die entsprechenden Trefferquoten unter Vernachlässigung unentscheidbarer Ergebnisse errechnet würden und zudem die Kriterien hinsichtlich Schuld und Unschuld nicht unabhängig vom Testergebnis seien, so dass sogar davon ausgegangen werden müsse, dass die meisten Feldstudien die Validität des Verfahrens eher über- als unterschätzen.[948] Schließlich geben Rill/Vossel zu bedenken, dass sich eine Verlässlichkeit von 95 % bestenfalls auf die negativen Befunde („glaubwürdig") beziehen könne, da positive Befunde („unglaubwürdig") keinerlei individualdiagnostischen Wert aufweisen würden, weil der Anteil von fehlklassifizierten Unschuldigen zu hoch liege.[949]

#### bb. Anwendbarkeit des § 244 Abs. 3 S. 2, 4. Alt. StPO angesichts angegebener Trefferquoten

Ungeachtet vorstehender Diskussionen über die letztendlich zutreffende Trefferquote ist zu konstatieren, dass der BGH durch die von ihm vorgenommene Subsumtion des Polygraphentests unter § 244 Abs. 3 S. 2, 4. Alt. StPO einem Beweismittel die Tauglichkeit abgesprochen hat, dessen Trefferquote bei mindestens ca. 71 % liegt. Die rechtliche Einordnung als „völlig ungeeignetes Beweismittel" erscheint hier bedenklich. Die Rechtsprechung hat in zahlreichen Entscheidungen festgestellt, dass die „relative" Ungeeignetheit des Beweismittels für die Subsumtion unter § 244

946 *Steinke* MDR 1987, 535, 536.
947 Vgl. *Rill/Vossel* NStZ 1998, 481, 483.
948 *Rill/Vossel* NStZ 1998, 481, 483.
949 Vgl. hierzu auch das anschauliche Rechenbeispiel bei *Rill/Vossel* NStZ 1998, 481, 484.

Abs. 3 S. 2, 4. Alt. StPO nicht genügt.[950] Ein geminderter, geringer oder zweifelhafter Beweiswert darf somit nicht mit völliger Ungeeignetheit gleichgesetzt werden.[951] Der BGH tut es dennoch und ordnet den Polygraphentest damit auf gleicher Stufe ein wie etwa einen Zeugen, der infolge dauernder körperlicher und geistiger Störungen die in sein Wissen gestellte Wahrnehmung nicht machen konnte.

Diese Vorgehensweise des BGH ist fragwürdig, zumal er Glaubwürdigkeitsgutachten, die ähnlich schwierig nachprüfbar sind und deren Fehlerquote ebenso hoch sein dürfte, völlig anders beurteilt.[952] Hier wie dort handelt es sich um Beweismittel mit hoher Fehleranfälligkeit.[953]

Fraglich ist, ob die Argumentation des BGH, beim Polygraphentest handele es sich trotz der relativ hohen Trefferquote um ein „völlig ungeeignetes Beweismittel“, durchzudringen vermag.

### (1.) Anwendbarkeit hinsichtlich des Tatwissentests

Hinsichtlich des Tatwissentests ist es nicht von der Hand zu weisen, dass dieser nur dann zu einem Ergebnis führen kann, wenn der Proband über keinerlei Tatwissen verfügt. Dies wird in der Praxis bei einem Angeklagten, der anwaltlich vertreten ist, generell aber auszuschließen sein, da davon auszugehen ist, dass ein Angeklagter, wenn er die Akte schon nicht selbst gelesen hat, er doch zumindest den Akteninhalt mit seinem Verteidiger besprochen hat und er – der Angeklagte – aufgrund dessen über dasjenige Detail- und damit Tatwissen verfügt, welches die Benutzung des

950 BGH NJW 1983, 404, 404; BGH MDR 1978, 988, 988; BGH StV 1983, 7, 7; BGH StV 1984, 231, 232; BayObLG MDR 1981, 338, 338; KG StV 1993, 120, 120; OLG Düsseldorf NStZ 1990, 506, 506.

951 Meyer-Goßner/Schmitt-*Meyer-Goßner,* § 244 Rn. 58.

952 *Meyer-Mews* NJW 2000, 916, 917 f.

953 Diese Fehleranfälligkeit wollen die Befürworter von Polygraphentests bei diesem dadurch ausgleichen, dass er nur zur Beweis der Unschuld des Betreffenden, nicht aber zu dessen Schuldnachweis eingesetzt wird: Zwar sei zu berücksichtigen, dass der Polygraphentest mindestens 15 % der Unschuldigen als schuldig stigmatisiere, was seiner Eignung zur positiven Schuldfeststellung entgegenstehe (vgl. *Rill/Vossel* NStZ 1998, 481, 486). Dies spreche jedoch nicht dagegen, den Polygraphentest in dubio pro reo ausschließlich zur Entlastung des Beschuldigten einzusetzen, da im Falle des Bestehens die größere Wahrscheinlichkeit dafür streite, dass der Beschuldigte die Wahrheit sage (vgl. *Meyer-Mews* NJW 2000, 916, 917).

Tatwissentests gerade ausschließt. Die Trefferquoten, die sich aus den künstlichen Testbedingungen ergaben, werden deshalb in der Praxis beim Tatwissentest nicht zu erzielen sein, da die Testbedingungen völlig unterschiedlich sind. Insofern ist die vom BGH getroffene Einordnung des Tatwissentests als „völlig ungeeignetes Beweismittel" angesichts der in der Realität gegebenen Testvoraussetzungen nachvollziehbar. Ein Test, bei dem davon ausgegangen werden muss, dass die Voraussetzungen, die seinen Erfolg gerade bedingen, nicht vorliegen, ist unbrauchbar.

(2.) Anwendbarkeit hinsichtlich des Kontrollfragentests

Zu prüfen ist nun weiter, ob sich die Ansicht des BGH, Polygraphentests seien völlig ungeeignete Beweismittel, auch für den Kontrollfragentest halten lässt. Die Argumentation des BGH gegen den Kontrollfragentest richtet sich hier – wie vorstehend ausgeführt – vor allem dahin, dass es für ein Gericht prinzipiell nicht nachprüfbar sei, ob der in der Praxis durchgeführte Kontrollfragentest im konkreten Fall zu zutreffenden Ergebnissen geführt habe.

Fraglich ist, ob diese mangelnde Nachprüfbarkeit unter Praxisbedingungen ein stichhaltiges Argument für die Ablehnung des Kontrollfragentests darstellt. Um diese Frage zu beantworten, soll eine Parallele zu so genannten Glaubhaftigkeitsgutachten gezogen werden.

Glaubhaftigkeitsgutachten werden insbesondere bei Verfahren wegen des Verdachts auf sexuellen Missbrauch von Kindern oder Vergewaltigung erstellt, um zu klären, ob das vermeintliche Opfer glaubwürdig ist und die Wahrheit sagt. Die Frage nach der Glaubhaftigkeit von Zeugenaussagen wird hierbei wie folgt formuliert: „Stimmt die vorliegende Aussage in zuverlässiger Weise mit der Realität überein?".[954] Das Thema eines zu erstellenden Glaubhaftigkeitgutachtens ähnelt insofern stark dem Thema eines Polygraphentests. Hier wie dort soll Auskunft darüber gegeben werden, ob der Proband die Wahrheit sagt.

Basierend auf der Annahme, dass sich wahrheitsgemäße Aussagen in erkennbarer Weise von wahrheitswidrigen Aussagen unterscheiden, mithin eine wahrheitsgemäße Aussage gewissermaßen eine höhere Qualität

954 *Schwind*, S. 1.

aufweise als eine wahrheitswidrige,[955] sind verschiedene kriterologische Systeme entwickelt worden, anhand derer Merkmale beschrieben werden, die die glaubhafte von der unglaubhaften Aussage unterscheiden sollen.[956]

### (a.) Quervergleich: Argumentation des BGH zu Glaubwürdigkeitsgutachten

Der BGH hat sich in seiner grundlegenden Entscheidung vom 30.7.1999, Aktenzeichen 1 StR 618/98, mit Glaubhaftigkeitsgutachten in Strafverfahren auseinandergesetzt.

Dort geht der BGH davon aus, dass während einerseits – bei wahrheitsgetreuen Angaben – ein Bericht aus dem Gedächtnis rekonstruiert werde, andererseits eine (bewusst) lügende Person ihre Aussage aus ihrem gespeicherten Allgemeinwissen konstruiere. Da es eine schwierige Aufgabe mit hohen Anforderungen an die kognitive Leistungsfähigkeit darstelle, eine Aussage über ein (komplexes) Geschehen ohne eigene Wahrnehmungsgrundlage zu erfinden und zudem über längere Zeiträume aufrechtzuerhalten, sei im zweiten Fall die Wahrscheinlichkeit beispielsweise nebensächlicher Details, sog. abgebrochener Handlungsketten, unerwarteter Komplikationen oder phänomengemäßer Schilderungen unverstandener Handlungselemente gering. Hinzu trete das Bemühen der lügenden Person, auf

---

955 *Schwind*, S. 6.

956 *Schwind*, S. 7 ff. Nur beispielhaft soll einer dieser Kriterienkataloge, und zwar derjenige von Steller/Köhnken nachfolgend aufgeführt werden. Dieser liest sich wie folgt (vgl. hierzu *Steller/Wellershaus/Wolf*, S. 153):
Allgemeine Merkmale: 1. Logische Konsistenz/ 2. Unstrukturierte Darstellung/ 3. Quantitativer Detailreichtum
Spezielle Inhalte 4. Raum-zeitliche Verknüpfungen/ 5. Interaktionsschilderungen/ 6. Wiedergabe von Gesprächen/ 7. Schilderung von Komplikationen im Handlungsverlauf
Inhaltliche Besonderheiten: 8. Schilderung ausgefallener Einzelheiten/ 9. Schilderung nebensächlicher Einzelheiten/ 10. Phänomengemäße Schilderung unverstandener Handlungselemente/ 11. Indirekt handlungsbezogene Schilderungen/ 12. Schilderung eigener psychischer Vorgänge/ 13. Schilderung psychischer Vorgänge des Täters
Motivationsbezogene Inhalte: 14. Spontane Verbesserung der eigenen Aussage/ 15. Eingeständnis von Erinnerungslücken/ 16. Einwände gegen die Richtigkeit der eigenen Aussage/ 17. Selbstbelastungen/ 18. Entlastung des Angeschuldigten
Deliktspezifische Inhalte: 19. Deliktspezifische Aussageelemente.

sein Gegenüber glaubwürdig zu erscheinen. Daher bestehe die begründete Erwartung, dass bewusst falsche Aussagen nur in geringem Ausmaß Selbstkorrekturen und -belastungen sowie das Zugeben von Erinnerungslücken enthalten würden.[957]

Wahrheitsgemäße Angaben sollen danach so genannte „Realkennzeichen" erhalten. Diese sog. Realkennzeichen könnten als grundsätzlich empirisch überprüft angesehen werden. Zwar handele es sich um Indikatoren mit jeweils für sich genommen nur geringer Validität, d. h. mit durchschnittlich nur wenig über dem Zufallsniveau liegender Bedeutung. Eine gutachterliche Schlussfolgerung könne aber eine beträchtlich höhere Aussagekraft und damit Indizwert für die Glaubhaftigkeit zu beurteilender Angaben erlangen, wenn sie aus der Gesamtheit aller Indikatoren abgeleitet würde. Dementsprechend lägen die mit Realkennzeichen in Forschungsvorhaben erzielten Ergebnisse regelmäßig deutlich über dem Zufallsniveau. Allerdings bestünden dabei teilweise nicht unerhebliche Fehlerspannen. Inwieweit ihre Bedeutung bei Verwendung gegenüber Personen aus unterschiedlichen Altersgruppen differieren könne, sei völlig offen.[958]

Unabhängig davon dürften die Realkennzeichen jedenfalls auch nicht schematisch angewandt werden. Ein zwingender Schluss von einem festgestellten Merkmal auf die Glaubhaftigkeit von Angaben der untersuchten Person sei keinesfalls möglich. Methodisch unzulässig sei es auch, aus dem Vorliegen einer bestimmten Anzahl von Merkmalen im Sinne eines Schwellenwertes auf die Qualität einer Aussage zu schließen. Nur im Einzelfall könnten auch einzelne Realkennzeichen ausreichen, um den Erlebnisbezug einer Aussage anzunehmen. Fehlen derartige Merkmale, könne auch umgekehrt nicht unbedingt eine bewusst unwahre Aussage angenommen werden, da dies durch verschiedene Faktoren (z. B. Angst, Erinnerungslücken) verursacht worden sein könne.[959]

Darüber hinaus sei stets zu beachten, dass die Realkennzeichen ungeeignet seien, zur Unterscheidung zwischen einer wahren und einer suggerierten Aussage beizutragen. Denn bei durch Suggestion verursachten Angaben bestünden die bereits dargelegten Gründe nicht, die eine unter-

957 Vgl BGH v. 30.7.1999, AZ 1 StR 618/98, abrufbar im Internet: http://www.juris.de (Stand: 31.3.2015) Rn. 20.

958 Vgl BGH v. 30.7.1999, AZ 1 StR 618/98, abrufbar im Internet: http://www.juris.de (Stand: 31.3.2015) Rn. 22.

959 Vgl BGH v. 30.7.1999, AZ 1 StR 618/98, abrufbar im Internet: http://www.juris.de (Stand: 31.3.2015) Rn. 23.

schiedliche Qualität zwischen wahren und bewusst unwahren Aussagen verursachen könnten, da die aussagende Person sich weder als besonders glaubwürdig darstellen noch sich auf von ihr erdachte Umstände konzentrieren müsse. Beispielsweise werde ein Kind seine Angaben, die objektiv nicht zutreffen, weil es sie unbewusst auf die Erwartungen des vernehmenden Erwachsenen ausgerichtet seien, subjektiv für wahr halten. Dementsprechend gebe es keine empirischen Belege dafür, dass sich erlebnisbasierte und suggerierte Aussagen in ihrer Qualität unterschieden.[960]

Neben der wie vorstehend beschriebenen Inhaltsanalyse seien die zu untersuchenden Angaben zudem hinsichtlich ihrer Konstanz zu überprüfen. Die Konstanzanalyse beziehe sich insbesondere auf aussageübergreifende Qualitätsmerkmale, die sich aus dem Vergleich von Angaben über denselben Sachverhalt zu unterschiedlichen Zeitpunkten ergeben. Sei ein Zeuge etwa mehrfach vernommen worden, sei ein Aussagevergleich im Hinblick auf Übereinstimmungen, Widersprüche, Ergänzungen und Auslassungen vorzunehmen. Dabei stelle allerdings nicht jede Inkonstanz einen Hinweis auf mangelnde Glaubhaftigkeit der Angaben insgesamt dar. Vielmehr könnten vor allem Gedächtnisunsicherheiten eine hinreichende Erklärung für festgestellte Abweichungen darstellen.[961]

Das mit den dargelegten Methoden der Aussageanalyse gefundene Ergebnis gewinne – schon wegen des nicht exakt bestimmbaren Wertes der einzelnen verwendeten Realkennzeichen – für die Glaubhaftigkeitsuntersuchung jedoch erst Bedeutung unter Berücksichtigung vor allem der spezifischen Kompetenzen und Erfahrungen der untersuchten Person sowie der Entstehungs- und Entwicklungsgeschichte der Aussage. Speziell das Vorhandensein einzelner bei der Inhaltsanalyse verwendeter Realkennzeichen hänge mit hoher Wahrscheinlichkeit auch von Merkmalen der untersuchten Person ab. Das erzielte Ergebnis sei deshalb insbesondere mit den Mitteln der Fehlerquellen- sowie der Kompetenzanalyse auf seinen Aussagewert dahingehend zu prüfen, ob eine – ggf. qualitativ hochwertige und infolgedessen einen Erlebnisbezug indizierende – Aussage nach aussagepsychologischen Kriterien als zuverlässig eingestuft werden könne.[962]

960 Vgl BGH v. 30.7.1999, AZ 1 StR 618/98, abrufbar im Internet: http://www.juris.de (Stand: 31.3.2015) Rn. 25.

961 Vgl BGH v. 30.7.1999, AZ 1 StR 618/98, abrufbar im Internet: http://www.juris.de (Stand: 31.3.2015) Rn. 26.

962 Vgl BGH v. 30.7.1999, AZ 1 StR 618/98, abrufbar im Internet: http://www.juris.de (Stand: 31.3.2015) Rn. 27.

(b.) Stellungnahme zur Argumentation des BGH

Bereits die Argumentation des BGH an sich lässt anhand der verwandten Formulierungen erkennen, dass es in dem Bereich der Glaubhaftigkeitsbeurteilung eben gerade keine festen Kriterien gibt, die belegen können, ob eine konkret zutreffende Aussage vorliegt. Formulierungen wie ′es bestünden hinsichtlich einzelner Realkennzeichen nicht unerhebliche Fehlerspannen′, ′es sei völlig offen, wie die Auswirkungen in unterschiedlichen Altersklassen seien′, ′ein zwingender Schluss von einem Merkmal auf eine Tatsache sei nicht möglich′, ′eine Inkonstanz sei Hinweis auf eine unwahre Aussage – allerdings nicht in jedem Fall, sondern auch möglicherweise durch Gedächtnisunsicherheiten zu erklären′ zeigen auf, dass sich die beurteilenden Personen hier in einem Graubereich bewegen, in dem festgestellte Tatsachen sich sowohl in die eine wie auch die andere Richtung deuten lassen.

Dementsprechend haben empirische Untersuchungen zur Validität[963] der Inhaltsanalyse bzw. der ihr zu Grunde liegenden Realkriterien gezeigt, dass sich gewisse Realkennzeichen sowohl in wahren wie auch unwahren Aussagen fanden, mithin dass es zwar möglich ist, Einschätzungen über die Wahrhaftigkeit einer Aussage abzugeben, eine einhundertprozentige Aussage zur Validität sich aber nicht treffen lässt.[964] Eine Studie der Universität Konstanz weist insofern darauf hin, dass es nicht gelingt, in der Aggregation erfüllter Realkennzeichen einen überzufälligen Unterschied zwischen Eigenerlebnissen und nacherzählten Erlebnissen nachzuweisen.[965] Auch der Unterschied zwischen wirklichen und erfundenen Erlebnissen fiel in den Tests im Hinblick auf die Einzelfalldiagnostik nicht sehr überzeugend aus. Die Häufigkeiten erfüllter Realkennzeichen überschnitten sich zwischen beiden Gruppen beträchtlich. Darüber hinaus wird ein weiteres Defizit bei der Unterscheidung zwischen erlebten und erfunden Aussagen darin gesehen, dass verbale Lügenmerkmale bis heute nicht bekannt sind.

---

963 Die Validität bezeichnet die Übereinstimmung eines Ergebnisses mit dem tatsächlichen Sachverhalt.

964 Vgl. zu den verschiedenen Studien zusammenfassend *Schwind*, S. 31 ff.

965 *Steck/Hermanutz/Lafrenz/Schwind/Hettler/Maier/Geiger*, S. 14.

Im Grunde genommen müsse die Aussage genügen, dass die Wahrscheinlichkeit für das Auftreten von Realkennzeichen bei wahren Aussagen höher als bei erfundenen Aussagen sei.[966]

Damit bleibt festzuhalten, dass das abschließende Urteil der Aussagenanalyse zu einem großen Teil subjektiv und damit nicht vollständig logisch nachvollziehbar ist. Wahrscheinlichkeitsaussagen, wie z.B. die Person ist zu 99% glaubwürdig und die Aussage ist zu 82% wahr, lassen sich nicht treffen. Zu vielen der Wahrheits-Kriterien (Realkennzeichen) gibt es keine wissenschaftlichen Studien, die eindeutig belegen können, dass mit Hilfe dieses Kriteriums eine Aussage richtig klassifiziert werden kann. So gilt z.B. bei einigen Gutachtern der Freudsche-Versprecher als Zeichen für eine unwahre Aussage. Tatsächlich gibt es dafür aber keinerlei wissenschaftliche Belege.

Alles in allem ist damit festzustellen, dass der gesamte Bereich der der Aussageanalyse keine 100 %igen Ergebnisse zu liefern vermag. Dies wird einerseits bereits aus den Formulierungen deutlich, die der BGH selbst trifft, wird andererseits aber auch durch sämtliche empirischen Untersuchungen zur Validität bestätigt. Letztendlich wird es zu einem gewissen Teil häufig von der subjektiven Einschätzung des Untersuchenden abhängen, ob eine Aussage als wahr oder unwahr angesehen wird, da es für die Psyche eines Menschen eben keine naturwissenschaftlichen Gesetze gibt, so dass die Ergebnisse eben nicht vollkommen logisch nachvollziehbar sind. Der beauftragte Gutachter wird letztendlich lediglich eine Einschätzung, welche zum Teil auf subjektivem Empfinden beruht, abgeben können.

### (c.) Schlussfolgerungen für die hiesige Untersuchung

Wie oben beschrieben war Ausgangspunkt für die vorstehende Untersuchung die für den Polygraphentest gezogene Schlussfolgerung des BGH, der Polygraphentest sei trotz relativ hoher Trefferquoten in Testverfahren aufgrund mangelnder Transparenz, mithin mangelnder Nachprüfbarkeit des Ergebnisses auf den konkreten Fall ein ungeeignetes Beweismittel. Der Quervergleich zu Glaubhaftigkeitsgutachten hat dabei ergeben, dass auch im dortigen Bereich das Ergebnis eines Gutachtens letztlich nicht

---

966 *Steck/Hermanutz/Lafrenz/Schwind/Hettler/Maier/Geiger*, S. 14.

vollständig durch das Gericht nachprüfbar ist. Kennzeichen einer Aussage können sowohl in die eine wie auch die andere Richtung gedeutet werden, so dass letztlich in vielen Fällen eine subjektive und damit gerade eben nicht objektive und damit vollständig nachvollziehbare Beantwortung der Gutachtenfrage vorliegen wird. Es kann lediglich angegeben werden, dass ein Gutachter eine Aussage für überwiegend wahrscheinlich zutreffend oder überwiegend wahrscheinlich nicht zutreffend erachtet. Eine gleichartige Aussage kann ein Gutachter aber auch nach einem Polygraphentest treffen. Auch hier kann er angeben, ob der Proband überwiegend wahrscheinlich die Wahrheit oder die Unwahrheit gesagt hat.

Keines der beiden Verfahren kann „in den Menschen hinein“ sehen. Hier wie dort gibt es keine naturwissenschaftliche Nachprüfbarkeit hinsichtlich des Ergebnisses der Untersuchung. Deshalb scheint das Argument des BGH, Polygraphentests seien völlig ungeeignete Beweismittel, weil sie nicht genügend nachprüfbar seien, auch vorgeschoben. Dies gilt zumindest für den Kontrollfragentest. Dieser liefert Ergebnisse mit relativ hohen Trefferquoten und ist auch nicht weniger nachvollziehbar als etwa Glaubhaftigkeitsgutachten, die der BGH allerdings anerkennt.

Die Einordnung des Polygraphentests als „völlig ungeeignetes Beweismittel“ erscheint somit – zumindest was den Kontrollfragentest angeht – als nicht haltbar. Wird der Kontrollfragentest zum richtigen Zeitpunkt und in ordnungsgemäßer Weise eingesetzt, ist er prinzipiell als nicht unzuverlässiger zu beurteilen, als andere im Strafprozess zugelassene Beweismittel.[967]

### c. Zwischenergebnis

Über die Entscheidung des BGH, Polygraphentests als völlig ungeeignete Beweismittel anzusehen, soll im Folgenden ein Zwischenresümee gezogen werden. Grundsätzlich wird, wie bereits oben dargestellt, zwischen rechtlichen und qualitativen Mängeln eines Beweises differenziert. Bei einem rechtlichen Mangel wird gefragt, ob er in die Rechtssphäre des Beschuldigten/Angeklagten eingreift und ob der Eingriff verfassungsrechtlich zu rechtfertigen ist. Ist Letzteres nicht der Fall, führt dies zur Annahme eines Beweisverwertungsverbotes. Ein qualitativer Mangel wird hingegen nicht

---

967 Vgl. auch *Frister* ZStW 1994 [106], 303, 313.

von vornherein ausgeschlossen. Er findet grundsätzlich erst im Rahmen der Beweiswürdigung seine Berücksichtigung.

Der BGH hat in seiner Entscheidung nun zunächst festgestellt, dass ein Eingriff in die rechtlich geschützte Sphäre des in einen Polygraphentest einwilligenden Beschuldigten seiner Ansicht nach nicht vorliege. Unter Berücksichtigung vorstehender Argumentation, derzufolge es sich bei einem Polygraphentest zwar nicht um ein unfehlbares, keineswegs aber um ein völlig ungeeignetes Beweismittel handelt, hätte der BGH richtigerweise sodann in die freie Beweiswürdigung eintreten müssen. Bei einer Trefferwahrscheinlichkeit von mindestens 70 % würde es vollauf genügen, die Möglichkeit eines falschen Ergebnisses im Rahmen der Beweiswürdigung zu berücksichtigen. Dem Polygraphentest hätte so etwa der Status eines minderwertigen Beweismittels zugesprochen werden können, welches zumindest als Indiz in die Beweiswürdigung einzubeziehen wäre.

Diesen zweiten Schritt – Eintritt in die freie Beweiswürdigung – hat der BGH jedoch nicht vollzogen. Er hat den Polygraphentest stattdessen nach § 244 Abs. 3 S. 2, 4. Alt. StPO behandelt, ihn der sonst erst in der Beweiswürdigung erfolgenden Qualitätskontrolle vorenthalten und als ein fehleranfälliges Beweismittel von vornherein ausgeschlossen. Durch die Einkleidung in den Mantel des § 244 Abs. 3 S. 2, 4. Alt. StPO ist diese Vorgehensweise nach außen hin dogmatisch korrekt. Jedoch wurde hier ein Sacherhalt unter § 244 Abs. 3 S. 2, 4. Alt. StPO subsumiert, der dort überhaupt nicht hineinpasst.

Im Ergebnis ist deshalb festzuhalten, dass die Entscheidung sich zwar rein äußerlich an die vorherrschende Dogmatik des deutschen Beweisrechts – nämlich an die kategoriale Unterscheidung zwischen rechtswidrig gewonnenem und qualitativ minderwertigem Beweis – hält. Sie subsumiert den der Entscheidung zu Grunde liegenden Sachverhalt jedoch in der falschen Kategorie. Aufgrund dessen, dass die Anwendung des § 244 Abs. 3 S. 2, 4. Alt. StPO bei richtiger Gesetzesauslegung ausscheidet, wäre die Nichtberücksichtigung von Polygraphentests in Strafverfahren allein durch die Annahme eines Beweisverwertungsverbotes wegen eines rechtswidrig gewonnenen Beweises herzuleiten gewesen. Die Polygraphenentscheidung des BGH ist deshalb trotz ihrer scheinbar gegebenen dogmatischen Korrektheit in ihrer Begründung falsch.

### 4. Hintergrund der Entscheidung

Fraglich ist, was den BGH zu dieser Vorgehensweise bewogen hat. Hierzu ist auf den Hintergrund der Entscheidung einzugehen, welcher durch die Diskussion geprägt ist, ob das „Innere“ des Menschen auch anders als durch seine willentliche Äußerung zu Tage gebracht werden darf.

#### a. Problematik eines umfassenden Polygrapheneinsatzes

Dies wird grundsätzlich verneint. Die durch Art. 1 Abs. 1 GG geschützte Würde des Menschen gebiete es, dass die Entschließungsfreiheit des Beschuldigten in jeder Verfahrenslage unangetastet bleibe.[968] Selbst der Tatverdächtige und Straffällige stehe der Gesamtheit stets als selbstverantwortliche, sittliche Persönlichkeit gegenüber, welche dem gewiss wichtigen Anliegen der Verbrechensbekämpfung nicht aufgeopfert werden dürfe.[969] Diese grundgesetzlich geschützte freie Willensentschließung und -betätigung des Beschuldigten werde beeinträchtigt, wenn von ihm ausgehende Entäußerungen ohne Rücksicht darauf erlangt werden könnten, ob er sich tatsächlich offenbaren wolle. Die umfassende, also auch gegen den Willen des Beschuldigten stattfindende Anwendung des Polygraphen stellt nach vorherrschender Auffassung deshalb eine verbotene, die Freiheit der Willensentschließung und Willensbetätigung beeinträchtigende Vernehmungsmethode dar.[970]

Anders als das in Bezug auf die umfassende Anwendung des Polygraphen geltende Verbot ist es dagegen umstritten, ob der Einsatz eines Polygraphen dann zulässig sein könnte, wenn der Beschuldigte den Polygraphentest ausdrücklich wünscht, um hierdurch trotz möglicherweise „erdrückender“ Indizien die Glaubhaftigkeit seiner Angaben zu erhöhen und zumindest vernünftige Zweifel an seiner Schuld zu wecken.[971] Diese Problematik war Gegenstand der hier diskutierten Polygraphenentscheidung. Der BGH hatte zu entscheiden, ob der Einsatz eines Polygraphen im Strafver-

---

968 BGH NJW 1954, 649, 649.
969 BGH NJW 1954, 649, 649.
970 Vgl. BGH NJW 1954, 649, 649; Meyer-Goßner/Schmitt-*Schmitt*, § 136 a Rn. 24; *Eisenberg*, Rn. 695; KK-*Diemer*, § 136 a Rn. 34; *Frister* ZStW 1994 [106], 303, 322 f.
971 *Eisenberg*, Rn. 696.

fahren wenn schon nicht vollumfänglich, so zumindest als Entlastungsbeweis zulässig ist.

### b. Die Einwilligungslösung – Problematik des Einsatzes des Polygraphen als Entlastungsbeweis

Mit dieser Fragestellung ist jedoch ein weiteres Problem verbunden: Das Beweisrecht kennt keine „einseitigen" Beweise, die lediglich der Ent-, nicht aber der Belastung des Beschuldigten dienen. Eine Lösung bietet sich nun darin, die Durchführung des Polygraphentests grundsätzlich zu verbieten, das Verbot bei Einwilligung des Beschuldigten jedoch entfallen zu lassen. Eine solche „Einwilligungslösung" wirft in der hier gegebenen Konstellation verschiedene Probleme auf, die im Folgenden zu diskutieren sind.

#### aa. Disponibilität des Rechtsgutes

Der Zulässigkeit einer so genannten Einwilligungslösung stellt sich bereits eingangs einer erfolgenden Prüfung eine Hürde in Form der Frage entgegen, ob das Rechtsgut, in dessen Schutzbereich der Einsatz eines Polygraphen eingreifen würde, disponibel ist. Es stellt sich mithin die Frage, ob der Einzelne den Eingriff in sein grundgesetzlich geschütztes Rechtsgut der Menschenwürde durch seine Einwilligung rechtfertigen kann.

Bedenken werden in Anlehnung an die vorstehende Fragestellung dahingehend geäußert, dass durch den Einsatz eines Polygraphen ein Verstoß gegen die Menschenwürde vorliege und dieser Verstoß auch nicht durch die Einwilligung des Betroffenen zu rechtfertigen sei: es sei falsch, zu denken, der mit dem Polygraphen Getestete erleide allein deshalb keinen Akt der Fremdbestimmung, weil er sich frei entscheiden könne. Es müsse dem Eindruck entgegengehalten werden, es handele sich bei diesem Thema um subjektive Interessen, über die das Einzelindividuum bereits auf der Begriffsebene, also der inhaltlichen Bestimmung der Menschenwürde, frei disponieren könne.[972] Die bloße Einwilligung zu einem bestimmten Vorgehen könne nicht zu dessen Rechtfertigung genügen. Aus

---

972 Vgl. *Kargl/Kirsch* JuS 2000, 537, 539 f.

dieser Logik heraus wäre auch die Existenz ausnahmslos verbotener Vernehmungsmethoden nicht mehr verständlich zu machen: denn warum sollte die Folter generell untersagt werden, wenn ein Beschuldigter in ihr die letzte Chance erblicke, seine Unschuld zu beweisen?[973]

Vorzugswürdig sei statt des Verlangens einer subjektiven Einwilligung ein normativer Standpunkt, aufgrund dessen der Einzelne über das Zentralgut der Menschenwürde jedenfalls nicht in dem Sinne verfügen könne, dass eine Einwilligung in die Entwürdigung, in Demütigung und soziale Missachtung jeglichen Interessenkonflikt von vornherein ausschließe.[974] Kargl/Kirsch favorisieren insofern ein so genanntes „intersubjektives Konzept der Menschenwürde", welches jeweils eine Abwägung zwischen der individuellen Autonomie und dem verallgemeinerten Interesse an der Selbstbestimmung unter Achtung der Menschenwürde zur Geltung bringen will. Nur bei einer Zustimmung aufgrund sorgfältiger Aufklärung – nämlich zum einen darüber, dass das Ergebnis der Untersuchung auch von den Fragen des Untersuchenden abhänge und das Ergebnis der Untersuchung somit nicht das eigene Produkt des Getesteten darstelle, zum anderen darüber, dass es sich bei dem Polygraphentest um eine völlig ungeeignete Methode handele – sei in der Frage des Einsatzes eines Polygraphen der Selbstbestimmung der Vorzug zu geben.[975] Werde der Getestete dementsprechend aufgeklärt, müsse er keine Angst mehr vor Entdeckung haben. Dieser Reiz sei aber gerade Bedingung, um überhaupt Untersuchungsergebnisse erzielen zu können.

Der Einsatz des Polygraphen nach erfolgter Aufklärung sei deshalb ein gänzlich hypothetisches Gedankenspiel. Denn ohne umfassende Aufklärung sei der Einsatz eines Polygraphen unzulässig. Erfolge dagegen eine Aufklärung, sei der Einsatz zwar zulässig, jedoch völlig unnütz, da dann relevante Ergebnisse nicht mehr zu erzielen seien.

Diesseits vertretener Auffassung zufolge verbietet der von Kargl/Kirsch richtig erkannte Interessenkonflikt zwischen individueller Autonomie und dem intersubjektiven Interesse an der Unverfügbarkeit der Menschenwürde den Einsatz eines Polygraphen nicht notwendigerweise. Denn zum einen stellt der Einsatz des Polygraphen – wie der BGH insofern richtig festgestellt hat – keinen Eingriff in die Menschenwürde des Getesteten dar

---

973 Vgl. *Kargl/Kirsch* JuS 2000, 537, 540.
974 Vgl. *Kargl/Kirsch* JuS 2000, 537, 540 ff.
975 Vgl. *Kargl/Kirsch* JuS 2000, 537, 541 f.

wie etwa eine Folter. Verstöße gegen Art. 1 GG und § 136 a StPO liegen nicht vor.

Zum anderen folgen Kargl/Kirsch dem BGH in der Weise, dass sie den Polygraphentest ebenfalls als völlig ungeeignetes Beweismittel ansehen. Wie bereits dargestellt, ist eine völlige Ungeeignetheit aber gerade nicht gegeben. Dementsprechend müsste ein Proband auch nicht in der Weise aufgeklärt werden, dass die hervorgebrachten Ergebnisse sowieso unbrauchbar seien. Die Aufklärung müsste lediglich dahingehend erfolgen, darüber zu belehren, dass ein entsprechender Test fehleranfällig und die Richtigkeit des Ergebnisses nicht mit an Sicherheit grenzender Wahrscheinlichkeit gegeben ist. Diese Vorgehensweise würde der von Kargl/ Kirsch geforderten Aufklärung entsprechen und dem Probanden auch nicht von vornherein jegliche Angst vor Entdeckung nehmen, da der Polygraph mit überwiegender Wahrscheinlichkeit schon ein richtiges Ergebnis hervorbringt. Der Einsatz eines Polygraphen scheitert dementsprechend nicht bereits an der Hürde der Einwilligungsfähigkeit.

#### bb. Erzeugung indirekten Drucks

Aus der Bejahung der Einwilligungsfähigkeit ergibt sich jedoch noch nicht die Zulässigkeit der Einwilligungslösung. Es eröffnet sich an diesem Punkt der Prüfung vielmehr eine weitere Problematik, die wohl den Kern der Diskussion um die Einwilligungslösung ausmacht: Es ist für den Fall, dass der Einsatz eines Polygraphen als Entlastungsbeweis zugelassen wird, die Frage zu stellen, inwieweit sich diejenigen, die sich dem Test nicht unterziehen wollen, noch frei gegen ihn entscheiden können.[976] Das Sichentziehen bedeutet nur allzu leicht ein Indiz für die Schuld, zumal die Weigerung, sich der Untersuchung zu entziehen, mit wenigen Ausnahmen vor allem bei Schuldigen vorkommen wird.[977] Kritiker des Polygraphentests sehen daraus folgend die Gefahr, dass die Freiheit der Entscheidung, einen Polygraphentest durchführen zu lassen, von vornherein begrenzt ist. Die Gewährung der Dispositionsbefugnis könnte einen indirekten Druck erzeugen, von dieser Befugnis auch tatsächlich Gebrauch zu machen, weil der Beschuldigte damit rechnen müsste, dass das Gericht – bewusst oder

976 So *Peters* ZStW 1975 [87], 663, 676.
977 Vgl. *Peters* ZStW 1975 [87], 663, 676.

unbewusst – von einem Unschuldigen die unkontrollierte Offenlegung seines Wissens erwartet und deshalb die Verweigerung einer solchen Offenlegung als Bestätigung der Schuld ansehen wird.[978]

(1.) Argumente für die Einwilligungslösung

Der BGH hat eine solche Argumentation in seiner Entscheidung abgelehnt, ohne sich vertiefend mit dieser Problematik auseinanderzusetzen. Die Weigerung, einen Polygraphentest durchzuführen, sei ebenso wenig zu Lasten des Beschuldigten zu berücksichtigen, wie dessen Entscheidung, sich zu den gegen ihn erhobenen Vorwürfen zu äußern oder zu schweigen.[979]

Diese Ansicht des BGH ist schon zuvor an anderer Stelle vertreten worden. So zieht Klimke ebenfalls einen Vergleich zum Schweigerecht des Beschuldigten, wenn er betont, dass die hinsichtlich des Aussageverhaltens des Beschuldigten bestehenden Alternativen „Einlassung" und „gänzliches Schweigen" gleichwertig seien:[980] Niemand würde ernsthaft die These stützen wollen, ein Beschuldigter mache sich durch sein Schweigen verdächtiger als wenn er von seinem Aussagerecht Gebrauch machen würde. Zudem sei es hier wie dort nicht zulässig, verwertbare Schlüsse daraus zu ziehen, warum ein Beschuldigter ein bestimmtes Verhalten gewählt habe und nicht das andere: was nütze das Recht, sein Aussageverhalten frei wählen zu dürfen, wenn sodann beliebig Rückschlüsse gezogen werden dürften, warum er diese und nicht jene Verteidigungsform gewählt habe. Genauso verhalte es sich bei der Einräumung eines freiwilligen Polygraphentests. Aus der Tatsache, diesen Test wählen zu dürfen, seien Rückschlüsse in einem anderen Verfahren, wenn ein anderer Beschuldigter in seiner konkreten Situation nicht zu diesem Beweismittel greife, sondern sich passiv verhalte, nicht zu ziehen.[981] Es existiere von daher kein moralischer Zugzwang, keinerlei Druck, einen solchen Test durchzuführen.[982]

Letztlich wird von den Befürwortern der Einwilligungslösung das Argument ins Feld geführt, dass die Ansicht, welche den Beschuldigten vor

978 *Frister* ZStW 1994 [106], 303, 325.
979 BGH StV 1999, 74, 77.
980 *Klimke* NStZ 1981, 433, 433.
981 *Klimke* NStZ 1981, 433, 433.
982 *Klimke* NStZ 1981, 433, 434.

dem indirekten Druck, am Polygraphentest teilnehmen zu „müssen", entlasten will, im Ergebnis nur schuldigen Tätern zu Gute komme, während der Unschuldige benachteiligt werde. Die Devise gegenüber dem Unschuldigen würde dann lauten: „Von Deinem – hoch zuverlässigen – Entlastungsbeweis nehmen wir keine Kenntnis und verurteilen Dich, denn das Erhebungsverfahren könnte anderen schuldigen (!) Straftätern nachteilig sein!"[983] Im konkreten Einzelfall sei diese Sichtweise von reinem Hohn nicht weit entfernt und bedeute ein unzumutbares und rechtsstaatswidriges Opfer an Freiheit und Eigentum durch Unschuldige zugunsten eines – Schuldige begünstigenden – Verfahrensprinzips.[984]

### (2.) Argumente gegen die Einwilligungslösung

Allgemein ist zunächst festzustellen, dass es keinesfalls so unumstritten ist, dass ein schweigender Beschuldigter genauso unverdächtig erscheine wie ein zur Aussage bereiter Beschuldigter. Gerichtspsychologisch gesehen ist wohl eher das Gegenteil der Fall.[985] Zwar ist immer zu berücksichtigen, dass es mitunter anerkennenswerte Gründe für das Schweigen eines unschuldig Verdächtigten geben kann.[986] Nichtsdestotrotz übt aber der Umstand, dass viele Beschuldigte bereit sind, sich zur Sache einzulassen, auf andere einen mittelbaren Zwang aus, zu einem erhobenen Vorwurf nicht zu schweigen, um nicht noch verdächtiger zu erscheinen.[987] Es erscheint insofern rechtstatsächlich nicht gewährleistet, dass das Schweigen eines Beschuldigten zum Tatvorwurf in keinem Fall – sei es auch unbewusst – zu seinem Nachteil gewertet wird.[988] Genauso wenig dürfte in der Praxis derjenige, der sich einem Polygraphentest verweigert, als ebenso unverdächtig erscheinen wie derjenige, der dem Test bedenkenlos zustimmt. Insofern besteht zwar in der Tat eine Parallele zwischen dem schweigenden Beschuldigten und dem nicht zur Teilnahme am Polygraphentest bereiten Beschuldigten.

983 *Schwabe* NJW 1979, 576, 580.
984 *Schwabe* NJW 1979, 576, 580.
985 Vgl. *Prittwitz* MDR 1982, 886, 894.
986 So BGH St 5, 332, 334.
987 *Amelung* NStZ 1982, 38, 39.
988 *Eisenberg*, Rn. 699.

Diese Parallele darf aber nicht dazu führen, die Nichtteilnahme an einem Polygraphentest mit dem Schweigen eines Beschuldigten gleichzusetzen und die Zulässigkeit von Polygraphentests nun mit der Argumentation begründen zu wollen, dass der schweigende Angeklagte sich doch auch verdächtiger als der redende mache, ohne dass deshalb Einwände gegen das „sprechende Sichverteidigen" erhoben würden.[989] Zum einen ist die Benachteiligung eines Beschuldigten in einer bestimmten Sachverhaltskonstellation (Nichtteilnahme am Polygraphentest) nicht damit zu rechtfertigen, dass er doch in einer bestimmten anderen Sachverhaltskonstellation (Schweigen auf den Tatvorwurf) ebenfalls benachteiligt werde. Ziel des Strafprozessrechts muss es sein, Beschuldigten ein faires Verfahren zu ermöglichen und nicht, sie in ihrer prozessualen Stellung gleich schlecht zu stellen.

Zum anderen verkennt die die Einwilligungslösung als unproblematisch ansehende Meinung die viel zu unterschiedlichen Ausgangspositionen zwischen „schweigendem Angeklagten" und einem „den Polygraphentest verweigernden Angeklagten": Das Aussagerecht des Beschuldigten wird deshalb nicht zugunsten der Schweigebefugnis anderer eingeschränkt, weil es das unerlässliche Verteidigungsmittel eines in Verdacht geratenen Bürgers ist.[990] Würde man dagegen den Ermittlungsbehörden die Möglichkeit eröffnen, dem Beschuldigten einen Polygraphentest vorzuschlagen, so gäbe man ihnen ein Angriffsmittel zur Aufdeckung unrichtiger Aussagen an die Hand.[991]

Es macht einen erheblichen Unterschied aus, ob ein Beschuldigter passiv bleibt und von seinem Schweigerecht Gebrauch macht oder ob ihm die Möglichkeit geboten wird, aktiv am Beweis seiner Unschuld mitzuarbeiten. Sagt ein Beschuldigter aus, so bedeutet dies nicht, dass er die Wahrheit sagt. Ein schweigender Beschuldigter, gegen den mehrere Indizien sprechen, wird nicht fehl in der Annahme gehen, dass allein seine „leugnende Einlassung" kaum ausreichen wird, bei sonst klarer Sachlage „vernünftige Zweifel" an seiner Schuld zu wecken.[992] Demgegenüber suggeriert die Bereitschaft zur Teilnahme am Polygraphentest aufgrund der fehlenden Möglichkeit der Einflussnahme auf das Ergebnis wirkliche Un-

989 So aber *Schwabe* NJW 1979, 576, 580 Fn. 31; vgl. auch *Prittwitz* MDR 1982, 886, 894.

990 *Amelung* NStZ 1982, 38, 39.

991 *Amelung* NStZ 1982, 38, 39.

992 *Eisenberg*, Rn. 699.

schuld. Der Polygraph würde es somit – im Unterschied zur bloßen Aussage des Beschuldigten – erlauben, die Anklage ernsthaft in Frage zu stellen, indem er mit hoher Wahrscheinlichkeit die subjektive Richtigkeit der Angaben des Beschuldigten nachweisen könnte.[993] Die Teilnahme an einem Polygraphentest bietet dem tatsächlich Unschuldigen insofern einen wesentlich höheren Anreiz, seine Unschuld zu beweisen, als es das Reden für den schweigenden (unschuldigen) Angeklagten bietet.

Zudem ist gegen die Argumentation anzugehen, derzufolge die Nichtteilnahme an einem Polygraphentest allein deshalb bedenkenfrei möglich sei, weil sie nicht gegen den Beschuldigten verwertet werden dürfe. Die Vorstellung, dass mit einem Verwertungsverbot der Einwilligungsdruck wirklich beseitigt wäre, überschätzt in naiver Weise die Kraft rechtlicher Regelungen für den intuitiven, dem Richter selbst nur begrenzt kontrollierbaren Vorgang der Überzeugungsbildung.[994] Der verführerischen Überlegung, dass der Beschuldigte „ja schließlich weiß, was er weiß", und deshalb schon seine Gründe haben wird, einen nicht willentlich kontrollierten Zugriff auf sein Wissen nicht zu ermöglichen, würde sich der Richter ungeachtet eines entsprechenden Verwertungsverbotes sicher nicht vollständig entziehen können.[995]

Weitere Nachteile könnte die Zulassung der Einwilligungslösung für den zwar aussagenden, den Polygraphentest aber verweigernden Angeklagten mit sich bringen. Unter Berücksichtigung der Judikatur dazu, dass aus einem Teilschweigen des Angeklagten auf einzelne Fragen für ihn nachteilige Rückschlüsse gezogen werden dürfen, da dieser sich im Übrigen als Beweismittel zur Verfügung stellt, erscheint es als nicht unwahrscheinlich, dass die fehlende Bereitschaft eines aussagenden Angeklagten, die subjektive Richtigkeit seiner Aussagen polygraphisch testen zu lassen – im Gegensatz zu dem vollständig schweigenden Angeklagten – sogar direkt als Beweisanzeichen gegen ihn gewertet werden könnte.[996]

Schließlich kann auch der Argumentation, derzufolge die Ablehnung der Einwilligungslösung nur schuldigen Tätern zugute komme, während Unschuldige benachteiligt würden, nicht gefolgt werden. Nicht nur das Betreiben der Strafrechtspflege als solches, sondern auch die Ausgestaltung des Strafverfahrens, welche Beschränkung von Rechtsmitteln, Ein-

---

993 Vgl. *Eisenberg*, Rn. 699.
994 *Frister* ZStW 1994 [106], 303, 325.
995 *Frister* ZStW 1994 [106], 303, 325.
996 Vgl. *Eisenberg*, Rn. 699.

schränkung von Antragsrechten und Ähnliches, wie etwa die Beschränkung der Beweisaufnahme im Interesse Dritter – gemeint sind hier etwa Auskunfts- und Zeugnisverweigerungsrechte –, mit sich bringt, birgt stets das Risiko von Fehlverurteilungen.[997] Der viel zitierte Grundsatz, dass es im Strafprozess keine Wahrheitserforschung um jeden Preis gibt, bedeutet gleichfalls, dass Entlastungsbeweise nicht um jeden Preis zugelassen werden, die Rechtsordnung also prinzipiell durchaus bereit ist, ein (erhöhtes) Risiko der Verurteilung Unschuldiger um anderer überwiegender Interessen willen in Kauf zu nehmen.[998] Zudem würdigt die Gegenansicht nicht ausreichend die Bedeutung der die Subjektstellung des Beschuldigenden gewährleistenden Verfahrensprinzipien, hier insbesondere die Aussagefreiheit des Beschuldigten.[999] Die Aussagefreiheit des Beschuldigten stellt gerade eines der wesentlichen Verfahrensprinzipien dar, welches nicht ohne weiteres zur Vermeidung der Gefahr eines Fehlurteils geopfert werden darf. Da zugegebenermaßen auch bei der Frage, ob im Einzelfall ein Unschuldiger verurteilt wird, wesentliche Verfahrensprinzipien tangiert sind, muss die Entscheidung, ob die Einwilligungslösung tragbar ist, aufgrund einer Abwägung zwischen beiden Verfahrensprinzipien erfolgen. Es ist zu entscheiden, ob der Bewahrung der Aussagefreiheit des Beschuldigten mehr Bedeutung zuzugestehen ist als der Vermeidung von Fehlurteilen aufgrund eines nicht durchgeführten Polygraphentests. Die Beschränkung der Aussagefreiheit wäre nur dann zu rechtfertigen, wenn hiermit eine deutliche Reduzierung der Fehlurteilsquote einhergehen würde. Auch wenn es insoweit an empirischen Erkenntnissen fehlt, kann jedoch mit gewisser Überzeugung der Standpunkt vertreten werden, dass die Einräumung einer Dispositionsbefugnis für die Vermeidung von Fehlurteilen nicht von großer quantitativer Bedeutung wäre.[1000] Im Gegenzug würde dagegen die grundsätzliche Einräumung der Durchführung von Polygraphentests und damit ihre Einsetzbarkeit in jedem Strafverfahren erhebliche Auswirkungen auf die praktische Gestaltung der Aussagefreiheit haben.[1001] Der indirekte Druck, sich einem Polygraphentest zu unterziehen, würde unterschwellig in jedem Strafverfahren, in dem der Beschuldigte den Tatvorwurf bestreitet, vorhanden sein. Diese enorme Beeinträchtigung

997 *Frister* ZStW 1994, [106], 303, 327.
998 *Frister* ZStW 1994 [106], 303, 328.
999 Vgl. *Frister* ZStW 1994 [106], 303, 328.
1000 Vgl. *Frister* ZStW 1994 [106], 303, 329.
1001 Vgl. *Frister* ZStW 1994 [106], 303, 329.

seiner Verfahrensrechte kann auch durch die Vorteile, die die Einräumung eines Polygraphentests mit sich bringen würde – nämlich die Bewahrung vor der Verurteilung Unschuldiger – nicht gerechtfertigt werden. Das Risiko einer Fehlverurteilung, welches jedem Strafverfahren immanent ist, muss auch unter diesem Gesichtspunkt hingenommen werden.

### (3.) Ergebnis

Aus Vorstehendem ergibt sich, dass erhebliche Bedenken gegen die Einwilligungslösung sprechen. Die sich durch Zulassung des Polygraphentests für den jeweiligen Beschuldigten bietende Möglichkeit, sich mit Hilfe des Polygraphen zu entlasten, übt starken Druck dahingehend aus, sich dieses Entlastungsbeweises tatsächlich zu bedienen. Nur wer bereit ist, sich dem Polygraphentest zu unterziehen, zeigt, dass er sich für unschuldig hält und dass er keinerlei Scheu hat, durch Vornahme des Tests überführt zu werden. Umgekehrt wird sich jeder Beteiligte eines Strafverfahrens, gleichwohl ob es sich um Zuschauer, Staatsanwaltschaft oder Gericht handelt, im Falle der Verweigerung bzw. Nichtbereitschaft zur Teilnahme am Test fragen, was der Betreffende wohl zu verbergen habe. Diese Denkweise liegt nahe und kaum jemand wird sich ihr entziehen können. Dies wird auch der Beschuldigte erkennen.

Wird nun von außen die Denkweise „wenn er unschuldig ist, kann er es auch durch Vornahme des Polygraphentests beweisen“ an den Beschuldigten herangetragen, erzeugt dies immensen Druck, sich dem Test zu unterziehen. Die daraufhin erklärte Bereitschaft, am Test teilzunehmen, ist nicht mehr als freiwillig zu bezeichnen. Die Freiheit der Willensentschließung wäre beeinträchtigt. Bei jedem für den Beschuldigten negativ verlaufenen Polygraphentest müsste die Frage gestellt werden, ob die Teilnahme tatsächlich freiwillig erfolgte oder ob nicht im Hintergrund stehende Zwänge ausschlaggebend für die Bereitschaft gewesen sind, den Test durchzuführen. Letzteres würde in einer Vielzahl von Fällen den jeweiligen Beschuldigten zur Teilnahme am Test bewogen haben. Ein Verstoß gegen § 136 a Abs. 1 S. 2 StPO wäre damit gegeben.

Der BGH ist dieser Denkweise vordergründig nicht gefolgt. Er hat zumindest ausdrücklich keinerlei Problemstellung hinsichtlich der Vereinbarkeit der Einwilligungslösung mit § 136 a StPO formuliert. Stattdessen hat er sich im Anschluss an seine recht kurz gefassten Ausführungen zur rechtlichen Zulässigkeit des Polygraphentests umfassend mit dessen Zuverlässigkeit auseinandergesetzt, um ihn schließlich unter dem fehlgehenden Aspekt der völligen Ungeeignetheit zu verwerfen. Wie bereits oben dargelegt, erscheint die Einordnung als völlig ungeeignetes Beweismittel, zumindest in Bezug auf den Kontrollfragentest, rein ergebnisorientiert. Die Anforderungen des BGH an den Polygraphentest erscheinen hier überzogen.[1002] Denn auch in anderen Bereichen – wie etwa dem der Glaubhaftigkeitsbegutachtung – existiert keine vollständige Transparenz bzw. Nachvollziehbarkeit. Völlig ungeeignet im Sinne von § 244 Abs. 3 S. 2, 4. Alt. BGB ist der Kontrollfragentest deshalb – gerade auch angesichts der angegebenen Trefferwahrscheinlichkeit – nicht.

Bei einer Gesamtschau der Entscheidung irritiert es doch erheblich, dass eine Maßnahme, die als für den erstrebten Zweck völlig untauglich erkannt wurde, rechtlich zulässig sein soll.[1003] Es stellt sich deshalb die Frage, ob nicht andere als die in der Entscheidung zum Tragen gekommenen Erwägungen ausschlaggebend für die Ablehnung des Polygraphentests gewesen sein müssen.

Es liegt nahe, dass auch der BGH die Problematik der Einwilligungslösung erkannt hat. Die äußerst kurz gehaltene Stellungnahme, wonach ein Verstoß gegen § 136 a Abs. 1 S. 2 StPO schon deshalb nicht vorliege, weil die Weigerung, den Test durchzuführen ebenso wenig zu Lasten des Beschuldigten gehen dürfe wie sein Schweigen, deutet insofern weniger darauf hin, dass der BGH die Einwilligungslösung als völlig unproblematisch ansieht, als vielmehr darauf, dass er sich mit dieser Thematik schlicht nicht auseinandersetzen wollte. Hierfür spricht auch die in den Entscheidungsgründen enthaltene Aussage, derzufolge der Polygraphentest lediglich „nicht den Schweregrad" verbotener Vernehmungsmethoden erreiche. Der Polygraphentest wird durch diese Formulierung immerhin in die Nähe verbotener Methoden gerückt. Der BGH deutet an, dass er die Methode schon als problematisch ansieht.

Dass es der BGH vermieden hat, näher auf die Einwilligungslösung einzugehen, ist insofern verständlich, als er sich durch die Diskussion über etwaige intuitive Schlüsse, die ein Gericht im Falle der Weigerung eines Beschuldigten, am Polygraphentest teilzunehmen, ziehen würde, auf gefährliches Terrain begeben hätte. Es wäre dem BGH schwer gefallen, den Gerichten Voreingenommenheit im Falle der Nichtteilnahme des Beschul-

---

1002 Vgl. auch *Schüssler* JR 2003, 188, 188.
1003 *Kargl/Kirsch* JuS 2000, 537, 539.

digten an einem Polygraphentest zu unterstellen. Problematisch wäre es zudem gewesen, einem (möglicherweise tatsächlich unschuldigen) Beschuldigten, der zum Beweis seiner Unschuld gewillt ist, einen Polygraphentest durchzuführen, begreiflich zu machen, dass ihm die Durchführung dieses Tests verwehrt werde, um anderen (möglicherweise zu Recht) Beschuldigten, die sich dem Test verweigern, keine Nachteile entstehen zu lassen.

Insgesamt können aus dem Kontext der Entscheidung somit die Bedenken der Gegner des Polygraphentests nicht verdrängt werden. Diese sind durch die Sorge geprägt, so genannte „Einwilligungen" zur Teilnahme am Polygraphentest könnten, wenn der Test erst einmal als Beweismittel anerkannt ist, auch mehr oder weniger unfreiwillig abgegeben werden. Dann aber hätte man einen unfairen Zustand, der zur Unverwertbarkeit führen würde. Um diesen Zustand von vornherein nicht entstehen zu lassen, musste der Polygraphen-Tests generell tabuisiert werden.

Wie vorstehend dargestellt, konnte nun aber der Weg über die rechtliche Unzulässigkeit des Polygraphentests nicht beschritten werden. Als gangbarer Weg stellte es sich stattdessen dar, den Polygraphentest als schlicht völlig untauglich zu deklarieren und auf diese Weise aus dem Verfahren auszuschließen. Die diesbezügliche Argumentation des BGH ist jedoch nicht stichhaltig, da er in anderen Bereichen, wie etwa dem der Glaubhaftigkeitsbegutachtung, eine nicht vollständige objektive Nachvollziehbarkeit des Gutachtenergebnisses akzeptiert und entsprechende Beweiserhebungen nicht als „völlig ungeeignet" zurückweist. Im Übrigen ist der Polygraphentest gerade auch unter dem Qualitätsaspekt gesehen keineswegs als völlig untauglich zu bezeichnen. Er ist zwar qualitativ minderwertig – bei der gegebenen Trefferwahrscheinlichkeit liegen die Voraussetzungen des § 244 Abs. 3 S. 2, 4. Alt. StPO jedoch nicht vor.

Völlig untauglich ist er vielmehr aus rechtlicher Sicht, da seine Etablierung einen für die Beschuldigten eines Strafverfahrens unfairen Zustand hervorrufen würde. Lediglich in ihrem Ergebnis liegt die BGH-Entscheidung mit dem generellen Ausschluss dieser Beweismethode somit richtig. Anders als es die Entscheidung jedoch auf den ersten Blick vermuten lässt, stehen Fairness-Erwägungen eindeutig in ihrem Hintergrund. Die Unzulässigkeit ergibt sich erst aus der vom Polygraphentest ausgehenden und für den jeweiligen Beschuldigten unfairen Auswirkung auf das Strafverfahren.

Mit seiner Entscheidung hat der BGH den Polygraphentest nur rein äußerlich der Kategorie der qualitativ minderwertigen Beweise zugeordnet.

Dazu sind jedoch Aspekte, die die rechtliche Unzulässigkeit der Methode betreffen und damit grundsätzlich der Gruppe der rechtswidrig gewonnenen Beweise unterfallen müssten, einer Norm untergeordnet worden, die der Kategorie „qualitativ minderwertige Beweise" zuzuordnen ist. Durch die Verankerung der Unzulässigkeit des Polygraphentests in § 244 Abs. 3 S. 2, 4. Alt. StPO sind insofern in das Verdikt der „Untauglichkeit" – wenn auch versteckt – Fairness-Überlegungen eingeflossen.

Erst in der Gesamtschau ist zu erkennen, dass in Gestalt des Polygraphentests sowohl Ansätze eines unzuverlässigen Beweises – bedingt durch die minderwertige Beweisqualität –, wie auch die eines rechtswidrig gewonnenen Beweises – bedingt durch den unfairen Zustand, der durch seinen Einsatz entsteht – zu erblicken sind. Die Erhebung eines Beweises per Polygraphentest stellt sich insofern aus mehreren Gründen als unfair dar.

Aus der Entscheidung des BGH lässt sich zunächst folgender Schluss ziehen: Es kann unter Umständen zu Überschneidungen zwischen den eigentlich strikt zu trennenden Bereiche der unzuverlässigen und rechtswidrigen Beweisgewinnungen kommen.

Des Weiteren ist der Entscheidung zu entnehmen, dass es sich letztendlich nur aus dem Zusammenspiel von Qualitäts- und Fairnesserwägungen begründen lässt, dass Polygraphentests als Beweismethode generell ausgeschlossen wurden.

Die Entscheidung verdeutlich zudem, dass aus einem Fairness-Verstoß, wie er beispielsweise beim Einsatz von Polygraphentests vorliegen würde, ein Beweis(methoden)verbot abgeleitet werden kann.

Insgesamt lassen sich der Entscheidung damit Ansätze eines – möglicherweise auch unbewussten – Umdenkens in Bezug auf die ursprünglich so strikt gehaltene Unterscheidung zwischen rechtswidrig gewonnenem und qualitativ minderwertigem Beweis entnehmen.

### II. EuGH-Verfahren „Joachim Steffensen"

Eine weitere hier zu diskutierende Gerichtsentscheidung ist das Urteil „Joachim Steffensen" des EuGH vom 10.4.2003, AZ: C-276/01. In diesem Urteil befasst sich der EuGH teilweise mit der bereits oben behandelte Vorschrift des § 42 LMBG, der Vorgängernorm des § 43 LFGB.

### 1. Sachverhalt

Das Verfahren „Joachim Steffensen“ wurde dem EuGH durch das AG Schleswig vorgelegt. Ihm lag folgender Sachverhalt zu Grunde:[1004]

Die Böklunder Plumrose GmbH & Co KG stellte Bockwürstchen her, die im Einzelhandel in Gläsern mit Metallverschluss vertrieben wurden. Der Beschwerdeführer Joachim Steffensen war bei der Böklunder Plumrose GmbH & Co KG beschäftigt und dort für die Aufsicht über die Produktion zuständig. Über einen Zeitraum von ca. 2 Jahren verteilt hatten deutsche Lebensmittelbehörden Proben von Erzeugnissen der Böklunder Plumrose GmbH & Co KG in Einzelhandelsgeschäften genommen. Zwar wurden Zweitproben jeweils in den Geschäften zurückgelassen, jedoch erhielten weder der Beschwerdeführer noch die Böklunder Plumrose GmbH & Co KG zurückgelassene Proben. Ob der Beschwerdeführer oder die Böklunder Plumrose GmbH & Co KG von der Probeentnahme unterrichtet worden waren beziehungsweise von den Ergebnissen der Probeanalysen jeweils so rechtzeitig Kenntnis erhalten hatten, dass sie ein Gegengutachten hätten einholen können, ließ sich nicht mehr aufklären.

Die analysierten Proben ergaben, dass die Produkte aufgrund des verarbeiteten Fleischmaterials falsch deklariert worden waren. Die Bezeichnung der Erzeugnisse als Landbockwürste oder ähnlich ordnete die Würstchen als Erzeugnis mittlerer Qualität ein. Aufgrund der Verarbeitung von Brühwurst mit zum Teil anhaftender Hülle handelte es sich bei den Würstchen aber um Erzeugnisse bloß einfacher Qualität, die als solche nicht ausgewiesen wurde. Mit vom Beschwerdeführer Joachim Steffensen angegriffenen Bußgeldbescheid setzte der zuständige Landkreis gegen jenen ein Bußgeld in Höhe von 500,00 DM wegen Verstoßes gegen das Lebensmittelrecht mit der Begründung fest, er habe als für die Produktionsaufsicht verantwortlicher Mitarbeiter tateinheitlich fahrlässig zugelassen, dass die fraglichen Erzeugnisse ohne ausreichende Kenntlichmachung in den Verkehr gebracht worden seien.

---

1004 Vgl. EuGH, Urt. v. 10.4.2003, AZ C-276/01, abrufbar im Internet: http://www.juris.de (Stand: 31.3.2015), Rn. 14 ff.

## 2. Ausgangsproblematik

Das nach erfolgtem Einspruch des Betroffenen zuständige Amtsgericht Schleswig problematisierte sodann die Frage, ob § 42 LMBG a.F. auch den Fällen gerecht werde, in denen die Probenahme im Einzelhandel erfolgte, bei dem zurückgelassene Proben regelmäßig nur einen Monat aufbewahrt würden. § 42 LMBG a.F. sah lediglich vor, dass eine Probe am Ort der Probeziehung zurückgelassen sei. Wird aber eine Probe im Einzelhandel gezogen, so liegt, wenn es wie im vorliegenden Fall etwa darum geht, ob ein Produkt im Angesicht seiner Qualität regelgerecht ausgezeichnet wurde, das Interesse an der Überprüfung der Probe nicht bei demjenigen, bei dem die Probe gezogen wurde. Probengeber und Betroffener der Maßnahme sind hier nicht identisch. Dem Einzelhändler kann es gleichgültig sein, ob sich das Ergebnis der Probe bestätigt. Betroffener einer etwaigen Beanstandung ist der Hersteller. Diesem ist dann aber – wie im vorliegenden Fall – aufgrund nicht zugängig gemachter Gegen- bzw. Zweitproben nicht die Möglichkeit eröffnet, jene untersuchen zu lassen und das Ergebnis der Erstproben zu Fall zu bringen.

Zur Beurteilung dieser Problematik ist im Weiteren die Richtlinie 89/397/EWG des Europäischen Rates vom 14. Juni 1989 über die amtliche Lebensmittelüberwachung[1005] heranzuziehen. Die Richtlinie hat zum Ziel, die allgemeinen Grundsätze für die Durchführung der amtlichen Lebensmittelüberwachung anzugleichen und effizienter zu gestalten, um die Gesundheit und die wirtschaftlichen Interessen der Verbraucher zu schützen.[1006] Dabei sei es zwar einerseits nicht angebracht, den Betrieben das Recht zuzugestehen, sich der Überwachung zu widersetzen; andererseits seien aber auch ihre legitimen Rechte auf die Einlegung eines Rechtsmittels zu schützen.[1007]

Artikel 7 Abs. 1 der Richtlinie bestimmt nun, dass Lebensmittelproben zu Analysezwecken entnommen werden dürfen, die Mitgliedsstaaten aber auch die erforderlichen Vorkehrungen zu treffen haben, damit die Betroffenen gegebenenfalls ein Gegengutachten einholen können. Zudem müssen gemäß Artikel 12 Abs. 1 der Richtlinie alle Betroffenen ein Rechtsmit-

---

1005 ABl. EG Nr. L 186 v. 30.6.1989, S. 23.

1006 Vgl. EuGH, Urt. v. 10.4.2003, AZ C-276/01, abrufbar im Internet: http://www.juris.de (Stand: 31.3.2015), Rn. 3.

1007 Vgl. EuGH, Urt. v. 10.4.2003, AZ C-276/01, abrufbar im Internet: http://www.juris.de (Stand: 31.3.2015), Rn. 5.

tel gegen die getroffenen Maßnahmen einlegen können, die von der für die Durchführung der Überwachung zuständigen Behörde getroffen worden sind.

In Fällen wie dem vorliegenden bestand für den Hersteller, beziehungsweise für den bei dem Hersteller zuständigen Mitarbeiter, gerade nicht die Möglichkeit, ein Gegengutachten einholen zu lassen. Dem Amtsgericht Schleswig stellten sich nun angesichts der europarechtlichen Richtlinie zur Lebensmittelüberwachung zwei Fragen, die es dem EuGH zu Entscheidung vorlegte.

### 3. Erste Vorlagefrage des Amtsgerichts Schleswig

Die erste Frage zielte darauf ab, ob die Richtlinie dahingehend auszulegen sei, dass aus ihr für den Hersteller eines Erzeugnisses ein unmittelbar anwendbares Recht auf Einholung eines Gegengutachtens folge, wenn staatliche Behörden von dem Erzeugnis des Herstellers im Einzelhandel eine Probe zu Analysezwecken entnehmen und diese Probe unter lebensmittelrechtlichen Aspekten beanstanden.[1008] Diese Frage wurde vom EuGH bejaht.[1009] Die Voraussetzungen für eine unmittelbare Anwendung der Richtlinie, namentlich die unzulängliche Umsetzung einer Richtlinie in nationales Recht sowie das Vorhandensein einer inhaltlich unbedingten und hinreichend bestimmten Richtlinie,[1010] lägen vor. Zunächst sei Artikel 7 Abs. 1 Unterabsatz 2 der Richtlinie durch § 42 LMBG a.F. nicht ordnungsgemäß umgesetzt worden.[1011] Des Weiteren ergebe sich bereits aus dem Wortlaut der Richtlinie, dass diese ein unbedingtes Recht auf Einholung eines Gegengutachtens vorsehe.[1012] Schließlich stellte der EuGH fest, dass Artikel 7 Abs. 1 der Richtlinie auch auf Wirtschaftsteilnehmer anderer Stufen als derjenigen der überwachten Stufe – im vorliegenden Fall

1008 Vgl. EuGH, Urt. v. 10.4.2003, AZ C-276/01, abrufbar im Internet: http://www.juris.de (Stand: 31.3.2015), Rn. 27.

1009 Vgl. EuGH, Urt. v. 10.4.2003, AZ C-276/01, abrufbar im Internet: http://www.juris.de (Stand: 31.3.2015), Rn. 38 ff.

1010 Vgl. EuGH, Urt. v. 11.7.2002, AZ C-62/00, abrufbar im Internet: http://www.juris.de (Stand: 31.3.2015), Rn. 25 m.w.N.

1011 Vgl. EuGH, Urt. v. 10.4.2003, AZ C-276/01, abrufbar im Internet: http://www.juris.de (Stand: 31.3.2015), Rn. 40, 46.

1012 Vgl. EuGH, Urt. v. 10.4.2003, AZ C-276/01, abrufbar im Internet: http://www.juris.de (Stand: 31.3.2015), Rn. 45.

den Wirtschaftsteilnehmer „Hersteller" im Unterschied zum Wirtschaftsteilnehmer „Einzelhändler" – persönlich anwendbar sei.[1013] „Betroffene" im Sinne des Artikel 7 Abs. 1 der Richtlinie sind diejenigen, deren Produkte analysiert werden und die, wie im Falle Steffensen, letztlich für Mängel hinsichtlich der Zubereitung und Zusammensetzung von Lebensmitteln zur Verantwortung gezogen werden können und daher über entsprechende Rechtsschutzgarantien verfügen müssen.[1014]

### 4. Zweite Vorlagefrage des Amtsgerichts Schleswig

Besonderes Augenmerk ist sodann auf die zweite Vorlagefrage zu legen. Diese lautete wie folgt: Ist im Falle der Bejahung der ersten Frage Artikel 7 Abs. 1 der Richtlinie dahin gehend auszulegen, dass daraus ein gemeinschaftliches Verwertungsverbot für Gutachten folgt, die auf staatlich veranlassten Probenahmen beruhen, wenn dem Hersteller des Erzeugnisses, das in dem Gutachten beanstandet worden ist, die Einholung eines Gegengutachtens nicht ermöglicht worden ist?[1015]

Es soll mit dieser Frage geklärt werden, ob dann, wenn Analysen von Lebensmittelproben unter Verstoß gegen Artikel 7 Abs. 1 der Richtlinie keinem Gegengutachten zugänglich waren, die Ergebnisse der Analysen gleichwohl ein zulässiges Beweismittel in einem bei einem nationalen Gericht anhängig gemachten Verfahren über einen Rechtsbehelf gegen eine Verwaltungsentscheidung sein können, die ausschließlich oder zumindest im Wesentlichen auf diese Ergebnisse gestützt wurde.[1016] Verallgemeinernd kann diese Frage dahingehend formuliert werden, ob ein Verstoß gegen eine Verfahrensregelung ein Verbot der Verwertung des Ergebnisses der Beweiserhebung zur Folge haben kann, wobei in diesem Zusammenhang explizit darauf hinzuweisen ist, dass es sich sowohl bei Artikel 7 Abs. 1 der Richtlinie als auch bei der (allerdings fehlerhaft) umgesetzten Vorschrift des § 42 LMBG a.F. um Normen handelt, die – wie auch oben

---

1013 Vgl. EuGH, Urt. v. 10.4.2003, AZ C-276/01, abrufbar im Internet: http://www.juris.de (Stand: 31.3.2015), Rn. 47 ff.

1014 Vgl. Schlussanträge der Generalanwältin *Stix-Hackl* vom 22.10.2002 zu AZ C-276/01, abrufbar im Internet: http://www.juris.de (Stand: 31.3.2015), Rn. 43.

1015 Vgl. EuGH, Urt. v. 10.4.2003, AZ C-276/01, abrufbar im Internet: http://www.juris.de (Stand: 31.3.2015), Rn. 27.

1016 Vgl. EuGH, Urt. v. 10.4.2003, AZ C-276/01, abrufbar im Internet: http://www.juris.de (Stand: 31.3.2015), Rn. 61.

an der Nachfolgenorm des § 42 LMBG a.F, § 43 LFGB, gezeigt wurde – der Sicherung der Qualität der Beweise dienen.

Unter Zugrundelegung dessen deutet allein die Fragestellung eine neue Herangehensweise an die Problematik der qualitativ minderwertigen Beweise an. Deren Behandlung soll möglicherweise nicht erst auf der Ebene der Beweiswürdigung, sondern bereits im Voraus stattfinden – und zwar, indem bei einem Verstoß gegen eine Verfahrensregelung ein Verwertungsverbot angenommen wird, so dass der minderwertige Beweis gar nicht auf die Ebene der Beweiswürdigung gelangt.

### a. Stellungnahmen der Beteiligten

Nachfolgend sind die für die vorliegende Untersuchung relevanten unterschiedlichen Positionen der an dem Verfahren Beteiligten darzustellen.

#### aa. Der Betroffene

Der Betroffene machte im Hinblick auf die zweite Vorlagefrage geltend, aus dem Grundrecht des fairen Prozesses und dem diesem notwendig entsprechenden Grundsatz der Waffengleichheit folge, dass Ergebnisse von Lebensmittelproben, die nicht durch Gegengutachten in Frage gestellt werden können, nicht als Beweismittel verwertbar seien.[1017]

#### bb. Die deutsche Bundesregierung

Dem entgegen argumentierte die deutsche Bundesregierung, dass es sich bei der streitentscheidenden Frage um eine verfahrensrechtliche Regelung handele, deren Behandlung sich nach nationalem Recht richte, wobei allerdings die Gemeinschaftsgrundsätze der Äquivalenz[1018] und der Effekti-

1017 EuGH, Urt. v. 10.4.2003, AZ C-276/01, abrufbar im Internet: http://www.juris.de (Stand: 31.3.2015), Rn. 54.

1018 Grundsatz, der besagt, dass es im Falle des Fehlens einer einschlägigen Gemeinschaftsregelung Sache des innerstaatlichen Rechts der einzelnen Mitgliedsstaaten sei, die zuständigen Gerichte zu bestimmen und die Verfahrensmodalitäten für Klagen zu regeln, die den Schutz der dem Bürger aus der unmittelbaren Wirkung des Gemeinschaftsrechts erwachsenen Rechte gewährleisten sollen, *sofern*

vität[1019] zu berücksichtigen seien. Nach nationalem Recht bestand ihrer Ansicht zufolge jedoch auch unter Beachtung der vorgenannten Grundsätze kein Verwertungsverbot, da die Grundsätze der Amtsaufklärung und der freien Beweiswürdigung die Ergebnisse einer rechtswidrigen Verfahrensweise bereits genügend berücksichtigten. Das deutsche Strafprozessrecht kenne als Rechtsfolge für den Fall von Verfahrensverstößen kein allgemeines Verbot der Verwertung von Beweismitteln.[1020]

Diese Sichtweise entspricht sowohl der herkömmlichen, das gesamte Beweisrecht betreffenden Dogmatik,[1021] als auch der herrschenden Auffassung hinsichtlich der Behandlung fehlerhafter Lebensmittelproben.[1022] Die fehlende Zweitprobe ist ihr zufolge allenfalls im Rahmen der freien Beweiswürdigung zu berücksichtigen.[1023] Die Verwertung der Probe soll unabhängig vom Vorliegen einer Gegen- oder Zweitprobe sein.[1024] Die Beurteilung des Beweiswertes einer Probe, insbesondere die Frage, ob sie in einem Straf- oder Bußgeldverfahren zum Nachweis einer Zuwiderhandlung ausreiche, hänge von den Umständen des Einzelfalls ab und sei der richterlichen Beweiswürdigung im Einzelfall überlassen.[1025] Die möglicherweise fehlerhafte Erstprobe würde deshalb – wenn auch als minderwertiger Beweis – zur Verurteilung beigetragen.

Im Ergebnis ist somit festzustellen, dass die deutsche Bundesregierung sich eine Einmischung in die Dogmatik des deutschen Beweisrechts verbat.

---

*diese Modalitäten nicht weniger günstig ausgestaltet sind als die entsprechender innerstaatlicher Klagen.*

1019 Grundsatz, der besagt, dass es im Falle des Fehlens einer einschlägigen Gemeinschaftsregelung Sache des innerstaatlichen Rechts der einzelnen Mitgliedsstaaten sei, die zuständigen Gerichte zu bestimmen und die Verfahrensmodalitäten für Klagen zu regeln, die den Schutz der dem Bürger aus der unmittelbaren Wirkung des Gemeinschaftsrechts erwachsenen Rechte gewährleisten sollen, *sofern damit die Ausübung der durch die Gemeinschaftsordnung verliehenen Rechte nicht praktisch unmöglich gemacht oder übermäßig erschwert werde.*

1020 Vgl. Schlussanträge der Generalanwältin *Stix-Hackl* vom 22.10.2002 zu C-276/01, abrufbar im Internet: http://www.juris.de (Stand: 31.3.2015), Rn. 48.

1021 Vgl. 4. Kapitel.

1022 Vgl. 5. Kapitel 1. Abschnitt II. 2.

1023 OLG Koblenz ZLR 1981, 406, 410; OLG Düsseldorf ZLR 1988, 400, 401.

1024 *Meyer*, S. 117.

1025 *Meyer*, S. 118.

### cc. Die Generalanwältin am Gerichtshof der Europäischen Gemeinschaften

In der Tat existiert auf den ersten Blick keinerlei Regelung, die es erlauben würde, aufgrund eines Verstoßes gegen eine Richtlinie ein Beweisverwertungsverbot zu statuieren. Die Generalanwältin setzt sich mit dieser Problematik auseinander, indem sie die Frage aufwirft, ob das Gemeinschaftsrecht der Anwendung einer nationalen Beweisregel entgegenstehen kann, derzufolge es zulässig ist, ein unter den beschriebenen Umständen erstelltes Gutachten vor Gericht als Beweis zu verwerten.[1026]

Wie bereits von der deutschen Bundesregierung erwähnt, muss sich die Ausgestaltung nationaler gerichtlicher Verfahren, die den Schutz der dem Bürger aus dem Gemeinschaftsrecht erwachsener Rechte gewährleisten sollen, an den Grundsätzen der Äquivalenz und Effektivität messen lassen. Die Generalanwältin stellt in diesem Zusammenhang zunächst die Frage, ob ein gegen die Grundsätze des Gemeinschaftsrechts erhobener Beweis – hier die gegen Artikel 7 Abs. 1 der Richtlinie verstoßene Ziehung einer Lebensmittelprobe – im Falle seiner Verwertung die Ausübung der durch die Gemeinschaftsordnung verliehenen Rechte praktisch unmöglich macht oder übermäßig erschwert, lässt diese Frage jedoch im Ergebnis unbeantwortet.[1027]

Sodann beschäftigt sie sich damit, ob sich in Fällen wie dem vorliegenden ein Beweisverwertungsverbot aus dem in Artikel 6 EMRK verankerten Recht auf ein faires Verfahren ergeben könne.[1028].Hierzu stellt sie fest, dass eine wirksame Wahrnehmung der Verteidigungsrechte ohne Gegengutachten insbesondere dann problematisch sein könne, wenn sich das Gutachten auf einen technischen Bereich bezöge, der sich der Kenntnis des Richters entziehe, so dass dem Gutachten ein überwiegender Einfluss auf die Beweiswürdigung des Gerichts zukomme.[1029] In diesem Falle liege

1026 Vgl. Schlussanträge der Generalanwältin *Stix-Hackl* vom 22.10.2002 zu C-276/01, abrufbar im Internet: http://www.juris.de (Stand: 31.3.2015), Rn. 54.

1027 Vgl. Schlussanträge der Generalanwältin *Stix-Hackl* vom 22.10.2002 zu C-276/01, abrufbar im Internet: http://www.juris.de (Stand: 31.3.2015), Rn. 55, 63.

1028 Vgl. Schlussanträge der Generalanwältin *Stix-Hackl* vom 22.10.2002 zu C-276/01, abrufbar im Internet: http://www.juris.de (Stand: 31.3.2015), Rn. 66 ff.

1029 Vgl. Schlussanträge der Generalanwältin *Stix-Hackl* vom 22.10.2002 zu C-276/01, abrufbar im Internet: http://www.juris.de (Stand: 31.3.2015), Rn. 71.

es nahe, ein Beweisverwertungsverbot wegen Verstoßes gegen das Prinzip des fairen Verfahrens, hier insbesondere Waffengleichheit anzunehmen.

b. Entscheidung des EuGH zur zweiten Vorlagefrage

Die Entscheidung des EuGH lehnt sich in ihrer Struktur und Argumentationslinie an die Stellungnahme der Generalanwältin an, indem sie zunächst offen lässt, ob der Äquivalenzgrundsatz im vorliegenden Fall betroffen sei. Sodann geht der EuGH näher auf den Effektivitätsgrundsatz ein, demzufolge das nationale Verfahrensrecht die Anwendung des Gemeinschaftsrechts nicht unmöglich machen oder übermäßig erschweren dürfe.[1030] Ebenso wie der Generalanwältin weicht er jedoch der expliziten Beantwortung dieser Frage aus, indem er es auch hier dem Tatgericht überlässt, zu überprüfen, ob das nationale Recht die Durchsetzung der Gemeinschaftsrechte zulässt, mithin, ob wie im vorliegenden Fall das nationale Recht die Verletzung des Rechts auf Einholung eines Gegengutachtens ausreichend zu berücksichtigen vermag.

Im weiteren Verlauf seiner Entscheidung beschäftigt der EuGH sich sodann mit der Frage, welche Folgen ein Verstoß gegen das Recht auf Einholung eines Gegengutachtens unter Beachtung der Grundrechte der EMRK, deren Wahrung auch der EuGH zu sichern habe, nach sich ziehen müsse.[1031]

Im Rahmen der Beantwortung dieser Frage widerspricht der EuGH der restriktiven Auffassung der deutschen Bundesregierung, indem er zwar zunächst darauf hinweist, dass nach der Rechtsprechung des Europäischen Gerichtshofs für Menschenrechte Artikel 6 Abs. 1 EMRK das Beweisrecht als solches nicht regele und dass die Zulässigkeit eines Beweises, der ohne Beachtung der Vorschriften des nationalen Rechts gewonnen wurde, nicht grundsätzlich ausgeschlossen werden könne.[1032] Es sei im Allgemeinen Sache des nationalen Gerichts, die von ihm erhobenen Beweise zu würdigen und die Erheblichkeit der Beweisangebote einer Partei zu prüfen. Im

1030 EuGH, Urt. v. 10.4.2003, AZ C-276/01, abrufbar im Internet: http://www.juris.de (Stand: 31.3.2015), Rn. 66 ff.

1031 EuGH, Urt. v. 10.4.2003, AZ C-276/01, abrufbar im Internet: http://www.juris.de (Stand: 31.3.2015), Rn. 69.

1032 EuGH, Urt. v. 10.4.2003, AZ C-276/01, abrufbar im Internet: http://www.juris.de (Stand: 31.3.2015), Rn. 75.

Anschluss an die Darlegung dieser Grundkonstellation machte der EuGH jedoch deutlich, dass auch das nationale Recht von Einflüssen durch die EMRK – und zwar speziell durch den in ihr statuierten Grundsatz des fairen Verfahrens – nicht frei sei.

Die Verbindung zwischen Einhaltung des EMRK – über die neben dem EGMR der EuGH zu wachen hat – und verfahrensrechtlicher Behandlung der Verstöße gegen das Gemeinschaftsrecht – welche sich wiederum grundsätzlich nach den nationalen Beweisregeln richten – stellt der EuGH dabei durch folgende Argumentationslinie her: Da es im vorliegenden Fall um die Beachtung des durch das Gemeinschaftsrecht garantierten Rechts auf Einholung eines Gegengutachtens und die Frage gehe, welche Auswirkungen eine Verletzung dieses Rechts auf die Zulässigkeit eines Beweismittels im Rahmen eines Rechtsbehelfs habe, wie er im Ausgangsverfahren eingelegt wurde, fielen die anwendbaren nationalen Beweisregeln in den Geltungsbereich des Gemeinschaftsrechts.[1033] Mithin müssten diese Beweisregeln den Anforderungen genügen, die sich aus den gemeinschaftlichen Grundrechten ergäben.

Tangiert sei hier insbesondere das in Artikel 6 Abs. 1 EMRK garantierte Grundrecht des fairen Verfahrens. Auch wenn Artikel 6 Abs. 1 EMRK das Beweisrecht als solches nicht regele, so betreffe die Verfahrensfairness, die vor allem auch eine angemessene Beteiligung der Parteien am Verfahren gebiete, das Verfahren insgesamt, und zwar einschließlich der Art und Weise der Beweiserhebung.[1034] Unter einer „angemessenen Beteiligung" im Zusammenhang mit der Gewährung eines fairen Verfahrens ist in diesem Zusammenhang das Recht der betroffenen Parteien zu verstehen, sich zu einem Beweismittel zu äußern und die Möglichkeit der Abgabe einer wirksamen Stellungnahme eingeräumt zu bekommen.[1035] Dies gelte im Besonderen, wenn das Beweismittel aus einem technischen Bereich stamme, in dem das Gericht nicht über Sachkenntnis verfüge. Denn hier könne das Ergebnis, beispielsweise eines Sachverständigengutachtens, die Würdigung der Tatsachen durch das Gericht maßgeblich beeinflussen.

---

1033 EuGH, Urt. v. 10.4.2003, AZ C-276/01, abrufbar im Internet: http://www.juris.de (Stand: 31.3.2015), Rn. 71.

1034 EuGH, Urt. v. 10.4.2003, AZ C-276/01, abrufbar im Internet: http://www.juris.de (Stand: 31.3.2015), Rn. 76.

1035 EuGH, Urt. v. 10.4.2003, AZ C-276/01, abrufbar im Internet: http://www.juris.de (Stand: 31.3.2015), Rn. 77.

Komme das Tatgericht schließlich zu der Ansicht, es liege eine Verletzung des Rechts auf ein faires Verfahren vor, weil dem Betroffenen nicht die Möglichkeit eröffnet wurde, wirksam Stellung zu dem Beweismittel zu nehmen, so habe es die betroffenen Tatsachen als Beweismittel auszuschließen, um solche Verstöße zu verhindern.[1036]

### c. Zusammenfassung

Zusammenfassend kann die Entscheidung „Joachim Steffensen" folgendermaßen beschrieben werden: Dem EuGH lag die Problematik vor, dass eine nationale Regelung nicht den gemeinschaftsrechtlichen Richtlinien entspricht, so dass das Gemeinschaftsrecht unmittelbare Anwendung durch das nationale Gericht erfährt. In dieser Konstellation hat der EuGH entschieden, dass die Standards europäischer Grundrechte bei einer das Gemeinschaftsrecht betreffenden Entscheidung auch unter der Verfahrensherrschaft nationaler Gerichte Berücksichtigung finden müssen. Nationale Gerichte haben gegebenenfalls ein Beweisverwertungsverbot als Rechtsfolge anzuerkennen, wenn das von ihnen grundsätzlich anzuwendende nationale Beweisrecht ein solches nicht vorsieht, die europäischen Grundrechte dies aber entgegen der nationalen Regelung verlangen.

Die Entscheidung des EuGH wirft in mehrerlei Hinsicht Fragen auf. Zu klären ist zunächst, aufgrund welcher Umstände der EuGH sich überhaupt zu einem die EMRK betreffenden Thema geäußert hat. Im Anschluss daran ist zu untersuchen, welche rechtliche Ausgestaltung der EuGH gewählt hat, um zu der oben beschriebenen Entscheidung zu gelangen. Schließlich ist zu fragen, welche Auswirkungen die Beantwortung der zweiten Vorlagefrage auf das deutsche Beweisrecht im Allgemeinen, speziell aber auch auf die Behandlung qualitativ minderwertiger Beweise hat.

#### aa. Entscheidungskompetenz des EuGH

Zunächst ist darauf einzugehen, aufgrund welcher Umstände der EuGH überhaupt zur Entscheidungsfindung berufen werden konnte. Es ist nicht selbstverständlich, dass sich der EuGH überhaupt zu einem die EMRK be-

---

1036 Vgl. EuGH, Urt. v. 10.4.2003, AZ C-276/01, abrufbar im Internet: http://www.juris.de (Stand: 31.3.2015), Rn. 79.

treffenden Thema geäußert hat. Über die Einhaltung der EMRK hat grundsätzlich der in Straßburg ansässige Europäische Gerichtshof für Menschenrechte zu wachen.[1037] Die Zuständigkeit des EuGH ergab sich jedoch daraus, dass es sich in dem Verfahren Joachim Steffensen um ein Vorabentscheidungsverfahren nach Art. 234 EG handelte. Gegenstand der Vorlage an den Gerichtshof bilden gemäß Art. 234 Abs. 1 EG Anfragen nationaler Gerichte über die Auslegung und die Gültigkeit des Gemeinschaftsrechts. Zwar besitzen weder EU noch EG eine Kompetenz zur Regelung verfahrensrechtlicher Bestimmungen im Straf- und Ordnungswidrigkeitenrecht.[1038] Im Verfahren Joachim Steffensen war es jedoch vordergründig um die Frage der Auslegung von Artikel 7 Abs. 1 Unterabsatz 2 der Richtlinie 89/397 über die amtliche Lebensmittelüberwachung gegangen, so dass der Rechtsweg zum EuGH geebnet war. Hierdurch eröffnete sich dem EuGH ein Einfallstor für die Entwicklung strafprozessualer Leitlinien und Beschuldigtenrechte im Ordnungswidrigkeiten- und Nebenstrafrecht, als Annex zu Rechtsgebieten, auf denen die Gemeinschaft nach dem Prinzip der begrenzten Einzelermächtigung (Art. 5 Abs. 1 EG) eine Regelungskompetenz besitzt.[1039]

### bb. Die rechtliche Ausgestaltung der Entscheidung

Zu untersuchen ist im Weiteren, welche rechtliche Vorgehensweise der EuGH für seine Entscheidung gewählt hat. Grundsätzlich hat der EuGH in dem Bereich mit Bezug zum Gemeinschaftsrecht die Verfahrensautonomie der Mitgliedstaaten nur durch die Anwendung der gemeinschaftlichen Grundsätze der Äquivalenz und Effektivität begrenzt.[1040] Die Frage, ob der EuGH sich auch im vorliegenden Fall an diese Prämissen gehalten hat, wird unterschiedlich beurteilt.

Teilweise wird argumentiert, die Postulierung des gemeinschaftsrechtlichen Beweisverwertungsverbotes stütze sich im Wesentlichen auf den Effektivitätsgrundsatz. Dieser stelle die Basis für das vom EuGH geforderte Beweisverwertungsverbot dar, nicht aber Artikel 6 EMRK.[1041]

---

1037 Vgl. *Herdegen* Europarecht § 3 Rn. 8 f.
1038 Vgl. *Esser*, StV 2004, 221, 222; *Satzger*, S. 341 ff., 485.
1039 So *Esser* StV 2004, 221, 222.
1040 *Schaller* EuZW 2003, 671, 671.
1041 *Esser* StV 2004, 221, 228.

Diese Argumentationslinie ist insofern nachvollziehbar, als in der Tat angeführt werden könnte, dass die Verletzung des Anspruchs des Betroffenen auf Einholung eines Gegengutachtens nur dadurch ausgeglichen werden könne, indem das lediglich in Form der Erstprobe vorliegende Gutachten keine Verwertung finde. Wäre die Verletzung des Rechts auf Einholung eines Gegengutachtens folgenlos, könnten die staatlichen Behörden dieses stets umgehen. Ein Verstoß gegen den Effektivitätsgrundsatz könnte folglich auch darin zu sehen sein, dass die Beweisregeln des deutschen Rechts es zulassen, der Verletzung des Rechts auf Einholung eines Gegengutachtens nicht ausreichend Bedeutung zukommen zu lassen, so dass die Anwendung der Beweisregeln eine Inanspruchnahme der mit dem Recht auf ein Gegengutachten verbundenen Garantien unmöglich machen oder übermäßig erschweren würde. Das Recht des Betroffenen auf Einholung eines Gegengutachtens wäre für ihn dann nahezu wertlos. Der Effektivitätsgrundsatz wäre verletzt.

Diese Bezugnahme auf den Effektivitätsgrundsatz erscheint bei näherer Betrachtung aber zu einfach. Die Annahme eines Verwertungsverbotes bei Missachtung des Gemeinschaftsrechts ist zunächst immer die effektivste Methode, um die Einhaltung des Gemeinschaftsrechts zu erzwingen. Die Statuierung eines Verwertungsverbotes kann deshalb nicht allein auf den Effektivitätsgrundsatz gestützt werden.

Entgegen der Annahme Essers begründet auch der EuGH die Annahme eines Beweisverwertungsverbotes nicht mit der Verletzung des Effektivitätsgrundsatzes. Der EuGH lässt die Beantwortung der Frage der Verletzung des Effektivitätsgrundsatzes vielmehr offen, indem er es der Prüfung des zuständigen Gerichts überlassen will, ob das deutsche Recht mit seinen beweisrechtlichen Grundlagen eine effektive Durchsetzung des Gemeinschaftsrechts zulässt.[1042] Die Prüfung der Frage, ob mit der Verwertung eines Gutachtens trotz Verstoßes gegen eine Richtlinie der Effektivitätsgrundsatz verletzt wäre, beendet der EuGH an dieser Stelle folglich unbeantwortet.

Es greift stattdessen auf eine andere Argumentationslinie zurück, indem er in seinem die weitergehende Prüfung einleitenden Satz davon spricht, dass nationales Recht einer Bindung an die Gemeinschaftsgrundrechte unterliege, wenn es in den Anwendungsbereich des Gemeinschaftsrechts fal-

---

1042 Vgl. EuGH, Urt. v. 10.4.2003, AZ C-276/01, abrufbar im Internet: http://www.juris.de (Stand: 31.3.2015), Rn. 68.

le.[1043] Insofern bezieht sich der EuGH auf bereits früher von ihm gewählte Formulierungen,[1044] die jedoch mit dem Äquivalenz- oder Effektivitätsgrundsatz nicht in Verbindung stehen.

Zwar zieht der EuGH die Gemeinschaftsgrundrechte als Kontrollmaßstab mitgliedschaftlichen Rechts in einer Konstellation heran, in der die Gefahr besteht, dass durch die Anwendung mitgliedschaftlichen Gerichtsverfahrensrechts die Verletzung eines subjektiven Gemeinschaftsrechts verfestigt und damit dessen effektive Durchsetzung in den Mitgliedstaaten verhindert wird. Schaller arbeitet jedoch detailliert heraus, dass der Ansatzpunkt des EuGH in der Joachim Steffensen-Entscheidung nicht beim Effektivitätsgrundsatz liegt: denn Anknüpfungspunkt für die unter dem Effektivitätsaspekt erfolgte Rechtsprechung des EuGH war stets Artikel 10 EG, demzufolge die Mitgliedsstaaten alle erforderlichen Maßnahmen zu treffen haben, um eine effektive Durchsetzung des Gemeinschaftsrechts in den Mitgliedsstaaten zu ermöglichen.[1045] Unter Bezugnahme auf die Rechtsprechung zum Anwendungsbereich des Gemeinschaftsrechts werden aber die Gemeinschaftsrechte gerade nicht als Mittel zur Sicherung des Effektivitätsgrundsatzes herangezogen. Sie stellen vielmehr selbst den Ausgangspunkt der Prüfung dar.

Dies hat zur Folge, dass die Verfahrensautonomie der Mitgliedstaaten zum Schutz des Gemeinschaftsrechts einem dritten Vorbehalt unterworfen wird.[1046] Es ist neben der unter den Stichworten „Äquivalenz“ und „Effektivität“ zu erfolgenden Prüfung, ob das Gemeinschaftsrecht seine Wirksamkeit behält, zu prüfen, ob das mitgliedstaatliche Recht bei Anwendung des Gemeinschaftsrechts auch die Gemeinschaftsgrundrechte ausreichend beachtet.[1047] Die Grundrechtsprüfung tritt insofern als dritte Säule neben die bereits die Verfahrensautonomie der Mitgliedstaaten begrenzenden Säulen der Äquivalenz und Effektivität.

---

1043 Vgl. EuGH, Urt. v. 10.4.2003, AZ C-276/01, abrufbar im Internet: http://www.juris.de (Stand: 31.3.2015), Rn. 70 f.

1044 Vgl. etwa EuGH EuZW 1991, 507, 510.

1045 *Schaller* EuZW 2003, 671, 672.

1046 Vgl. *Eisenberg*, Rn 394.

1047 Vgl. *Schaller* EuZW 2003, 671, 671.

cc. Direkte Auswirkungen der Entscheidung

Zu untersuchen ist nun, welche Auswirkungen von der EuGH-Entscheidung auf das deutsche Beweisrecht im Allgemeinen und für die Thematik der Behandlung qualitativ minderwertiger Beweise im Besonderen ausgehen.

Grundsätzlich ist dabei zunächst nochmals explizit darauf hinzuweisen, dass die Entscheidung direkt ausschließlich die mitgliedstaatliche Anwendung von Gemeinschaftsrecht betrifft. Das aus den Gemeinschaftsgrundsätzen hergeleitete Beweisverwertungsverbot betrifft folglich direkt auch nur die Fälle, in denen nationales Verfahrensrecht auf materielles Gemeinschaftsrecht angewandt wird. Dennoch ist die sich ergebende – wenn auch nur – eingeschränkte Möglichkeit der Annahme eines Beweisverwertungsverbotes in einem nationalgerichtlichen Verfahren, welches ein solches Recht grundsätzlich nicht vorsieht, hervorzuheben.

Schon die bloße Beeinflussung des normalerweise allein den nationalen Regeln unterworfenen nationalen Verfahrensrechts durch gemeinschaftliche Grundrechte ist allerdings bemerkenswert. Dem EuGH ist es durch sein Urteil gelungen, als Reaktion auf eine fehlerhaft umgesetzte Richtlinie eine konkrete beweisrechtliche Vorgabe für das nationale gerichtliche Verfahren zu formulieren.[1048] Eine deutsche Beweisregel, deren Anwendung durch das nationale Gericht den zuvor erfolgten Verstoß gegen das gemeinschaftliche Recht auf Einholung eines Gegengutachtens aufrecht zu erhalten droht, wird hier der Bindung an die Gemeinschaftsgrundrechte unterworfen.[1049] Es entwickelt sich insofern eine Verflechtung zwischen Gemeinschaftsrecht und nationalem Recht, die die Annahme einer gänzlichen Einflusslosigkeit des europäischen Kontextes nicht mehr gestatten.[1050]

Schaller fasst die direkten Auswirkungen der Entscheidung von daher zutreffend wie folgt zusammen:[1051] Sie bewirkt zum einen, dass die verfahrensrechtliche Autonomie der Mitgliedsstaaten durch die Heranziehung der Gemeinschaftsgrundrechte als Kontrollmaßstab mitgliedstaatlichen Gerichtsverfahrenrechts eine weitere Begrenzung erfährt. Die Folge davon ist eine verstärkte gemeinschaftsrechtlich veranlasste Koordinierung des

1048 *Esser* StV 2004, 221, 227.
1049 *Schaller* EuZW 2003, 671, 671.
1050 Vgl. *Eisenberg*, Rn. 394.
1051 *Schaller* EuZW 2003, 671, 672.

mitgliedsstaatlichen Gerichtsverfahrensrechts. Zum anderen wird durch die Entscheidung eine verstärkte Durchsetzung EMRK-konformer Standards in den Mitgliedsstaaten bewirkt.

### 5. Schlussfolgerungen der Entscheidung für die vorliegende Arbeit

Gerade auf letzteren Punkt ist nun unter dem Blickwinkel der in dieser Arbeit aufgeworfenen Fragestellung näher einzugehen. EMRK-konformer Standard bedeutet im Zusammenhang der EuGH-Entscheidung zunächst Beachtung des Grundsatzes des fairen Verfahrens, hier insbesondere des Grundsatzes der Waffengleichheit und betrifft dabei direkt das Lebensmittelrecht. Kann der Hersteller sein Recht auf Einholung eines Gegengutachtens nicht ausüben, hat das Gericht die entnommene Probe als Beweismittel auszuschließen. Zu untersuchen ist aber darüber hinaus, welche allgemeinen Auswirkungen die Entscheidung, beziehungsweise Sichtweise des EuGH auf die Behandlung qualitativ minderwertiger Beweise und die Interpretation des „fair-trial-Prinzips“ insgesamt hat.

#### a. Aufweichung der kategorialen Unterscheidung

Hierzu ist die Entscheidung zunächst auf ihre Übereinstimmung mit der im deutschen Beweisrecht bisher vorgenommenen grundsätzlichen kategorialen Unterscheidung zwischen rechtswidrig gewonnenen und unzuverlässigen Beweisen zu untersuchen.

Wie bereits unter vorstehendem Punkt festgestellt, statuiert die EuGH-Entscheidung unter den Schlagwörtern „Verfahrensfairness“ und „Waffengleichheit“ ein im Lebensmittelrecht angesiedeltes Beweisverwertungsverbot. Hinter dem Grundsatz der Waffengleichheit stehen aber insbesondere auch im vorliegenden Fall Qualitätserwägungen. Indem dem Betroffenen die Zweitprobe zugängig gemacht wird, hat er die Möglichkeit, das Ergebnis der Erstprobe zu widerlegen. Gelingt dies nicht, wird das Ergebnis der Erstprobe untermauert und stellt damit einen Beweis von äußerst hohem Wert dar. Stimmt das Ergebnis der Zweitprobe nicht mit dem Ergebnis der Erstprobe überein, so zeigt sich die Minderwertigkeit des zuerst erhobenen Beweises. Wurde keine Zweitprobe entnommen, ist der Beweis aufgrund der grundsätzlichen Fehleranfälligkeit der entnommenen Erstprobe minderwertig. Es geht daher gerade auch in dem hier vorliegenden

Beispielsfall aus dem Lebensmittelrecht um die Einhaltung von Qualitätsstandards.

Gerade hierin liegt nun eine Besonderheit des Falles: Wie ausführlich im Rahmen dieser Arbeit dargestellt, existiert im deutschen Verfahrensrecht grundsätzlich eine kategoriale Unterscheidung zwischen rechtswidrig gewonnenen und unzuverlässigen Beweisen. In dem Beispielsfall aus dem Lebensmittelrecht handelt es sich bei Nichtziehung einer Zweitprobe eindeutig um einen unzuverlässigen, mithin qualitativ minderwertigen Beweis. Bereits oben wurde dargestellt, dass gerade in diesem Bereich die Nichtverwertung eines solch qualitativ minderwertigen Beweises zu empfehlen ist, die herrschende Meinung die Annahme eines Beweisverwertungsverbotes aber aufgrund der im deutschen Beweisrecht vorherrschenden Dogmatik bisher nicht für vertretbar hielt.[1052]

Der EuGH hat in diesem konkreten Fall aber entgegen der herrschenden Meinung entschieden und ein Beweisverwertungsverbot aufgrund eines Verstoßes gegen eine Qualitätssicherungsvorschrift installiert. Die Argumentationslinie des EuGH ist dabei einfach wie überzeugend, indem er den Verstoß gegen eine Qualitätssicherungsvorschrift als Verstoß gegen den Grundsatz des fairen Verfahrens deutet.

Allgemein ist bei Vorliegen von Verstößen gegen das Prinzip des fairen Verfahrens auch im deutschen Beweisrecht die Annahme von Beweisverwertungsverboten anerkannt:[1053] Unter dem Verstoß gegen das Gebot des fairen Verfahrens zustande gekommene Beweise sind rechtswidrig gewonnene Beweise, die dementsprechend ein Verwertungsverbot nach sich ziehen können.

Folgt man nun der Überlegung, dass bei Verwertung eines qualitativ minderwertigen Beweises ein Verstoß gegen die Verfahrensfairness vorliegen könnte, ergibt sich hieraus auch eine völlig neue Sichtweise im Hinblick auf die bisher angenommene kategoriale Unterscheidung zwischen rechtswidrigen und unzuverlässigen Beweisen. Indem unzuverlässige Beweise zugleich als „unfair“ angesehen werden, bietet sich hier über den Grundsatz des fairen Verfahrens ein Einfallstor, um die entsprechenden unzuverlässigen Beweise zugleich als rechtswidrig gewonnene Beweise zu qualifizieren und so ein Beweisverwertungsverbot zu installieren. Die bisher angenommene kategoriale Unterscheidung zwischen rechtswid-

---

1052 Vgl. ausführlich oben, 5. Kapitel 1. Abschnitt II.

1053 Vgl. oben 4. Kapitel 2. Abschnitt II. 2. b. bb. (2.) (d.).

rigen und unzuverlässigen Beweisen erfährt eine Aufweichung. Auch bei als unzuverlässig qualifizierten Beweisen ist die Annahme eines Beweisverwertungsverbotes denkbar.

### b. Qualitätssicherung als Aspekt justizförmiger Verfahren

Aber auch abgesehen von der rechtlichen Wirkung der EuGH-Entscheidung auf das Lebensmittelrecht und der festgestellten Aufweichung der kategorialen Unterscheidung in „unzuverlässige" und „rechtswidrig zustande gekommene" Beweise ist die Entscheidung noch in einem weiteren Aspekt, der zwar schon erwähnt wurde, aber nochmals gesondert hervorzuheben ist, bemerkenswert. Hierbei handelt es sich um die grundsätzliche Überlegung, dass sich die Verwertung eines qualitativ minderwertigen Beweises unter die Fallgruppe „Verstoß gegen die Verfahrensfairness" subsumieren lässt. Bereits oben wurde dies im Rahmen der Darstellung über die Bedeutung des Grundsatzes des fairen Verfahrens diskutiert.[1054]

Allgemein enthält das „fair-trial"-Prinzip unter anderem die Forderung nach Einhaltung der geschriebenen Verfahrensregeln. Nach hier vertretener Auffassung kommen unter diesem Aspekt der Justizförmigkeit des Verfahrens bereits eindeutig Qualitätsaspekte zum Ausdruck.[1055] Der EuGH untermauert mit seiner Entscheidung diese These. Indem er den Verstoß gegen eine qualitätssichernde Vorschrift mit einem Beweisverwertungsverbot sanktioniert, macht er deutlich, dass nach seiner Interpretation des „fair-trial"-Prinzips auf die Einhaltung der Justizförmigkeit des Verfahrens stärkeres Augenmerk zu legen ist. Dabei sieht er die Einhaltung der Justizförmigkeit des Verfahrens in enger Verbindung mit der Einhaltung von Qualitätssicherungsbestimmungen. Diese sind wesentlicher Ausdruck eines justizmäßig abgelaufenen Verfahrens.

Anders als die – durch den gemeinschaftsrechtlichen Einschlag bedingte – nur eingeschränkte Bedeutung der Entscheidung im Hinblick auf die Annahme eines Beweisverwertungsverbotes, zeigt die EuGH-Entscheidung für die Interpretation des Inhalts des „fair-trial"-Prinzips allgemeingültige Wirkung. Das „fair-trial"-Prinzip ist unabhängig davon, ob ein

---

1054 Ansatzweise wird diese Überlegung bereits unter dem Schlagwort „Justizförmigkeit des Verfahrens" diskutiert, vgl. oben 4. Kapitel 2. Abschnitt II. 2. b) bb) (2) (e).

1055 Vgl. ebenfalls oben, 4. Kapitel 2. Abschnitt II. 2. b) bb) (2) (e).

Verfahren gemeinschaftsrechtlichem Einschlag aufweist, in jedem nationalen Strafverfahren zu berücksichtigen. Insofern geht der EuGH als wichtiger Meinungsgeber voran, indem er das „fair-trial"-Prinzip unter einem weiteren Aspekt, nämlich der Forderung nach Einhaltung von Qualitätssicherungsvorschriften, beleuchtet. Gibt es Regeln, die das Zustandekommen zuverlässiger Beweise garantieren sollen, so genügt es nach Auffassung des EuGH nicht, dies bei einem Verstoß lediglich im Rahmen der freien Beweiswürdigung zu berücksichtigen. Der Staat hat die Einhaltung der strafrechtlichen Verfahrensregeln zu gewährleisten. Geschieht dies nicht, so gebietet der Grundsatz der Verfahrensfairness, die minderwertigen Beweise nicht zu verwerten.

Das „fair-trial"-Prinzip, welches zu den Grundsätzen eines jeden rechtsstaatlichen Verfahrens zählt, weist keine differierenden Inhalte in den jeweiligen Staaten auf. Es ist lediglich eine Frage der Interpretation, welche Reichweite ihm zugebilligt wird. Der EuGH hat die Bedeutung des „fair-trial"-Prinzips, mithin seine Unterform „Justizförmigkeit des Verfahrens", mit seiner Entscheidung gestärkt. Es ist nach diesseits vertretener Auffassung zu befürworten, die Sichtweise des EuGH zu übernehmen und den Grundsatz des fairen Verfahrens auch in nationalen Gerichtsverfahren, welche nationales Recht betreffen, gleichermaßen zur Anwendung zu bringen. Dies würde im Ergebnis bedeuten, dass in Fällen, in denen die Justizförmigkeit des Verfahrens nicht gegeben ist, mithin Beweise entgegen den Verfahrensregeln erhoben wurden und hierdurch eine Beeinträchtigung der Qualität des Beweises gegeben ist, einen Verstoß gegen das „fair-trial"-Prinzip anzunehmen. Dieser Verstoß gegen das „fair-trial"-Prinzip muss als Folge dann auch in nationalen Verfahren mit nationalrechtlichem Inhalt ein Beweisverwertungsverbot nach sich ziehen.

### c. Übertragung auf die Gegenüberstellungsproblematik

Schließlich können aus der Entscheidung des EuGH auch Schlussfolgerungen für die anzunehmenden rechtlichen Folgen fehlerhaft durchgeführter Gegenüberstellungen gezogen werden.

Wie bereits festgestellt, können unzuverlässige Beweise zugleich als „unfair" angesehen werden, wodurch sie als zugleich rechtswidrig gewonnene Beweise aus dem Verfahren ausgeschlossen werden können. Diese Sichtweise hat der EuGH anhand einiger Vorschriften aus dem Lebensmittelrecht, deren ausschließlicher Zweck in der Qualitätssicherung der erhobenen Beweise liegt, entwickelt. Es hat insofern eine Vermengung der Bereiche „Unzuverlässigkeit“ und „Rechtswidrigkeit“ stattgefunden.

Bei der Vorschrift der Nr. 18 RiStBV handelt es sich nun zwar um eine lediglich untergesetzliche Norm. Dennoch liegt es nicht fern, die hinter der EuGH-Entscheidung stehenden Erwägungen auch auf den Bereich der Gegenüberstellung zu übertragen: Sowohl die der EuGH-Entscheidung zu Grunde liegende Vorschrift aus dem Lebensmittelrecht als auch Nr. 18 RiStBV haben zum Ziel, qualitativ hochwertige und damit zuverlässige Beweise zu erlangen. Unter diesem Gesichtspunkt verfolgen beide Vorschriften – wenn auch auf verschiedenen gesetzlichen Ebenen – dasselbe Ziel. Die Erreichung dieses Ziels wird auch mit denselben Mitteln, nämlich durch die Statuierung bestimmter Anforderungen, auf welche Art und Weise der betreffende Beweis zu erheben ist, verfolgt. Insofern bestehen doch erhebliche Parallelen zwischen den Vorschriften.

Der EuGH hat nun im Rahmen seiner Entscheidung deutlich gemacht, dass die Statuierung bestimmter Qualitätsanforderungen im Lebensmittelrecht im Hinblick darauf, dass sie die Gewinnung zuverlässiger Beweise bezwecken, zugleich auch der Fairness der Beweisführung dienen. Unter der Prämisse, dass es sich bei § 43 LFGB und Nr. 18 RiStBV ungeachtet der verschiedenen gesetzlichen Ebenen, aber unter Berücksichtigung der gleichen Zielrichtung und der gleichen Art und Weise, wie dieses Ziel erreicht werden soll, um vergleichbare Vorschriften handelt, muss auch Letzteres zugleich für Nr. 18 RiStBV gelten. Die Statuierung bestimmter Regeln, wie eine Gegenüberstellung durchzuführen ist, dient neben der Gewinnung zuverlässiger Beweise eben auch der Fairness der Beweisführung.

In seiner das Lebensmittelrecht betreffenden Entscheidung hat der EuGH sodann festgestellt, dass der unzuverlässige Beweis als unfairer Beweis nicht im Verfahren verwertet werden darf. Nichts anderes darf für den Bereich der Gegenüberstellung gelten. Ist die Regel des Nr. 18 RiStBV verletzt und eine Identifizierung unter mangelhaften Umständen erfolgt, so ist der Beweiswert einer solchen Identifizierung mehr als zweifelhaft. Ein solcher Beweis ist unzuverlässig, seine Verwertung im Verfahren unfair. Da auch insofern die Parallelen zwischen § 43 LFGB und Nr. 18 RiStBV deutlich zu Tage treten, spricht vieles dafür, auch die rechtlichen Konsequenzen bei Verstößen gegen diese Qualitätssicherungsvorschriften einander anzupassen. Eine aufgrund Verstoßes gegen die Durchführungsregeln zu Stande gekommene Identifizierung ist als Beweis in einem Strafverfahren nicht verwertbar. Ihre qualitative Minderwertigkeit erlaubt es nicht, ihre Verwertung im Strafverfahren als für den Beschuldigten fair anzusehen.

# 6. Kapitel: Zusammenfassung, Resümee und Ausblick

## *1. Abschnitt: Zusammenfassung der Ergebnisse*

### I. Die Gegenüberstellung und ihre bisherige rechtliche Einordnung als Zeugenbeweis

1. Die Identifizierungsgegenüberstellung ist ein sehr fehleranfälliges Konstrukt. Die Durchführung der Gegenüberstellung als solche liegt in der Hand der jeweils zuständigen Ermittlungsbehörden und läuft daher auch jeweils unterschiedlich ab. Von der Idealform der sequentiellen Video-Wahlgegenüberstellung ist die deutsche Praxis in den meisten Fällen weit entfernt. Eine solche findet so gut wie nie statt. Die Spannbreite der möglichen Fehler bei der Durchführung von Gegenüberstellungen ist dabei von minimalen Mängeln bis zu Mängeln, die die Identifizierung schlicht unbrauchbar machen, äußerst groß. Die recht hohe Quote von Falschidentifizierungen steigt signifikant, wenn die an sie gestellten kriminalistischen und methodischen Sorgfaltsmaßstäbe verletzt werden.
2. Rechtlich ist die Identifizierungsgegenüberstellung nicht als Zeugenbeweis im herkömmlichen Sinne zu klassifizieren. Es bestehen mehrere Unterschiede, die einer solchen Einordnung entgegenstehen.
   Es existieren zunächst bereits Unterschiede hinsichtlich des Gegenstandes der Beweiserhebung. In dem Fall, dass ein Wiedererkennungszeuge keine der ihm präsentierten Personen wiedererkennen kann, ist Gegenstand seiner Äußerung eine so genannte „Negativtatsache“. Negativtatsachen können nach herrschender Meinung aber nicht Gegenstand des Zeugenbeweises sein.
   Ein weiterer Unterschied zwischen herkömmlicher Zeugenaussage und einer Äußerung im Rahmen einer Gegenüberstellung ist darin zu sehen, dass zeitlicher Bezugspunkt der Aussage eines Wiedererkennungszeugen vornehmlich aktuelles Geschehen – bezogen auf die Gegenüberstellungssituation – ist, während herkömmliche Zeugen Geschehnisse aus der Vergangenheit berichten.
   Zudem unterscheidet sich die Erinnerungsleistung des herkömmlichen Zeugen von derjenigen des Wiedererkennungszeugen. Letzterer muss

mehr leisten, da er einen Abgleich zwischen seiner Erinnerung vom damaligen Geschehen und der aktuellen Situation vornehmen muss.
Sowohl Aussagen herkömmlicher Zeugen als auch Aussagen von Wiedererkennungszeugen sind aufgrund gravierender Mängel der menschlichen Wahrnehmungs-, Erinnerungs- und Wiedergabefähigkeit sehr ungenau. Beim Wiedererkennungszeugen tritt allerdings als Besonderheit hinzu, dass sich das „Wahrnehmungsobjekt Gesicht" besonders schwer wahrnehmen, speichern und wiedergeben lässt.
Bei Vorliegen suggestiver Beeinflussungen ist der Vertauschungsprozess beim Gegenüberstellungszeugen besonders stark.
Schließlich ist festzustellen, dass sich die Aussage des Wiedererkennungszeugen aus mehr Komponenten zusammensetzt als diejenige eines herkömmlichen Zeugen, da ersterer zunächst eine Beschreibung des Täters abgeben muss, sodann im Rahmen der Gegenüberstellung mehrere Personen betrachtet, hierbei jeweils Querverbindungen knüpfen muss und letztlich eine weitere Äußerung im Rahmen der anschließenden Vernehmung abgeben muss.

3. Nichtsdestotrotz wird die Gegenüberstellung seitens der herrschenden Meinung wie ein Zeugenbeweis behandelt. Sie unterliegt als Zeugenaussage der freien Beweiswürdigung nach § 261 StPO. Fehlerhafte Gegenüberstellungen fließen dementsprechend ebenfalls in den „Pool" der zu würdigenden Beweise – wenn auch mit gemindertem Beweiswert – mit ein.
4. Der Exkurs zu den allgemeinen Grundsätzen der Beweiswürdigung zeigt, dass der auf eine fehlerhafte Gegenüberstellung folgende Identifizierung eine – vom Wert des Beweises her gesehen – nachrangige Bedeutung zukommt:
   Das Gericht soll durch Vornahme einer freien Beweiswürdigung seine Überzeugung von Schuld bzw. Unschuld schöpfen. Bestandteil der Überzeugung ist zunächst die persönliche Gewissheit. Diese muss auf einer objektiv tragfähigen Tatsachengrundlage basieren. Die Annäherung an die Wahrheit erfolgt dabei mit Hilfe des Wahrscheinlichkeitsurteils: Es muss die objektiv hohe Wahrscheinlichkeit der Richtigkeit des Beweisergebnisses gegeben sein. Daraus folgt auch für das Beweismaß beim Zeugenbeweis: Die Übereinstimmung von Zeugenaussage und tatsächlichem Geschehen muss in hohem Maße wahrscheinlich sein. Dies gilt nach der Rechtsprechung des Bundesverfassungsgerichts auch und gerade für die Wiedererkennungsproblematik.

Die Anwendung des Wahrscheinlichkeitsmodells von Bender/Nack/Treuer verdeutlicht, dass die Beweiskraft erfolgter Identifizierungen eher als gering einzuschätzen ist. Die Wahrscheinlichkeit, dass der Identifizierte der wahre Täter ist, erhöht sich hierdurch nicht wesentlich. Von einer hohen Wahrscheinlichkeit des Übereinstimmens von „wiedererkanntem“ Tatverdächtigen und wahrem Täter wird in eher wenigen Fällen zu sprechen sein.

5. Die StPO enthält für den Bereich des Zeugenbeweises – vorbehaltlich der in jedem Verfahrensstadium geltenden Regelung des § 136 a StPO – über die §§ 58 Abs. 1, 69 Abs. 1, 241 Abs. 2 StPO ein abgestuftes System bereit, welches einen stärkeren Schutz vor suggestiven Beeinflussungen bereitstellt, je näher an den Bereich der Hauptverhandlung herangerückt wird. Auch wenn die vorgenannten Vorschriften bei Fehlern im Rahmen durchgeführter Gegenüberstellungen zumeist nicht passgenau angewandt werden, so gleichen sich doch die rechtlichen Folgen suggestiver Beeinflussungen bei herkömmlichen Zeugenbeweiserhebungen und bei Gegenüberstellungen.

## II. Gegenüberstellung und Sachverständigenbeweis

1. Zwar gleicht das Konstrukt der Gegenüberstellung so, wie es sich derzeit darstellt, nicht vollständig einem Sachverständigenbeweis. Es existieren aber erhebliche Parallelen zwischen dem durch Gegenüberstellung geführten Beweis, insbesondere dem Abschnitt „Wiedererkennungstest“ und Sachverständigenbeweisen. Die Gegenüberstellung gleicht einem Sachverständigenexperiment insofern in größerem Maße als einem Zeugenbeweis.
2. Während das Vorliegen fehlerhafter Gegenüberstellungen aber lediglich auf Ebene der Beweiswürdigung berücksichtigt wird, folgt der mangelhafte Sachverständigenbeweis nach hiesiger Auffassung anderen Regeln: So sind fehlerbehaftete Sachverständigengutachten beispielsweise insofern nicht „verwertbar“, als sie nicht zur Entscheidungsgrundlage gemacht werden können. Fehlerbehaftete Gutachten sind auch so genannte unbrauchbare Gutachten, mithin Gutachten, deren Ergebnis im Nachhinein, beispielsweise wegen Verstoßes gegen das Transparenzgebot, nicht erklärt werden kann. Auch wenn ein Gutachten nicht wiederholbar ist, ändert dies nichts daran, dass es nicht zur Entscheidungsgrundlage erhoben werden kann.

Für die Gegenüberstellung sind diese Feststellungen insofern von Bedeutung, da – würde die Gegenüberstellung als etwas dem Sachverständigenbeweis Ähnliches angesehen – auch bei ihr die Schlussfolgerung gezogen werden könnte, dass fehlerbehaftete Gegenüberstellungen (wenigstens im Rahmen der Beweiswürdigung) nicht zur Entscheidungsgrundlage werden können. Dies gälte auch insofern, als Gegenüberstellungen aufgrund der Problematik des „wiederholten Wiedererkennens" wie ein nicht wiederholbares Gutachten angesehen werden müssten.

3. Gutachten eines befangenen Sachverständigen können ebenfalls nicht Entscheidungsgrundlage sein. Befangenheit ist im Rahmen der die Gegenüberstellung durchführenden Beamten etwa dann anzunehmen, wenn es sich bei ihnen auch um die die Ermittlungen als solche führenden Beamten handelt. Das Stellen von Suggestivfragen legt ebenfalls Befangenheit nahe.
4. Der dem Sachverständigenbeweis ähnliche Charakter der Gegenüberstellung lässt bei Vorliegen fehlerhafter Gegenüberstellungen sehr viel mehr dafür sprechen, das Ergebnis der Beweiserhebung überhaupt nicht – anstatt als Beweis minderer Qualität – zu berücksichtigen.

## III. Unterscheidung zwischen qualitativ mangelhaften und rechtswidrig gewonnenen Beweisen

1. Das Beweisrecht unterscheidet bezüglich mangelbehafteter Beweise grundsätzlich zwischen qualitativ minderwertigen und rechtswidrig gewonnenen Beweisen.
2. Eine Selektion hinsichtlich der Qualität der Beweise findet auf gesetzliche Ebene nur äußerst rudimentär statt. Eindeutig zu den Qualitätssicherungsvorschriften sind in diesem Zusammenhang nur die Regelungen der §§ 250 ff. StPO zu zählen. Diese bestimmen, dass aus Gründen der Qualitätssicherung der sachnächste Beweis zu erheben ist.
   § 244 Abs. 3 S. 2, 4. Alt. StPO ist dagegen nur am äußersten Rande als Qualitätssicherungsvorschrift zu verstehen.
3. Die Beurteilung der Beweisqualität erfolgt vornehmlich abseits fest geschriebener Regeln durch das Gericht. Die Abgrenzung zwischen qualitativ hochwertigen und qualitativ minderwertigen Beweisen wird sowohl auf der Ebene der Stoffsammlung als auch auf der Ebene der Beweiswürdigung vorgenommen: Bereits bei der Stoffsammlung erfolgt

eine Qualitätskontrolle, indem das Gericht den sachnächsten Beweis zu erheben hat. Die zentrale Beurteilung der Qualität der Beweise erfolgt dann im Rahmen der freien Beweiswürdigung. Hier bestimmt das Gericht den Wert jedes einzelnen Indizes.
Beweissammlung und Beweiswürdigung stehen dabei in einem Wechselspiel. Es besteht ein dynamischer Prozess zwischen Beweissammlung und vorläufiger Beweiswürdigung. Der Grundsatz der freien Beweiswürdigung wirkt insofern auf die Phase der Stoffsammlung vor, weshalb es abseits der §§ 250 ff. StPO keine Regeln über die Behandlung qualitativ minderwertiger Beweise gibt. Es bleibt damit im deutschen Beweisrecht ganz wesentlich der richterlichen Prüfung im Einzelfall überlassen, ob eine Beweiserhebung erfolgt und welches Beweismittel überhaupt ein taugliches und welches das bessere ist. Der Richter beurteilt, ob ein Beweis vollwertig, minderwertig oder gar wertlos ist.
Die Behandlung von Sachverständigengutachten stellt nach hiesiger Auffassung eine besondere Unterform im Rahmen der Beweiswürdigung dar. Es gibt keine Sachverständigengutachten mit gemindertem Beweiswert. Ein fehlerbehaftetes Sachverständigengutachten findet zwar Eingang in die Beweiswürdigung, wird jedoch nicht zur Entscheidungsgrundlage.

4. Anders als qualitativ minderwertige Beweise werden dagegen rechtswidrig gewonnene Beweise behandelt. Beweise, die einem Beweisverbot unterliegen, finden keinen Eingang in die freie Beweiswürdigung. Solche Beweise werden so behandelt, als hätten sie nie existiert.
   Beweisverwertungsverbote können sich insbesondere auch aus Verstößen gegen das Rechtsstaatsprinzip, mithin auch bei Verstößen gegen den Verhältnismäßigkeitsgrundsatz und das Prinzip des fairen Verfahrens ergeben.
   Folgt aus der Verletzung von Verfahrensregeln die Nichteinhaltung der Justizförmigkeit des Verfahrens und liegt deshalb ein Verstoß gegen das „fair-trial"-Prinzip vor, so kommt die Annahme eines Beweisverwertungsverbotes in Betracht, weil die Rechtssphäre des Betroffenen tangiert wäre. Gründen könnte sich ein solches Beweisverwertungsverbot damit aber letztendlich auch auf die mangelnde Qualität der Beweise, welche durch den Verstoß gegen die Justizförmigkeit des Verfahrens verursacht wäre.

## IV. Aufweichungen der kategorialen Unterscheidung

1. Vereinzelt finden sich gesetzliche Regelungen, die sich nicht passgenau in das Schema der kategorialen Unterscheidung zwischen qualitativ minderwertigen und rechtswidrig gewonnenen Beweisen einfügen lassen und die insofern der Dogmatik des deutschen Beweisrechts Schwierigkeiten bereiten.
   Zu nennen ist hier beispielsweise die Regelung des § 168 c StPO, welche eine Doppelfunktion ausfüllt. Sie schützt einerseits die Rechtssphäre des Betroffenen, dient andererseits aber auch dem Zustandekommen zuverlässiger Beweise. Verstöße gegen die § 168 c StPO führen vordergründig zur Annahme eines Beweisverwertungsverbotes, wobei die Einführung des Ergebnisses der Beweiserhebung jedoch weiterhin über einen Ersatzweg und unter Annahme eines geminderten Beweiswertes möglich ist. Bereits hier werden die Schwierigkeiten, die das deutsche Beweisrecht mit Vorschriften hat, in denen sich die Bereiche „Schutz der Rechtssphäre“ und „Qualitätssicherung“ vermengen, offenbar.
   Als Beispiel einer weiteren Norm, die die Qualität der Beweise zu sichern sucht und die ebenfalls nicht in das herkömmliche Schema passt, ist § 43 LFGB aufzuführen. Die herrschende Meinung lässt die Annahme eines Beweisverwertungsverbotes bei Verletzung dieser Vorschrift aufgrund ihres Festhaltens an der kategorialen Unterscheidung zwischen rechtswidrig gewonnenen und qualitativ minderwertigen Beweisen bislang jedoch nicht zu.
   Gleichfalls ist in diesem Zusammenhang Nr. 18 RiStBV zu nennen. Auch diese Vorschrift formuliert entgegen der sonst geübten Dogmatik bestimmte Verfahrensregeln, die im Sinne der Erlangung qualitativ hochwertiger Beweise einzuhalten sind.
2. Angesichts der genannten dogmatischen Schwierigkeiten gibt es Tendenzen, die kategoriale Unterscheidung aufzuheben und Wege zu suchen, unzuverlässige Methoden der Beweisführung im Ergebnis dem rechtwidrig gewonnenen Beweis gleichzustellen.
   Diese Tendenzen lassen sich zunächst anhand der Polygraphenentscheidung des BGH belegen. Im Rahmen dieser Entscheidung fließen Fairness-Erwägungen in das Verdikt der „Untauglichkeit“ eines Beweismittels ein. Hierdurch lassen sich Ansätze einer Vermengung der eigentlich zu unterscheidenden Bereiche „rechtswidriger Beweis“ und „qualitativ minderwertiger Beweis“ erkennen.

Die EuGH-Entscheidung „Joachim Steffensen“ macht im Anschluss daran deutlich, dass im Rahmen des Fairness-Konzepts die strikte kategoriale Unterscheidung zwischen Rechtswidrigkeit der Beweisgewinnung und Unzuverlässigkeit der Beweisführung schwerlich aufrecht zu erhalten ist, da diese Gesichtspunkte ineinander greifen. Der EuGH statuiert hier ein Beweisverwertungsverbot als Folge der Verletzung einer Norm, die eindeutig dem Bereich der Qualitätssicherungsvorschriften zuzuordnen ist. Der Verstoß gegen die dort genannte Qualitätssicherungsvorschrift bedeutet in diesem Zusammenhang zugleich einen Verstoß gegen das „fair-trial“-Prinzip.

## *2. Abschnitt: Resümee und Ausblick*

Nach Zusammenfassung der Ergebnisse ist folgendes Resümee zu ziehen: Die Einordnung der Gegenüberstellung als Zeugenbeweis und die daraus folgende Behandlung fehlerhafter Gegenüberstellungen ist rechtlich zweifelhaft.

Bereits die Natur der Gegenüberstellung zeigt, dass sie nur wenig mit dem herkömmlichen Zeugenbeweis gemein hat. Ihr gesamtes Wesen ähnelt mehr einem durch Sachverständige geführten Experimentbeweis.

Es liegt deshalb nahe, fehlerbehaftete Gegenüberstellungen auch ähnlich fehlerbehafteten Sachverständigengutachten zu behandeln. Fehlerbehaftete Sachverständigengutachten werden zwar im Rahmen der Beweiswürdigung diskutiert, können aber nicht als Entscheidungsgrundlage herangezogen werden, sondern sind als solche zu „verwerfen“.

Aufgrund der festgestellten Ähnlichkeit der Beweismittel könnte mit fehlerbehafteten Gegenüberstellungen ebenso verfahren werden. Verfahrensfehler, die im Rahmen der Gegenüberstellung offen zu Tage getreten sind, könnten im Rahmen der Beweiswürdigung benannt und das Ergebnis des Wiedererkennungstests letztlich als Entscheidungsgrundlage abgelehnt werden.

Die Richtigkeit und Notwendigkeit einer solchen rechtlichen Vorgehensweise wird in praktischer Sicht durch die Tatsache gestützt, dass im Rahmen von Gegenüberstellungen erfolgte Identifizierungen die objektive Wahrscheinlichkeit dafür, dass es sich bei dem Identifizierten auch tatsächlich um den Täter handelt, weit weniger erhöhen, als man annehmen dürfte. Im Gegenteil suggeriert eine erfolgte Identifizierung den gefährlichen Schein eines weiteren, gewichtigen Indizes, welches auf die Täterschaft eines Tatverdächtigen hindeutet, ohne diesen äußeren Schein in seiner wahren Bedeutung bestätigen zu können. Hinzu kommt, dass Fehler, die im Rahmen einer Gegenüberstellung auftreten, die Gefahr einer Falschidentifizierung deutlich steigern.

Die Ausdehnung der Untersuchung auf das Beweisrecht im Allgemeinen zeigt, dass die vorstehenden Erwägungen dessen Grundsätzen nicht widersprechen, sondern im Gegenteil unter Beachtung der Fortentwicklung des Beweisrechts durch dieses sogar gestützt werden.

Zwar existiert im Ausgangspunkt eine grundlegende kategoriale Unterscheidung zwischen qualitativ minderwertigen und rechtswidrig gewonnenen Beweisen. Hinsichtlich qualitativ minderwertiger Beweise findet im Vorfeld der Beweiserhebung grundsätzlich keine Selektion aufgrund gesetzlicher Regelungen statt. Die Qualität der Beweise wird erst im Rahmen der freien Beweiswürdigung bewertet, so dass qualitativ minderwertige Beweise Eingang in das Verfahren finden, während rechtswidrig gewonnene Beweise einem Beweisverwertungsverbot unterliegen. Bereits die Behandlung des fehlerhaften Sachverständigenbeweises zeigt jedoch, dass verfahrensfehlerhaft entstandene Beweise als Entscheidungsgrundlage abgelehnt werden können.

Der weitere Verlauf der Untersuchung stützt sodann die These des sich fortentwickelnden Beweisrechts. Es haben mittlerweile verschiedene Vorschriften Eingang in das Strafverfahrensrecht gefunden, welche sich nicht in das herkömmliche Schema der Unterscheidung qualitativ minderwertigen und rechtswidrig gewonnenen Beweise einfügen lassen. Zu nennen sind hier beispielsweise 168 c StPO, § 43 LFGB und schließlich Nr. 18 RiStBV.

Nicht zuletzt wegen der grundsätzlich bestehenden dogmatischen Schwierigkeiten, mit Verstößen gegen Vorschriften wie etwa den vorstehend genannten, umzugehen, gibt es Tendenzen, auch unzuverlässige Beweise bereits im Vorfeld von der Beweiswürdigung auszuschließen. Vermengungen zeigten sich bereits in der Polygraphenentscheidung des BGH, welche Fairnesserwägungen hinter dem Begriff der „Untauglichkeit" verbirgt. Eine weitere Vermengung der Kategorien erfolgt durch die EuGH-Entscheidung „Joachim Steffensen", welche deutlich ausspricht, dass sich ein unzuverlässiger Beweis zugleich als unfair darstellt.

Die EuGH-Entscheidung führt die BGH-Entscheidung insofern fort, als in ihr nicht nur eine schlichte Vermengung der Kategorien „Unzuverlässigkeit" und „Rechtswidrigkeit" zu erblicken ist, sondern in ihr bereits die Denkrichtung deutlich wird: Aus der Unzuverlässigkeit der Beweiserhebung folgt ein Verstoß gegen das „fair-trial"-Prinzip. Damit ist dann auch der Verbindungspunkt der Kategorien benannt: Er liegt in eben diesem „fair-trial"-Prinzip. Das Recht auf ein faires Verfahren bedeutet, dass der Beschuldigte erwarten kann, dass sich die staatlichen Behörden streng an die Vorgaben halten, die zur Erlangung des qualitativ hochwertigsten Beweises führen. Einhaltung der Justizförmigkeit des Verfahrens bedeutet deshalb auch unter dem Gesichtspunkt „fair-trial"-Prinzip, dass durch Einhaltung der Durchführungsregeln der qualitativ bestmögliche Beweis erhoben wird. Werden die Verfahrensregeln nicht eingehalten, ist das Verfahren nicht justizförmig und verletzt das Recht des Beschuldigten auf ein faires Verfahren und damit auch seine Rechtssphäre. Mit Hilfe dieser Denkweise liegt die Annahme eines Beweisverwertungsverbotes wegen Verstoßes gegen das „fair-trial"-Prinzip auch bei Verstößen gegen Qualitätssicherungsvorschriften nicht fern.

In Anlehnung an die EuGH-Entscheidung kann nun auch in der Vorschrift Nr. 18 RiStBV ungeachtet ihres untergesetzlichen Charakters eine Norm mit Mischcharakter gesehen werden. Denn sie dient neben – oder gerade aufgrund – des Zwecks, zuverlässige Beweise zu erlangen, auch der Fairness der Beweisführung. Werden die Durchführungsregeln nicht eingehalten, ist der durch eine Gegenüberstellung zu Tage geförderte Beweis als unter Verstoß gegen das „fair-trial"-Prinzip erhobener Beweis anzusehen. Allein vom Ausgangspunkt her kann in solchen Fällen die Annahme eines Beweisverwertungsverbotes in Betracht gezogen werden.

Ein solches Beweisverwertungsverbot könnte nun – auch unter Beachtung der Rechtsprechung des BGH – nicht per se greifen. Nach der vom BGH vertretenen Widerspruchslösung muss der verteidigte Angeklagte grundsätzlich der Verwertung des entsprechenden Beweismittels rechtzeitig widersprochen haben, um ein Beweisverwertungsverbot herbeiführen zu können.[1056] Diese Bedingung dürfte auch im Zusammenhang mit der Frage nach den Rechtsfolgen von Verfahrensfehlern bei der Beweiserhebung durch Gegenüberstellungen nicht von der Hand zu weisen sein. Jedoch muss sich dies für den Beschuldigten nicht zwingend nachteilig auswirken. Denn es ist ja auch denkbar, dass eine Gegenüberstellung für den Beschuldigten günstig ausgegangen ist. Dann hätte er möglicherweise ein Interesse daran, dass – trotz der fehlerhaften Durchführung – das Ergebnis

1056 Vgl. BGHSt 38, 214, 214; 42, 15, 22.

der fehlerhaft durchgeführten Gegenüberstellung in die Hauptverhandlung einfließt.

Letztendlich zeigen die vorstehenden Erwägungen, dass es verschiedene Wege gibt, Beweisergebnisse, die auf verfahrensfehlerhafte Weise erhoben wurden, im Ergebnis nicht zu berücksichtigen. Einerseits vermittelt bereits das herkömmliche Beweisrecht mit der Behandlung fehlerhafter Sachverständigengutachten die Möglichkeit, hierauf basierende Beweisergebnisse als Entscheidungsgrundlage abzulehnen. Die weitere Ausdehnung der Untersuchung zeigt, dass diese rechtliche Konsequenz jedenfalls richtig ist. In Verstößen gegen Verfahrensregeln werden gleichsam Verstöße gegen das „fair-trial"-Prinzip gesehen. Der Verstoß gegen die Gegenüberstellungsregeln dürfte unter Zugrundelegung dessen jedenfalls auch als Verstoß gegen das „fair-trial"-Prinzip gesehen werden.

Ob dies letztendlich zu einem Verwertungsverbot führen kann oder ob in Anlehnung an fehlerhafte Sachverständigengutachten das Ergebnis der Identifizierung lediglich als Entscheidungsgrundlage abgelehnt wird, mag am Ende dieser Untersuchung offen bleiben. Letztere Variante sollte allerdings die mindeste Folge fehlerbehafteter Gegenüberstellungen darstellen.

Im Ergebnis gibt es sicherlich auch gute Argumente dafür, anzunehmen, dass Verstöße gegen die Regeln der Identifizierungsgegenüberstellung zu einem Verstoß gegen das Recht auf ein faires Verfahren führen und es dem Betroffenen ermöglichen, Widerspruch gegen die Verwertung des entsprechenden Beweises zu erheben. Wird der Widerspruch rechtzeitig erhoben, ist das Beweismittel „Wiedererkennungsexperiment" aus dem Verfahren herauszuhalten.

# Literaturverzeichnis


AK, Wassermann, Rudolf (Hrsg.). Kommentar zur Strafprozessordnung in der Reihe Alternativkommentare. Neuwied. Bd. I, 1988; Bd. II/1, 1992; Bd. II/2, 1993; Bd. III, 1996. (zitiert: AK-Bearbeiter)

Albrecht, Peter-Alexis, Überzeugungsbildung und Sachverständigenbeweis in der neueren strafrechtlichen Judikatur zur freien Beweiswürdigung (§ 261 StPO). In: NStZ 1983, 488. (zitiert: Albrecht NStZ)

Alsberg, Max (Begr.), Der Beweisantrag im Strafprozess. 6. Auflage, Köln 2013. (zitiert: Alsberg-Bearbeiter)

Alsberg, Max/ Nüse, Karl-Heinz/ Meyer, Karlheinz, Der Beweisantrag im Strafprozess. 5. Auflage, Köln/Berlin/Bonn/München 1983. (zitiert: Alsberg/Nüse/Meyer)

Amelung, Knut, Anmerkung zu BVerfG NStZ 1981, 446. In: NStZ 1982, 38. (zitiert: Amelung NStZ)

Amelung, Knut, Informationsbeherrschungsrechte im Strafprozess. Dogmatische Grundlagen individualrechtlicher Beweisverbote. Berlin, 1990. (zitiert: Amelung)

Arloth, Frank, Anmerkung zu BGH NStZ 1985, 278. In: NStZ 1985, 280. (zitiert: Arloth NStZ)

Artkämper, Heiko, Sofortfahndung und Wiedererkennen. In: Kriminalistik 1997, 505. (zitiert: Artkämper Kriminalistik)

Bauer, Günther, Moderne Verbrechensbekämpfung, Band I, Lübeck 1970. (zitiert: Bauer)

Bayerlein, Walter, Praxishandbuch Sachverständigenrecht. 5. Auflage, München 2015. (zitiert: Bayerlein)

Bender, Rolf, Das Beweismaß. In: Festschrift für Fritz Baur. Tübingen, 1981. (zitiert: Bender in FS Baur)

Bender, Rolf, Die „lebendige Erinnerung“ und der „gewordene Sachverhalt“ in der Zeugenaussage. In: StV 1984, 127. (zitiert: Bender StV)

Bender, Rolf/Nack, Armin/Treuer, Wolf-Dieter, Tatsachenfeststellung vor Gericht. Glaubhaftigkeits- und Beweislehre. Vernehmungslehre. 4. Auflage. Stuttgart 2014. (Bender/Nack/Treuer)

Bender, Rolf/ Nack, Armin, Tatsachenfeststellung vor Gericht. Band I – Glaubwürdigkeits- und Beweislehre. 2. Auflage, München 1995. (zitiert: Bender/Nack I)

Bender, Rolf/ Nack, Armin, Tatsachenfeststellung vor Gericht. Band II – Vernehmungslehre. 2. Auflage, München 1995. (zitiert: Bender/Nack II)

Bennecke, Hans/ Beling, Ernst Ludwig von, Lehrbuch des deutschen Reichs-Strafprozessrechts. 2. Auflage, Berlin 1900. (zitiert: Bennecke/Beling)

Beulke, Werner, Die Vernehmung des Beschuldigten – Einige Anmerkungen aus der Sicht der Prozeßrechtswissenschaft. In: StV 1990, 180. (zitiert: Beulke StV)

Beulke, Werner, Strafprozessrecht. 12. Auflage, Heidelberg, München, Landsberg, Frechen, Hamburg 2012. (zitiert: Beulke StPO)

Born, Birgit, Wahrunterstellung zwischen Aufklärungspflicht und Beweisablehnung wegen Unerheblichkeit. Diss., Bamberg 1984. (zitiert: Born)

Brockhaus, Enzyklopädie in 30 Bänden. Band 8, EMAS – FASY, 21. Auflage, Leipzig, Mannheim 2006. (zitiert: Brockhaus)

Brüssow, Rainer/ Gatzweiler, Norbert/ Krekeler, Wilhelm/ Mehle, Volkmar (Hrsg.), Strafverteidigung in der Praxis. 4. Auflage, Bonn 2007. (zitiert: Brüssow/Gatzweiler/Krekeler/Mehle-Bearbeiter).

Burghard, Waldemar, Gegenüberstellungen im Ermittlungsverfahren. In: Taschenbuch für Kriminalisten, Band XXVI, 1987. (zitiert: Burghard)

Burhoff, Detlef, Handbuch für die strafrechtliche Hauptverhandlung.
7. Auflage, Köln 2013. (zitiert: Burhoff)
4. Auflage, Krefeld 2003. (zitiert: Burhoff, 4. Auflage)

Cutler, Brian L./ Penrod, Steven D., Faktoren, die die Zuverlässigkeit der Personenidentifizierung beeinflussen. In: Köhnken, Günter/Sporer, Siegfried L., Identifizierung von Tatverdächtigen durch Augenzeugen, Stuttgart 1990. (zitiert: Cutler/ Penrod in Köhnken/Sporer)

Dahs, Hans, Handbuch des Strafverteidigers. 8. Auflage, Köln 2015 (zitiert: Dahs)

Dahs, Hans, „Wahrheitsforschung" contra Unmittelbarkeitsprinzip? In: StV 1988, 169. (zitiert: Dahs StV)

Dölp, Michael, Dürfen Fragen von Berufsrichtern anläßlich der Beweisaufnahme beanstandet werden? In: NStZ 1993, 419. (zitiert: Dölp NStZ)

Eisenberg, Ulrich, Beweisrecht der StPO – Spezialkommentar.
9. Auflage, München 2015. (zitiert: Eisenberg).
7. Auflage, München 2011. (zitiert: Eisenberg, 7. Auflage)

Eisenberg, Ulrich, Anmerkung zu BGH NStZ 1994, 597. In: NStZ 1994, 598. (zitiert: Eisenberg NStZ)

Eisenberg, Ulrich, Visuelle und auditive Gegenüberstellung im Strafverfahren – Empirische und rechtliche Zusammenhänge. In: Kriminalistik 1995, 458. (zitiert: Eisenberg Kriminalistik)

Engels, Dieter, Beweisantizipationsverbot und Beweiserhebungsumfang im Strafprozeß. In: GA 1981, 21. (zitiert: Engels)

Erbs, Georg, Unzulässige Vernehmungsmethoden – Probleme des § 136 a StPO. In: NJW 1951, 386. (zitiert: Erbs NJW)

Esser, Robert, Europäische Vorgaben für die amtliche Lebensmittelüberwachung – Auf dem Weg zu einem europäischen Beweisverwertungsverbot? – zugleich eine Anmerkung zum Urteil des EuGH v. 10.4.2003 in der Rechtssache Joachim Steffensen (C-276/01) –. In: StV 2004, 221.

Fezer, Gerhard, Strafprozeßrecht. 2. Auflage, München 1995. (zitiert: Fezer)

Fincke, Martin, Die Gewißheit als hochgradige Wahrscheinlichkeit. In: GA 1973, 266. (zitiert: Fincke GA)

Frister, Helmut, Der Lügendetektor – Zulässiger Sachbeweis oder unzulässige Vernehmungsmethode? In: ZStW 1994 [106], 303. (zitiert: Frister ZStW)

Geppert, Klaus, Der Grundsatz der Unmittelbarkeit im deutschen Strafverfahren. Berlin, New York, 1979.

Glaser, Bernhard, Wiedererkennen im Rahmen der Sofortfahndung – Auswege aus einem anscheinend unauflösbaren Dilemma. In: Kriminalistik 1995, 653. (zitiert: Glaser Kriminalistik)

Grabenwarter, Christoph, Europäische Menschenrechtskonvention. 5. Auflage, München 2012. (zitiert: Grabenwarter)

Grünwald, Gerald, Beweisverbote und Verwertungsverbote im Strafverfahren. In: JZ 1966, 489. (zitiert: Grünwald JZ)

Hamm, Rainer, Anmerkung zu BGH StV 1993, 454. In: StV 1993, 455. (zitiert: Hamm StV)

Hanack, Ernst-Walter, Anmerkung zu BGH JR 1966, 424. In: JR 1966, 425. (zitiert: Hanack JR)

Hanack, Ernst-Walter, Die Rechtsprechung des Bundesgerichtshofs zum Strafverfahrensrecht. In: JZ 1972, 114. (zitiert: Hanack JZ)

Hanack, Ernst-Walter, Maßstäbe und Grenzen richterlicher Überzeugungsbildung im Strafprozeß – OLG Celle, NJW 1976, 2030. In: JuS 1977, 727. (zitiert: Hanack JuS)

Herdegen, Gerhard, Anmerkung zu BGH NStZ 1997, 503. In: NStZ 1997, 505. (zitiert: Herdegen NStZ 1997)

Herdegen, Gerhard, Bemerkungen zum Beweisantragsrecht. In: NStZ 1984, 97. (zitiert: Herdegen NStZ 1984)

Herdegen, Gerhard, Bemerkungen zur Beweiswürdigung. In: NStZ 1987, 193. (zitiert: Herdegen NStZ 1987)

Herdegen, Gerhard, Strafrichterliche Aufklärungspflicht und Beweiswürdigung. In: NJW 2003, 3513. (zitiert: Herdegen NJW)

Herdegen, Gerhard, Tatgericht und Revisionsgericht – insbesondere die Kontrolle verfahrensrechtlicher „Ermessensentscheidungen“. In: Festschrift für Theodor Kleinknecht zum 75. Geburtstag. München, 1975 (zitiert: Herdegen in FS Kleinknecht)

Herdegen, Matthias, Europarecht.16. Auflage, München 2014. (zitiert: Herdegen Europarecht)

Hetzer, Wolfgang, Wahrheitsfindung im Strafprozeß unter Mitwirkung psychiatrisch/ psychologischer Sachverständiger. Dissertation, Berlin 1982. (zitiert: Hetzer)

Hinke, Carola, Der Beweisantrag des Angeklagten auf Hinzuziehung eines weiteren Sachverständigen (§ 244 Abs. 4 S. 2 StPO). Dissertation, Göttingen 2000. (zitiert: Hinke)

HK, Heidelberger Kommentar zur Strafprozessordnung. Julius, Karl-Peter/ Gercke, Björn/ Kurth, Hans-Joachim/ Lemke, Michael/Pollähne, Helmut/ Rautenberg, Erardo Cristoforo/ Temming, Dieter/ Woynar, Ines/ Zöller, Mark A. (Hrsg.). 5. Auflage, Heidelberg/München/Landsberg/Frechen/Hamburg 2012. (zitiert: HK-Bearbeiter)

Jäger, Christian, Beweisverwertung und Beweisverwertungsverbote im Strafprozess. Habilitation. München 2003. (zitiert: Jäger)

Kargl, Walter/ Kirsch, Stefan, Zur Zulässigkeit eines untauglichen Beweismittels im Strafverfahren – BGHSt 44, 308. In: JuS 2000, 537. (zitiert: Kargl/Kirsch)

Karow, Andreas, Der Experimentalbeweisantrag im Strafprozess. Dissertation, Greifswald 2002. (zitiert: Karow)

Keller, Rainer, Offenkundigkeit und Beweisbedürftigkeit im Strafprozess. In: ZStW 101 (1989), 381. (zitiert: Keller ZStW)

KK, Hannich, Rolf (Hrsg.). Karlsruher Kommentar zur Strafprozessordnung und zum Gerichtsverfassungsgesetz mit Einführungsgesetz.
7. Auflage, München 2013. (zitiert: KK-Bearbeiter).
6. Auflage, München 2008 (zitiert: KK-Bearbeiter, 6. Auflage).
5. Auflage, München 2003. (zitiert: KK-Bearbeiter, 5. Auflage).

Klimke, Olaf, Der Polygraphentest im Strafverfahren. In: NStZ 1981, 433. (zitiert: Klimke NStZ)

KMR, Loseblattkommentar zur Strafprozessordnung. Begründet von Kleinknecht, Theodor/ Müller, Hermann/ Reitberger, Bernd. (zitiert: KMR-Bearbeiter)

Köhnken, Günter, Gegenüberstellungen. Fehlerquellen bei der Identifizierung durch Augenzeugen. In: Kriminalistik 1993, 231. (zitiert: Köhnken Kriminalistik)

Krause, Dietmar, Einzelfragen zum Anwesenheitsrecht des Verteidigers im Strafverfahren. In: StV 1984, 169. (zitiert: Krause StV)

Kratzsch, D., Bemerkungen zu Grünwald, „Probleme der Gegenüberstellung zum Zwecke der Wiedererkennung in JZ 1981, 423“. In: JA 1981, 617. (zitiert: Kratzsch JA)

Kühne, Hans-Heiner, Strafprozessrecht – Eine systematische Darstellung des deutschen und europäischen Strafverfahrensrechts. 6. Auflage, Heidelberg 2003. (zitiert: Kühne)

Löhr, Holle Eva, Der Grundsatz der Unmittelbarkeit im deutschen Strafprozessrecht. Berlin, 1972. (zitiert: Löhr)

LR, Erb, Volker/ Esser, Robert/ Franke, Ulrich/ Graalmann-Scheerer, Kirsten/ Hilger, Hans/ Ignor, Alexander (Hrsg.). Löwe-Rosenberg. Die Strafprozessordnung und das Gerichtsverfassungsgesetz. Großkommentar. 26. Auflage, Berlin 2006ff. (zitiert: LR-Bearbeiter)

Malek, Klaus, Verteidigung in der Hauptverhandlung. 4. Auflage, Heidelberg, München, Landsberg, Frechen, Hamburg 2012. (zitiert: Malek)

Maurer, Hartmut, Allgemeines Verwaltungsrecht. 18. Auflage, München 2011. (zitiert: Maurer Verwaltungsrecht)

Maurer, Hartmut, Staatsrecht I. 6. Auflage, München 2010. (zitiert: Maurer Staatsrecht)

Mertn, Bernhard/ Schwarz, Ulrich/ Walser, Werner, Wiedererkennungsverfahren. Bericht über eine Untersuchung zu Theorie und Praxis der Gegenüberstellung. In: Kriminalistik 1998, 421. (zitiert: Mertn/Schwarz/Walser Kriminalistik)

Meyer, Alfred Hagen, Lebensmittelrecht. Leitfaden für Studium und Praxis, Stuttgart 1998. (zitiert: Meyer)

Meyer-Goßner, Lutz/ Schmitt, Bertram, Strafprozessordnung mit GVG und Nebengesetzen. Kommentar. 57. Auflage, München 2014. (zitiert: Meyer-Goßner/Schmitt-Bearbeiter)

Meyer-Ladewig, Jens, Konvention zum Schutz der Menschenrechte und Grundfreiheiten. Handkommentar, 2. Auflage 2006. (zitiert: Meyer-Ladewig)

Meyer-Mews, Hans, Die „in dubio contra reo"-Rechtsprechungspraxis bei Aussage-gegen-Aussage-Delikten. In: NJW 2000, 916. (zitiert: Meyer-Mews NJW)

Mösl, Albert, Sachverständigengutachten und freie Beweiswürdigung im Strafprozeß. In: DRiZ 1970, 110. (zitiert: Mösl DRiZ)

Müller, Klaus, Der Sachverständige im gerichtlichen Verfahren – Handbuch des Sachverständigenbeweises. 3. Auflage, Heidelberg 1988. (zitiert: Müller)

Müller, Klaus, Anmerkung zu BayOblG ZSW 1984, 13. In: ZSW 1984, 18. (zitiert: Müller ZSW)

Niemöller, Martin, Negativbehauptungen als Gegenstand strafprozessualer Beweisanträge. In: StV 2003, 687. (zitiert: Niemöller StV)

Nöldeke, Werner, Zum Wiedererkennen des Tatverdächtigen bei Gegenüberstellung und Bildvorlage. In: NStZ 1982, 193. (zitiert: Nöldeke NStZ)

Odenthal, Hans-Jörg, Die Gegenüberstellung im Strafverfahren. 3. Auflage, Stuttgart, München, Hannover, Berlin, Weimar 1999. (zitiert: Odenthal)

Odenthal, Hans-Jörg, Die Gegenüberstellung zum Zwecke des Wiedererkennens. In: NStZ 1985, 433. (zitiert: Odenthal NStZ)

Odenthal, Hans-Jörg, Fehlerquellen der sequentiellen Wahllichtbildvorlage unter Verwendung computergenerierter Vergleichsbilder – Zugleich Anmerkungen zu BGH, 1 StR 524/11 = StV 2012, 325 und 4 StR 501/10 = StV 2012, 326 –. In: StV 2012, 863. (zitiert: Odenthal StV)

Odenthal, Hans-Jörg, Rechtsprobleme des Wiedererkennens. In: Identifizierung von Tatverdächtigen durch Augenzeugen, S. 9 ff., herausgegeben durch Günter Köhnken und Siegfried L. Sporer. Stuttgart 1990. (zitiert: Odenthal in Köhnken/Sporer)

Peters, Karl, Die verspätete Absetzung des Strafurteils im Strafverfahren. In: Festschrift für Hellmuth von Weber zum 70. Geburtstag. Bonn 1963. (zitiert: Peters in FS von Weber)

Peters, Karl, Eine Antwort auf Undeutsch: Die Verwertbarkeit unwillkürlicher Ausdruckserscheinungen bei der Aussagewürdigung. In: ZStW 1975 [87], 663. (zitiert: Undeutsch ZStW)

Peters, Karl, Strafprozeß. Ein Lehrbuch. 4. Auflage, Heidelberg 1985. (zitiert: Peters)

Pfeiffer, Gerd, Strafprozessordnung. Kommentar. 5. Auflage, München 2005. (zitiert: Pfeiffer StPO)

Pieroth, Bodo/ Schlink, Bernhard, Grundrechte Staatsrecht II. 30. Auflage, Heidelberg, München, Landsberg, Frechen, Hamburg 2014. (zitiert: Pieroth/Schlink)

Prittwitz, Cornelius, Der Lügendetektor im Strafprozeß. In: MDR 1982, 886. (zitiert: Prittwitz MDR)

Prüfer, Hans, Der Zeugenbericht (§ 69 Abs. 1 Satz 1 StPO). In: DRiZ 1975, 334. (zitiert: Prüfer DRiZ)

Puppe, Ingeborg, List im Verhör des Beschuldigten. In: GA 1978, 289. (zitiert: Puppe GA)

Rieß, Peter, Zur Revisibilität der freien tatrichterlichen Überzeugung. In: GA 1978, 257. (zitiert: Rieß GA)

Rill, Hans-Georg/ Vossel, Gerhard, Psychophysiologische Täterschaftsbeurteilung („Lügendetektion", Polygraphie"): Eine kritische Analyse aus psychophysiologischer und psychodiagnostischer Sicht. In: NStZ 1998, 481. (zitiert: Rill/Vossel NStZ)

Roesen, A., Die Stellung des Vorsitzenden in der Hauptverhandlung. In: NJW 1958. 977. (zitiert: Roesen NJW)

Rogall, Klaus, Gegenwärtiger Stand und Entwicklungstendenzen der Lehre von den strafprozessualen Beweisverboten. In: ZStW 91 [1979], 1. (zitiert: Rogall ZStW)

Roxin, Claus/ Schünemann, Bernd, Strafverfahrensrecht. 28. Auflage, München 2014. (zitiert: Roxin/Schünemann)

Rudolphi, Hans-Joachim, Die Revisibilität von Verfahrensmängeln im Strafprozess. In: MDR 1970, 93. (zitiert: Rudolphi MDR)

Rzepka, Dorothea, Zur Fairness im deutschen Strafverfahren. Dissertation. Frankfurt/Main, 2000. (zitiert: Rzepka)

Sarstedt, Werner, Auswahl und Leitung des Sachverständigen im Strafprozess (§§ 73, 78 StPO). In: NJW 1968, 177. (zitiert: Sarstedt NJW)

Sarstedt, Werner/ Hamm, Rainer, Die Revision in Strafsachen. 6. Auflage, Berlin, New York 1998. (zitiert: Sarstedt/Hamm)

Satzger, Helmut, Die Europäisierung des Strafrechts. Eine Untersuchung zum Einfluss des Europäischen Gemeinschaftsrechts auf das deutsche Strafrecht. Köln, Berlin, Bonn, München 2001. (zitiert: Satzger)

Schaller, Werner, Anmerkung zu EuGH, Urt. v. 10.4.2003 – Rechtssache C-276/01 (Joachim Steffensen). In: EuZW 2003, 671. (zitiert: Schaller EuZW)

Schmalz, Dieter, Staatsrecht. 4. Auflage, Baden-Baden 2000. (zitiert: Schmalz)

Schlüchter, Ellen/Duttge, Gunnar, Anmerkung zu BGH NJW 1998, 1723. In: NStZ 1998, 618. (zitiert: Schlüchter/Duttge NStZ)

Schmidt, Andrea, Grundsätze der freien richterlichen Beweiswürdigung im Strafprozeßrecht. Dissertation, Frankfurt/Main, Berlin, Bern, New York, Paris, Wien, Lang 1994. (zitiert: A. Schmidt)

Schmidt, August, Fehler bei Vernehmungen. In: DRiZ 1960, 426. (zitiert: Schmidt DRiZ)

Schmidt, Eberhard, Lehrkommentar zur Strafprozessordnung und zum Gerichtsverfassungsgesetz. Göttingen, 1957. (zitiert: Eb. Schmidt)

Schmitt, Bertram, Die richterliche Beweiswürdigung im Strafprozeß. Lübeck 1992. (zitiert: Schmitt)

Schneidewin, Der Urkundenbeweis in der Hauptverhandlung. In: JR 1951, 481 (zitiert: Schneidewin JR)

Schroth, Hans-Jürgen, Die Wahlgegenüberstellung im englischen Strafverfahren – Zum Devlin-Bericht über die visuelle Identifizierung von Straftätern –. In: ZStW 89 [1977], 849. (zitiert: Schroth ZStW)

Schüler, Norbert, Zur Bedeutung der Probeentnahme gemäß § 42 LMBG für das Straf- und Ordnungswidrigkeitenverfahren. In: ZLR 1981, 92. (zitiert: Schüler ZLR)

Schüssler, Mark, Das endgültige Aus oder neue Hoffnung für den „Lügendetektor"? In: JR 2003, 188. (zitiert: Schüssler JR)

Schwabe, Jürgen, Rechtsprobleme des „Lügendetektors". In: NJW 1979, 576. (zitiert: Schwabe NJW)

Schwind, Domenica, Testkritische Analyse der Realkennzeichen nach Steller und Köhnken anhand der Daten aus Glaubhaftigkeitsgutachten. Konstanz 2006 (zitiert: Schwind)

Schünemann, Bernd, Zeugenvernehmung auf dünnem Eis. In: Strafverfahrensrecht in Theorie und Praxis – Festschrift für Lutz Meyer-Goßner zum 65. Geburtstag, München 2001. (zitiert Schünemann in FS Meyer-Goßner)

Schweling, Das Wiedererkennen des Täters. Beweiswert und Revisibilität. In: MDR 1969, 177. (zitiert: Schweling MDR)

Senge, Lothar, Missbräuchliche Inanspruchnahme verfahrensrechtlicher Gestaltungsmöglichkeiten – wesentliches Merkmal der Konfliktverteidigung? Abwehr der Konfliktverteidigung. In: NStZ 2002, 225. (zitiert: Senge NStZ)

SK, Wolter, Jürgen (Hrsg.). Systematischer Kommentar zur Strafprozessordnung mit GVG und MRK. 4 Auflage, Köln 2010ff. (zitiert: SK-Bearbeiter)

Rudolphi, Hans-Joachim (Hrsg.). Systematischer Kommentar zur Strafprozessordnung und zum Gerichtsverfassungsgesetz. Loseblattkommentar. (zitiert: SK-Loseblattsammlung-Bearbeiter)

Sporer, Siegfried Ludwig, Experimentalpsychologische Grundlagen der Personenidentifzierung – Zur Bedeutung von Clifford und Bull's „The Psychology of Person Identification." In: MschrKrim 1984, 339. (zitiert: Sporer MSchrKrim)

Sporer, Siegfried Ludwig/ Meuer, Dieter, Die Beeinflußbarkeit von Zeugenaussagen. Marburg, 1994. (zitiert: Sporer/Meurer)

Stadler, Michael/ Fabian, Thomas/ Wetzels, Peter, Wiedererkennen des Täters oder Identifizierung des Beschuldigten? Ein Wirklichkeits(nahes)-Experiment zum Beweiswert von Gegenüberstellungen. In: MschrKrim 1992, 75. (zitiert: Stadler/Fabian/Wetzels MschrKrim)

Steck, Peter/ Hermanutz, Max/ Lafrenz, Bianca/ Schwind, Domenica/ Hettler, Stephanie/ Maier, Barabara/ Geiger, Susanne, Die psychmetrischeQualität von Realkennzeichen. Konstanz 2010 (zitiert: Steck/Hermanutz/Lafrenz/Schwind/Hettler/Maier/ Geiger)

Steinke, Wolfgang, Die Problematik der Wahlgegenüberstellung – mit Vergleichen zum englischen Strafprozeß –. In: Kriminalistik 1978, 505. (zitiert: Steinke Kriminalistik)

Steinke, Wolfgang, Lügendetektor zugunsten des Beschuldigten? In: MDR 1987, 535. (zitiert: Steinke MDR)

Steller, Max/ Wellershaus, Paul/ Wolf, Theodor, Realkennzeichen in Kinderaussagen: Empirische Grundlagen der Kriterienorientierten Aussageanalyse. In: Zeitschrift für experimentelle und angewandte Psychologie, 39 (1), 1992, 151-170. (zitiert: Steller/ Wellershaus/Wolf)

Tröndle, Herbert, Der Sachverständigenbeweis. In: JZ 1969, 374. (zitiert: Tröndle JZ)

Trüg, Gerson, Lösungskonvergenzen trotz Systemdivergenzen im deutschen und US-amerikanischen Strafverfahren: ein strukturanalytischer Vergleich am Beispiel der Wahrheitserforschung. Dissertation. Tübingen 2003. (zitiert: Trüg)

Ulrich, Jürgen, Der gerichtliche Sachverständige: Ein Handbuch für die Praxis. 12. Auflage, Köln, Berlin, München 2007. (zitiert: Ulrich)

Undeutsch, Udo, Die Leistungsfähigkeit der heutigen Methoden der psychophysiologischen Täterschaftsermittlung. In: MschrKrim 1979, 228. (zitiert: Undeutsch MschrKrim)

Undeutsch, Udo, Die Untersuchung mit dem Polygraphen („Lügendetektor") – eine wissenschaftliche Methode zum Nachweis der Unschuld. In: FamRZ 1996, 329. (zitiert: Undeutsch FamRZ)

Undeutsch, Udo, Die Wiedererkennung von Personen. In: Wahrheit und Gerechtigkeit im Strafverfahren – Festgabe für Karl Peters aus Anlass seines 80. Geburtstages, Heidelberg 1984. (zitiert: Undeutsch)

Veen, Heino ter, Beweisumfang und Verfahrensökonomie im Strafprozess: Eine Analyse zur Interpretation des Beweisantragsrechts (§ 244 Abs. 3 Satz 2 StPO) und der Kontrolle seiner tatrichterlichen Anwendung in der revisionsgerichtlichen Rechtsprechung. Diss., Heidelberg 1995. (zitiert: ter Veen)

Voß, Birgit, Das Lebensmittel- und Futtermittelgesetzbuch. Ge- und Verbote – Verantwortlichkeit – Verfahren. 2. Auflage, Berlin 2007.

Weihmann, Robert, Kriminalistik. 6. Auflage, Bonn 2002. (zitiert: Weihmann)

Wellmann, Carl R. (Begr.), Der Sachverständige in der Praxis. 7. Auflage, München 2004. (zitiert: Wellmann-Bearbeiter)

Weßlau, Edda, Gespaltene Tatsachenfeststellung, Überkreuzverwertungen und advokatische Dilemmata – Beweisverwertung zum Nachteil von Mitbeschuldigten. Zugleich Besprechung von BGH, Beschl. V. 17.2.2009 – 1 StR 691/08. In: StV 2010, 41. (zitiert: Weßlau StV)

Wiegmann, Barbara, Identifizierung aufgrund von Lichtbildvorlagen. In: StV 1996, 179. (zitiert: Wiegmann StV)

FSC
www.fsc.org
MIX
Papier | Fördert gute Waldnutzung
FSC® C083411

Zeitfracht Medien GmbH
Ferdinand-Jühlke-Straße 7
99095 Erfurt, Deutschland
produktsicherheit@kolibri360.de